한국어능력시험

일단 합격
TOPIK
종합서

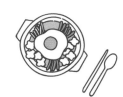

저자 김지수 · 이현숙 · 정은화 · 함윤희

Ⅱ

동양북스

머리말

한국어능력시험(TOPIK)은 한국어를 모국어로 하지 않는 재외동포나 외국인 학습자들을 대상으로 한국어 보급을 확대하고 한국어의 학습 방향을 제시하기 위해 만들어진 시험입니다. 또한 이 시험은 응시자들의 한국어 사용 능력을 측정·평가하여 그 결과를 국내 대학 유학 및 취업 등에 활용할 수 있도록 하려는 목표를 가지고 있습니다. 이러한 시험의 공신력과 활용도를 바탕으로 TOPIK의 응시자 수는 해마다 큰 폭으로 증가하고 있으며, 종이 시험과 함께 2023년부터 IBT(Internet-based TOPIK)가 정식 시행되면서 TOPIK을 준비하고 응시하는 학습자도 더욱 증가하고 있는 상황입니다.

동양북스의 「일단 합격 TOPIK 종합서」 시리즈는 이러한 흐름 속에서 학습자들의 필요와 요구에 부합하는 학습 내용을 제공하고자 기획된 TOPIK 준비서입니다. 다년간 한국어 교육 현장에서 학생들을 지도하면서 여러 권의 TOPIK 관련 서적을 집필해 온 한국어 교사들에 의해 기획된 이 책은 한국어 학습과 동시에 TOPIK을 준비하는 다양한 학습자들에게 실질적으로 큰 도움이 될 것입니다.

「일단 합격 TOPIK 종합서」 시리즈는 문항의 유형뿐만 아니라 난이도와 지문의 내용 등에 있어 시험의 최신 경향을 꼼꼼하게 반영하고 있으며, 다양한 배경의 학습자들이 시험의 특성을 이해하고 문제 풀이 연습까지 해 볼 수 있도록 구성되어 있습니다.

이 책은 단계별로 다음과 같이 활용할 수 있습니다.

1단계 유형 분석	시험 문항의 유형별 특징을 알아볼 수 있습니다. 각 유형에 대한 설명과 정리된 자료 등을 확인하면서 문제 풀이를 위한 전략을 익히도록 합니다.
2단계 기출 문제	공개된 시험지를 기준으로 최근 4회(91회, 83회, 64회, 60회)의 기출 문항들을 풀어보고, 문항별 출제 방향을 확인할 수 있습니다.
3단계 응용 문제	기출 문제와 유사한 주제 및 내용을 다루고 있는 문제를 풀어보면서, 출제 빈도가 높은 어휘 및 내용들을 익히고 자신의 약점을 확인할 수 있습니다.
4단계 연습 문제	기출 문제나 응용 문제의 지문과 구조와 난이도는 비슷하지만, 주제 및 내용에는 차이가 있는 다양한 문제를 풀어봄으로써 새로운 지문을 분석하고 이해하는 능력을 키울 수 있습니다.
5단계 모의고사	영역별 전체 문항을 실제 시험과 동일한 조건에서 풀어봄으로써 실전 감각을 익히고 보다 실제적인 고득점 대책을 세울 수 있습니다.

외국어 공부가 그렇듯, 외국어 시험 준비나 자격 취득도 계획과 노력 없이 목표를 이룰 수는 없을 것입니다. 이 책으로 TOPIK에 응시하기 위한 계획을 세우고 체계적으로 준비해서 모두 원하는 결과를 얻으시기 바랍니다.

2025년 5월
「일단 합격 TOPIK 종합서 I, II」 집필진 일동

TOPIK Ⅱ 시험안내 (https://www.topik.go.kr/)

① 시험 목적

— 한국어를 모국어로 하지 않는 재외동포·외국인의 한국어 학습 방향 제시 및 한국어 보급 확대
— 한국어 사용 능력을 측정·평가하여 그 결과를 국내 대학 및 취업 등에 활용

② 응시 대상

한국어를 모국어로 하지 않는 재외동포 및 외국인

③ 주요 활용처

• 국내 대학(원) 입학 및 졸업 • 정부 초청 외국인 장학생 프로그램 진학 및 학사 관리 • 국외 대학의 한국어 관련 학과 학점 및 졸업 요건	• 국내/외 기업체 및 공공기관 취업	• 영주권 취득, 취업 등 체류 비자 취득

④ 시험 수준 및 등급

TOPIK Ⅱ			
3급	4급	5급	6급
120~149	150~189	190~229	230~300

⑤ 문항 구성

구분	TOPIK Ⅱ		
영역	듣기	쓰기	읽기
문항 수	50문항	4문항	50문항
문항 유형	객관식	주관식	객관식
배점	100점	100점	100점
총점	300점		

※ 쓰기 영역은 문장완성형(단답형) 2문항과
작문형 2문항(200~300자 설명문과 600~700자 논술문)이 출제됩니다.

듣기

대문항	소문항	평가 내용	질문 유형
1-3	1	담화 상황 추론하기	일치하는 그림 고르기
	2		
	3	세부 내용 파악하기	일치하는 도표 고르기
4-8	4	이어지는 말 파악하기	이어지는 말 고르기
	5		
	6		
	7		
	8		
9-12	9	이어지는 행동 추론하기	알맞은 행동 고르기
	10		
	11		
	12		
13-16	13	세부 내용 파악하기	일치하는 내용 고르기
	14		
	15		
	16		
17-20	17	중심 생각 추론하기	남자의 중심 생각 고르기
	18		
	19		
	20		
21-22	21	중심 내용 추론하기	중심 생각 고르기
	22	듣고 세부 내용 파악하기	일치하는 내용 고르기
23-24	23	화제 파악하기	화제 고르기
	24	세부 내용 파악하기	일치하는 내용 고르기
25-26	25	중심 내용 추론하기	중심 생각 고르기
	26	듣고 세부 내용 파악하기	일치하는 내용 고르기
27-28	27	중심 생각 추론하기	주장 근거 고르기
	28	세부 내용 파악하기	일치하는 내용 고르기

29-30	29	참여자 추론하기	담화 참여자 고르기
	30	듣고 세부 내용 파악하기	일치하는 내용 고르기
31-32	31	중심 내용 추론하기	중심 생각 고르기
	32	참여자 추론하기	화자의 태도 고르기
33-34	33	화제 파악하기	화제 고르기
	34	듣고 세부 내용 파악하기	일치하는 내용 고르기
35-36	35	참여자 추론하기	화자의 태도 고르기
	36	듣고 세부 내용 파악하기	일치하는 내용 고르기
37-38	37	중심 내용 추론하기	중심 생각 고르기
	38	듣고 세부 내용 파악하기	일치하는 내용 고르기
39-40	39	대화의 맥락 파악하기	담화 전후의 내용 고르기
	40	듣고 세부 내용 파악하기	일치하는 내용 고르기
41-42	41	중심 내용 추론하기	중심 생각 고르기
	42	듣고 세부 내용 파악하기	일치하는 내용 고르기
43-44	43	중심 내용 추론하기	화제 고르기
	44	중심 생각 추론하기	주장 근거 고르기
45-46	45	듣고 세부 내용 파악하기	일치하는 내용 고르기
	46	참여자 추론하기	화자의 태도 고르기
47-48	47	듣고 세부 내용 파악하기	일치하는 내용 고르기
	48	참여자 추론하기	화자의 태도 고르기
49-50	49	듣고 세부 내용 파악하기	일치하는 내용 고르기
	50	참여자 추론하기	화자의 태도 고르기

쓰기

문항	영역	평가 내용	질문 유형
51	문장 완성	실용문 맥락 파악 능력	빈칸에 알맞은 말 쓰기
52		설명문 맥락 파악 능력	
53	단락 쓰기	도표 내용 서술 능력	원고지 쓰기(단락)
54	장문 쓰기	장문 서술 종합적 능력	원고지 쓰기(장문)

읽기

대문항	소문항	영역	평가 내용	질문 유형
1-4	1	문법	문법 능력	빈칸에 알맞은 것 고르기
	2	문법	문법 능력	빈칸에 알맞은 것 고르기
	3	문법	문법 능력 (연결 표현)	의미가 비슷한 것 고르기
	4	문법	문법 능력 (종결 표현)	의미가 비슷한 것 고르기
5-8	5	어휘/표현	화제 고르기	화제 찾기
	6	어휘/표현		
	7	어휘/표현		
	8	어휘/표현		
9-10	9	어휘/표현	주제 파악 능력	일치하는 것 고르기
	10	어휘/표현		
11-12	11	내용 파악	세부 내용 파악 능력	일치하는 것 고르기
	12	내용 파악		
13-15	13	순서 나열	글의 순서 파악 능력	순서에 맞게 문장 배열
	14	순서 나열		
	15	순서 나열		
16-18	16	내용 파악	세부 내용 파악 능력	알맞은 내용 고르기 (빈칸)
	17	내용 파악		
	18	내용 파악		
19-20	19	내용 파악	문장 흐름 파악 능력	알맞은 어휘 고르기 (빈칸)
	20	주제 파악	중심 주제 파악 능력	주제 찾기
21-22	21	내용 파악	세부 내용 파악 능력	관용 표현 찾기 (빈칸)
	22	내용 파악		일치하는 것 고르기
23-24	23	내용 파악	심정 파악 능력	심정 적합 표현 찾기
	24	내용 파악	세부 내용 파악 능력	일치하는 것 고르기
25-27	25	주제 찾기	함축 어휘 파악 능력	적합한 것 고르기
	26	주제 찾기		
	27	주제 찾기		

	28	내용 파악		
28-31	29	내용 파악	세부 내용 파악 능력	알맞은 내용 고르기 (빈칸)
	30	내용 파악		
	31	내용 파악		
	32	내용 파악		
32-34	33	내용 파악	세부 내용 파악 능력	일치하는 것 고르기
	34	내용 파악		
	35	주제 찾기		
35-38	36	주제 찾기	중심 주제 파악 능력	주제 찾기
	37	주제 찾기		
	38	주제 찾기		
	39	흐름 파악	문장 흐름 파악 능력	문단 파악 능력 (문장 넣기)
39-41	40	흐름 파악	문장 흐름 파악 능력	문단 파악 능력 (문장 넣기)
	41	흐름 파악	문장 흐름 파악 능력	문단 파악 능력 (문장 넣기)
42-43	42	내용 파악	심정 파악 능력	심정 적합 어휘 찾기
	43	내용 파악	세부 내용 파악 능력	작품 세부 내용 파악하기
44-45	44	내용 파악	세부 내용 파악 능력	알맞은 내용 고르기 (빈칸)
	45	주제 찾기	중심 주제 파악 능력	주제 찾기
46-47	46	태도 파악	세부 내용 추론 능력	필자 태도 고르기
	47	내용 파악	핵심 내용 파악 능력	일치하는 것 고르기
	48	집필 의도	의도(목적) 파악 능력	집필 목적 고르기
48-50	49	내용 파악	세부 내용 파악 능력	알맞은 내용 고르기 (빈칸)
	50	내용 파악	세부 내용 파악 능력	일치하는 것 고르기

※ 평가 기준은 시행처와 출제자의 의도에 따라 약간씩 변동될 수 있습니다.

⑥ TOPIK II 시험 시간표 및 유의 사항

시험 수준	교시	영역	한국			시험 시간 (분)
			입실 완료 시간	시작	종료	
TOPIK II	1교시	듣기, 쓰기	12:20까지	13:00	14:50	110
	2교시	읽기	15:10까지	15:20	16:30	70

— 12:20 이후에는 시험실 입실이 절대 불가합니다.

— 쉬는 시간을 포함한 시험 시간 중에는 모든 전자기기를 사용할 수 없으며, 소지 적발 시에는 부정행위로 간주합니다.

— 시험 중, 책상 위에는 신분증 외에 어떠한 물품(수험표 포함)도 놓을 수 없습니다.

— TOPIK II 1교시 듣기 평가 시에는 듣기만, 쓰기 평가 시에는 쓰기만 풀어야 합니다.

토픽에서 인정하는 신분증: 기간 만료 전의 여권, 외국인등록증, 외국국적동포 국내거소신고증, 영주증, 복지카드(장애인등록증), 주민등록증(발급신청확인서), 운전면허증, 대학(원)생의 경우, 한국어능력시험 신원확인증명서 인정. 초·중·고등학생인 경우, 학생증, 청소년증, 한국어능력시험 신원확인증명서 인정.

⑦ TOPIK II 평가 기준

TOPIK II의 등급별 평가 기준에 따라, 자신이 목표로 하는 등급이 어떤 수준의 능력을 요구하는지 알아야 합니다.

☑ 자신의 한국어 실력이 TOPIK II 각 등급의 평가 기준을 만족하는지 항목을 확인해 보세요.

등급	내용
3급	☑ 일상생활을 영위하는 데 별 어려움을 느끼지 않으며 다양한 공공시설의 이용과 사회적 관계 유지에 기초적 언어 기능을 수행할 수 있다. □ 친숙하고 구체적인 소재는 물론, 자신에게 친숙한 사회적 소재를 문단 단위로 표현하거나 이해할 수 있다. □ 문어와 구어의 기본적인 특성을 구분해서 이해하고 사용할 수 있다.
4급	□ 공공시설 이용과 사회적 관계 유지에 필요한 언어 기능을 수행할 수 있으며, 일반적인 업무 수행에 필요한 기능을 어느 정도 수행할 수 있다. 또한 뉴스, 신문 기사 중 비교적 평이한 내용을 이해할 수 있다. 일반적인 사회적·추상적 소재를 비교적 정확하고 유창하게 이해하고 사용할 수 있다. □ 자주 사용되는 관용적 표현과 대표적인 한국 문화에 대한 이해를 바탕으로 사회·문화적인 내용을 이해하고 사용할 수 있다.

5급	☐ 전문 분야에서의 연구나 업무 수행에 필요한 언어 기능을 어느 정도 수행할 수 있으며 정치, 경제, 사회, 문화 전반에 걸쳐 친숙하지 않은 소재에 관해서도 이해하고 사용할 수 있다. ☐ 공식적 · 비공식적 맥락과 구어적 · 문어적 맥락에 따라 언어를 적절히 구분해 사용할 수 있다.
6급	☐ 전문 분야에서의 연구나 업무 수행에 필요한 언어 기능을 비교적 정확하고 유창하게 수행할 수 있으며 정치, 경제, 사회, 문화 전반에 걸쳐 친숙하지 않은 주제에 관해서도 이해하고 사용할 수 있다. ☐ 원어민 화자의 수준에는 이르지 못하나 기능 수행이나 의미 표현에는 어려움을 겪지 않는다.

8 쓰기 영역 작문 문항 평가 범주

문항 번호	평가 범주	평가내용
51-52	내용 및 과제 수행	☐ 제시된 과제에 적절한 내용으로 썼는가?
	언어 사용	☐ 어휘와 문법 등의 사용이 정확한가?
53-54	내용 및 과제 수행	☐ 주어진 과제를 충실히 수행하였는가? ☐ 주제에 관련된 내용으로 구성하였는가? ☐ 주어진 내용을 풍부하고 다양하게 표현하였는가?
	글의 전개 구조	☐ 글의 구성이 명확하고 논리적인가? ☐ 글의 내용에 따라 단락 구성이 잘 이루어졌는가? ☐ 논리 전개에 도움이 되는 담화 표지를 적절하게 사용하여 조직적으로 연결하였는가?
	언어사용	☐ 문법과 어휘를 다양하고 풍부하게 사용하며 적절한 문법과 어휘를 선택하여 사용하였는가? ☐ 문법, 어휘, 맞춤법 등의 사용이 정확한가? ☐ 글의 목적과 기능에 따라 격식에 맞게 글을 썼는가?

MP3 다운로드 방법

① 동양북스 홈페이지에 들어갑니다.

   https://www.dongyangbooks.com/

② 도서 자료실을 클릭합니다.

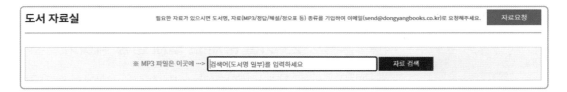

③ 일단합격 TOPIK II 종합서를 검색합니다.

④ 첨부파일을 다운로드 받습니다.

구성 및 활용

이 책은 한국어능력시험(TOPIK Ⅱ)을 처음 접하는 학습자부터, 체계적인 연습을 통해 고득점을 목표로 하는 수험생까지 모두를 위한 학습서입니다. 듣기와 읽기 문제의 유형 분석부터 실전 문제풀이, 어휘와 문법 정리까지 시험 대비에 필요한 모든 요소를 포함하고 있습니다. 다음의 학습 흐름에 따라 활용하시면 더욱더 도움이 될 것입니다.

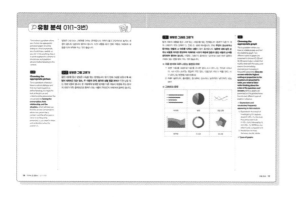

1. 유형 분석으로 문제의 구조 익히기

각 듣기, 읽기 유형마다 출제 의도, 문제의 특징, 풀이 요령을 정리한 '유형 분석' 파트를 먼저 학습해야 합니다. 문제에서 자주 나오는 질문 형식과 응답 방식, 유형별 정답 선택 팁과 함정을 피하는 요령, 실제 기출 문제 예시를 통한 유형 구조 파악을 할 수 있습니다.

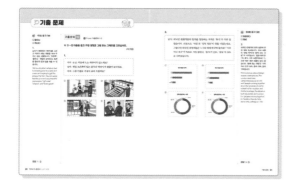

2. '기출 문제'로 출제 경향 익히기

'기출 문제' 파트에는 실제 TOPIK 시험에서 출제되었던 문제들이 수록되어 있어서 시험의 흐름과 난이도를 파악할 수 있습니다. 실제 시험을 보는 것처럼 실전 감각을 익히는 데 도움이 되며, 한국어와 영어 해설이 있기 때문에 외국인 학습자도 혼자 공부할 수 있습니다.

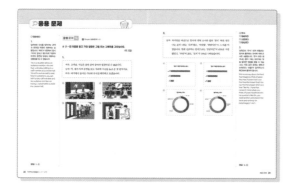

3. '응용 문제'로 실전 감각과 실전 대응력 키우기

기출 문제를 기반으로 변형한 '응용 문제'는 실제 시험에서 나올 수 있는 응답 방식, 표현, 상황 설정에 대비할 수 있도록 학습자를 돕습니다. 응용 문제에서도 기출 문제와 동일한 방식으로 한국어와 영어 해설지가 있기 때문에 외국인 학습자도 혼자 공부할 수 있습니다.

4. '연습 문제'로 실전 시험 연습하기

유형 학습과 응용 문제를 통해 기본기를 다졌다면, '연습 문제'에서는 실제 시험처럼 여러 유형을 연속해서 풀어보며 집중력과 시간 조절 능력을 훈련할 수 있습니다. 연습 문제에는 실전 시험에서 나올 만한 주제와 어휘, 문법이 포함되어 있습니다. 반복하여 공부하면 더 좋습니다.

연습 문제의 해설입니다. 틀린 문제는 해설을 보고 참고하여 왜 틀렸는지 알아 두고 같은 실수를 반복해서 하지 않도록 해야 합니다.

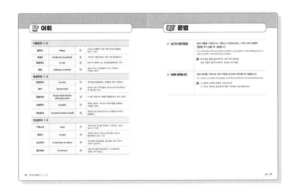

5. '어휘·문법 정리'로 시험에 자주 나오는 표현 복습하기

각 유형의 문제 뒤에는 해당 문제에 등장한 필수 어휘와 문법이 정리되어 있습니다. 의미, 품사, 예문이 함께 제시되어 문맥 속에서 의미를 이해할 수 있도록 구성되어 있습니다. 그리고 문제 유형별로 자주 쓰이는 문법 구조까지 정리되어 있어 실전 문제에 자연스럽게 적용이 가능합니다.

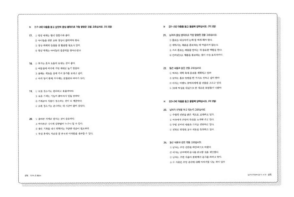

6. 실제 시험과 동일한 '실전 모의고사' 1회분

TOPIK II 시험을 보기 전에 꼭 풀어 보아야 할 문제를 수록하였습니다. 실전 모의고사는 단순한 연습 그 이상의 의미가 있습니다. 특히 TOPIK I처럼 실제 시험 환경에서 집중력과 시간 관리를 요구하는 시험에서는 모의고사를 얼마나 제대로 활용하였느냐가 성적을 좌우합니다.

7. 실전 모의고사의 친절한 답안지

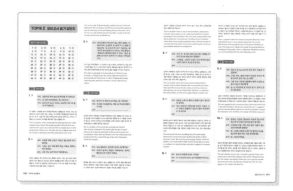

정답보다 오답의 이유를 아는 것이 중요합니다. 친절한 답안지는 '왜 이 답이 맞는지', '다른 선택지는 왜 틀렸는지'를 자세하게 설명해 줍니다. 또한, 초급 학습자도 혼자 공부할 수 있도록 합니다. 한국어 해설과 영어 해설이 함께 있기 때문에 초급자도 스스로 학습을 할 수 있습니다.

8. 어휘 인덱스

학습자가 필요한 어휘를 빠르게 찾을 수 있게 도와주는 인덱스입니다. 특정 어휘를 다시 찾아야 할 때 인덱스를 통하여 한눈에 찾고 바로 복습할 수 있습니다.

목차

듣기 유형

🔍 유형 분석 01(1~3번)

This is about a problem where you choose the appropriate picture or graph. Since the dialogue is short and simple, you should listen carefully so you don't miss anything. Also, it is good to grasp the contents of the pictures and graphs in advance before listening to the content.

알맞은 그림 또는 그래프를 고르는 문제입니다. 대화가 짧고 간단하므로 놓치는 내용이 없도록 집중하여 들어야 합니다. 또한 내용을 듣기 전에 그림과 그래프의 내용을 미리 파악해 두는 것이 좋습니다.

1~2 Choosing the appropriate picture

This is a problem where you listen to a short dialogue and find the matching picture. Before listening, it is helpful to look at the picture and understand the place where the two people are **having the conversation, their relationship, and the situation,** which will help you find the answer. Conversations where one person has a problem and the other person solves it are frequently presented, so you need to listen and understand what the problem is.

1~2 알맞은 그림 고르기

짧은 대화를 듣고 알맞은 그림을 찾는 문제입니다. 듣기 전에 그림을 보면서 **두 사람이 대화하고 있는 장소, 두 사람의 관계, 벌어진 상황 등을 파악**해 두면 답을 찾는 데에 도움이 됩니다. 한 사람에게 발생한 문제를 다른 사람이 해결해 주는 방식의 대화가 자주 출제되므로 문제가 되는 내용이 무엇인지 이해하며 들어야 합니다.

3 알맞은 그래프 고르기

통계 자료의 내용을 듣고 그에 맞는 그래프를 찾는 문제입니다. 종류가 다른 두 개의 그래프가 각각 선택지 ①, ②와 ③, ④에 제시됩니다. 주로 **무엇이 감소하거나 증가하는 현황과 그 이유를 다루는 내용**이 많이 출제됩니다. **질문에 대해 높은 순위나 비율을 차지한 응답부터 차례대로 나오기 때문에 질문과 응답 내용의 순서를 생각하며 들어야 합니다.** 다양한 그래프가 출제되고 있으므로 미리 여러 종류의 그래프 읽는 법을 알아 두는 것이 좋습니다.

☆ 자료 분석에 자주 나오는 표현과 어휘

1) 표현: N을/를 대상으로 N을/를 조사한 결과, A/V–(으)ㄴ/는 것으로 나타나다, A/V–(으)ㄴ/는다는 응답이 가장 많다. 다음으로 N이/가 뒤를 잇다. A/V–(으)ㄴ/는 반면에, N에 비해(서)

2) 어휘: 늘어나다, 줄어들다, 증가하다, 감소하다, 높아지다, 낮아지다, 비슷하다

☆ 그래프의 종류

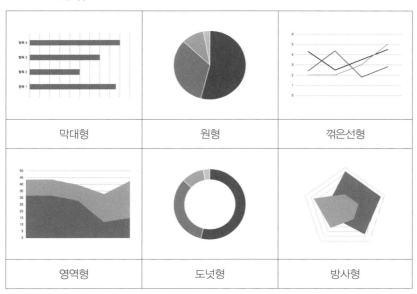

막대형	원형	꺾은선형
영역형	도넛형	방사형

Choosing the appropriate graph

This is a problem where you listen to statistical data and find the matching graph. Two different types of graphs are presented in choices ①, ② and ③, ④ respectively. Content that mainly deals with the status and reasons for something decreasing or increasing is frequently presented. **Since the answers with the highest ranking or proportion to the question are presented in order, you need to listen while thinking about the order of the questions and answers.** Various graphs are presented, so it is good to know how to read different types of graphs in advance.

☆ Expressions and vocabulary frequently appearing in data analysis

1) Expressions: As a result of investigating N, it appears that A/V–(으)ㄴ/는, the most frequent answer is A/V–(으)ㄴ/는다, followed by N, A/V–(으)ㄴ/는 반면에 (on the other hand), compared to N

2) Vocabulary: increase, decrease, rise, fall, similar

☆ Types of graphs

기출 문제

📣 ·· 91회 듣기 1번

☑ 줄무늬

☑ 꺼내다

1.

남자가 매장에서 넥타이를 고르고 여자가 해당 제품을 꺼내 주려고 하는 상황입니다. '오른쪽', '줄무늬', '괜찮아 보이다'는 표현을 들으면 쉽게 답을 찾을 수 있습니다.

This is a situation where a man is choosing a tie in a store and a woman is trying to get the product for him. You can easily find the answer if you hear the expressions "right side", "striped", and "looks good".

기출문제 🔍   📣 Track 기출문제 1-3

※ [1~3] 다음을 듣고 가장 알맞은 그림 또는 그래프를 고르십시오.

(각 2점)

1.

> 여자: 손님, 마음에 드는 넥타이가 있으세요?
>
> 남자: 제일 오른쪽에 있는 줄무늬 넥타이가 괜찮아 보이네요.
>
> 여자: 그럼 이걸로 꺼내서 보여 드릴까요?

①    ②

③    ④

정답 1. ②

3.

남자: 외국인 관광객들이 한국을 방문하는 목적은 '휴가'가 가장 많았습니다. 다음으로 '사업'과 '친척 방문'이 뒤를 이었는데요. 그렇다면 외국인 관광객들은 누구와 함께 한국에 올까요? '가족이나 친구'가 54%로 가장 많았고, '혼자'가 33%, '동료'가 10%로 나타났습니다.

①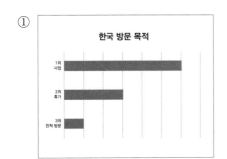

②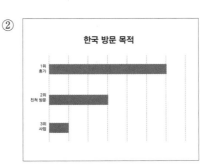

③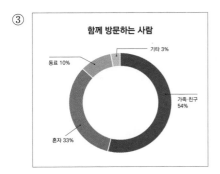

④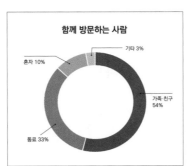

🔊·· 83회 듣기 3번

☑ 방문하다
☑ 동료

3.

외국인 관광객의 한국 방문에 관한 설문 조사입니다. 조사 내용은 '방문 목적'과 '함께 오는 사람' 두 가지입니다. '방문 목적'은 1위 휴가, 2위 사업'이므로 ①, ②번 모두 세부 내용이 맞지 않습니다. '함께 오는 사람'은 '가족이나 친구 54%, 혼자 33%, 동료 10%입니다.

This is a survey about foreign tourists visiting Korea. The survey covers two categories 'purpose of visit' and 'people coming together'. Since the 'purpose of visit' is ranked 1st for vacation and 2nd for business, the details in both ① and ② are incorrect. For 'people coming together', it's 'family or friends 54%, alone 33%, colleagues 10%'.

정답 3. ③

🔍 응용 문제

☑ 입장하다

1.

잃어버린 우산을 찾으려는 관객과 공연장 직원이 대화하는 상황입니다. 여자가 이곳에서 잠시 기다려 달라고 했으므로 직원과 관객이 공연장 밖에서 대화하는 상황임을 알 수 있습니다.

This is a situation where an audience member who lost their umbrella is talking to a staff member at a concert hall. Since the woman said to wait here for a moment, you can tell that the staff member and the audience member are having a conversation outside the concert hall.

응용문제 🔍 🔊 Track 응용문제 1-3

※ [1~3] 다음을 듣고 가장 알맞은 그림 또는 그래프를 고르십시오.

(각 2점)

1.

> 여자: 고객님, 지금은 공연 준비 중이라 입장하실 수 없습니다.
>
> 남자: 아, 제가 아까 공연을 보고 자리에 우산을 놓고 온 것 같아서요.
>
> 여자: 여기에서 잠시만 기다려 주시면 확인하고 오겠습니다.

①

②

③

④

정답 1. ④

3.

남자: 외국인을 대상으로 한식에 대해 조사한 결과 '한식' 하면 생각
　　　나는 음식 1위는 '김치'였고, '비빔밥', '양념치킨'이 그 뒤를 이
　　　었습니다. 한편 선호하는 한식으로는 '양념치킨'이 45%로 가장
　　　많았고, '라면'이 26%, '김치'가 19%로 나타났습니다.

①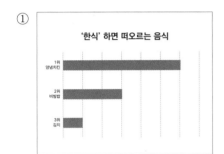

②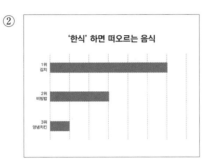

③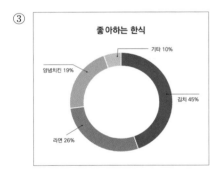

④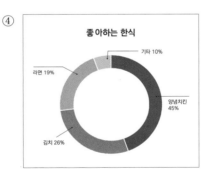

☑ 한식
☑ 양념치킨
☑ 선호하다
☑ 떠오르다

3.

외국인이 '한식' 하면 떠올리는
음식과 좋아하는 한식에 대해 조
사한 내용입니다. '한식 하면 생
각나는 음식 1위는 김치'라는 말
을 들으면 정답을 찾을 수 있습
니다. 이와 같은 문제는 항목과
순위(또는 비율)가 일치하는지
확인하며 들어야 합니다.

This is a survey about the food
that foreigners think of when
they hear 'Korean food' and
their favorite Korean food. You
can find the answer when you
hear 'The No. 1 food that
comes to mind when you
think of Korean food is kimchi'.
For questions like this, you
need to listen and check if the
items and rankings (or
percentages) match.

정답 3. ②

📝 연습 문제

🔊 Track 연습문제 1-3

※ [1~3] 다음을 듣고 가장 알맞은 그림 또는 그래프를 고르십시오. (각 2점)

1.

2.

3.

①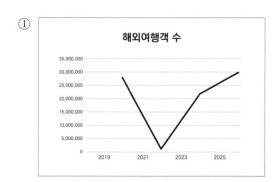

②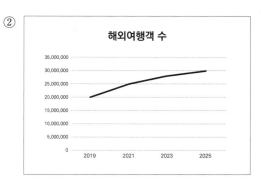

③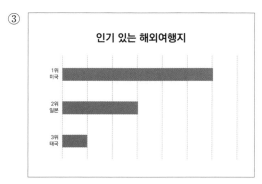

④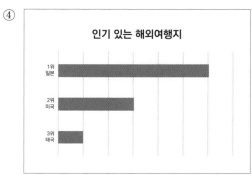

어휘

기출문제 1-3

줄무늬	stripes	명	가로로 된 **줄무늬** 옷은 잘못 입으면 뚱뚱해 보일 수 있다.
꺼내다	to take out, to pull out	동	가방에서 책을 **꺼내서** 책상 위에 올려놓았다.
방문하다	to visit	동	방학 때 해외에 사는 친척을 **방문하려고** 한다.
동료	colleague, coworker	명	일을 마치고 직장 **동료**와 회사 근처에서 저녁을 먹었다.

응용문제 1-3

입장하다	to enter	동	공연장에 **입장하려는** 사람들로 입구가 붐볐다.
한식	Korean food	명	한국에 대한 외국인들의 관심이 높아지며 **한식**이 인기를 끌고 있다.
양념치킨	Korean fried chicken with spicy sauce	명	이 집은 달면서도 매콤한 **양념치킨**이 특히 맛있다.
선호하다	to prefer	동	휴일이 짧아도 국내보다 해외여행을 **선호하는** 사람들이 많다.
떠오르다	to come to mind, to recall	동	옛날에 살던 동네에 와 보니 어렸을 때 추억이 **떠오른다**.

연습문제 1-3

키오스크	kiosk	명	**키오스크**로 음식을 주문하고 계산하는 식당이 늘어나고 있다.
충전기	charger	명	휴대폰 배터리가 없어서 충전해야 하는데 **충전기**를 못 찾고 있다.
감소하다	to decrease, to reduce	동	매년 빠르게 **감소하는** 출산율에 대한 정부의 대책이 필요하다.
증가하다	to increase	동	여름 휴가철에 해외여행객 수가 **증가하여** 공항이 매우 붐빈다.

📖 문법

☑ **A/V-아/어도**

앞의 내용을 가정하거나 그렇다고 인정하더라도 그것이 뒤의 상황에 영향을 주지 않을 때 사용합니다.

It is used when the preceding content is assumed or acknowledged, but it does not affect the following situation.

예 제 동생은 밥을 많이 먹어도 살이 찌지 않아요.

오늘 시험이 있어서 아파도 학교에 가야 해요.

☑ **N에 비해(서)**

앞의 명사를 기준으로 삼아 무엇을 비교해서 판단할 때 사용합니다.

It is used to compare and judge something based on the preceding noun.

예 그 사람은 나이에 비해서 어려 보인다.

그 가수는 뛰어난 춤 실력에 비해 가창력은 조금 떨어진다.

🔊 [1~3]

1. ①

> 여자: 손님, 주문은 저쪽에 있는 키오스크에서 해 주시겠어요?
>
> 남자: 키오스크 사용법이 어려워서 그런데 여기에서 하면 안 될까요?
>
> 여자: 여기에서는 주문을 받을 수 없어요. 제가 저쪽에서 키오스크 이용을 도와 드리겠습니다.

☑️ 키오스크

식당에서 직원과 손님이 주문 방식에 관해 대화하는 상황입니다. 남자가 키오스크 사용에 어려움을 겪고 있지만 계산대에서는 주문을 받을 수 없어서 직원이 키오스크 이용을 안내하고 도움을 주려 하고 있습니다.

This is a situation in a restaurant where a staff member and a customer are having a conversation about the ordering method. The man is having trouble using the kiosk, but the staff cannot take orders at the counter, so they are guiding him on how to use the kiosk and trying to help.

2. ④

> 남자: 누나, 내 휴대폰 충전기 못 봤어? 아무리 찾아도 안 보이네.
>
> 여자: 저기 식탁 위에 있는 거 말하는 거야?
>
> 남자: 아, 맞다! 아까 점심 먹으면서 충전하고 거기에 뒀구나.

☑️ 충전기

'아무리 찾아도 안 보이네.'라는 남자의 말을 통해 남자가 무엇을 찾고 있음을 알 수 있습니다. '저기 식탁 위에 있는 거'라는 여자의 말을 통해 여자는 물건이 있는 위치를 알고 있으며 식탁과는 거리가 떨어진 곳에 있음을 알 수 있습니다.

You can tell that the man is looking for something from his words, "I can't find it no matter how hard I look." From the woman's words, "It's over there on the table," you can tell that she knows where the item is and that they are not near the table.

3. ①

> 남자: 2019년부터 감소하던 해외여행객 수가 2022년 이후 다시 증가하고 있는 것으로 나타났습니다. 한국인이 가장 많이 방문하는 나라는 다른 나라에 비해서 거리가 가까운 '일본'이었고, 다음으로 '태국'과 '미국'이 뒤를 이었습니다.

☑ 감소하다 | 증가하다

해외여행객 수가 2019년부터 감소했지만 2022년 이후 다시 증가하고 있다고 했습니다. 현황에 대한 이야기를 할 때는 '꺾은선 그래프'가 주로 출제됩니다. 꾸준히 증가하거나 감소하는 추세인지 중간에 변화가 있는지 주의해서 들어야 합니다.

It was mentioned that the number of overseas travelers has decreased since 2019, but has increased again since 2022. When talking about current situations, 'line graphs' are mainly presented. You need to listen carefully to whether there is a steady upward or downward trend or if there are any changes in the middle.

4~8

Choosing the appropriate response

This is a question where you listen to a dialogue and choose the response that would naturally follow. It's helpful to grasp the topic at the beginning of the conversation and then focus on the last speaker's words. You'll hear short dialogues covering a wide range of everyday situations, such as **asking the reason for someone's actions, asking for someone's opinion on a situation, confirming an appointment, or making suggestions.** You can choose the answer by reading the options in advance to understand the topic of the conversation and thinking about the response to the last statement while listening.

4~8 이어질 수 있는 말 고르기

대화를 듣고 뒤에 이어질 수 있는 말을 고르는 문제입니다. 대화의 시작 부분에서 화제를 파악한 후 마지막 사람의 말에 집중해서 듣는 것이 좋습니다. **상대의 행동에 대한 이유 묻기, 상황에 대한 상대의 의견 묻기, 약속한 내용 확인하기, 제안하기** 등 일상 생활의 광범위한 내용을 담은 짧은 대화를 듣게 됩니다. **미리 선택지를 읽으며 대화의 화제를 파악하고 마지막 말에 대한 대답을 생각하며 들으면** 답을 고를 수 있습니다.

🔍 기출 문제

🔊 91회 듣기 4번

☑ 요가

기출문제 🔍   🔊 Track 기출문제 4-8

※ [4~8] 다음을 듣고 이어질 수 있는 말로 가장 알맞은 것을 고르십시오.

(각 2점)

4.

> 남자: 어제 요가 학원에 왜 안 나왔어?
>
> 여자: 할머니 생신이라 부모님하고 할머니 댁에 갔다 왔어.
>
> 남자: _____

① 그래? 안 나와서 걱정했어.

② 무슨 학원에 다니고 있어?

③ 그래? 할머니 댁에 언제 가?

④ 부모님과 함께 가기로 했거든.

4.

남자가 여자에게 요가 학원에 빠진 이유를 묻자 여자는 할머니 댁에 다녀왔다고 대답합니다. 그에 대한 반응으로 남자는 자신이 왜 그런 질문을 했는지 이야기하는 것이 자연스럽습니다.

When the man asks the woman why she missed yoga class, the woman replies that she went to her grandmother's house. As a reaction to this, it is natural for the man to explain why he asked the question.

정답 4. ①

🔍 응용 문제

☑ 염색
☑ 파마

4.
여자가 미용실에 가기 전에 염색할 색깔을 고민하는 상황입니다. '무슨 색으로 할지 아직 고민 중'이라고 했으므로 이어질 수 있는 말은 여자에게 어울릴 만한 색을 추천해 주는 내용이 될 것입니다.

This is a situation where the woman is thinking about what color to dye her hair before going to the hair salon. Since she said, "I'm still thinking about what color to do," the following statement will likely be a recommendation for a color that would suit her.

응용문제 🔍   🔊 Track 응용문제 4-8

※ [4~8] 다음을 듣고 이어질 수 있는 말로 가장 알맞은 것을 고르십시오.
(각 2점)

4.

남자: 주말에 미용실 예약했어요?
여자: 네. 염색을 할까 하는데 무슨 색으로 할지 아직 고민 중이에요.
남자: _____

① 갑자기 머리를 자르는 이유가 있어요?

② 이제 여름이니까 밝은 색이 좋지 않을까요?

③ 염색하고 파마까지 하려면 돈이 많이 들겠어요.

④ 예약 시간이 얼마 안 남았으니까 빨리 출발하세요.

정답 4. ②

📝 연습 문제

🔊 Track 연습문제 4-8

※ [4~8] 다음을 듣고 이어질 수 있는 말로 가장 알맞은 것을 고르십시오. (각 2점)

4.
① 주말에는 쉬는 게 좋지 않을까요?
② 계획을 미리미리 세우는 편이에요?
③ 비가 많이 온다던데 외출하려고요?
④ 전시회 표가 생겼는데 같이 갈래요?

5.
① 역시 방이 깨끗할수록 좋지.
② 여기는 역에서 가까워서 비싸더라고.
③ 먼저 가격을 정하고 다시 찾아볼까?
④ 아침 식사도 포함이면 좋지 않을까?

6.
① 죄송해요. 시간이 늦어서 전화를 못했어요.
② 건강히 잘 다녀올 테니까 걱정하지 마세요.
③ 공항까지 바래다주고 오느라고 좀 늦었어요.
④ 혼자 낯선 곳으로 여행 가는 건 처음이에요.

7.
① 그럼 내일 2시에 연습실에서 봅시다.
② 벌써 안무를 다 외웠다니 대단하네요.
③ 수업 전에도 연습실이 비어 있을 거예요.
④ 여러 번 연습했으니까 외울 수 있을 거예요.

8.
① 벌써 이번 달이 여름 휴가 기간이군요.
② 휴가철에는 숙소를 빨리 예약해야 해요.
③ 바다는 사람들이 많아서 복잡하지 않을까요?
④ 가까운 계곡에 가서 물놀이를 하는 건 어때요?

어휘

기출문제 4-8

요가	yoga	명	**요가**는 특히 젊은 여성들에게 인기 있는 운동이다.

응용문제 4-8

염색	dyeing (hair)	명	여름에는 머리를 밝은 색으로 **염색**하는 게 좋은 것 같다.
파마	perm	명	**파마**를 한 뒤로 인상이 부드러워졌다는 소리를 많이 듣는다.

연습문제 4-8

전시회	exhibition	명	지난 주말에 미술 **전시회**에서 본 작품이 아직도 생각난다.
숙소	lodging, accommodation	명	인터넷에서 여행 가서 묵을 **숙소**를 찾고 있다.
포함	included	명	호텔을 예약할 때 조식 **포함**을 선택하면 가격이 더 비싸다.
배웅하다	to see someone off	동	멀리서 오신 손님을 역까지 **배웅해** 드리고 돌아왔다.
낯설다	to be unfamiliar, strange	형	처음 유학을 왔을 때 모든 것이 **낯설어서** 적응하기 힘들었다.
바래다주다	to see someone off, to escort	동	시간이 늦어서 여자 친구를 집 앞까지 **바래다줬다**.
안무	choreography	명	댄스 동아리에서 매주 **안무** 연습을 하고 있다.
휴가철	vacation season	명	여름 **휴가철**에는 바다로 놀러 가는 사람들이 많다.
계곡	valley, gorge	명	**계곡**에 가서 시원한 물에 발을 담그고 쉬고 싶다.

📖 문법

☑ **A/V-거든(요)**	앞서 나온 내용에 대해 말하는 사람 자신이 생각한 이유를 나타낼 때 사용합니다. It is used when the speaker expresses the reason they think about the preceding content. 예 요즘 체력이 좋아졌어요. 매일 운동을 **하거든요**. 오늘 일찍 와 주세요. 제가 첫 번째로 **발표하거든요**.
☑ **A-(으)ㄴ 편이다** ☑ **V-는 편이다**	무엇을 단정하여 말하기보다 어느 쪽에 가깝거나 속한다고 말할 때 사용합니다. It is used when saying something is closer to or belongs to a certain category, rather than making a definitive statement. 예 그는 다른 사람의 부탁을 잘 들어주는 **편이다**. 그 모델은 젊은 사람들에게 인기가 **많은 편이다**.
☑ **A/V-(으)ㄹ수록**	앞에서 말한 내용의 정도가 심해지면 그에 따라 뒤의 내용도 그 정도가 더하거나 덜해질 때 사용합니다. '-(으)면 -(으)ㄹ수록'의 형태로 자주 사용합니다. It is used when the degree of the following content increases or decreases as the degree of the preceding content intensifies. It is often used in the form of '-(으)면 -(으)ㄹ수록' (the more... the more...). 예 그 사람을 만나면 **만날수록** 더 좋아져요. 돈은 쓰면 **쓸수록** 씀씀이가 커져서 모으기 힘들다.

🔊 [4~8]

4. ④

> 남자: 이번 주말에 시간 있어요?
>
> 여자: 아직 특별한 계획은 없는데 왜요?
>
> 남자: _____

☑ 전시회

남자가 여자에게 주말 일정을 묻고 여자는 특별한 계획이 없다고 대답하는 상황입니다. 남자가 '시간 있어요?'라고 물었으므로 이후에는 무엇을 같이 하자고 제안하는 말을 하는 것이 가장 자연스럽습니다.

This is a situation where a man asks a woman about her weekend plans, and the woman replies that she has no special plans. Since the man asked, "Do you have time?", it is most natural for him to follow up with a suggestion to do something together.

5. ③

> 여자: 지금까지 찾아본 숙소 중에 어디가 제일 마음에 들어?
>
> 남자: 글쎄. 마음에 드는 데는 너무 비싸서 아직 못 골랐어.
>
> 여자: _____

☑ 숙소 | 포함

여자와 남자가 숙소를 찾고 있는 상황입니다. 남자는 마음에 드는 곳이 있지만 가격이 비싸서 결정을 못하고 있습니다. 비싼 가격 때문에 결정하지 못하고 있는 상황이므로 가격을 먼저 정하고 숙소를 찾는 방법에 대해서 말하는 것이 대화 흐름에 가장 잘 맞는 내용이 됩니다.

This is a situation where a woman and a man are looking for accommodation. The man has found a place he likes, but he can't decide because of the high price. Since he is hesitant because of the price, it is most appropriate to talk about how to decide on a budget first and then look for accommodation, to fit the flow of the conversation.

6. ②

> 남자: 이제 비행기 타러 들어갈게요. 배웅해 줘서 고마워요.
>
> 여자: 도착하면 전화 줘. 낯선 데 갈 때는 혼자 다니지 말고.
>
> 남자: _____

☑ 배웅하다 | 낯설다 | 바래다주다

출국하는 남자를 여자가 공항까지 배웅해 주는 상황입니다. 도착한 후에 전화를 달라고 하거나 낯선 곳에 혼자 가지 말라고 당부하는 말을 통해 여자가 남자를 걱정하고 있다는 것을 알 수 있습니다. 따라서 이어질 남자의 대답으로 알맞은 것은 여자를 안심하게 하는 내용이 될 것입니다.

This is a situation where a woman is seeing off a man who is departing at the airport. You can tell that the woman is worried about the man by asking him to call after arriving or urging him not to go to unfamiliar places alone. Therefore, the appropriate response from the man would be something that reassures the woman.

7. ④

> 여자: 내일 수업 끝나고 연습실에서 춤 연습 있는 거 알지요?
>
> 남자: 그럼요. 그런데 2시간 만에 안무를 다 외울 수 있을까요?
>
> 여자: _____

☑ 안무

여자와 남자가 약속한 춤 연습 일정에 대해 대화하는 상황입니다. 남자가 2시간 만에 안무를 다 외우지 못할까 봐 걱정하고 있으므로 여자가 남자를 격려하는 말을 이어서 하는 것이 자연스럽습니다.

This is a situation where a woman and a man are talking about their scheduled dance practice. Since the man is worried that he won't be able to memorize the choreography in two hours, it is natural for the woman to follow up with encouraging words.

8. ④

> 남자: 다음 달에 여름 휴가는 어디로 갈까요?
>
> 여자: 날씨가 더우니까 시원한 데로 가서 쉬다 오면 좋겠어요.
>
> 남자: _____

☑ **휴가철 | 계곡**

남자와 여자가 다음 달에 있을 여름 휴가에 대해 대화합니다. 남자가 휴가 장소를 묻자 여자는 더위를 피해서 시원한 곳에서 쉬고 싶다고 말합니다. 따라서 남자가 휴가를 시원하게 보낼 수 있는 장소를 제안하는 것이 자연스럽습니다.

A man and a woman are talking about their summer vacation next month. When the man asks about the vacation spot, the woman says she wants to rest in a cool place to avoid the heat. Therefore, it is natural for the man to suggest a place where they can spend their vacation in a cool way.

메모

9~12

Choosing the next action:

This is a question where you listen to a dialogue and choose the action the woman will take next. Content that requests, suggests, or instructs a certain action is frequently presented. Usually, the beginning of the dialogue provides context, and the latter part presents the action the woman will take, so you need to focus on the latter part of the dialogue. The woman may directly state the action she will take, or she may reveal it while responding to the man's words. Therefore, **you need to pay attention to who the subject of the action is and whether the woman's response to the man's words is positive or negative.** The following are common dialogue patterns in this type of question.

Similar to question 9 on the 91st exam, the beginning of the dialogue explains the background of the situation, followed by the man and woman mentioning what each of them will do. In this case, grammar like "(제가) –(으)ㄹ 테니까 (당신이) –아/어요. [–(으)세요.]' or '(제가) –(으)ㄹ까요?[–(으)ㄹ게요.]" is frequently used. Also, expressions like "I'll check," "I'll confirm," and "I'll call you" often appear at the end of the conversation.

9~12 이어서 할 행동 고르기

대화를 듣고 여자가 이어서 할 행동을 고르는 문제입니다. 어떤 행동을 요청, 제안, 지시하는 내용이 자주 출제됩니다. 주로 대화의 앞부분에는 상황 설명이 나오고 **뒷부분에 여자가 할 행동이 나오므로 대화의 후반부를 집중해서 들어야 합니다.** 여자가 직접 자신이 할 행동을 말하기도 하고, 남자의 말에 대답하며 자신이 할 행동을 드러내기도 합니다. 따라서 행동의 주체가 누구인지, 남자의 말에 대한 여자의 대답이 긍정인지 부정인지 주의해서 들어야 합니다. 이 유형에서 자주 보이는 대화의 양상은 아래와 같습니다.

> 여자: 기차 탈 때까지 시간이 좀 남았네.
> 남자: 그러네. 저 카페에서 커피 한잔 마시자.
> 여자: 응. 난 기차에서 먹을 김밥 좀 사서 갈 테니까 먼저 들어가 있어.
> 남자: 알았어. 카페에 앉아 있을게.

91회 기출문제 9번과 같이 시작 부분에서 대화의 배경 상황을 설명하고 다음으로 남자와 여자가 각각 할 일에 대해 언급합니다. 이때에 '(제가) –(으)ㄹ 테니까 (당신이) –아/어요.[–(으)세요.]' 또는 '(제가) –(으)ㄹ까요?[–(으)ㄹ게요.]'와 같은 문법이 자주 사용됩니다. 또한 대화의 끝부분에는 '알아보겠습니다. 확인해 보겠습니다. 전화 드리겠습니다.'와 같은 표현도 자주 등장합니다.

🔍 기출 문제

기출문제 🔍 🔊 Track 기출문제 9-12

※ [9~12] 다음을 듣고 **여자가** 이어서 할 행동으로 가장 알맞은 것을 고르십시오. (각 2점)

11.

> 남자: 수미 씨, 미술 연필은 골랐어요. 더 살 게 있어요?
>
> 여자: 물감을 사야 하는데 찾는 게 안 보이네요.
>
> 남자: 제품 이름 알려 줘요. 직원한테 그 제품이 있는지 물어볼게요.
>
> 여자: 아니에요. 제가 물어보고 올 테니까 민수 씨는 여기에서 기다려요.

① 물감을 찾아본다.　　② 미술 연필을 고른다.

③ 직원에게 물어본다.　　④ 남자에게 제품 이름을 말한다.

🔊 ·· 91회 듣기 11번

☑ 물감
☑ 제품

11.

남자는 여자에게 찾고 있는 제품의 이름을 알려 주면 직원에게 물어보겠다고 했습니다. 이에 대해 여자는 '제가 물어보고 올 테니까'라고 대답했으므로 직접 직원에게 물어보러 갈 것입니다.

The man told the woman that if she tells him the name of the product she is looking for, he will ask the staff. To this, the woman replied, "I'll go ask," so she will go directly to the staff and ask.

정답 11. ③

🔍 응용 문제

☑ 요리법
☑ 다듬다

9.

남자가 잡채 만드는 법을 찾아달라고 하자 여자는 이미 찾아 뒀다며 손을 씻고 와서 같이 재료를 다듬겠다고 합니다. 따라서 대화가 끝난 후에 여자가 가장 먼저 할 행동은 손을 씻는 것입니다.

When the man asks her to find a recipe for japchae, the woman says that she has already found it and that she will wash her hands and then prepare the ingredients together. Therefore, the first thing the woman will do after the conversation is to wash her hands.

🔊 Track 응용문제 9-12

※ [9~12] 다음을 듣고 **여자가** 이어서 할 행동으로 가장 알맞은 것을 고르십시오 (각 2점)

9.

> 여자: 필요한 재료는 다 샀으니까 이제 씻는 것부터 하면 되지?
>
> 남자: 그건 내가 할게. 인터넷에서 잡채 만드는 법 좀 찾아줄래?
>
> 여자: 요리법은 미리 찾아 뒀지. 잠깐 손 좀 씻고 올 테니까 재료 다듬는 건 같이 하자.
>
> 남자: 응, 알겠어.

① 손을 씻으러 간다. 　② 필요한 재료를 산다.

③ 재료를 다듬는다. 　④ 잡채 만드는 법을 찾는다.

정답 9. ①

📝 연습 문제

🔊 Track 연습문제 9-12

※ **[9~12] 다음을 듣고 여자가 이어서 할 행동으로 가장 알맞은 것을 고르십시오.** (각 2점)

9. ① 예약을 한다.　　　　　　　② 머리를 자른다.
　　③ 가방을 건네준다.　　　　　④ 소파에 앉는다.

10. ① 박스에 이름을 쓴다.　　　　② 이삿짐 포장을 마친다.
　　③ 방에 펜을 가지러 간다.　　④ 이삿짐을 문 앞으로 옮긴다.

11. ① 메뉴를 확인한다.　　　　　② 이용 방법을 찾는다.
　　③ 2층으로 올라간다.　　　　④ 주문하고 컵을 받아 온다.

12. ① 시장실에 전화한다.　　　　② 팀 회의를 준비한다.
　　③ 인터뷰 일정을 수정한다.　④ 이메일 답장을 확인한다.

어휘

기출문제 9-12

물감	paint	명	미술 시간에 **물감**으로 그림을 색칠했다.
제품	product	명	그 가게 **제품**은 가격이 비싸지만 질이 좋다.

응용문제 9-12

요리법	recipe	명	책에 나온 **요리법**을 보고 그대로 음식을 만들어 봤다.
다듬다	to trim	동	시장에서 사 온 야채를 요리하기 좋게 **다듬었다**.

연습문제 9-12

차다	to be full, to be filled	동	식당에 자리가 **차서** 앉을 데가 없다.
옮기다	to move, to transfer	동	침대 위치를 바꾸고 싶은데 무거워서 혼자 **옮길** 수 없다.
박스	box	명	봄이 되어 안 입는 겨울옷을 **박스**에 넣어 정리했다.
무인	unmanned	명	직원 없이 물건을 판매하는 **무인** 가게가 늘고 있다.
담다	to put in, to pack	동	과일을 잘라서 접시에 **담았다**.
일정을 잡다	to schedule	표현	책 전시회 **일정을 잡기** 위해 직원들과 회의를 했다.
답변	answer, reply	명	그 배우는 기자들의 질문에 성실하게 **답변**을 했다.
출장	business trip	명	팀장님은 지방으로 **출장**을 가셔서 지금 회사에 안 계십니다.
수정하다	to revise, to correct	동	선배의 말을 듣고 처음에 세운 시험공부 계획을 **수정했다**.

📖✏️ 문법

☑ A/V-(으)ㄹ 테니까

어떤 일을 하려고 하는 의지를 나타내거나 무엇을 추측할 때 사용하는데 앞의 내용은 뒤에 오는 말의 이유가 됩니다.

It is used to indicate a will to do something or to make a guess, with the preceding content being the reason for the following statement.

예 청소는 제가 할 테니까 저쪽에서 좀 쉬세요.

사람들이 많이 올 테니까 의자를 더 준비해야겠어요.

☑ V-아/어 두다

어떤 행동을 마치고 그 결과를 그대로 유지할 때 사용합니다.

It is used when an action is completed and the result is maintained.

예 물건에 이름을 써 두었다.

사무실에 짐을 옮겨 두었다.

☑ A-(으)ㄴ지
☑ V-는지

확신할 수 없는 것을 뒤에 오는 말의 사실이나 판단과 연결하여 나타낼 때 사용합니다.

It is used to connect something uncertain with a fact or judgment in the following statement.

예 답이 맞는지 확인하세요.

그는 기분이 좋은지 노래를 흥얼거렸다.

🔊 [9~12]

9. ③

> 여자: 제가 예약을 못하고 왔는데 지금 원장님께 머리를 자를 수 있을까요?
>
> 남자: 오늘은 예약이 다 차서 어렵고 다른 선생님께 받으시는 건 가능합니다.
>
> 여자: 그렇군요. 그럼 다른 선생님으로 해 주세요.
>
> 남자: 네. 가방은 저한테 주시고 저쪽 소파에 앉아서 잠시만 기다려 주시겠어요?

☑ 차다

여자는 원장이 자신의 머리를 잘라 주기를 원했지만 미리 예약하지 않아서 다른 사람에게 머리를 맡기기로 합니다. 여자가 머리를 하기로 결정하자 남자는 가방을 주고 소파에 앉아서 기다려 달라고 안내합니다. 따라서 여자가 이어서 할 행동은 남자에게 가방을 주는 것입니다.

The woman wanted the director to cut her hair, but she didn't make a reservation in advance, so she decides to have someone else cut her hair. When the woman decides to get her hair done, the man gives her a bag and guides her to sit on the sofa and wait. Therefore, the next thing the woman will do is give the man her bag.

10. ③

> 여자: 차에 실을 짐은 다 쌌으니까 이제 문 앞으로 옮겨 두면 되겠다.
>
> 남자: 이삿짐 옮기는 건 내가 할 테니까 박스에 이름 좀 써 줄래? 펜은 방에 있을 거야.
>
> 여자: 어떤 짐을 넣은 박스인지 써 두는 게 좋겠구나. 좋아. 내가 펜으로 이름을 써 놓을게.
>
> 남자: 응. 올 때 시원한 물도 한 잔 부탁해.

☑ 옮기다 | 박스

남자는 자신이 이삿짐을 옮길 테니 여자에게 박스에 이름을 써 달라고 합니다. 여자는 남자의 생각에 동의하며 펜으로 이름을 써놓겠다고 대답합니다. 펜이 방에 있을 거라고 했으므로 여자가 이어서 할 행동은 방에 펜을 가지러 가는 것입니다.

The man says that he will move the luggage, so he asks the woman to write her name on the box. The woman agrees with the man's idea and replies that she will write her name with a pen. Since he said the pen would be in the room, the next thing the woman will do is go to the room to get a pen.

11. ③

여자: 무인 카페도 분위기가 좋네. 여기에서 주문하고 옆에서 컵을 받아서 음료를 담으면 되나?

남자: 응. 처음이라면서 잘 아네. 그런데 1층은 좀 좁은 것 같은데 2층에 한번 가 볼까?

여자: 내가 2층에 자리가 있는지 확인하고 올 테니까 너는 메뉴 고르고 있어.

남자: 고마워. 그럼 뭐가 있는지 보고 있을게.

☑ 무인 | 담다

남자는 1층은 자리가 좁으니 2층에 가 보겠다고 합니다. 이를 듣고 여자는 본인이 2층에 다녀올 테니 남자에게 메뉴를 고르고 있으라고 대답합니다. 앞으로 할 행동이 연이어 등장할 때는 그 행동을 하는 주체가 누구인지 주의해서 들어야 헷갈리지 않고 답을 찾을 수 있습니다.

The man says that the first floor is cramped, so he will go to the second floor. Hearing this, the woman replies that she will go to the second floor, so she asks the man to choose the menu. When actions to be taken in the future appear consecutively, you need to listen carefully to who is the subject of each action so that you don't get confused and can find the answer.

12. ①

남자: 수미 씨, 시장님과 인터뷰 일정은 잡았나요?

여자: 이메일로 연락을 드렸는데 아직 답변을 못 받았습니다. 오후에 시장실로 전화 드려 보려고요.

남자: 좀 서둘러 줄 수 있을까요? 오전에 회의하면서 우리 팀 출장 일정도 정해야 해서요.

여자: 네, 그럼 지금 전화로 바로 확인해 보겠습니다.

☑ 일정을 잡다 | 답변 | 출장 | 수정하다

여자는 일정을 잡기 위해 이메일을 보냈지만 아직 답변을 받지 못했습니다. 남자는 팀의 출장 일정을 정해야 하므로 인터뷰 일정 잡는 일을 서둘러 달라고 여자에게 요청했습니다. 이에 대해 여자가 전화로 확인해 보겠다고 대답했으므로 여자가 이어서 할 행동은 전화를 하는 것입니다.

The woman sent an email to schedule an appointment, but she has not received a reply yet. The man asked the woman to hurry up with scheduling the interview because he needs to set the team's business trip schedule. To this, the woman replies that she will check by phone, so the next thing she will do is make a phone call.

Choosing the same content

This is a question where you listen and choose the option with the same content. The topics and formats are quite broad and diverse, ranging from everyday conversations with people around you to announcements in public places, news reporting incidents and accidents, and interviews in specialized fields. **Since it's important whether the content of the choices matches the listening content, you should listen while eliminating incorrect choices.**

13
Dialogue

Two people have a conversation about various topics. It's good to listen carefully to whether they agree with each other's words, and if their opinions differ, what the differences are. Also, you should listen carefully to distinguish **whether the subject of the opinion or action is the man or the woman.**

14
Announcement

This is broadcast in public places for the purpose of making an announcement. You should listen and understand to whom, for what purpose, and what information is being conveyed. You need to focus on the **time, place, and precautions** and find the option that matches what you heard.

같은 내용 고르기

들은 내용과 같은 것을 고르는 문제입니다. 주변 사람들과 나누는 일상적인 대화에서부터 공공장소에서의 안내 방송, 사건 사고를 전달하는 뉴스, 전문 분야의 인터뷰까지 주제와 형식이 폭넓고 다양한 편입니다. **선택지 내용과 듣기 내용이 일치하는지 여부가 중요하므로 들을 때 맞지 않는 선택지는 지우면서 들어야 합니다.**

13 대화

두 사람이 다양한 주제에 대해 대화를 나눕니다. 상대의 말에 동의하고 있는지, 의견이 다르다면 어떤 부분에서 차이가 나는지 주의하며 듣는 것이 좋습니다. 또한 **해당 의견이나 행동의 주체가 남자인지 여자인지 잘 구별**하며 들어야 합니다.

14 안내 방송

공공장소에서 무엇을 알리기 위한 목적으로 방송하는 내용입니다. 누구에게 무슨 목적으로 어떤 정보를 전달하고 있는지 이해하며 들어야 합니다. **시간, 장소, 주의 사항에 집중**하여 들은 내용과 같은 것을 찾아야 합니다.

15 뉴스

시작하면서 **언제, 어디에서 무슨 사건이 발생**했는지에 대한 정보가 나옵니다. 어떤 사건인지 확인한 후 그것이 **발생한 시간, 원인, 피해 정도, 진행 상황, 수습 대책** 등에 주의해서 들어야 합니다.

16 인터뷰

전문가 또는 해당 분야와 관련이 있는 사람과 인터뷰하는 내용입니다. 대화의 시작 부분에서 어떤 분야에 대한 이야기이며 질문 내용이 무엇인지 확인할 수 있습니다. **해당 분야의 업무 내용이나 방법, 인기 비결, 활동하게 된 계기** 등 다양한 질문에 대한 **구체적인 답변 내용**을 주의 깊게 들어야 합니다.

15

News

It starts by providing information about **when, where, and what incident occurred.** After confirming what kind of incident it is, you should pay attention to the **time of occurrence, cause, extent of damage, progress, and countermeasures.**

16

Interview

This is an interview with an expert or someone related to the field. At the beginning of the conversation, you can identify what field the conversation is about and what the questions are. You should listen carefully to the specific answers to various questions, such as the work content or methods in that field, secrets to popularity, and reasons for starting the activity.

🔊 ·· 91회 듣기 13번

13.

여자가 '인주서점은 아직도 그대로 있어.'라고 했으므로 서점은 같은 자리에 있음을 알 수 있습니다.
① 길이 넓어졌다고 했습니다.
② 10년 만에 와 봤다고 했습니다.
③ 남자는 대학 다닐 때 책을 사러 인주서점에 자주 갔습니다.

The woman said, 'Inju Bookstore is still the same,' so you can tell that the bookstore is in the same place.
① It said the road has widened.
② It said it's been 10 years since they last visited.
③ The man often went to Inju Bookstore to buy books when he was in college.

기출문제 🔍   🔊 Track 기출문제 13-16

※ [13~16] 다음을 듣고 들은 내용과 같은 것을 고르십시오. (각 2점)

13.

> 여자: 와, 10년 만에 와 보니까 여기 많이 변했다.
>
> 남자: 응. 내가 알던 곳이 아닌 것 같아. 길도 넓어지고 가게도 많아지고.
>
> 여자: 그러네. 어, 그런데 저기 인주서점은 아직도 그대로 있어.
>
> 남자: 정말이네. 우리 대학 다닐 때 전공 책 사러 자주 갔었잖아

① 길이 예전에 비해 좁아졌다.
② 여자는 이곳에 처음 와 봤다.
③ 남자는 인주서점에 간 적이 없다.
④ 인주서점은 지금까지 같은 자리에 있다.

정답 13. ④

14.

여자: (딩동댕) 댄스 대회에 오신 여러분께 안내 드립니다. 잠시 후 두 시부터 개회식이 열립니다. 대기실에 계신 참가자들은 대회장으로 오시기 바랍니다. 개회식이 끝나는 대로 예선 경기가 시작되오니 그 자리에서 기다려 주십시오. 대회 중에는 촬영을 할 수 없으니 협조 부탁드립니다. (댕동딩)

① 개회식은 대회장에서 열린다.
② 대회의 장면은 찍을 수 있다.
③ 예선 경기는 두 시에 시작된다.
④ 개회식 후에 대기실로 가야 한다.

🔊 ·· 83회 듣기 14번

☑ 개회식
☑ 대기실
☑ 참가자
☑ 예선
☑ 촬영
☑ 협조

14.

'개회식이 열리니 대회장으로 와 달라는' 댄스 대회에서의 안내 방송입니다.
② 대회 중에는 촬영할 수 없습니다.
③ 개회식이 두 시에 열리고 예선 경기는 그 후에 시작됩니다.
④ 개회식 후 그 자리에서 기다리라고 했습니다.

This is an announcement at a dance competition saying, 'Please come to the competition venue as the opening ceremony will be held.'
② You cannot film during the competition.
③ The opening ceremony will be held at two o'clock and the preliminary matches will begin after that.
④ It said to wait there after the opening ceremony.

정답 14. ①

☑ 정전
☑ 발생하다
☑ 운행
☑ 중단하다
☑ 정밀 검사

15.

'지난주에도 정전 사고가 한 차례 있었다'는 말을 들으면 정답을 찾을 수 있습니다.
① 현재 운행을 중단했습니다.
② 인주역에서 사고가 발생했습니다.
④ 오전 8시경에 발생했습니다.

You can find the answer when you hear, 'There was also a power outage last week.'
① The operation is currently suspended.
② The accident occurred at Inju Station.
④ It occurred around 8 am.

15.

> 여자: 오늘 오전 8시경 인주역에서 지하철 3호선 열차에 정전 사고가 발생했습니다. 사고 열차가 10분간 멈추면서 출근길 시민들이 큰 불편을 겪었습니다. 이 열차는 지난주에도 정전 사고가 한 차례 있었는데요. 현재 운행을 중단하고 정밀 검사를 하고 있습니다.

① 이 열차는 현재 운행 중이다.
② 이 열차는 인주역에 들어오지 못했다.
③ 이 열차는 지난주에도 정전 사고가 있었다.
④ 이 열차의 정전 사고는 늦은 밤에 발생했다.

정답 15. ③

16.

남자: 작가님의 그림이 인기를 얻고 있는 이유는 뭐라고 생각하십니까?

여자: 우리 주변의 흔하고 평범한 소재를 따뜻하게 그리기 때문이 아닐까요? 저는 행복했던 어린 시절을 기억하고 싶어서 70세가 넘어서야 그림을 그리기 시작했어요. 물론 배운 적도 없고요. 꾸미지 않은 그런 느낌을 사람들이 좋아해 주는 것 같아요.

① 여자는 전문적으로 그림을 배웠다.

② 여자의 그림은 화려한 느낌을 준다.

③ 여자는 화가가 된 지 70년이 넘었다.

④ 여자는 평범한 것을 그림의 소재로 삼는다.

🔊 ·· 83회 듣기 16번

☑ 흔하다
☑ 평범하다
☑ 화려하다
☑ 소재로 삼다

16.

여자는 '흔하고 평범한 소재'를 따뜻하게 그려서 그림이 인기를 얻는 것 같다고 했습니다.

① 그림을 배운 적이 없습니다.

② 꾸미지 않은 느낌을 사람들이 좋아해 준다고 했으므로 화려한 느낌과는 거리가 멉니다.

③ 70세가 넘어서 그림을 시작했습니다.

The woman said that she thinks her paintings are popular because she paints 'common and ordinary subjects' in a warm way.

① She has never learned to paint.

② She said that people like the unadorned feeling, so it is far from a flamboyant feeling.

③ She started painting after she turned 70.

정답 16. ④

응용 문제

☑ 예보

13.

여자가 '예보를 보니까 비가 온 다던데'라고 했으므로 이미 일기 예보를 확인한 것을 알 수 있습니다.

① 몇 년 만에 가는 해외여행입니다.

② 여자는 미리 짐을 챙기자고 했습니다.

③ 남자는 여권과 돈만 있으면 된다는 생각이지만 아직 챙긴 것은 아닙니다.

You can tell that the woman has already checked the weather forecast because she said, 'I saw the forecast and it said it's going to rain.'

① It's their first overseas trip in years.

② The woman suggested packing their luggage in advance.

③ The man thinks that all he needs is his passport and money, but he hasn't packed yet.

※ [13~16] 다음을 듣고 들은 내용과 같은 것을 고르십시오. (각 2점)

13.

> 여자: 몇 년 만에 가는 해외여행이라 설레네요. 짐을 좀 쌀까요?
>
> 남자: 이틀이나 남았는데 벌써요? 내일 하는 게 어때요?
>
> 여자: 미리 챙겨야 잊고 가는 물건이 없죠. 예보 보니까 비가 온다던데 우산도 가져 갑시다.
>
> 남자: 여행 갈 때는 여권이랑 돈만 있으면 다른 건 다 괜찮아요.

① 두 사람은 매년 해외여행을 다닌다.

② 여자는 여행 가방을 내일 싸려고 한다.

③ 남자는 이미 여권과 돈을 가방에 챙겨 뒀다.

④ 여자는 여행 가기 전에 일기 예보를 확인했다.

14.

남자: (딩동댕) 안내 말씀드립니다. 잠시 후 두 시부터 서점 1층에서 김수미 작가의 출간 기념 사인회가 열립니다. 오늘 김 작가님의 신간 소설을 구매하신 분들께는 감사 이벤트에 응모할 수 있는 번호표를 드리고 있습니다. 김 작가님의 신간은 J10서가에 진열되어 있으니 이용에 참고해 주시기 바랍니다. (댕동딩)

① 사인회는 1시부터 시작될 예정이다.
② 감사 이벤트는 누구나 응모할 수 있다.
③ 사인회에 참석하려면 번호표를 받아야 한다.
④ 작가의 새 책 출간을 기념하여 여는 사인회이다.

☑ 출간
☑ 신간
☑ 구매하다
☑ 응모하다
☑ 서가
☑ 진열되다

14.

'김수미 작가의 출간 기념 사인회'라고 했으므로 작가가 책을 낸 것을 기념하여 여는 사인회임을 알 수 있습니다.
① 사인회는 2시부터 열립니다.
② 신간 소설을 구매해야 이벤트에 응모할 수 있습니다.
③ 번호표는 이벤트에 응모하기 위해 받는 것입니다.

You can tell that this is an autograph session to celebrate the author's book release because it said 'Kim Soo-mi's book launch autograph session'.
① The autograph session starts at 2 o'clock.
② You need to purchase the new novel to enter the event.
③ The number ticket is for entering the event.

☑ 화재
☑ 인명
☑ 피해
☑ 신고
☑ 재산
☑ 충전
☑ 전기차
☑ 추측되다
☑ 원인이 밝혀지다

15.

'재산 피해가 크다'고 했으므로 화재로 인한 경제적인 피해가 컸음을 알 수 있습니다.
① 신고가 늦어졌습니다.
③ 인명 피해는 없다고 했습니다.
④ 아직 화재 원인이 밝혀지지 않았습니다.

It says 'there was a lot of property damage', so you can understand that there was a large financial loss due to the fire.
① The report was delayed.
③ It said there were no casualties.
④ The cause of the fire has not yet been identified.

15.

> 여자: 오늘 새벽 두 시경, 인주 아파트 지하 주차장에서 화재가 발생했습니다. 다행히 인명 피해는 없었으나 신고가 늦어지면서 재산 피해가 커졌습니다. 불은 충전 중인 전기차에서 시작된 것으로 추측되고 있으나 정확한 화재 원인은 아직 밝혀지지 않고 있습니다.

① 불이 나자마자 신고가 접수되었다.
② 화재로 인한 경제적인 피해가 컸다.
③ 화재가 발생해서 아파트 주민들이 다쳤다.
④ 전기차 충전이 화재 발생 원인으로 밝혀졌다.

정답 15. ②

16.

남자: 노인 인구가 늘면서 요양보호사의 중요성도 커지고 있는데요. 요양보호사는 주로 어떤 일을 하시나요?

여자: 노인들의 신체 활동이나 가사를 지원하는 일을 하고 있습니다. 전문성이 필요하기 때문에 자격시험을 통과해야 활동할 수 있습니다. 정서적인 어려움을 겪는 노인들을 지원하는 일도 중요한 업무 중 하나입니다.

① 요양보호사의 역할이 점점 줄고 있다.

② 노인의 안전을 위해 운동은 최소화해야 한다.

③ 요양보호사가 되려면 자격시험에 합격해야 한다.

④ 노인의 외로움을 덜어 주는 것은 업무와 상관없다.

☑ 인구
☑ 요양보호사
☑ 신체
☑ 지원하다
☑ 전문성
☑ 자격시험
☑ 통과하다
☑ 정서적
☑ 업무

16.

'자격시험을 통과해야 활동할 수 있다'고 했으므로 요양보호사가 되려면 자격시험에 합격해야 합니다.

① 요양보호사의 중요성이 커지고 있습니다.

② 요양보호사는 노인의 신체 활동을 지원하며 운동을 최소화해야 한다는 내용은 없습니다.

④ 정서적인 어려움을 겪는 노인을 지원하는 일도 중요한 업무입니다.

It says 'you can work after passing the qualification exam', so you need to pass the qualification exam to become a care worker.

① The importance of care workers is growing.

② Care workers support the physical activities of the elderly, and there is no mention of minimizing exercise.

④ Supporting the elderly who are experiencing emotional difficulties is also an important task.

정답 16. ③

📝 연습 문제

🔊 Track 연습문제 13-16

※ [13~16] 다음을 듣고 들은 내용과 같은 것을 고르십시오. (각 2점)

13.
① 두 사람은 같이 한옥 사진을 보고 있다.
② 여자는 아름다운 한옥에서 살고 싶어 한다.
③ 여자는 아파트처럼 살기 편한 곳을 선호한다.
④ 남자는 한옥이 단점보다 장점이 많다고 생각한다.

14.
① 할인 혜택을 받기 위해 미리 줄을 서도 된다.
② 정육 코너에서 불고기를 저렴하게 살 수 있다.
③ 잠시 후 수입산 소고기 할인 행사가 시작된다.
④ 5시부터 모든 고객에게 소고기를 반값에 판다.

15.
① 지하철을 타지 못한 승객들이 버스를 많이 이용했다.
② 큰 비로 인해 지하철 1호선 전체 구간이 운행되지 않았다.
③ 출근 시간에 지하철을 오래 기다린 승객들의 불만이 커졌다.
④ 하루 종일 많은 비가 내려서 대중교통 이용에 불편을 겪었다.

16.
① 여자는 대학생이 되면서 봉사 활동을 하게 됐다.
② 여자는 봉사 점수를 받기 위해서 활동을 시작했다.
③ 유기견 봉사 활동 중에서 가장 힘든 일은 청소이다.
④ 활동 중에 유기견과 정이 들지 않게 주의해야 한다.

기출문제 13-16

개회식	opening ceremony	명	올림픽 **개회식**에 사람들의 관심이 쏠렸다.
대기실	waiting room	명	가수들은 무대 뒤에 있는 **대기실**에서 자기 차례를 기다리고 있다.
참가자	participant	명	대회 **참가자** 모두에게 기념품을 나눠 주었다.
예선	preliminary round	명	우리 팀 선수들은 **예선**을 통과해서 다음 경기를 할 수 있게 됐다.
촬영	filming	명	드라마 **촬영**을 하고 있어서 거리를 지나갈 수 없었다.
협조	cooperation	명	시민들의 **협조**로 행사가 안전하게 마무리 되었다.
정전	power outage	명	**정전**이 되는 바람에 보고 있던 텔레비전이 갑자기 꺼졌다.
발생하다	to occur, to happen, to take place	동	교통사고가 **발생했지만** 다행히 사람들이 다치지는 않았다.
운행	operation	명	지하철이 고장 나서 잠시 **운행**을 멈췄다.
중단하다	to stop, to suspend, to discontinue	동	비가 너무 많이 와서 축구 경기를 **중단했다**.
정밀 검사	precise inspection	명	문제의 원인을 찾기 위해 병원에서 **정밀 검사**를 받았다.
흔하다	common, ordinary, frequent	형	내 이름은 **흔해서** 같은 이름을 가진 사람들을 많이 봤다.
평범하다	ordinary, average, commonplace	형	그는 어디에서나 쉽게 볼 수 있는 **평범한** 옷차림을 하고 있었다.
화려하다	colorful, fancy, gorgeous	형	사람들은 그녀의 **화려한** 의상을 한 번씩 쳐다봤다.
소재로 삼다	to use as a subject	표현	그는 자신의 경험을 **소재로 삼아** 글을 쓰고 있다.

응용문제 13-16

예보	forecast	명	**예보**를 보니 비가 온다고 해서 우산을 가지고 나갔다.
출간	publication	명	출판사에서 김 작가의 책 **출간**을 기념하여 다양한 행사를 준비했다.
신간	new publication	명	서점에 갔다가 **신간** 코너에서 새로 나온 책들을 살펴봤다.

구매하다	to purchase	동	물건을 **구매하기** 전에 가격과 질을 꼼꼼히 따져 봐야 한다.
응모하다	to apply	동	그는 마트 행사에 **응모해서** 휴지를 선물로 받았다.
서가	bookshelf	명	**서가**에 새로 산 책을 꽂아 두었다.
진열되다	to be displayed	동	가게 안에 상품이 보기 좋게 **진열되어** 있다.
화재	fire	명	새벽에 아파트에 **화재**가 나서 사람들이 자다가 급히 밖으로 나왔다.
인명	human life	명	그는 운전하다가 **인명** 사고를 내서 면허가 취소되었다.
피해	damage, harm	명	이번 태풍으로 인해 인명 **피해**가 생겼다.
신고	report	명	경찰은 주민의 **신고**를 받고 바로 사건 현장으로 출동했다.
재산	property	명	그는 죽기 전에 자신의 전 **재산**을 사회에 기부하고 떠났다.
충전	charging	명	휴대폰 배터리가 다 떨어지기 전에 **충전**을 했다.
전기차	electric car	명	**전기차**는 운전할 때 소음이 거의 없다.
추측되다	to be presumed, to be guessed	동	경찰은 범인으로 **추측되는** 사람의 소재를 파악하고 있다.
원인이 밝혀지다	the cause is revealed	표현	화재 사고의 **원인이 밝혀지려면** 시간이 더 걸릴 것으로 예상된다.
인구	population	명	출산율이 낮아지면서 **인구**가 계속 감소하고 있다.
요양보호사	caregiver	명	노인들을 돕는 **요양보호사**가 되기 위해 시험을 준비 중이다.
신체	physical	명	그는 매일 운동을 하며 **신체**를 튼튼하게 만들었다.
지원하다	to support, to assist	동	그 기업은 형편이 어려운 학생들에게 등록금을 **지원해** 주었다.
전문성	professionalism	명	회사에서는 **전문성**을 갖춘 직원을 뽑고 싶어 한다.
자격시험	qualification exam	명	그 일을 하기 위해서는 먼저 **자격시험**을 봐야 한다.
통과하다	to pass (an exam)	명	그는 대학 졸업 시험을 우수한 성적으로 **통과했다**.
정서적	emotional	명 관	환자에게 가장 중요한 것은 **정서적인** 안정을 찾는 일이다.
업무	task, duty	명	**업무**가 많아서 주말에도 출근을 했다.

연습문제 13-16

한옥	traditional Korean house	명	한국의 전통적인 분위기를 느낄 수 있는 **한옥** 마을이 인기이다.
견디다	to endure, to withstand	동	그는 외롭고 힘든 이민 생활을 **견디지** 못하고 고향으로 돌아왔다.
단점	disadvantage, drawback	명	이 집은 다 좋은데 역에서 멀다는 **단점**이 있다.
장점	advantage, merit	명	그는 사람을 만날 때 상대의 **장점**을 먼저 보려고 노력한다.
정육	meat	명	마트에 **정육**을 판매하는 곳이 따로 있어서 고기는 거기에서 산다.
국내산	domestic (product)	명	이 가게는 **국내산** 배추로 담근 김치만 판다.
판매하다	to sell	동	이곳은 항상 신선한 과일을 **판매해서** 단골손님이 많다.
저렴하다	cheap, inexpensive	형	**저렴한** 가격에 물건을 사서 기분이 좋다.
혜택	benefit, discount	명	물건을 살 때 학생증을 제시하면 할인 **혜택**을 받을 수 있다.
수입산	imported (product)	명	**수입산** 소고기를 한우로 속여서 파는 것은 범죄이다.
폭우	heavy rain, torrential rain	명	**폭우**로 인해 도로가 물에 잠겼다.
구간	section, part	명	이곳은 공사 **구간**이라 위험하니 돌아가세요.
승객	passenger	명	버스가 **승객**을 태우고 출발했다.
분주하다	busy, bustling	형	그는 연말에 여러 시상식에 참여하느라 **분주한** 나날을 보내고 있다.
몰리다	to flock, to swarm	동	한꺼번에 많은 관광객이 **몰려서** 사고의 위험이 높아졌다.
이용객	customer, user	명	해외로 여행을 가는 사람들이 많아지면서 공항 **이용객**이 증가했다.
유기견	abandoned dog	명	주인에게 버림받은 **유기견**이 거리를 떠돌고 있다.
계기	opportunity, chance	명	장애인 봉사 활동을 **계기**로 하여 사회 문제에 관심을 갖게 됐다.
꾸준히	steadily, consistently	부	무슨 일이든 **꾸준히** 하면 좋은 결과를 얻을 수 있다.
앞두다	to have something ahead, to be about to	동	중요한 시험을 **앞두고** 긴장한 탓에 배가 아팠다.

📖 문법

✓ **N 만에**

어떤 일이 일어나고 얼마 후에 또 다른 일이 일어날 때 사용하는데 그 사이의 시간 간격이 보통보다 짧거나 길 때 씁니다.

This is used when another event happens a short or long time after a previous event, with the time interval between them being shorter or longer than usual.

> 예 시험을 준비한 지 5년 만에 드디어 합격했다.
> 10년 만에 고등학교 동창들을 만났다.

✓ **V-는 대로**

어떤 동작이나 상황이 일어나는 그때 또는 바로 그 직후를 나타낼 때 사용합니다.

This is used to indicate the exact moment or immediately after an action or situation occurs.

> 예 집에 도착하는 대로 연락 주세요.
> 내일 아침에 일어나는 대로 출발합시다.

✓ **A/V-(으)니**

앞에 오는 말이 뒤 내용의 이유가 될 때 사용합니다. '-(으)니까'의 형태로 쓸 수 있으며 무엇을 부탁하거나 협조를 구할 때는 '-(으)니'의 형태를 더 많이 씁니다.

This is used when the preceding statement is the reason for the following statement. It can be written in the form of '-(으)니까', and when asking for a favor or cooperation, the form '-(으)니' is more commonly used.

> 예 바닥이 미끄러우니 뛰지 말고 천천히 이동해 주세요.
> 교통이 혼잡하니 대중교통을 이용해 주시기 바랍니다.

✓ **V-기 바라다**

앞에서 말한 내용이 이루어지기를 희망할 때 사용합니다. '-기를 바라다'의 형태로도 씁니다.

This is used when hoping for the preceding statement to come true. It can also be written in the form of '-기를 바라다'.

> 예 늘 건강하게 지내시기 바랍니다.
> 다음에는 고향에서도 뵐 수 있기를 바랍니다.

🔊 **[13~16]**

13. ②

> 여자: 와, 여기 한옥들 정말 예쁘지? 나는 나중에 꼭 한옥에서 살 거야.
>
> 남자: 보기에는 예쁘지만 실제로 지내 보면 불편한 점이 많아서 힘들걸?
>
> 여자: 이런 아름다운 집에서 살 수 있다면 조금 불편한 건 얼마든지 견딜 수 있어.
>
> 남자: 한옥에 푹 빠졌구나. 그래도 나는 아파트가 살기 편해서 좋더라.

☑ 한옥 | 견디다 | 단점 | 장점

여자는 나중에 꼭 한옥에서 살겠다고 말했습니다. 아름다운 집에서 살 수 있다면 불편한 건 견디겠다고 했으므로 아름다운 한옥에서 살고 싶어 한다는 것을 알 수 있습니다.

① '여기' 한옥들이 예쁘다고 했으므로 두 사람은 사진이 아니라 같은 공간에서 실제 한옥을 보고 있습니다.

③ 살기 편한 아파트를 선호하는 것은 남자입니다.

④ 남자는 한옥은 예쁘지만 지내 보면 불편할 거라며 한옥의 단점에 집중하고 있습니다.

The woman said that she would definitely live in a traditional Korean house later. Since she said she would endure the inconvenience if she could live in a beautiful house, you can tell that she wants to live in a beautiful traditional Korean house.

① Since she said that the traditional Korean houses 'here' are beautiful, the two people are looking at actual traditional Korean houses in the same space, not pictures.

③ It is the man who prefers comfortable apartments to live in.

④ The man is focusing on the disadvantages of traditional Korean houses, saying that although they are beautiful, they are inconvenient to live in.

14. ①

> 남자: (딩동댕) 정육 코너에서 안내 드립니다. 잠시 후 5시부터 국내산 소고기 100g을 반값에 할인 판매합니다. 맛있는 불고기를 만드실 수 있게 불고기 양념도 저렴한 가격에 드리고 있습니다. 딱 다섯 분께만 기회가 있으니 지금 바로 오셔서 줄을 서 주시기 바랍니다. (댕동딩)

☑ 정육 | 국내산 | 판매하다 | 저렴하다 | 혜택 | 수입산

정육 코너에서 할인 행사 안내를 하고 있습니다. 마지막에 남자가 '지금 바로 오셔서 줄을 서' 달라고 했으므로 미리 줄을 서는 것이 가능합니다.
② 불고기 양념을 저렴하게 살 수 있습니다.
③ 수입산이 아닌 국내산 소고기를 판매합니다.
④ 모든 고객이 아니고 5명에게만 할인 판매를 합니다.

This is an announcement of a discount event at the meat corner. At the end, the man said, 'Come now and line up', so it is possible to line up in advance.
② You can buy bulgogi sauce at a low price.
③ They are selling domestic beef, not imported.
④ The discount sale is not for all customers, but only for 5 people.

15. ①

> 여자: 오늘 오전 8시경 폭우로 인해 지하철 1호선 일부 구간의 운행이 중단됐습니다. 운행 중단 방송을 들은 승객들은 출근길 다른 교통수단을 찾느라 분주했습니다. 평소에 지하철을 이용하던 승객들이 버스로 몰리며 버스 이용객들도 큰 불편을 겪었습니다. 다행히 비가 그치며 오전 10시부터 다시 지하철 운행이 시작되었습니다.

☑ 폭우 | 구간 | 승객 | 분주하다 | 몰리다 | 이용객

폭우로 지하철 운행이 중단된 상황입니다. 이로 인해 '지하철을 이용하던 승객들이 버스로 몰렸다'고 했으므로 지하철을 못 탄 승객들이 버스를 많이 이용했음을 알 수 있습니다.
② 전체가 아닌 일부 구간의 운행이 중단됐습니다.
③ 승객들은 지하철을 기다리지 않고 다른 교통수단을 찾느라 분주했습니다.
④ 오전 10시부터 비가 그치고 지하철 운행은 재개되었습니다.

This is a situation where subway service has been suspended due to heavy rain. It was said that 'passengers who were using the subway flocked to buses' due to this, so you can understand that many passengers who could not take the subway used buses.
② The service was suspended on some sections, not the entire line.
③ Passengers did not wait for the subway and were busy looking for other means of transportation.
④ The rain stopped and subway service resumed from 10 am.

16. ②

> 남자: 유기견 봉사가 4년째라고 하셨는데요. 봉사를 시작하신 계기와 꾸준히 활동하시는 비결은 무엇입니까?
>
> 여자: 대학 졸업을 앞두고 봉사 점수가 필요해서 활동을 시작하게 됐어요. 처음에는 사람에게 상처 받은 개들을 보는 게 안타까워서 힘들기도 했어요. 하지만 개들이 지내는 곳을 청소하고 함께 산책하며 정이 많이 들어서 계속 오게 되더라고요.

☑ 유기견 | 계기 | 꾸준히 | 앞두다

여자는 '봉사 점수가 필요해서 활동을 시작'했다고 했습니다.
① 대학 졸업을 앞두고 봉사를 시작했습니다.
③ 상처 받은 개를 보는 것이 안타까워서 힘들다고 했습니다.
④ 여자는 개들과 정이 들어서 꾸준히 활동하게 됐습니다.

The woman said that she 'started volunteering because she needed volunteer hours'.
① She started volunteering before graduating from college.
③ She said it was difficult because she felt sorry for the injured dogs.
④ The woman became attached to the dogs and continued to volunteer.

메모

유형 분석 05(17~20번)

Choosing the man's main idea

This is a question where you listen to a dialogue and choose the man's main point. It appears in the form of everyday conversations and expert interviews. In conversations, the man and woman have differing opinions, and in interviews, the man gives specific answers to the woman's questions about **motives, precautions, and characteristics.**

남자의 중심 생각 고르기

대화를 듣고 남자의 중심 생각을 고르는 문제입니다. 일상 대화와 전문가 인터뷰 형식이 출제되고 있습니다. **대화에서는 남자와 여자가 의견 차이를** 보이며 **인터뷰에서는 계기, 주의점, 특징 등을 묻는 여자의 질문에 남자가 구체적인 대답**을 이어갑니다.

17~19 Dialogue

The choices include the content of what both the man and woman said. Since this is a question about choosing the man's main idea, you should listen while eliminating the content that contains the woman's opinion. It is helpful to focus on the beginning and end of the conversation, as the man usually starts and ends the dialogue. Questions 17-18 have a structure where the person who starts the conversation also finishes it, such as "man-woman-man," whereas question 19 has a structure where each person speaks twice, such as "woman-man-woman-man."

17~19 대화

선택지에는 남자와 여자가 한 말의 내용이 모두 포함되어 있습니다. 남자의 중심 생각을 고르는 문제이므로 여자의 의견이 담긴 내용은 지우면서 들어야 합니다. 주로 남자가 대화를 시작하고 끝을 맺으므로 **시작과 마지막 부분에 집중**해서 듣는 것이 좋습니다. 17~18번 문제는 '남자-여자-남자'와 같이 대화를 시작한 사람이 마무리하는 구조인데 비해 19번 문제는 '여자-남자-여자-남자'와 같이 각각 두 번씩 발화하는 구조의 대화입니다.

20 Interview

You need to grasp the topic through the woman's question and then find the answer by listening to the man's response. Since the man's key answer to the woman's question is connected to the answer, it is good to listen to the man's answer while recalling the woman's question.

20 인터뷰

여자의 질문으로 화제를 파악한 뒤 남자의 대답을 들으며 정답을 찾아야 합니다. 여자의 질문에 대한 남자의 핵심적인 대답이 답과 연결되므로 **여자가 한 질문을 떠올리며 남자의 대답을 듣는 것**이 좋습니다.

🔍 기출 문제

🔊 Track 기출문제 17-20

※ [17~20] 다음을 듣고 남자의 중심 생각으로 가장 알맞은 것을 고르십시오. (각 2점)

18.

> 남자: 민수가 여자 친구랑 헤어져서 힘든가 봐. 우리 만나서 위로해 주자.
>
> 여자: 정말? 근데 그럴 때는 혼자 있게 해 주는 게 좋지 않을까?
>
> 남자: 지금이 바로 우리가 같이 있어 줘야 할 때지. 그것만으로도 큰 힘이 될 거야.

① 친구가 힘들 때는 옆에 있어 줘야 한다.

② 여러 사람과 잘 지내기 위해 노력할 필요가 있다.

③ 다른 사람과 함께 있을 때는 말을 조심해야 한다.

④ 친구와 문제가 생겼을 때는 빨리 해결하는 것이 좋다.

🔊 ·· 91회 듣기 18번

☑ 위로하다

18.
남자는 민수가 여자 친구와 헤어져서 힘든 상황이므로 '같이 있어 줘야 한다'고 생각합니다. 혼자 있는 게 좋을 수 있다는 여자의 의견에도 '힘들 때 옆에 있으면 힘이 된다'고 말하며 자신의 생각을 굽히지 않습니다.

The man thinks that 'they should be together' because Minsu is having a hard time after breaking up with his girlfriend. Even when the woman argues that being alone might be better, he does not change his mind, saying that 'being there for someone when they are struggling can be a source of strength'.

정답 18. ①

■ 🔊 ·· 83회 듣기 20번

☑ 지명
☑ 표현
☑ 곳곳
☑ 옛말
☑ 반영하다

20.

여자는 남자에게 마을 이름에 대한 책을 낸 계기를 물었습니다. 그에 대해 남자는 지명에 쓰인 '아름다운 표현이 일상 곳곳에서 사용됐으면 하는 마음'으로 책을 썼다고 대답했습니다.

The woman asked the man about the motivation behind publishing a book about village names. In response, the man answered that he wrote the book with the 'hope that the beautiful expressions used in place names would be used everywhere in daily life'.

20.

> 여자: 선생님, 마을 이름에 대한 책을 내신 특별한 계기가 있으신가요?
> 남자: 네. 지명에는 지금은 안 쓰는 옛날 말이 많이 남아 있습니다. 특히 마을의 문화나 자연을 가리키는 말들 중에 무척 아름다운 표현들이 많은데요. 그런 표현들이 다시 우리의 일상으로 들어와 삶의 곳곳에서 사용됐으면 하는 마음으로 책을 쓰게 됐어요.

① 오래된 지명을 새롭게 바꿀 필요가 있다.
② 지명은 많은 사람이 알기 쉽게 만들어야 한다.
③ 지명에 쓰인 아름다운 옛말이 사용되면 좋겠다.
④ 지명을 만들 때는 마을의 문화를 반영해야 한다.

정답 20. ③

응용 문제

응용 문제 🔍 🔊 Track 응용문제 17-19

※ [17~19] 다음을 듣고 **남자**의 중심 생각으로 가장 알맞은 것을 고르십 시오. (각 2점)

17.

> 남자: 남자든 여자든 어렸을 때 악기와 운동 하나씩은 배우는 게 좋은 것 같아요.
>
> 여자: 그런데 어렸을 때부터 너무 여러 가지를 배우면 힘들지 않을까요?
>
> 남자: 놀이처럼 배우면 스트레스 없이 재미를 느낄 수 있을 거예요.

① 예체능의 중요성이 점점 커지고 있다.
② 운동을 배우면 스트레스를 줄일 수 있다.
③ 악기와 운동을 일찍부터 배우는 것이 좋다.
④ 성별에 따라 배워야 하는 내용이 달라진다.

☑ 예체능
☑ 성별

17.
남자는 '남녀 모두 어렸을 때 악기와 운동을 배우는 게 좋다'고 생각합니다. 여자가 일찍부터 여러 가지를 배우면 힘들 수 있다고 반론하지만 놀이처럼 배우면 된다며 자신의 입장을 바꾸지 않습니다.

The man thinks that 'it is good for both men and women to learn musical instruments and sports from a young age'. Although the woman refutes that it can be difficult to learn many things from an early age, he does not change his stance, saying that they can learn while playing.

정답 17. ③

20.

남자는 '노래를 부르는 소녀들의 밝은 이미지를 살리기 위해' 지금까지의 화려한 춤과는 다르게 작고 귀여운 동작의 안무를 만들었습니다. 이는 남자가 노래하는 사람의 이미지에 맞게 안무를 짜야 한다고 생각했기 때문입니다.

The man created choreography with small and cute movements, different from the previous flamboyant dances, 'to bring out the bright image of the girls singing'. This is because the man believes that choreography should be created to match the image of the singer.

20.

> 여자: 안무가님의 새 안무에 대한 기대감이 높은데요. 이번 춤의 특징은 무엇인가요?
>
> 남자: 지금까지는 동작이 크고 화려한 춤을 많이 보여 드렸는데요. 이번에는 노래를 부르는 소녀들의 밝은 이미지를 살리기 위해 작고 귀여운 동작을 중심으로 안무를 만들었습니다. 중간중간 따라 하기 쉬운 안무도 나오니 함께 즐겨 주시면 좋겠습니다.

① 안무가는 항상 새로운 춤을 연구해야 한다.
② 춤 동작이 화려할수록 사람들의 기대가 커진다.
③ 노래하는 사람의 이미지에 맞게 안무를 짜야 한다.
④ 따라 하기 쉬운 안무여야 대중의 관심을 끌 수 있다.

정답 20. ③

🔊 Track 연습문제 17-20

※ [17~20] 다음을 듣고 남자의 중심 생각으로 가장 알맞은 것을 고르십시오. (각 2점)

17. ① 인터넷 정보는 믿을 만하지 못하다.

② 단식은 건강을 지키는 데 도움이 된다.

③ 갑자기 식습관을 바꾸는 것은 좋지 않다.

④ 식사는 하루에 세 번 규칙적으로 해야 한다.

18. ① 6개월 지방 근무는 긴 시간이 아니다.

② 사정이 생기면 주말부부로 지낼 수도 있다.

③ 직장 생활을 잘하려면 기회를 놓치면 안 된다.

④ 어떤 일이 있어도 가족은 함께 사는 것이 좋다.

19. ① 영화는 집에서 편하게 보는 것이 좋다.

② 영화관에 자주 가는 것은 경제적이지 않다.

③ 영화관에서 영화를 보면 더 집중할 수 있다.

④ 영화를 꼭 큰 화면으로 봐야 하는 것은 아니다.

20. ① 연습 문제를 많이 풀면 국어 점수를 올릴 수 있다.

② 문제의 의도를 이해해야 정확한 답을 찾을 수 있다.

③ 학생들의 어휘력이 떨어지는 이유를 분석해야 한다.

④ 점수를 올리기 위해 유명한 강의를 들을 필요가 있다.

📝 어휘

기출문제 17-20

위로하다	to comfort, console	동	시험에 떨어져서 힘들어하는 친구를 **위로해** 주었다.
지명	place name	명	이곳의 **지명**이 어떻게 만들어졌는지 주민들에게 유래를 듣게 됐다.
표현	expression	명	가족들 간에도 말로 감정 **표현**을 자주 하는 것이 좋다.
곳곳	everywhere	명	젊었을 때 차를 타고 전국 **곳곳**을 돌아다녔다.
옛말	old saying, proverb	명	그는 사라진 **옛말**을 연구하여 다시 살려 쓰려고 노력하고 있다.
반영하다	to reflect	동	말은 그 사회의 문화를 **반영한다**.

응용문제 17-20

예체능	arts and physical education	명	그는 **예체능**에 소질이 있어서 노래도 잘 부르고 체육도 잘한다.
성별	gender	명	두 사람은 쌍둥이지만 **성별**이 다르다.
안무가	choreographer	명	**안무가**가 되어 멋진 춤을 만드는 것이 나의 꿈이다.
기대감	expectation	명	사람들은 **기대감**을 가지고 국가 대표 경기를 지켜봤다.
동작	movement, action	명	춤을 출 때는 **동작**을 정확히 해야 한다.
살리다	to emphasize, bring out	동	그 배우는 인물의 특징을 잘 **살려서** 연기하는 것으로 유명하다.
연구하다	to research, to study	동	김 교수는 평생 언어학을 **연구하며** 대학에서 학생들을 가르쳤다.
안무를 짜다	to choreograph	표현	새로운 **안무를 짜기** 위해 안무가들이 모여 회의를 시작했다.
대중	the public	명	유명 연예인들은 어디에서나 **대중**의 관심을 받는다.

연습문제 17-20

단식	fasting	명	수술 받기 8시간 전부터 **단식**을 해야 한다.
식습관	eating habits	명	오랫동안 유지해 온 **식습관**을 바꾸는 것은 어렵다.
오히려	rather, on the contrary	부	잘못된 자세로 운동을 하면 **오히려** 건강을 해칠 수 있다.
추천하다	to recommend	동	친구가 **추천해서** 이 작가의 책을 읽게 됐다.

규칙적	regular	명	**규칙적**으로 운동하는 습관을 들이려고 노력하고 있다.
신혼	newlywed	명	두 사람은 결혼한 지 얼마 안 되어 **신혼** 생활에 적응 중이다.
주말부부	weekend couple	명	서로 직장이 멀리 떨어져 있어 **주말부부**로 지내게 됐다.
근무	work, duty	명	우리 회사는 **근무** 조건이 좋은 편이어서 일하기가 편하다.
놓치다	to miss	동	그는 고민하고 망설이다가 좋은 기회를 **놓치고** 말았다.
사정	circumstances	명	갑자기 집안 **사정**이 생겨서 휴가를 냈다.
마침	coincidentally, opportunely	부	버스 정류장에 도착하자 **마침** 타야 할 버스가 왔다.
개봉하다	to release, to open	동	새로 **개봉한** 영화가 인기를 끌고 있다.
집중	concentration	명	공부할 때는 도서관 같이 조용한 곳에 가야 **집중**이 잘 된다.
화면	screen	명	그 배우는 **화면**으로 보는 것보다 실제로 보는 것이 훨씬 멋있다.
경제적	economic, financial	명 관	자동차를 타는 것보다 대중교통을 이용하는 것이 더 **경제적**이다.
강의	lecture	명	대학에서 교수님의 **강의**를 듣고 삶에 대해 깊이 생각해 보게 됐다.
과목	subject	명	체육은 학생들이 좋아하는 **과목** 중 하나이다.
지문	text, passage	명	다음 **지문**을 읽고 물음에 답하십시오.
분석하다	to analyze	동	내용을 잘 이해하려면 작품을 **분석하면서** 읽는 태도가 필요하다.
의도	intention, purpose	명	질문자의 **의도**를 이해하지 못하고 엉뚱한 대답을 했다.
파악하다	to grasp, to understand	동	중심 내용을 **파악하기** 위해 밑줄을 치며 글을 읽었다.
제대로	properly, correctly	부	생각이 많아서 밤에 잠을 **제대로** 자지 못했다.
어휘력	vocabulary ability	명	책을 많이 읽으면 **어휘력**이 풍부해진다.

📖 문법

☑ **A-(으)ㄴ가 보다** ☑ **V-나 보다**	무엇을 보고 그것을 바탕으로 다른 사실을 짐작할 때 사용합니다. This is used when you guess another fact based on something you see. 예 수업 들으면서 계속 조는 걸 보니 **피곤한가 보다.** 그를 보고 얼굴이 빨개지는 걸 보니 그 사람을 **좋아하나 보다.**
☑ **A/V-았/었으면 하다**	어떤 일이 이루어지기를 바라는 마음을 나타낼 때 사용합니다. This is used to express a wish for something to happen. 예 기후 위기 문제가 **해결됐으면 해요.** 다른 사람의 말에 상처 받는 일이 **없었으면 해요.**
☑ **A-대요** ☑ **V-ㄴ/는대요**	들어서 알게 된 내용을 다른 사람에게 전달할 때 사용합니다. 'A-다고 해요', 'V-ㄴ/는다고 해요'의 준말로 입말에서 많이 씁니다. This is used to convey information that you have heard to someone else. It is a contraction of 'A-다고 해요', 'V-ㄴ/는다고 해요' and is frequently used in spoken language. 예 다음 달부터 지하철 요금이 **인상된대요.** 부산의 해운대는 여름철 휴가지로 인기가 **많대요.**
☑ **A/V-던데(요)**	과거에 보고 듣거나 느낀 것 등 경험이나 상황을 이야기할 때 사용합니다. This is used to talk about experiences or situations, such as things you have seen, heard, or felt in the past. 예 강원도 지역은 겨울에 눈이 많이 **오던데요.** 요즘은 중학생들도 화장하는 경우가 **많던데요.**

[17~20]

17. ②

> 남자: 인터넷에서 봤는데 하루에 8시간은 잘 먹고 16시간은 안 먹는 단식이 건강에 도움이 된대요.
>
> 여자: 갑자기 식습관을 바꾸면 오히려 건강이 나빠지지 않을까요?
>
> 남자: 직접 해 본 사람들은 많이 추천하더라고요. 저도 오늘부터 건강을 위해서 단식을 해 보려고요.

☑ 단식 | 식습관 | 오히려 | 추천하다 | 규칙적

남자는 건강을 위해서 단식을 하겠다고 합니다. 여자가 갑작스러운 식습관 변화를 우려하자 경험자들의 추천을 근거로 들며 인터넷에서 본 대로 건강을 지키기 위해 단식하겠다고 말합니다.

The man says he will fast for his health. When the woman expresses concerns about sudden changes in eating habits, he introduces a fasting method he found on the internet and says it is good for his health.

18. ④

> 남자: 직장도 중요하지만 우린 아직 신혼인데 주말부부로 지내는 건 아닌 것 같아요.
>
> 여자: 하지만 지방 근무는 6개월만 하면 되고 놓치기 아까운 기회인걸요.
>
> 남자: 다시 생각해 보면 안 될까요? 가족끼리 떨어져 사는 건 좋지 않은 것 같아요.

☑ 신혼 | 주말부부 | 근무 | 놓치다 | 사정

두 사람은 여자의 직장 문제로 주말부부로 지내는 것을 논의하고 있습니다. 여자는 6개월 지방 근무를 기회로 여기지만 남자는 신혼인데 주말부부로 지내는 건 아닌 것 같다고 반대하며 가족끼리 떨어져서 사는 건 좋지 않다고 말합니다.

The two are discussing living as a weekend couple due to the woman's job. The woman sees the 6-month regional work assignment as an opportunity, but the man opposes it, saying that it is not right to live as a weekend couple when they are newlyweds, and that it is not good for a family to live apart.

19. ③

> 여자: 집에 들어가서 지난번에 보려다가 놓친 영화나 볼까요?
>
> 남자: 오랜만에 영화관에서 영화를 보는 건 어때요? 마침 김 감독님 새 영화가 어제 개봉했다던데요.
>
> 여자: 영화관에서 보면 중간에 끊었다가 보기가 힘들잖아요.
>
> 남자: 그래도 영화관에서 보는 게 집중이 더 잘 되지 않아요? 화면도 커서 좋고요.

☑ 마침 | 개봉하다 | 집중 | 화면 | 경제적

여자가 집에서 영화를 보자고 하자 남자는 영화관에서 새로 개봉한 영화를 보자고 제안합니다. 여자는 영화관에서 보면 중간에 끊을 수 없다고 반대 의견을 내지만 남자는 영화관에서 보는 것이 집중이 잘 된다고 자신의 생각을 말합니다.

When the woman suggests watching a movie at home, the man suggests watching a newly released movie at the cinema. The woman expresses her opposition, saying that she can't stop the movie in the middle if they watch it at the cinema, but the man expresses his opinion that it is easier to concentrate when watching at the cinema.

20. ②

> 여자: 선생님 강의를 듣고 국어 점수가 오른 학생이 많은데요. 점수를 올리려면 어떻게 공부해야 하나요?
>
> 남자: 국어는 문제만 많이 푼다고 점수를 올릴 수 있는 과목이 아닙니다. 지문을 분석하고 문제의 의도를 파악하는 연습을 꼭 해야 합니다. 의도를 제대로 이해하지 못하면 맞는 답을 찾을 수가 없거든요. 물론 평소에 어휘력을 쌓는 것도 필요하겠죠.

☑ 강의 | 과목 | 지문 | 분석하다 | 의도 | 파악하다 | 제대로 | 어휘력

여자는 남자에게 국어 점수를 올릴 수 있는 공부법을 물었습니다. 이에 대해 남자는 문제의 의도를 제대로 이해하지 못하면 맞는 답을 찾을 수 없으므로 지문을 분석하고 문제의 의도를 파악하는 연습을 하라고 합니다.

The woman asked the man how to improve her Korean language score. In response, the man says that if you do not understand the intention of the question properly, you cannot find the correct answer, so you should practice analyzing the text and grasping the intention of the question.

 **메모**

Two people have a casual conversation about various topics in an everyday setting. It's common for the test to include familiar topics and social issues that might come up in relationships like those between colleagues, bosses and employees, or professors and students. So, it's a good idea to be familiar with relevant vocabulary and expressions.

두 사람이 일상적인 상황에서 다양한 주제로 가볍게 대화를 합니다. 직장 동료나 상사, 교수님과 학생 등 사회적 관계에서 나눌 수 있는 친숙한 이야기나 익숙한 사회적 소재와 관련된 내용이 자주 출제되므로 관련된 어휘와 표현을 알아 두는 것이 좋습니다.

21

Choosing the man's main idea

This is a question where you listen to a dialogue and choose the man's main point. The dialogue usually proceeds in the order of "woman-man-woman-man." When the woman asks for the man's opinion, the man reveals the main point he wants to convey in his answer. **Therefore, you should listen and understand whether the man's response to the woman's question is positive, if there is anything he evaluates as insufficient, and what he especially emphasizes. Usually, the man's main idea is contained in his last statement.** Common dialogue patterns in this type of question are as follows:

Similar to questions 21-22 on the 83rd exam, the woman starts the conversation and asks for the man's opinion on the topic. The grammar often used at this time is '-(으)ㄹ까요? [-아/어 주시겠어요?]' (Shall we...? / Would you...?) The man replies to the woman and presents his opinion, usually saying '-(으)ㄴ 것 같아요. [-(으)ㄹ 필요가 있어요.]' (I think... / It is necessary to...). In response to this, the woman might confirm the man's opinion or ask for further input. The grammar often used at this time is '-지요? [-(으)ㄹ지 모르겠어요.]' (Right? / I wonder if...).

21 남자의 중심 생각 고르기

대화를 듣고 남자의 중심 생각을 고르는 문제입니다. 주로 '여자-남자-여자-남자' 순으로 대화가 진행됩니다. 여자가 상대의 의견을 구하는 말을 하면 남자는 이에 답하면서 자신이 전달하고자 하는 중심 내용을 드러냅니다. 따라서 **여자의 질문에 대한 남자의 반응이 긍정적인지, 부족하다고 평가한 내용은 없는지, 특별히 강조하는 내용은 무엇인지 파악**하며 들어야 합니다. **보통 남자의 마지막 말에 중심 생각이 담겨 있는 경우가 많습니다.** 이 유형에서 자주 보이는 대화의 양상은 아래와 같습니다.

> 여자: 교수님, 제 연구 계획서인데요. **한번 봐 주시겠어요?**
> 남자: '성격과 여행지'라. 성격이 여행지 결정에 미치는 영향을 알아보겠다는 거군요? 주제가 아주 새롭고 좋아요. 연구 방법으로는 설문 조사를 선택했는데 계획이 거의 없네요. 설문 조사는 조사하려는 내용이 분명해야 하니까 조사 대상과 내용을 잘 **계획할 필요가 있어요.**
> 여자: 네. 그런데 무엇부터 시작하면 **좋을지 모르겠어요.**
> 남자: 그럼 성격과 여행지의 유형을 나누는 것부터 **시작해 보세요.**

83회 기출문제 21~22번과 같이 여자는 대화를 시작하며 주제와 관련하여 남자의 의견을 묻습니다. 이때 '-(으)ㄹ까요?[-아/어 주시겠어요?]' 문법이 자주 사용됩니다. 남자는 여자의 말에 대답하고 자신의 의견을 제시하는데 주로 '-(으)ㄴ 것 같아요.[-(으)ㄹ 필요가 있어요.]'로 말합니다. 이에 대해 여자는 남자의 의견을 확인하거나 추가 의견을 구하기도 합니다. 이때 사용되는 문법은 '-지요?[-(으)ㄹ지 모르겠어요.]'인 경우가 많습니다. 마지막으로 남자는 '-(으)ㄹ 필요가 있어요.[-아/어 보세요.]'와 같이 다시 한 번 자신의 의견을 제시하는 데 이것이 남자의 중심 생각일 가능성이 높습니다.

Lastly, the man presents his opinion once again, like '–(으)ㄹ 필요가 있어요. [–아/어 보세요.]' (It is necessary to... / Try...), and this is highly likely to be the man's main idea.

22 같은 내용 고르기

전체 대화의 흐름을 파악하고 구체적인 내용을 기억하며 들어야 합니다. **들은 내용과 맞지 않는 선택지는 지워 가며 듣습니다. 남자와 여자 중 누구의 의견인지 구분해서 들어야 하며, 해당 내용이 이미 완료된 것인지 앞으로 할 것인지 주의**해서 듣는 것이 좋습니다. 듣기에 나온 표현을 선택지에서 그대로 사용하지 않을 수 있으므로 비슷한 어휘와 표현을 많이 알고 있는 것이 답을 찾는 데에 도움이 됩니다.

22

Choosing the same content

You need to understand the overall flow of the conversation and remember specific details. **Eliminate choices that don't match what you hear. Distinguish between the man's and woman's opinions. Pay attention to whether the content is something that has already been completed or something that will be done in the future.** The expressions used in the listening might not be used exactly the same way in the choices, so knowing many similar words and expressions will help you find the answer.

🔍 기출 문제

☑ 발표   ☑ 자료
☑ 복사하다   ☑ 참고하다
☑ 참석자   ☑ 낭비되다
☑ 대형   ☑ 어차피
☑ 굳이

21.
남자는 '회의 때마다 낭비되는 종이가 많다'고 하며 '필요한 경우에만 복사'하자고 합니다. 이를 통해 낭비되는 종이를 줄이고 싶어 하는 남자의 생각을 알 수 있습니다.

The man says that 'a lot of paper is wasted every meeting' and suggests that they 'copy only when necessary'. This shows that the man wants to reduce paper waste.

22.
① 여자가 회의실에 발표 자료를 갖다 놓았습니다.
② 여자는 이미 발표 자료를 복사했습니다.
④ 여자가 '바로 (이메일을) 보내겠다'고 했으므로 아직 참고 자료를 보내지 않았습니다.

① The woman brought the presentation materials to the meeting room.
② The woman has already copied the presentation materials.
④ The woman said she would 'send (the email) right away', so she hasn't sent the reference materials yet.

기출문제 🔍   🔊 Track 기출문제 21-22

※ [21~22] 다음을 듣고 물음에 답하십시오. (각 2점)

> 여자: 부장님, 회의 때 사용할 발표 자료는 복사해서 회의실에 갖다 놓았습니다. 참고할 다른 자료도 복사할까요?
>
> 남자: 그건 참석자들에게 미리 이메일로 보내죠. 회의 때마다 낭비되는 종이가 너무 많은 것 같아요.
>
> 여자: 네, 바로 보내겠습니다. 지난번 회의처럼 대형 화면을 사용하실 거지요?
>
> 남자: 네. 그리고 앞으로는 발표 자료도 필요한 경우에만 복사하죠. 어차피 회의는 화면을 보면서 하는데 굳이 종이를 사용할 필요 없잖아요.

21. 남자의 중심 생각으로 가장 알맞은 것을 고르십시오.

① 회의 내용을 빠짐없이 기록해야 한다.
② 회의 때 낭비되는 종이를 줄이는 것이 좋다.
③ 회의실을 지금보다 더 큰 장소로 바꿔야 한다.
④ 발표 자료는 알아보기 쉽게 만드는 것이 좋다.

22. 들은 내용과 같은 것을 고르십시오.

① 이번 회의는 발표 자료 없이 진행된다.
② 여자는 회의에서 쓸 자료를 복사할 예정이다.
③ 남자는 회의 때 대형 화면을 사용한 적이 있다.
④ 여자는 참석자들에게 참고할 자료를 이미 이메일로 보내 놓았다.

정답 21. ②   22. ③

🔍 응용 문제

응용문제 🔍 🔊 Track 응용문제 21-22

※ [21~22] 다음을 듣고 물음에 답하십시오. (각 2점)

> 여자: 김 대리, 지금 회사 복지 프로그램 중에서 직원 만족도가 제일 높은 게 뭐죠?
>
> 남자: 직원들이 대출을 받을 수 있도록 회사에서 지원해 주는 제도에 대한 만족도가 가장 높습니다. 생일 휴가도 인기가 좋고요.
>
> 여자: 그래요? 그럼 계절별로 다양한 종류의 휴가를 만들어서 제공하는 것도 좋겠네요.
>
> 남자: 네. 그런데 금융 지원 확대를 통해 직원들의 생활 안정에 도움을 주는 게 더 필요할 것 같습니다.

21. 남자의 중심 생각으로 가장 알맞은 것을 고르십시오.

① 휴가의 종류를 늘리면 직원들이 좋아할 것이다.
② 복지 프로그램에 대한 직원 만족도를 분석해야 한다.
③ 금융 지원을 늘리는 것이 직원에게 가장 도움이 된다.
④ 생활, 문화 등 복지 프로그램을 다양화할 필요가 있다.

22. 들은 내용과 같은 것을 고르십시오.

① 남자는 여자의 의견대로 프로그램을 바꾸려고 한다.
② 회사는 복지 만족도를 높이려고 금융 지원을 늘렸다.
③ 직원들은 계절에 따라 다양한 휴가를 사용하고 있다.
④ 직원들은 생일 휴가보다 대출 지원 제도를 좋아한다.

☑ 복지
☑ 만족도
☑ 대출
☑ 제공하다
☑ 금융
☑ 확대

21.
남자의 마지막 말에 주목하면 정답을 찾을 수 있습니다. 남자는 휴가보다 금융 지원을 확대해 직원들의 생활에 도움을 주는 게 더 필요하다고 생각하고 있습니다.
You can find the answer by paying attention to the man's last words. The man thinks that it is more necessary to expand financial support to help employees' lives than to have vacations.

22.
① 여자는 휴가의 종류를 다양화하자고 했으나 남자는 금융 지원 확대를 이야기했습니다.
② 아직 금융 지원을 늘리지 않았습니다.
③ 계절별로 제공되는 다양한 종류의 휴가는 제안 사항입니다.

① The woman suggested diversifying the types of vacations, but the man talked about expanding financial support.
② They have not yet increased financial support.
③ Various types of vacations offered by season are suggestions.

정답 21. ③   22. ④

🔊 Track 연습문제 21-22

※ **[21~22] 다음을 듣고 물음에 답하십시오** (각 2점)

21. 남자의 중심 생각으로 가장 알맞은 것을 고르십시오.

① 관련 있는 주제의 책을 이어서 보는 게 좋다.

② 환경 운동을 기획하려면 많은 준비가 필요하다.

③ 새로 나온 책일수록 사람들이 재미있게 읽는다.

④ 모임에서는 늘 새로운 주제의 책을 골라야 한다.

22. 들은 내용과 같은 것을 고르십시오.

① 남자는 교육 분야 책에는 관심이 없는 편이다.

② 모임에서 지구온난화에 대한 책을 읽은 적이 있다.

③ 두 사람은 대학생이 참여하는 환경 운동을 기획했다.

④ 여자는 책을 찾기 위해 수업 후에 서점에 가기로 했다.

기출문제 21-22

발표	presentation	명	회사에서 중요한 **발표**를 맡아서 긴장이 된다.
자료	material, data	명	회의 **자료**를 만드느라 늦게까지 퇴근을 못했다.
복사하다	to copy, to photocopy	동	책의 중요한 부분을 **복사해서** 모아 두었다.
참고하다	to refer to	동	인터넷 기사를 **참고해서** 발표 자료를 만들었다.
참석자	participant, attendee	명	회의 **참석자** 명단을 만들어서 팀장님께 보고했다.
낭비되다	to be wasted	동	많은 음식이 **낭비되는** 것이 안타깝다.
대형	large-scale	명	영상을 **대형** 화면으로 보니 더 생생하게 느껴진다.
어차피	anyway, in any case	부	내가 말 안 해도 **어차피** 다 알게 될 거야.
굳이	without a good reason, unnecessarily	부	먹을 게 많으니까 **굳이** 더 안 사 와도 돼.

응용문제 21-22

복지	welfare	명	노인 **복지**를 위한 다양한 제도가 증가하고 있다.
만족도	satisfaction level, satisfaction rating	명	좋은 서비스를 제공해 고객 **만족도**를 높였다.
대출	loan	명	집을 살 때 부족한 돈은 은행에서 **대출**을 받았다.
제공하다	to provide, to offer	동	직원들을 위해 회사에서 출퇴근 버스를 **제공하고** 있다.
금융	finance, financial	명	**금융** 전문가들은 최근 경제 상황이 좋아졌다고 전했다.
확대	expansion, enlargement	명	기업의 고용 **확대** 없이 실업 문제가 해결되기는 힘들다.

연습문제 21-22

분야	field, area	명	자신의 관심 **분야**에 맞게 전공을 선택해야 한다.
지구온난화	global warming	명	환경 오염으로 인해 **지구온난화**가 점점 심각해지고 있다.
이상기후	abnormal climate, extreme weather	명	세계적으로 폭염, 폭설 등 **이상기후** 현상이 계속되고 있다.

관련	related, connected	명	과제를 하기 위해 도서관에서 **관련** 도서를 찾았다.
기획하다	to plan, to organize	동	많은 사람들이 즐길 수 있는 여름 축제를 **기획했다**.
잇다	to connect, to link, to continue, to follow	동	학생들의 발표가 끝나고 **이어서** 선생님이 정리 말씀을 해 주셨다.
참여하다	to participate	동	봉사 활동에 **참여하는** 대학생이 늘고 있다.

📖 문법

☑ **A/V-잖아요**	말하는 사람이 상대방에게 내용을 확인하거나 바로잡아 주듯이 말할 때 사용합니다. This is used when the speaker confirms or corrects what they are saying, as if speaking to the listener. 예 9시까지 가려면 30분 전에는 나가야 **하잖아요**. 　낮에는 괜찮아도 밤에는 기온이 내려가서 **쌀쌀하잖아요**.
☑ **A/V-도록**	앞에 말이 뒤에 오는 말의 목적, 방식, 정도 등을 나타낼 때 사용합니다. '-게'와 바꿔서 쓸 수 있습니다. This is used when the preceding statement indicates the purpose, method, or degree of the following statement. It can be used interchangeably with '-게'. 예 오늘 배운 것을 잊어버리지 **않도록** 복습하세요. 　밤이 **새도록** 친구와 이야기를 나누었다. 　만화를 보고 배가 **아프도록** 웃었다.
☑ **V-(으)ㄹ 만하다**	그것을 할 정도로 가치가 있음을 나타낼 때 사용합니다. This is used to indicate that something is worth doing. 예 주말에 볼 만한 영화 좀 추천해 줘. 　그 사람은 믿을 만한 사람이니까 걱정하지 마.

🔊 [21~22]

> 여자: 선배, 다음 달 독서 모임에서는 교육 분야 책을 보면 어때요? 아직 한 번도 안 읽어 봤잖아요.
>
> 남자: 요즘 재미있는 교육 신간이 많이 나왔지. 그런데 지난번 책 주제가 지구온난화였으니까 이번에 이상기후에 대한 책을 보면 서로 관련이 돼서 좋지 않을까?
>
> 여자: 그렇겠네요. 책을 읽고 대학생들이 할 수 있는 환경 운동을 같이 기획해 보는 것도 좋겠어요.
>
> 남자: 멋진 생각인데? 오늘 수업 끝나고 서점에 가서 읽을 만한 책을 찾아볼게.

☑ 분야 | 지구온난화 | 이상기후 | 관련 | 기획하다 | 잇다 | 참여하다

21. ①

남자는 이상기후에 대한 책이 지난번 주제인 지구온난화와 관련이 있어서 좋을 것 같다고 제안했습니다. 즉, 남자는 관련 있는 주제의 책은 이어서 보는 게 좋다고 생각하고 있습니다.

The man suggested that a book on abnormal climate would be good because it is related to the previous topic of global warming. In other words, the man thinks it is good to read books on related topics in succession.

22. ②

① 요즘 재미있는 교육 신간이 많이 나왔다고 했으므로 관심이 없다고 할 수 없습니다.
③ 환경 운동 기획을 제안했을 뿐 아직 기획하지 않았습니다.
④ 서점에 가기로 한 것은 남자입니다.

① It was mentioned that there are many interesting new educational books published these days, so it cannot be said that there is no interest.
③ He only suggested planning an environmental campaign, but they have not yet planned it.
④ It is the man who decided to go to the bookstore.

메모

Two people solve problems or questions that arise in various situations through conversation. It covers things you might experience in various social activities, such as purchasing items, checking schedules, applying for certificates, and getting advice on work life. The dialogues are set in public places like banks, district offices, libraries, everyday places like convenience stores and various shops, and online service environments like internet cafes and websites.

두 사람이 대화를 통해 다양한 상황에서 생기는 문제나 의문점 등을 해결해 갑니다. 물건 구매, 일정 확인, 증명서 신청, 직장 생활 조언 등 여러 사회적 활동에서 경험할 수 있는 일들을 다룹니다. 대화는 은행이나 구청, 도서관 같은 공공시설, 편의점이나 각종 매장 등의 일상적인 장소, 인터넷 카페나 홈페이지 같은 온라인 서비스 환경을 배경으로 합니다.

23

Choosing what the man is doing

This is a question where you listen to the dialogue and choose what the man is doing. The conversation proceeds in a way that one person expresses **a concern, inquiry, or suggestion, and the other person provides advice, guidance, or a solution.** Therefore, it's important to listen and distinguish whether the man is the one expressing the concern or the one giving advice. Usually, the problematic situation is revealed at the beginning of the dialogue, so you should pay attention to the first part. It's good to be familiar with the following vocabulary as it frequently appears in the choices:

☆ **Vocabulary : to confirm, to check, to inquire, to advise, to introduce, to explain, to guide, to request, to suggest, to report**

23 남자가 하고 있는 일 고르기

대화를 듣고 남자가 하고 있는 것을 고르는 문제입니다. **한 사람이 고민, 문의, 제안을 하면 상대방이 조언, 안내, 해결책 제시**를 하는 방식으로 대화가 진행됩니다. 따라서 **남자가 고민을 말하는 역할인지 조언하는 역할인지 구별**해서 듣는 것이 중요합니다. 보통 대화의 **시작 부분에 문제 상황이 드러나기 때문에 첫 부분을 주의해서 들어야 합니다.** 선택지에는 아래와 같은 어휘가 자주 사용되므로 익혀 두는 것이 좋습니다.

☆ 어휘: 확인하다, 알아보다, 문의하다, 조언하다, 소개하다, 설명하다, 안내하다, 요청하다, 제안하다, 보고하다

24 같은 내용 고르기

전체 대화의 흐름을 파악하고 구체적인 내용을 기억하며 들어야 합니다. 들은 내용과 맞지 않는 선택지는 지워 가며 듣습니다. 남자와 여자 중 누가 한 말인지 구분해서 들어야 하며, 해당 내용이 이미 완료된 것인지 앞으로 할 것인지 주의해서 듣는 것이 좋습니다. 듣기에 나온 표현을 선택지에서 그대로 사용하지 않을 수 있으므로 비슷한 어휘와 표현을 많이 알고 있는 것이 답을 찾는 데에 도움이 됩니다.

24

Choosing the same content

You need to understand the overall flow of the conversation and remember specific details. **Eliminate choices that don't match what you hear. Distinguish between what the man and woman say.** Pay attention to whether the content is something that has already been completed or something that will be done in the future. The expressions used in the listening might not be used exactly the same way in the choices, so knowing many similar words and expressions will help you find the answer.

기출 문제

🔊 ·· 91회 듣기 23~24번

☑ 보관용
☑ 중고
☑ 달리다
☑ 설치되다

23.
남자는 '카페에서 케이크 보관용'으로 쓸, '사용 기간이 얼마 안 된 중고 냉장고'를 찾고 있으며 '사이즈는 컸으면' 좋겠다고 했습니다. 자신이 원하는 내용을 구체적으로 말하며 조건에 맞는 물건이 있는지 알아보고 있습니다.

The man is looking for a 'used refrigerator with a short usage period' to be used 'for storing cakes in a cafe', and said that 'it would be good if the size was big'. He is inquiring whether there is an item that meets his conditions by specifically stating what he wants.

24.
① 여자는 냉장고를 추천하면서 '크기도 크고'라고 했습니다.
② 남자는 케이크 보관용 냉장고를 찾고 있습니다.
④ 여자가 남자에게 추천한 냉장고는 6개월 정도 사용한 중고 제품입니다.

① The woman recommended a refrigerator, saying 'the size is also big'.
② The man is looking for a refrigerator for storing cakes.
④ The refrigerator the woman recommended to the man is a used product that has been used for about 6 months.

정답 23. ④ 24. ③

기출문제 🔍 🔊 Track 기출문제 23-24

※ **[23~24] 다음을 듣고 물음에 답하십시오.** (각 2점)

> 남자: 카페에서 케이크 보관용으로 사용할 냉장고를 찾고 있는데요. 사용 기간이 얼마 안 된 중고 냉장고 있을까요?
>
> 여자: 손님들이 케이크를 보고 살 수 있게 유리문이 달린 걸 찾으시는 거지요?
>
> 남자: 아니요. 그건 이미 설치돼 있어요. 주방에서 쓸 거라서 안이 안 보여도 돼요. 케이크를 많이 넣을 수 있게 사이즈가 컸으면 좋겠어요.
>
> 여자: 이거 어때요? 저희 가게에 어제 들어온 제품인데요. 크기도 크고 6개월 정도 사용한 거라서 깨끗하고 좋아요.

23. 남자가 무엇을 하고 있는지 고르십시오.

① 가게의 위치를 확인하고 있다.
② 가게 운영에 대해 조언을 구하고 있다.
③ 구매할 물건의 사용 방법을 물어보고 있다.
④ 원하는 조건의 물건이 있는지 알아보고 있다.

24. 들은 내용과 같은 것을 고르십시오.

① 여자의 가게에는 크기가 큰 냉장고가 없다.
② 남자는 카페에서 케이크를 팔지 않기로 했다.
③ 남자의 카페에는 유리문이 달린 냉장고가 있다.
④ 여자의 가게에서는 새로 나온 제품만 판매한다.

응용 문제

응용문제 🔍   🔊 Track 응용문제 23-24

※ [23~24] 다음을 듣고 물음에 답하십시오. (각 2점)

> 남자: 차를 타고 가다가 도서관 정문에 걸린 '1박 2일 독서 캠핑' 현수막을 봤는데요. 지금 전화로 신청하면 되나요?
>
> 여자: 전화로는 어렵고 내일까지 홈페이지에서 신청하셔야 하는데요. 회원 가입을 하셔야 신청하실 수 있습니다.
>
> 남자: 그럼 신청 결과도 홈페이지에서 확인하나요? 그리고 캠핑장은 도서관에서 멀리 떨어져 있는 건가요?
>
> 여자: 신청 결과는 다음 주 중에 문자로 안내 드릴 예정이고요. 캠핑장은 도서관 바로 뒤에 있어서 편하게 이용하실 수 있습니다.

23. 남자가 무엇을 하고 있는지 고르십시오.

① 독서 캠핑에 대해 문의하고 있다.
② 차를 운전해서 도서관에 가고 있다.
③ 도서관 근처에서 캠핑을 하고 있다.
④ 도서관 홈페이지에 회원 가입을 하고 있다.

24. 들은 내용과 같은 것을 고르십시오.

① 독서 캠핑 신청은 전화로 할 수 없다.
② 캠핑장은 도서관에서 조금 먼 곳에 있다.
③ 신청은 다음 주까지 홈페이지로 해야 한다.
④ 신청 결과는 홈페이지를 통해서 알 수 있다.

☑ 캠핑
☑ 현수막
☑ 홈페이지
☑ 회원 가입
☑ 확인하다
☑ 예정

23.
남자는 차를 타고 가다가 현수막을 보고 도서관에 전화했습니다. 전화로 캠핑 신청이 가능한지 물었으며 신청 결과 확인 방법, 캠핑장 위치 등도 문의하고 있습니다.

The man was driving and saw a banner, so he called the library. He asked if it was possible to apply for camping by phone, and also inquired about how to check the application result and the location of the campsite.

24.
② 캠핑장은 도서관 바로 뒤에 있다고 했습니다.
③ 내일까지 신청해야 합니다.
④ 문자로 안내할 예정이라고 했습니다.

② It was said that the campsite is right behind the library.
③ The application deadline is tomorrow.
④ It was said that they will notify applicants by text message.

정답 23. ①   24. ①

※ [23~24] 다음을 듣고 물음에 답하십시오 (각 2점)

23. 남자가 무엇을 하고 있는지 고르십시오.

    ① 카페의 새 직원을 뽑고 있다.

    ② 음료 만드는 법을 가르치고 있다.

    ③ 신입 직원을 격려하며 조언하고 있다.

    ④ 직원들에게 카페 업무를 나눠주고 있다.

24. 들은 내용과 같은 것을 고르십시오.

    ① 여자는 카페에서 일한 경험이 있다.

    ② 여자는 계산과 청소 업무만 맡고 있다.

    ③ 남자는 여자가 한 실수를 모른 척해 줬다.

    ④ 남자는 여자에게 메뉴 이름 외우기를 권했다.

📖 어휘

기출문제 23-24

보관용	for storage	명	병원에서 환자 **보관용** 처방전을 받았다.
중고	used, secondhand	명	이사하면서 잘 타지 않던 자전거를 **중고**로 팔았다.
달리다	be hung, be hooked	동	문에 종이 **달려서** 열 때마다 소리가 난다.
설치되다	to be installed	동	사람들의 안전을 위해서 건물 곳곳에 CCTV가 **설치됐다.**

응용문제 23-24

캠핑	camping	명	그는 주말마다 산으로 **캠핑**을 하러 간다.
현수막	banner	명	거리에 마라톤 대회를 알리는 **현수막**이 걸렸다.
홈페이지	homepage	명	자세한 내용은 **홈페이지** 공지 사항을 참고하세요.
회원 가입	membership registration	명	서비스를 이용하려면 먼저 **회원 가입**을 해야 합니다.
확인하다	to confirm, to check	동	소문을 무조건 믿기보다 그것이 진짜인지 **확인하는** 것이 좋다.
예정	plan, schedule	명	합격자 발표는 다음 주 초에 나올 **예정**입니다.

연습문제 23-24

익숙하다	to be familiar with, to be used to	형	아직 운전에 **익숙하지** 않아서 운전할 때마다 긴장을 많이 한다.
헷갈리다	to be confused, to mix up	동	두 사람은 이름이 비슷해서 부를 때마다 **헷갈린다.**
틈틈이	in spare moments, from time to time	부	일하면서 **틈틈이** 영어 단어를 외워서 영어 실력이 많이 늘었다.
격려하다	to encourage	동	관중들은 큰 박수와 함성으로 선수들을 **격려했다.**
조언하다	to advise	동	선배가 **조언하는** 것을 듣고 공부 방법을 바꿨다.
맡다	to take charge of, to be responsible for	동	그는 **맡은** 일을 성실하게 잘해서 칭찬을 받았다.
권하다	to recommend, to advise	동	선생님은 학생들에게 평소에 책을 많이 읽을 것을 **권했다.**

📖 문법

☑ A/V-(으)면 좋겠다

어떤 일이 이루어지기를 바라는 화자의 마음을 나타낼 때
사용합니다. '-았/었으면 하다'와 다르게 타인의 바람에는 쓸 수
없습니다.

This is used to express the speaker's wish for something to happen.
Unlike '-았/었으면 하다', it cannot be used for the wishes of others.

예 이번 시험에 합격하면 좋겠다.

올해 크리스마스에는 눈이 펑펑 오면 좋겠다.

☑ A/V-(으)ㄹ 텐데

말하는 사람이 무엇에 대해 추측한 것을 나타낼 때 사용합니다.
뒤에는 추측한 것과 관련이 있는 내용이 옵니다.

This is used to express the speaker's guess about something. It is
followed by content related to the guess.

예 지금 가면 길이 많이 막힐 텐데 이따가 출발하는 게 어때요?

그렇게 계속 일만 하면 금방 지칠 텐데 좀 쉬었다 하세요.

[23~24]

> 남자: 카페 일은 처음이라고 했죠? 일하면서 모르는 게 있으면 어려워하지 말고 바로 물어보세요.
> 여자: 네, 감사합니다. 빵집에서 오래 일해서 계산이랑 청소 업무는 익숙한 편인데 카페는 처음이라 음료 만들 때 긴장이 좀 돼요.
> 남자: 그래도 빨리 배우던데요. 메뉴가 많아서 헷갈릴 텐데 실수도 없었잖아요. 틈틈이 메뉴 이름을 외워 두면 도움이 될 거예요.
> 여자: 선배님들 음료 만드실 때 옆에서 보면서 많이 배우고 있어요. 메뉴 이름도 빨리 외우도록 하겠습니다.

☑ 익숙하다 | 헷갈리다 | 틈틈이 | 격려하다 | 조언하다 | 맡다 | 권하다

23. ③

남자는 여자에게 모르는 것이 있으면 바로 물어보라고 합니다. 또 여자가 음료 만드는 일이 긴장된다고 하자 일을 빨리 배우고 있다고 격려하며 메뉴 이름을 외우면 도움이 될 거라는 조언도 하고 있습니다.

The man tells the woman to ask him immediately if she doesn't know something. Also, when the woman says she is nervous about making drinks, he encourages her by saying she is learning quickly and advises her that memorizing the menu names will help.

24. ④

① 여자는 카페에서 일하는 것은 처음이라고 했습니다.
② 음료 만드는 일도 하고 있습니다.
③ 남자는 여자가 실수한 적이 없다고 했습니다.

① The woman said it was her first time working in a cafe.
② She also makes drinks.
③ The man said that the woman has never made a mistake.

This is an interview with a person who is receiving social attention. The woman begins the interview by asking about **'the reason for starting the work, the characteristics of the work, the advantages, and the secrets to success'** related to the work that is currently the topic of conversation. The man naturally reveals his main thoughts while answering the questions.

사회적으로 관심을 받고 있는 사람과의 인터뷰입니다. 여자는 인터뷰를 시작하며 현재 화제가 되고 있는 일과 관련해 **'그 일을 하게 된 계기, 일의 특징, 장점, 성공 비결'** 등을 묻습니다. 남자는 질문에 대답하며 자연스럽게 자신의 중심 생각을 드러냅니다.

25
Choosing the man's main idea

This is a question that asks you to listen to the dialogue and choose the man's main idea. It is a good idea to pay attention to the beginning and end of what the man says. Often, when starting to answer a question, the man will talk about the reason he started doing that work or his usual thoughts. Also, at the end, he sometimes reveals his main ideas while summarizing the content.

25 남자의 중심 생각 고르기

대화를 듣고 남자의 중심 생각을 고르는 문제입니다. **남자가 하는 말의 처음과 마지막 부분에 주의**해서 듣는 것이 좋습니다. 질문에 대한 답을 시작하며 남자는 그 일을 하게 된 계기나 평소에 가지고 있던 생각을 말하는 경우가 많습니다. 또 **마지막 부분에서 내용을 정리**하면서 중심 생각을 드러내기도 합니다.

26
Choosing the same content

You need to understand the overall flow of the conversation and remember the specific details. **Eliminate the choices that do not match what you hear as you listen.** You should focus on the man's words, which contain a lot of information. Also, it is good to pay attention to the time period, and whether the work has been completed or will be done in the future. The expressions used in the listening may not be used exactly the same way in the choices, so knowing many similar words and expressions will help you find the answer.

26 같은 내용 고르기

전체 대화의 흐름을 파악하고 구체적인 내용을 기억하며 들어야 합니다. **들은 내용과 맞지 않는 선택지는 지워 가며 듣습니다. 많은 정보가 들어 있는 남자의 말에 집중**해서 들어야 합니다. 또 **기간, 해당 일이 완료된 것인지 앞으로 진행될 것인지** 등도 관심 있게 듣는 것이 좋습니다. 듣기에 나온 표현을 선택지에서 그대로 사용하지 않을 수 있으므로 비슷한 어휘와 표현을 많이 알고 있는 것이 답을 찾는 데에 도움이 됩니다.

🔍 기출 문제

🔊 Track 기출문제 25-26

※ [25~26] 다음을 듣고 물음에 답하십시오. (각 2점)

> 여자: 올해로 3주년을 맞은 해바라기 축제에 정말 많은 분들이 찾아
> 오고 있는데요. 어떻게 이렇게 성공할 수 있었나요?
>
> 남자: 마을의 장점을 살린 것이 좋은 결과로 이어졌다고 생각합니다.
> 우리 마을의 넓고 아름다운 해바라기 들판은 오래전부터 마을
> 의 자랑이었는데요. 이런 특색을 활용해서 축제를 기획한 것이
> 관광객의 발길을 이끌었죠. 축제 기간에 특산품도 파는데요. 특
> 히 해바라기 씨로 만든 기름이 관광객들에게 인기가 좋습니다.
> 앞으로도 우리 마을이 가진 것을 잘 활용해서 이 축제를 더욱
> 발전시키려고 합니다.

25. 남자의 중심 생각으로 가장 알맞은 것을 고르십시오.

① 마을 축제에 대한 주민들의 관심이 필요하다.

② 마을의 특징을 활용한 것이 축제의 성공 비결이다.

③ 축제에서 판매할 기념품을 새로 제작하는 것이 좋다.

④ 축제를 기획할 때 성공 사례를 충분히 검토해야 한다.

26. 들은 내용과 같은 것을 고르십시오.

① 이 마을을 아는 사람이 거의 없다.

② 이 마을에서 축제가 올해 처음으로 열렸다.

③ 이 마을의 해바라기 들판은 최근에 만들어졌다.

④ 이 마을의 특산품이 관광객에게 좋은 반응을 얻었다.

🔊 ·· 91회 듣기 25-26번

☑ 주년　　☑ 맞다
☑ 해바라기　☑ 축제
☑ 들판　　☑ 특색
☑ 활용하다　☑ 발길
☑ 이끌다　　☑ 특산품

25.
여자가 축제의 성공 비결을 묻자 남자는 '마을의 장점을 살린 것이 좋은 결과로 이어졌다'고 대답했습니다.

When the woman asked about the secret to the festival's success, the man replied, "Utilizing the strengths of the village led to good results."

26.
① 많은 분들이 축제를 찾아오고 있습니다.
② 올해로 3주년을 맞았습니다.
③ 해바라기 들판은 오래 전부터 마을의 자랑이었습니다.

① Many people are visiting the festival.
② This year marks the 3rd anniversary.
③ The sunflower field has been the pride of the village for a long time.

정답 25. ② 　 26. ④

응용 문제

🔊 Track 응용문제 25-26

- 일상
- 지속적
- 환경
- 오염되다
- 손실
- 해결하다
- 일석이조
- 시민 단체
- 홍보하다
- 낳다
- 전국

25.

여자가 빈그릇 운동을 시작한 계기를 묻자 남자는 '일상에서 지속적으로 할 수 있는 환경 운동이 필요하다'는 생각을 했다고 대답했습니다.

When the woman asked about the motivation behind starting the Clean Plate Campaign, the man replied that he thought 'an environmental movement that can be continuously practiced in everyday life is necessary'.

26.

② 전국의 초등학교에서 실시하고 있는지 알 수 없습니다.
③ 빈그릇 운동을 하는 사람이 점점 늘고 있다고 했습니다.
④ 시민 단체에 빈그릇 운동을 홍보한 것이지 시민 단체가 주최가 되어 홍보한 것은 아닙니다.

② It is unclear whether it is being implemented in elementary schools nationwide.
③ It was mentioned that the number of people participating in the Clean Plate Campaign is increasing.
④ He promoted the Clean Plate Campaign to civic groups, not the other way around.

정답 25. ① 26. ①

※ [25~26] 다음을 듣고 물음에 답하십시오. (각 2점)

여자: '빈그릇 운동'을 하는 사람이 점점 늘고 있는데요. 어떻게 이 운동을 시작하게 되셨습니까?

남자: 일상에서 지속적으로 할 수 있는 환경 운동이 필요하다고 생각했습니다. 음식물 쓰레기로 인해 물과 공기가 오염되고 매년 경제적 손실도 커지고 있는데요. 음식을 먹을 만큼 먹고 남기지 않으면 이런 문제를 해결할 수 있을 뿐 아니라 건강에도 도움이 되니 일석이조지요. 그동안은 주로 학교나 시민 단체에 홍보해 왔는데 요즘은 식사 후에 인터넷에 빈그릇 사진을 올리는 등 개인도 쉽게 참여할 수 있는 방법을 찾고 있습니다.

25. 남자의 중심 생각으로 가장 알맞은 것을 고르십시오.

① 환경 운동은 일상에서 꾸준히 해야 한다.
② 빈그릇 운동은 건강한 생활을 위해 시작되었다.
③ 음식물 쓰레기의 증가는 경제 문제와 상관이 없다.
④ 환경 운동은 개인보다 단체에서 하는 게 효과적이다.

26. 들은 내용과 같은 것을 고르십시오.

① 음식물 쓰레기는 환경 오염 문제를 낳는다.
② 전국의 초등학교에서 빈그릇 운동을 하고 있다.
③ 빈그릇 운동에 대한 사람들의 관심이 줄고 있다.
④ 여러 시민 단체에서 빈그릇 운동을 홍보하고 있다.

연습 문제

※ [25~26] 다음을 듣고 물음에 답하십시오 (각 2점)

25. 남자의 중심 생각으로 가장 알맞은 것을 고르십시오.

   ① 발달 장애인의 음악 활동은 쉬운 일이 아니다.
   ② 병원에 있는 환자와 가족들은 위로가 필요하다.
   ③ 장애에 대한 편견은 오케스트라 활동을 어렵게 한다.
   ④ 오케스트라의 활동은 개인적·사회적으로 의미 있는 일이다.

26. 들은 내용과 같은 것을 고르십시오.

   ① 한마음 오케스트라는 올해 처음 만들어졌다.
   ② 한마음 오케스트라는 학교에서 공연한 적이 있다.
   ③ 오케스트라 단원들은 병원에서 치료받는 환자이다.
   ④ 오케스트라 단원들은 병원 로비에서 음악을 연습한다.

📖 어휘

주년	anniversary	명	두 사람은 결혼 10 **주년**을 기념해서 여행을 떠났다.
맞다	to reach	동	그 가수는 데뷔 5주년을 **맞아** 전국 콘서트를 하기로 했다.
해바라기	sunflower	명	키가 큰 노란 **해바라기** 꽃을 배경으로 사진을 찍었다.
축제	festival	명	봄이나 가을이 되면 각 지역에서 다문화 **축제**가 열린다.
들판	field	명	차창 밖으로 곡식이 익어가는 넓은 **들판**이 보였다.
특색	characteristic, feature	명	그는 여행할 때 그 지역의 **특색**이 담긴 기념품을 잊지 않고 산다.
활용하다	to utilize, to make use of	동	학교의 빈 공간을 **활용하여** 텃밭을 만들었다.
발길	footsteps, tracks	명	날씨가 추워지며 구경 오는 사람들의 **발길**이 끊겼다.
이끌다	to lead, to attract	동	여행객들의 관심을 **이끌기** 위해 다양한 상품을 개발하고 있다.
특산품	local specialty, special product	명	다른 곳에서는 볼 수 없는 이 지역의 **특산품**을 만들어야 한다.

일상	everyday life, daily life	명	현대인들은 바쁜 **일상**을 살고 있다.
지속적	continuous, ongoing	명 관	통증이 **지속적**으로 나타나면 바로 병원에 가세요.
환경	environment	명	미래 세대를 위해 **환경**을 아름답게 가꿔야 한다.
오염되다	to be polluted, to be contaminated	동	대량의 쓰레기로 인해 자연 환경이 **오염되고** 있다.
손실	loss, damage	명	사장의 잘못된 판단으로 회사에 경제적인 **손실**이 생겼다.
해결하다	to solve, to resolve	동	전문가들이 모여서 문제를 **해결할** 방법을 찾고 있다.
일석이조	killing two birds with one stone	명	기업들은 환경을 보호하고 경제도 살리는 **일석이조**의 친환경 제품 개발에 관심을 두고 있다.
시민 단체	civic group	명	사회 문제를 해결하기 위해 다양한 **시민 단체**들이 생기고 있다.
홍보하다	to publicize, to promote	동	배우들이 새로 찍은 영화를 **홍보하기** 위해 방송에 나왔다.

낳다	to give birth to, to produce	동	선수들은 이번 경기에서 좋은 결과를 **낳기** 위해 노력하고 있다.
전국	nationwide, all over the country	명	내일은 **전국**이 대체로 맑겠습니다.

연습문제 25-26

창립	establishment, foundation	명	매년 회사 **창립** 기념일 행사를 갖고 있다.
오케스트라	orchestra	명	그는 세계적으로 유명한 **오케스트라**에서 바이올린을 연주한다.
화제	topic of conversation, hot issue	명	세계 수영 대회에서 우승한 한국인 선수가 **화제**가 되고 있다.
발달 장애	developmental disability	명	우리 기업에서는 **발달 장애** 청년의 자립을 돕는 활동을 하고 있다.
단원	member (of a group)	명	노래를 잘 부르는 수미가 합창단 **단원**으로 뽑혔다.
연주하다	to perform (music)	동	동생이 피아노를 **연주하는** 소리가 듣기 좋다.
로비	lobby	명	외국에서 온 손님과 호텔 **로비**에서 만나기로 약속했다.
시설	facilities	명	이 건물에는 장애인들을 위한 편의 **시설**이 잘 갖추어져 있다.
초청	invitation	명	그는 대학에서 **초청**을 받아 특별 강연을 하기로 했다.
실력	skill, ability	명	이 학생은 수학 **실력**이 뛰어나다.
자신감	confidence, self-esteem	명	무엇이든 할 수 있다는 그의 **자신감** 있는 태도가 보기 좋았다.
인식	awareness, perception	명	교육을 통해 사람들의 잘못된 **인식**을 바로잡아야 한다.
개선하다	to improve, to make better	동	불합리한 사회 구조를 **개선하기** 위해 애쓰는 사람이 많다.
편견	prejudice, bias	명	**편견**이 심하면 올바른 판단을 하기 힘들다.

📖 문법

☑ **A-(으)ㄴ데요** ☑ **V-는데요**	뒤에 오는 내용과 관련된 상황이나 배경을 말할 때 사용합니다. 말한 내용에 대한 감탄이나 상대의 반응을 기다리는 의미가 함축되어 있습니다. This is used to describe a situation or background related to the following content. It implies a sense of admiration for what was said or an expectation of the listener's response. 예 이 노래는 가사가 특히 **아름다운데요**. 　　감독님의 영화가 세계적으로 큰 관심과 사랑을 받고 **있는데요**.
☑ **A-다고** ☑ **V-ㄴ/는다고**	무엇을 하는 목적이나 의도를 드러내거나 어떤 상황의 이유를 나타낼 때 사용합니다. This is used to express the purpose or intention of doing something, or to indicate the reason for a situation. 예 나이가 어릴수록 밖에서 활동하는 시간이 많이 **필요하다고** 봅니다. 　　사람들이 적극적으로 참여해서 행사가 성공적으로 **끝났다고** 생각합니다.
☑ **A-다면서(요)** ☑ **V-ㄴ/는다면서(요)**	들어서 알게 된 내용을 다시 확인하여 물을 때 사용합니다. This is used when asking to confirm something that you have heard. 예 비가 와도 예정대로 소풍을 **간다면서요?** 　　한국 화장품이 해외에서도 인기가 **많다면서요?**

연습 문제 정답 및 해설

> 여자: 올해 창립 3주년을 맞은 한마음 오케스트라의 활동이 화제가 되고 있는데요. 이 오케스트라에는 아주 특별한 점이 있다면서요?
>
> 남자: 네. 저희 한마음 오케스트라는 발달 장애를 가진 단원들이 모여서 음악을 연주하고 있습니다. 주로 병원 로비에서 공연하며 음악으로 환자와 가족들을 위로하고 있습니다. 또 초청을 받아 학교나 복지 시설에서 공연을 하기도 합니다. 단원들은 음악 활동을 하면서 개인적으로는 실력과 자신감을 쌓고 사회적으로는 장애에 대한 인식을 개선하는 등 매우 의미 있는 일을 하고 있습니다. 앞으로도 열심히 연습해서 많은 분들께 감동적인 음악을 들려 드리겠습니다.

☑ 창립 | 오케스트라 | 화제 | 발달 장애 | 단원 | 연주하다 | 로비 | 시설 | 초청 | 실력 | 자신감 | 인식 | 개선하다 | 편견

25. ④

남자는 앞부분에서 한마음 오케스트라의 특징과 활동 내용을 소개한 후 마지막에 단원들의 음악 활동이 '개인적으로는 실력과 자신감을 쌓고 사회적으로는 장애에 대한 인식을 개선하는 등 매우 의미 있는 일'이라고 말했습니다.

In the first part, the man introduced the characteristics and activities of the Hanmaeum Orchestra, and at the end, he said that the members' musical activities are 'very meaningful, both personally for building skills and confidence, and socially for improving awareness of disabilities'.

26. ②

① 창립 3주년을 맞았습니다.
③ 병원에서 공연하며 환자와 가족들을 위로한다고 했습니다.
④ 로비에서는 연습이 아니고 공연을 합니다.

① It celebrated its 3rd anniversary.
③ It was mentioned that they perform at hospitals to comfort patients and their families.
④ They hold performances, not practices, in the lobby.

Two people are having a conversation about personal daily life or social issues. One person expresses complaints or opinions about a certain problem, and the other person responds with their thoughts on the matter. Usually, the two people have differing opinions on a single topic, but even when there is a difference of opinion, they often use indirect expressions such as "–(으)ㄴ/는 것 같다" (It seems like...) and "–(으)면 좋겠다" (It would be good if...) to be considerate of the other person.

두 사람이 개인의 일상생활이나 사회적인 이슈에 대해서 대화를 합니다. 한 사람이 어떤 문제에 대한 불만이나 의견 등을 말하면 상대방은 그에 대한 자신의 생각을 말합니다. 보통 하나의 주제에 대해 두 사람의 생각이 다를 때가 많은데 의견 차가 있더라도 상대를 배려해서 '–(으)ㄴ/는 것 같다', '–(으)면 좋겠다'와 같은 완곡한 표현을 자주 사용합니다.

27

Choosing the man's intention

This is a question where you listen to the conversation and choose the man's intention. Usually, the topic is introduced in the first part of the conversation, and the two people's positions on it are presented in the latter part. It is good to listen and think about whether the man perceives the situation positively or negatively. Read the choices beforehand, as the vocabulary in them will help you understand the man's attitude. Also, the following expressions are frequently used in conversations between the two:

1) Vocabulary : to point out, to complain, to assert, to inform, to recommend/advise
2) Grammar
   - Introducing the topic: A–다면서?, V–ㄴ/는다면서?, A–다던데, V–ㄴ/는다던데, A–대요, V–ㄴ/는대요
   - Seeking agreement from the other person: A/V–아/어야 하는 거 아니야?, A/V–잖아, A/V–더라, A/V–(으)ㄹ 수 있지
   - Presenting opinions indirectly: A/V–(으)ㄴ/는 것 같다, A/V–(으)ㄹ 것 같다, A/V–(으)ㄹ걸. A/V–(으)면 좋겠어

---

27 남자의 의도 고르기

대화를 듣고 남자가 말하는 의도를 고르는 문제입니다. 대개 대화의 앞부분에 화제가 나오고 뒷부분에 그에 대한 두 사람의 입장이 나옵니다. **남자가 상황을 긍정적 또는 부정적으로 인식하고 있는지 생각**하며 듣는 것이 좋습니다. **선택지에 나온 어휘가 남자의 태도를 이해하는 데 도움**이 되므로 미리 선택지를 읽어 둡니다. 또한 **두 사람의 대화에서 자주 사용되는 표현**은 아래와 같습니다.

1) 어휘: 지적하다, 불만을 말하다, 주장하다, 알려 주다, 권하다
2) 문법
   - 화제 제시: A–다면서?, V–ㄴ/는다면서?, A–다던데, V–ㄴ/는다던데, A–대요, V–ㄴ/는대요
   - 상대의 동의 유도: A/V–아/어야 하는 거 아니야?, A/V–잖아, A/V–더라, A/V–(으)ㄹ 수 있지
   - 완곡한 의견 제시: A/V–(으)ㄴ/는 것 같다, A/V–(으)ㄹ 것 같다, A/V–(으)ㄹ걸, A/V–(으)면 좋겠어

28 같은 내용 고르기

전체 대화의 흐름을 파악하고 구체적인 내용을 기억하며 들어야 합니다. 들은 내용과 맞지 않는 선택지는 지워 가며 듣습니다. 남자와 여자 중 누구의 의견인지 구분해서 들어야 하며, 해당 내용이 이미 완료된 것인지 앞으로 할 것인지 주의해서 듣는 것이 좋습니다. 듣기에 나온 표현을 선택지에서 그대로 사용하지 않을 수 있으므로 비슷한 어휘와 표현을 많이 알고 있는 것이 답을 찾는 데에 도움이 됩니다.

28

Choosing the same content

You need to understand the overall flow of the conversation and remember specific details. **Eliminate choices that don't match what you hear. Distinguish between the man's and woman's opinions. Pay attention to whether the content is something that has already been completed or something that will be done in the future.** The expressions used in the listening might not be used exactly the same way in the choices, so knowing many similar words and expressions will help you find the answer.

🔍 기출 문제

🔊 ·· 91회 듣기 27~28번

☑ 품절   ☑ 작업하다
☑ 생산량   ☑ 수요
☑ 비용   ☑ 들이다
☑ 쓸모없다   ☑ 손해

27.

남자는 품절이어서 과자를 못 산 경험을 말하며 '이렇게까지 사기 어려운 게 말이 돼?', '생산 시설을 더 늘리면 되잖아.'라고 소비자의 입장에서 불만 사항을 이야기하고 있습니다.

The man talks about his experience of not being able to buy snacks due to them being sold out and expresses his complaints from a consumer's perspective, saying, "Does it make sense that it's this difficult to buy?" and "They can just increase production facilities."

28.

② 품절이어서 과자를 사지 못했습니다.
③ 과자는 여기저기에서 품절이며 생산량을 늘려도 여전히 수요가 많습니다.
④ 뉴스를 통해 들은 적이 있습니다.

② He couldn't buy the snacks because they were sold out.
③ The snacks are sold out everywhere, and even if production is increased, there is still a lot of demand.
④ He heard about it through the news.

기출문제 🔍   🔊 Track 기출문제 27-28

※ [27~28] 다음을 듣고 물음에 답하십시오. (각 2점)

> 남자: 인주제과에서 새로 나온 과자 말이야. 맛있다고 해서 한번 먹어 보고 싶은데 살 수가 없네. 여기저기 다 품절이래.
>
> 여자: 뉴스에서 들었는데 평소보다 네 시간이나 더 작업해서 생산량을 두 배나 늘렸대. 그런데도 수요가 많아서 구하기 힘든 거래.
>
> 남자: 그래도 이렇게까지 사기 어려운 게 말이 돼? 과자를 사려고 하는 사람이 많으면 생산 시설을 더 늘리면 되잖아.
>
> 여자: 그런 결정은 쉽지 않지. 그랬다가 과자의 인기가 식으면 비용을 들여 만든 시설이 쓸모없어지잖아. 그럼 회사의 손해가 클걸.

27. 남자가 말하는 의도로 알맞은 것을 고르십시오.

① 이 과자의 맛이 달라진 것을 지적하려고
② 이 과자를 생산하게 된 이유를 알려 주려고
③ 이 과자의 생산이 중단될 것이라는 소식을 전하려고
④ 이 과자를 구하기 어려운 것에 대한 불만을 말하려고

28. 들은 내용과 같은 것을 고르십시오.

① 이 회사는 작업 시간을 늘렸다.
② 남자는 이 과자를 구입한 적이 있다.
③ 이 과자는 사람들의 관심을 끌지 못했다.
④ 여자는 남자에게 이 과자에 대해 처음 들었다.

정답 27. ④   28. ①

응용 문제

응용문제 🔍 🔊 Track 응용문제 27-28

☑ 소비   ☑ 외식
☑ 생활비   ☑ 씀씀이
☑ 도전하다   ☑ 충동구매
☑ 원인을 밝히다
☑ 권유하다
☑ 무지출 챌린지

※ [27~28] 다음을 듣고 물음에 답하십시오. (각 2점)

> 남자: 잠깐 구경만 하고 온다더니 옷을 또 산 거야? 그렇게 계획에 없던 소비를 계속하면 돈을 모으기 힘들 텐데.
>
> 여자: 이번 주에 외식도 안 하고 배달도 많이 안 시켜서 평소보다 생활비가 적게 들었어. 이 정도는 써야 스트레스도 좀 풀리지.
>
> 남자: 물건 사는 걸로 스트레스를 풀면 씀씀이가 점점 커지지 않을까? 그러지 말고 나랑 같이 지출 없이 살아보기에 도전해 보면 어때?
>
> 여자: 인터넷에서 지출 없이 사는 사람들의 이야기를 본 적은 있는데 나는 아직 마음의 준비가 안 됐어. 준비가 되면 도전해 볼게.

27. 남자가 말하는 의도로 알맞은 것을 고르십시오.

① 충동구매의 원인을 밝히려고
② 소비를 줄이는 방법을 권유하려고
③ 스트레스 푸는 법을 가르쳐 주려고
④ 건강한 식습관의 중요성을 강조하려고

28. 들은 내용과 같은 것을 고르십시오.

① 남자는 여자와 함께 옷을 사러 갔다.
② 여자는 생활비로 스트레스를 받고 있다.
③ 여자는 무지출 챌린지에 도전하기로 했다.
④ 남자는 여자의 소비 습관을 걱정하고 있다.

27.
남자는 여자에게 충동구매를 하면 돈을 모으기 힘들 거라며 함께 지출 없이 살아보기에 도전해 보자고 제안했습니다. 여자가 소비를 줄였으면 하는 마음에 구체적인 방법을 권유하고 있습니다.

The man suggests to the woman that it will be difficult to save money if she makes impulse purchases, and proposes that they try living without spending money together. He is recommending a specific method with the hope that the woman will reduce her spending.

28.
① 남자는 여자가 구경하러 갔다가 사 온 옷을 본 것입니다.
② 여자는 평소보다 생활비가 적게 들었으며 소비를 통해 스트레스를 푼다고 했습니다.
③ 아직 지출 없이 살 마음의 준비가 안 됐다고 했습니다.

① The man saw the clothes that the woman bought after going window shopping.
② The woman spent less on living expenses than usual and said that she relieves stress through consumption.
③ She said she is not yet ready to live without spending money.

정답 27. ② 28. ④

🔊 Track 연습문제 27-28

※ [27~28] 다음을 듣고 물음에 답하십시오 (각 2점)

27. 남자가 말하는 의도로 알맞은 것을 고르십시오.

　　① 뉴스에서 본 소식을 알리려고
　　② 피해자의 마음을 위로해 주려고
　　③ 데이트앱의 위험성을 지적하려고
　　④ 데이트앱 이용 방법을 문의하려고

28. 들은 내용과 같은 것을 고르십시오.

　　① 데이트앱 이용자가 감소하고 있다.
　　② 남자는 데이트앱 사기를 당한 적이 있다.
　　③ 여자는 데이트앱을 부정적으로 보고 있다.
　　④ 데이트앱을 통해 커플이 되는 일은 많지 않다.

어휘

기출문제 27-28

품절	out of stock, sold out	명	이 옷은 사려는 사람이 많아서 금방 **품절**이 된다.
작업하다	to work	동	요즘 일이 많아서 늦게까지 공장에 남아 **작업하는** 사람이 많다.
생산량	production output, production volume	명	기계를 사용하면서 공장의 제품 **생산량**이 크게 늘었다.
수요	demand	명	건강 식품에 대한 사람들의 **수요**가 꾸준히 증가하고 있다.
비용	cost, expense	명	여행 기간이 길어서 **비용**이 많이 들었다.
들이다	to spend (time, money, effort)	동	그는 많은 노력을 **들여** 사업에 성공했다.
쓸모없다	useless, worthless	형	**쓸모없는** 물건은 모아 두지 말고 그때그때 버리세요.
손해	loss, damage	명	투자를 잘못해서 돈을 벌기는커녕 **손해**만 보고 있다.

응용문제 27-28

소비	consumption, spending	명	월급이 줄어서 **소비**를 줄이려고 노력하고 있다.
외식	eating out	명	집에서 밥을 먹을 때보다 밖에서 **외식**을 할 때가 많다.
생활비	living expenses	명	지난달에 **생활비**가 많이 들었으니 이번 달에는 아껴 써야 한다.
씀씀이	spending habits	명	돈을 벌기 시작하면서 **씀씀이**가 커졌다.
도전하다	to challenge, to attempt	동	변화하고 싶다면 새로운 일에 **도전해야** 한다.
충동구매	impulse buying	명	사야 할 물건을 미리 적어 두면 **충동구매**를 막을 수 있다.
원인을 밝히다	to identify the cause	표현	경찰은 사고의 **원인을 밝히기** 위해 애쓰고 있다.
권유하다	to recommend, to advise	동	선생님께서 키가 큰 내게 농구를 해 보라고 **권유하셨다**.

무지출 챌린지	no-spend challenge	명	일정 기간 동안 소비를 하지 않는 **무지출 챌린지**를 하는 사람들이 늘고 있다.

연습문제 27-28

데이트앱	dating app	명	애인을 만들기 위해 **데이트앱**을 이용하는 사람들이 늘고 있다.
사기	fraud, scam	명	믿었던 사람에게 **사기**를 당해서 돈도 잃고 충격으로 병까지 생겼다.
피해자	victim	명	사고 **피해자**들이 겪는 정신적 고통을 줄여 주려는 노력이 필요하다.
실제로	actually, in reality	부	꿈꾸던 일이 **실제로** 이루어져서 너무 기쁘다.
드물다	rare, uncommon	형	회사에 일이 많아서 일찍 퇴근하는 날이 **드물다**.

📖✏️ 문법

✓ A/V-(으)ㄹ걸

말하는 사람의 추측을 나타낼 때 사용합니다. 추측한 내용은 상대가 알고 있거나 기대한 것과 다른 경우가 많습니다.

This is used to express the speaker's guess, often about something that is different from what the listener knows or expects.

> 예 일이 많아서 오후에도 쉴 시간은 **없을걸**.
>
> 그 선배는 인기가 많으니까 사귀는 사람이 **있을걸**.

✓ A/V-더라

과거에 직접 보거나 경험한 것을 말할 때 사용합니다.

This is used when talking about something you have directly seen or experienced in the past.

> 예 지난 댄스 대회 때 보니까 수미가 정말 춤을 잘 **추더라**.
>
> 아침에 일어나 보니 도로에 눈이 많이 쌓여 **있더라**.

🔊 [27~28]

남자: 인터넷은 물론이고 TV 뉴스에서도 데이트앱 사기 기사가 많이 나오는데 왜 데이트앱 사용자는 꾸준히 느는 걸까?

여자: 피해자들 이야기는 정말 안타깝더라. 그래도 좋은 점도 많은 것 같아. 내 친구는 앱으로 만난 사람과 잘 사귀고 있거든.

남자: 실제로 커플이 되는 경우는 드물다던데 대단하네. 그래도 위험한 일이 생길 수 있으니까 앱으로 모르는 사람을 만날 때는 조심하는 게 좋을 것 같아.

여자: 조심해서 이용하면 괜찮을 거야. 요즘엔 새로운 사람을 만날 기회가 별로 없어서 나도 한 번 사용해 볼까 싶더라고.

☑️ 데이트앱 | 사기 | 피해자 | 실제로 | 드물다

27. ③

남자는 데이트앱 사기 기사가 많다고 언급한 뒤 '위험한 일이 생길 수 있으니까 앱으로 모르는 사람을 만날 때는 조심'해야 한다고 했습니다. 따라서 남자는 데이트앱을 이용하는 것이 위험하다고 생각하고 이를 지적한다고 볼 수 있습니다.

The man mentions that there are many articles about dating app scams and then says, "Dangerous things can happen, so be careful when meeting strangers through apps." Therefore, it can be seen that the man thinks using dating apps is dangerous and points this out.

28. ④

① 데이트앱 사용자는 꾸준히 늘고 있습니다.
② 남자의 경험담이 아니라 매체에서 접한 데이트앱 사기 이야기를 하고 있습니다.
③ 여자는 데이트앱을 조심해서 이용하면 괜찮을 거라며 사용해 볼까 싶다고 말했습니다.

① The number of dating app users is steadily increasing.
② He is not talking about his own experience, but about dating app scam stories he saw in the media.
③ The woman said she thinks it would be okay if she uses dating apps carefully and is considering using them.

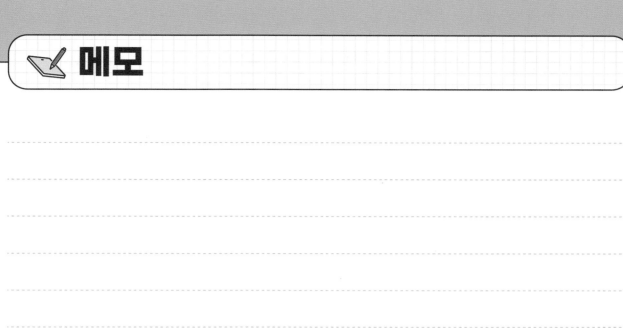

메모

유형 분석 10(29~30번)

This is a type of question where you listen to an interview with a person about their job. A asks questions and B gives specific answers about their work. Generally, you can get a hint about what B does for a living from the first question. And since the following answer gives specific details about their work, you need to listen to that part carefully.

29

Choosing who the man is

This is a question asking about the man's job or the field he works in. If you listen carefully to A's question in the first part of the interview, you can figure out what field B works in. And then you can find out what exactly B does from their answer. Examples of jobs that have appeared in recent exams are as follows:

어떤 직업에 종사하는 사람과의 인터뷰를 듣고 푸는 문제입니다. A가 질문을 하면 B는 자신이 하는 일에 대해 구체적으로 이야기하는 형태입니다. 일반적으로 첫 질문에서 인터뷰 대상이 하는 일에 대한 힌트를 얻을 수 있습니다. 그리고 이어지는 대답에서 하는 일에 대한 구체적인 내용이 나오기 때문에 그 부분을 잘 들어야 합니다.

29 남자가 누구인지 고르기

남자의 직업이나 종사하고 있는 분야를 묻는 문제입니다. 인터뷰 앞부분에 나오는 A의 질문을 잘 들으면 B가 어떤 분야에 종사하는 사람인지 알 수 있습니다. 그리고 B의 대답에서 구체적으로 무슨 일을 하는 사람인지 찾으면 됩니다. 최근 기출 문제에서 제시되었던 직업의 예는 다음과 같습니다.

토픽 회차	정답	함께 제시된 직업
52회	식물을 활용해 사람들을 치료하는 사람	* 식물의 향기를 분석하는 사람 * 문제가 생긴 식물을 관리하는 사람 * 식물의 재배 방법을 연구하는 사람
60회	공연장에서 안전을 관리하는 사람	* 공연 장소를 섭외하는 사람 * 공연장 좌석을 안내하는 사람 * 공연장의 무대 시설을 고치는 사람
64회	전자책 구독 서비스를 개발한 사람	* 전자책을 조사하는 사람 * 전자책을 골라 주는 사람 * 전자책 구독 서비스에 가입한 사람
83회	게임의 오류를 찾아내는 사람	* 새로운 게임을 기획하는 사람 * 게임에 음향 효과를 넣는 사람 * 새로 개발한 게임을 홍보하는 사람
91회	방송에서 교통 상황을 알려 주는 사람	* 도로를 정비하는 사람 * 교통 상황을 촬영하는 사람 * 도로에 CCTV를 설치하는 사람

30 들은 내용과 같은 것 고르기

전체적인 내용을 잘 듣고 분석해야 합니다. 들은 내용의 상황과 맥락에 어울리지 않거나 언급하지 않은 선택지는 지워 가며 답을 찾는 것이 좋습니다. 그리고 선택지에 사용되는 표현들은 들은 내용에 나온 표현을 그대로 사용하지 않기 때문에 비슷한 어휘와 표현을 알고 있어야 답을 찾아낼 수 있습니다.

30

Choosing the same content

You need to listen to and analyze the whole content well. It is a good idea to eliminate choices that do not fit the context of what you hear or that are not mentioned, as you listen for the answer. Also, since the expressions used in the choices may not be the same as the expressions in the listening, knowing similar vocabulary and expressions will help you find the answer.

🔍 기출 문제

🔊 ·· 91회 듣기 29-30번

☑ 출시하다
☑ 완성하다
☑ 기술적
☑ 오류
☑ 음향 효과
☑ 완성도
☑ 영향을 주다(미치다)
☑ 담당하다

29.

여자의 질문을 통해 남자가 '게임의 문제점을 찾아내는 일'을 하고 있음을 알 수 있습니다. 또한 남자의 대답에서 '오류를 찾아내는' 일을 하고 있음을 다시 한번 확인할 수 있습니다.

Through the woman's question, you can understand that the man 'finds problems in games'. Also, in the man's answer, you can confirm once again that he does the work of 'finding errors'.

기출문제 🔍   🔊 Track 기출문제 29-30

※ [29~30] 다음을 듣고 물음에 답하십시오. (각 2점)

> 여자: 팀장님께서는 게임을 출시하기 전에, 게임에서 발생하는 여러 문제점들을 찾아내는 일을 맡고 계시다고 들었습니다.
>
> 남자: 네, 개발팀이 완성한 게임을 일정 기간 동안 직접 해 보면서 기술적인 오류를 찾아내고 있습니다. 또 캐릭터의 디자인이나 음향 효과 등 사용자의 흥미와 관련된 것들의 문제점도 찾아내고요.
>
> 여자: 게임의 완성도를 높이기 위해서는 이 일이 굉장히 중요하겠네요.
>
> 남자: 네, 출시 후에 이런 문제가 발생하면 게임 판매에 부정적인 영향을 주게 되거든요. 그래서 저희는 출시 전까지 책임감을 갖고 일합니다.

29. 남자가 누구인지 고르십시오.

① 게임의 오류를 찾아내는 사람

② 새로운 게임을 기획하는 사람

③ 게임에 음향 효과를 넣는 사람

④ 새로 개발한 게임을 홍보하는 사람

정답 29. ①

30. 들은 내용과 같은 것을 고르십시오.

① 이 일은 개발팀에서 담당하고 있다.

② 이 일은 게임의 판매에 영향을 미친다.

③ 남자는 게임 출시 후에 일을 시작한다.

④ 남자는 게임 캐릭터도 직접 디자인한다.

30.

남자는 문제가 발생하면 '게임 판매에 부정적인 영향을 준다.'고 했습니다.

① 개발팀에서 완성한 게임의 문제점을 찾아낸다고 했습니다.

③ 게임 출시 전에 일한다고 했습니다.

④ 캐릭터를 디자인하는 게 아니라 디자인과 관련된 문제점을 찾는 일이라고 했습니다.

The man said that if a problem occurs, 'it negatively affects game sales'.

① It was mentioned that he finds problems in games completed by the development team.

③ It was mentioned that he works before the game is released.

④ It was mentioned that he does not design characters, but finds problems related to design.

정답 30. ②

🔍 응용 문제

29.

여자는 '건축물도 보수 작업이 필요할 것 같다'며, 말을 시작하고 남자는 '건축물 보수라고 하면'이라고 하며 자신의 일에 대해 설명하고 있습니다.

The woman starts by saying, "It seems like buildings need repair work too," and the man says, "Speaking of building repair," and explains his work.

응용문제 🔍   🔊 Track 응용문제 29-30

※ [29~30] 다음을 듣고 물음에 답하십시오. (각 2점)

> 여자: 오래된 건축물도 수리하고 보강하는 작업이 필요할 듯한데요. 어떤 점에 주의해야 하나요?
>
> 남자: 건축물 보수라고 하면 단순히 오래된 부분을 새 자재로 바꾸는 것으로 생각하기 쉽습니다. 하지만 중요한 것은 처음의 구조와 디자인을 유지하면서 필요한 부분만 보강하는 것이죠. 건축물이 가진 가치와 원래의 의도를 훼손하지 않는 것이 매우 중요합니다.
>
> 여자: 그럼 보수 작업이 꽤 까다롭겠네요?
>
> 남자: 네, 그렇습니다. 세부적인 작업을 반복하며, 원래의 모습을 최대한 재현해야 합니다. 또 보수 후에도 건축물이 손상되지 않도록 정기적인 점검과 관리를 철저히 해야 합니다.

29. 남자가 누구인지 고르십시오.

① 건축물을 설계하는 사람

② 건축물을 보수하는 사람

③ 건축물을 관리하는 사람

④ 건축물을 홍보하는 사람

정답 29. ②

30. 들은 내용과 같은 것을 고르십시오.

① 이 일은 단순한 일회성 작업으로 마무리된다.

② 이 일은 건축물의 가치를 재해석하는 작업이다.

③ 작업은 손상된 부분을 새 자재로 모두 교체하는 것이다.

④ 작업에서 원래의 구조와 디자인을 유지하는 것이 중요하다.

30.

① 이 일은 작업을 반복한다고 했습니다.

② 건축물의 원래의 의도를 훼손하지 않는 것이 중요하다고 했습니다.

③ 작업은 필요한 부분만 보강한다고 말했습니다.

① It was mentioned that this work involves repetitive tasks.

② It was mentioned that it is important not to damage the original intention of the building.

③ He said that the work involves reinforcing only the necessary parts.

🔊 Track 연습문제 29-30

※ [29~30] 다음을 듣고 물음에 답하십시오 (각 2점)

29. 남자가 누구인지 고르십시오.

① 학교 홍보를 담당하는 사람

② 새로운 학습 과정을 기획하는 사람

③ 수업 자료를 준비하고 수정하는 사람

④ 학생들의 학습 문제를 찾아서 돕는 사람

30. 들은 내용과 같은 것을 고르십시오.

① 이 일은 학생들의 과제를 대신 작성하는 것이다.

② 남자는 학생들이 과제를 내기 전에 일을 마쳐야 한다.

③ 남자는 학생들에게 부족한 부분을 비판적으로 강조한다.

④ 남자는 학생들이 어려워하는 개념을 추가로 설명해 준다.

📖 어휘

기출문제 29-30

출시하다	to release, to launch	동	우리 회사는 내년에 새로운 스마트폰을 **출시할** 계획이다.
완성하다	to complete, to finish	동	그는 프로젝트를 기한 내에 **완성해야** 한다.
기술적	technical	명	이 문제는 **기술적** 오류로 인해 발생한 것이다.
오류	error, bug	명	시스템 **오류**로 인해 서비스가 일시적으로 중단되었습니다.
음향 효과	sound effect	명	영화의 **음향 효과**가 정말 인상 깊었다
완성도	degree of completion, completeness	명	그 작품은 **완성도**가 높다는 평가를 받았다.
영향을 주다 (미치다)	to influence, to affect (to have an effect on, to exert influence)	표현	환경 오염이 생태계에 큰 **영향을 주고** 있다.
담당하다	to be in charge of to be responsible for	동	나는 이번 일의 기획을 **담당하고** 있다.

응용문제 29-30

건축물	building, structure	명	이 도시는 아름다운 **건축물**로 유명하다.
보강하다	to reinforce, to strengthen	동	낡은 다리를 안전하게 **보강해야** 한다.
보수	repair, restoration	명	건물의 외벽을 **보수**하는 공사가 진행 중이다
자재	material	명	이 건축에는 친환경 **자재**를 사용했다
구조	structure, framework	명	이 건물은 독특한 **구조**로 설계되었다.
가치	value, worth	명	이 그림은 예술적 **가치**가 매우 높다
훼손하다	to damage, to impair	동	책을 영화로 만들 때 작가의 의도를 **훼손하면** 안된다.
까다롭다	strict, demanding, picky	형	그 고객은 요구 사항이 매우 **까다롭다.**
세부적	detailed, specific	명	계획을 **세부적**으로 검토해 보는 게 어때요?
재현하다	to reproduce, to recreate	동	그 영화는 19세기의 생활 모습을 잘 **재현했다.**

손상되다	to be damaged, to be broken	동	택배 박스가 운송 중에 **손상되었다.**
정기적	regular, periodic	명	**정기적인** 건강 검진을 받는 것이 중요하다.
점검	inspection, check	명	우리는 모든 장비를 **점검한** 후 작업을 시작했다.
철저히	thoroughly, completely	부	제품의 품질을 **철저히** 검사한 후 출고합니다.
일회성	one-time, one-off	명	이번 기부는 **일회성으로** 끝나지 않고 지속될 예정이다.
마무리되다	to be finished, to be completed	동	공사가 이번 주 내로 **마무리될** 예정이다.
재해석하다	to reinterpret	동	이 가수는 전통 가요를 현대적인 감성으로 **재해석했다.**
교체하다	to replace, to change	동	에어컨 필터를 매달 **교체하는** 것이 좋다.

연습문제 29-30

구체적	concrete, specific	명	**구체적인** 예산 계획을 세워야 한다.
검토하다	to review, to examine	동	계획을 **검토한** 후 결정을 하겠습니다.
나아가다	to move forward, to advance	동	팀은 목표를 향해 조금씩 **나아가고** 있다.
비판적	critical	명	그는 새로운 정책에 대해 **비판적인** 의견을 제시했다.
작성하다	to write, to compose	동	오늘 회의 내용을 정리하여 보고서를 **작성해** 주세요.

문법

✓ **A/V-(으)ㄹ 듯하다**	말하는 사람이 어떤 상황이나 사실을 직접 경험한 것은 아니지만, 추측이나 가능성을 표현할 때 사용합니다. This is used when the speaker expresses a guess or possibility, not from direct experience, but based on other information. 예 내일 비가 올 듯하다.
✓ **N은/는 물론이고**	앞에 제시된 명사뿐만 아니라 뒤의 내용까지 포함된다는 의미를 나타낼 때 사용합니다. This is used to indicate that something includes not only the noun mentioned before, but also the following content. 예 이 가게는 커피는 물론이고 디저트도 맛있어요.

연습 문제 정답 및 해설

🔊 [29~30]

> 여자: 선생님께서는 이번 학기에 학생들을 돕는 일을 맡고 계시다고 들었는데요. 구체적으로 어떤 일인가요?
>
> 남자: 저는 이번 학기에 학생들이 제출한 과제를 검토하고, 그 과정에서 나타나는 학습 문제나 부족한 부분을 찾아내고 있는데요. 학생들이 이해하기 어려워하는 개념에 대해 추가 설명을 제공하면서 학습 효과를 높이기 위해 노력하고 있죠.
>
> 여자: 학생들의 성장을 돕기 위해 굉장히 중요한 역할을 하고 계시네요.
>
> 남자: 네, 학생들이 스스로 잘못된 부분을 수정하고 더 나은 방향으로 나아갈 수 있도록 돕는 것이 저의 가장 큰 목표입니다.

☑ 구체적 | 검토하다 | 나아가다 | 비판적 | 작성하다

29. ④

남자는 학생들의 과제를 검토해서 학습 문제나 부족한 부분을 찾아내는 일을 하고 있다고 말했습니다.

The man said that he reviews students' assignments to identify learning problems or areas of deficiency.

30. ④

① 학생들의 과제를 작성하는 일이 아니라 검토한다고 했습니다.
② 남자는 학생들이 과제를 제출한 후에 일을 시작합니다.
③ 비판적으로 말하는 느낌은 없습니다.

① He said he reviews the students' assignments, not writes them.
② The man starts his work after the students submit their assignments.
③ There is no critical tone in his speech.

메모

유형 분석 11(31~32번)

These are questions that are solved by listening to conversations or debates on socially hot topics or everyday problems. Sometimes you listen to one person's opinion, and sometimes you listen to two people with different opinions sharing their thoughts.

사회적으로 화제가 되고 있는 이슈나 생활에서 나타날 수 있는 일상적인 문제에 대한 대담이나 찬반 토론을 듣고 푸는 문제입니다. 한 사람의 의견을 들을 때도 있고, 서로 생각이 다른 두 사람이 의견을 나누기도 합니다.

31

Choosing the correct main idea of the man

This is a question in the format of A1-B1-A2-B2, asking about B's (the man's) main idea. A1 presents the topic of discussion or their own opinion. Following this, B1 presents an opinion or their thoughts that are opposite to A1. The man and woman's opinions may be completely opposite, but sometimes they only partially differ, so you need to listen carefully. Generally, B2 emphasizes the man's opinion somewhat, so it is good to pay close attention to B2.

31 남자의 중심 생각으로 알맞은 것 고르기

A1—B1—A2—B2의 대화 형식으로 B(남자)의 중심 생각을 묻는 문제입니다. A1은 토론의 주제나 자신의 의견을 제시합니다. 이어서 B1은 A1과 반대되는 의견이나 자신의 생각을 이야기합니다. 남자와 여자의 의견은 완전히 반대되는 경우도 있지만 일부만 다른 경우도 있으니 주의해서 들어야 합니다. 일반적으로 B2에 남자의 의견이 다소 강조되므로 B2를 주의해서 듣는 것이 좋습니다.

32 남자의 태도로 맞는 것 고르기

B(남자)가 말하는 태도를 묻는 문제입니다. B(남자)의 말투가 태도를 나타내고 있습니다. 의견을 제시할 때 사용하는 표현이나 말투를 주의 깊게 들어야 합니다.

☆ 의견을 제시할 때 자주 사용하는 표현

1) 표현: A/V–(으)ㄹ 겁니다, A/V–(으)ㄴ/는/(으)ㄹ 것 같다,
   A/V–(으)ㄹ 것으로 보이다, –다고 봅니다

☆ 선택지에 자주 사용되는 표현

1) 어떻게: 사례를 들어, 근거를 들어, 비교를 통해, 자료를 통해,
   상황을 분석하면서, 상대의 의견을 인정하며….
2) 무엇을 하다: 확신하다, 문제에 대해 걱정하다, 주장을 반박하다,
   의견을 수용하다, 지지하다, 주제를 설명하다, 해결책을 제시하다,
   책임을 묻다, 전망하다, 회의적으로 바라보다, 동의하다…

32

Choosing the correct attitude of the man

This is a question asking about the attitude B (the man) expresses. B's (the man's) tone of voice indicates their attitude. You need to listen carefully to the expressions and tone of voice they use when presenting their opinions.

☆ Expressions frequently used when presenting opinions

1) Expressions : A/V–(으)ㄹ 겁니다,
   A/V–(으)ㄴ/는/(으)ㄹ 것 같다,
   A/V–(으)ㄹ 것으로 보이다,
   –다고 봅니다

☆ Expressions frequently used in the choices

1) How by giving examples, by providing grounds, through comparison, through data, by analyzing the situation, by acknowledging the other person's opinion...
2) What to do : to be certain, to be worried about the problem, to refute an argument, to accept an opinion, to support, to explain the topic, to suggest a solution, to question responsibility, to predict, to be skeptical, to agree...

🔍 기출 문제

🔊 ·· 91회 듣기 31-32번

☑ 폐기물
☑ 확정되다
☑ 반발
☑ 거세다
☑ 설명회
☑ 우려하다
☑ 보상
☑ 대대적
☑ 명확하다
☑ 객관적

31.
남자는 시설이 설치되는 것에 대한 반발을 '알리는 것(홍보)'를 통해 해결할 수 있다고 의견을 제시하고 있다.

The man suggests that opposition to the installation of a facility can be resolved by "알리는 것" which means informing or publicizing.

32.
남자는 '—(으)ㄹ 겁니다'라는 말투와 '분명히'라는 표현으로 자신의 의견을 확신하면서 주장하고 있습니다.

The man uses the expression "—(으)ㄹ 겁니다" which indicates certainty, to assert his opinion.

기출문제 🔍 🔊 Track 기출문제 31-32

※ [31~32] 다음을 듣고 물음에 답하십시오. (각 2점)

> 여자: 우리 지역에 생활 폐기물 처리 시설이 설치되는 것이 확정되면 시설의 안정성 문제로 주민들의 반발이 거셀 텐데요.
>
> 남자: 지속적으로 주민 설명회를 열어 시설의 안정성에 대해 충분히 설명하고 이미 안정성이 확인된 인주시의 사례를 적극적으로 알리면 우려하는 부분은 곧 해결될 겁니다.
>
> 여자: 그래도 우리 지역에는 안 된다는 인식을 바꾸기는 어려울 겁니다.
>
> 남자: 지역 광고도 하고 수영장 같은 여가 시설이 보상으로 제공된다는 사실도 대대적으로 알리면 주민들의 인식도 분명히 바뀔 겁니다.

31. 남자의 중심 생각으로 가장 알맞은 것을 고르십시오.

① 시설을 다른 지역으로 옮겨서 설치해야 한다.
② 시설의 설치 효과에 대한 명확한 검증이 필요하다.
③ 시설 설치에 대한 반대는 홍보를 통해 해결할 수 있다.
④ 시설의 설치 사실을 주민들에게 바로 알리지 않는 것이 좋다.

32. 남자의 태도로 가장 알맞은 것을 고르십시오.

① 앞으로 일어날 문제에 대해 걱정하고 있다.
② 자신의 의견대로 될 것임을 확신하고 있다.
③ 상대방에게 객관적인 근거를 요구하고 있다.
④ 상황이 심각해진 것에 대한 책임을 묻고 있다.

정답 31. ③ 32. ②

🔍 응용 문제

응용문제 🔍   🔊 Track 응용문제 31-32

※ [31~32] 다음을 듣고 물음에 답하십시오. (각 2점)

> 여자: 이번 프로젝트에서 새로운 마케팅 전략을 도입하는 방안을 검토하고 있다고 들었습니다. 그런데 기존 방식과 많이 다른 것 같던데요.
>
> 남자: 맞습니다. 기존 방식과 차이가 크긴 하지만, 새로운 전략을 도입하면 시장의 변화에 더 유연하게 대응할 수 있을뿐더러 장기적으로 매출 향상에도 도움이 될 겁니다.
>
> 여자: 그렇지만 지금 이 전략을 당장 도입하기보다는 조금 더 신중하게 검토하는 게 좋지 않을까 싶습니다.
>
> 남자: 당연히 적응 기간이 필요하겠죠. 하지만 체계적인 교육과 지원 프로그램을 제공하면, 직원들도 금방 익숙해질 거라고 생각합니다. 장기적으로는 이 전략이 매출에 도움이 될 거라는 생각이 듭니다.

31. 남자의 중심 생각으로 가장 알맞은 것을 고르십시오.

① 마케팅 전략의 변경을 신중히 검토해야 한다.

② 단기간에 새로운 전략이 큰 도움을 줄 것이다.

③ 기존 마케팅이 가지고 있던 문제를 해결해야 한다.

④ 새로운 마케팅 전략을 통해 매출을 증가시켜야 한다.

☑ 프로젝트
☑ 마케팅
☑ 전략
☑ 유연하다
☑ 대응하다
☑ 장기적
☑ 매출
☑ 향상
☑ 체계적
☑ 단기간
☑ 수용하다

31.
남자는 새로운 전략을 도입하면 매출 향상에 도움이 될 거라고 말하고 있다.

The man says that introducing a new strategy will be helpful for increasing sales.

정답 31. ④

32.

남자는 적응 기간이 필요하다는 여자의 걱정을 인정하면서, 그 의견과 다른 자신의 의견을 이야기하고 있다.

The man acknowledges the woman's concern about needing an adjustment period but presents his own differing opinion.

32. 남자의 태도로 가장 알맞은 것을 고르십시오.

① 새로운 전략의 단점을 우려하고 있다.

② 전략 도입을 당분간 미루자고 요구하고 있다.

③ 자신의 계획이 성공할 것임을 확신하고 있다.

④ 상대방의 우려를 수용하면서 의견을 주장하고 있다.

정답 32. ④

📝 연습 문제

🔊 Track 연습문제 31-32

※ [31~32] 다음을 듣고 물음에 답하십시오 (각 2점)

31. 남자의 중심 생각으로 가장 알맞은 것을 고르십시오.

   ① 고속도로 건설은 주민들의 희생을 요구한다.

   ② 고속도로 건설은 소음 문제를 유발할 것이다.

   ③ 고속도로 건설은 주민들에게 불편을 초래할 것이다.

   ④ 고속도로 건설은 결국 지역 주민에게 이득이 될 것이다.

32. 남자의 태도로 가장 알맞은 것을 고르십시오.

   ① 감정적인 언어를 사용해 상대방을 압박하고 있다.

   ② 구체적인 대책을 제시하면서 설득하려 하고 있다.

   ③ 문제점을 지적하며 상대방에게 해결책을 요구하고 있다.

   ④ 상대방의 주장을 무시하며 자신의 주장을 고집하고 있다.

어휘

기출문제 31-32

폐기물	waste	명	공장에서 나오는 **폐기물**을 안전하게 처리해야 한다.
확정되다	to be confirmed, to be finalized	동	회사에서 새로운 규칙이 **확정되었다고** 한다.
반발	opposition, backlash	명	주민들은 공사 소식에 **반발**하며 시위를 벌였다.
거세다	strong, intense	형	반대의 목소리가 점점 더 **거세지고** 있다.
설명회	briefing session	명	재개발 계획과 관련해 주민들을 대상으로 한 **설명회**가 열릴 예정이다.
우려하다	to be concerned, to worry	동	전문가들은 물 부족 문제를 **우려하고** 있다.
보상	compensation, reward	명	열심히 일한 만큼 **보상**을 받고 싶다.
대대적	large-scale, huge	명	회사는 **대대적**으로 새 제품을 광고했다.
명확하다	clear, definite	형	문제의 원인을 **명확하게** 찾는 것이 중요하다.
객관적	objective	명	보고서는 **객관적인** 자료를 바탕으로 작성되었다.

응용문제 31-32

프로젝트	project	명	우리 팀은 새로운 **프로젝트**를 시작했다.
마케팅	marketing	명	우리는 다양한 **마케팅** 방식을 시도하고 있다.
전략	strategy	명	회사는 판매 **전략**을 바꾸기로 했다.
유연하다	flexible	형	이 회사는 **유연한** 근무 시간을 제공한다.
대응하다	to respond, to react	동	그는 변화에 잘 **대응하는** 사람이다.
장기적	long-term	명	건강을 위해 **장기적인** 노력이 필요하다.
매출	sales	명	신제품이 나오면서 **매출**이 증가했다.
향상	improvement, enhancement	명	그 학생의 한국어 실력이 점점 **향상**되고 있다.
체계적	systematic	명	이 회사는 업무를 **체계적**으로 관리한다.

단기간	short-term	명	단기간에 몸무게를 줄이는 건 건강에 좋지 않다.
수용하다	to accept, to adopt	동	회사는 직원들의 의견을 **수용했다**.

연습문제 31-32

고속도로	highway, expressway	명	**고속도로**에서 차가 빠르게 달렸다.
건설하다	to construct, to build	동	이 도시에 새로운 도서관을 **건설할** 계획이다.
불합리하다	unreasonable, unfair	형	**불합리한** 규정은 개선해야 한다.
소음 방지벽	noise barrier	명	고속도로 옆에 **소음 방지벽**을 설치했다.
악화되다	to get worse, to deteriorate	동	날씨가 **악화되어** 비행기가 취소되었다.
기여하다	to contribute, to play a part	동	나는 깨끗한 환경을 만드는 데 **기여하고** 싶다.
감수하다	to bear, to endure	동	실패를 **감수하더라도** 시도해 보겠다.
구역	zone, area, section	명	주차할 수 있는 **구역**이 정해져 있다.
녹지	greenery, green space	명	도시에 더 많은 **녹지**가 필요하다.
조성하다	to create, to establish	동	공원을 **조성해** 주민들이 쉴 수 있게 했다.
인프라	infrastructure	명	이 도시는 여러 **인프라**가 잘 갖추어져 있다.
확충	expansion, improvement	명	의료 시설의 **확충**을 통해 더 많은 환자를 돌볼 필요가 있다.
유발하다	to induce, to cause	동	그 약은 부작용을 **유발할** 수 있다.
초래하다	to bring about, to result in	동	무분별한 개발이 환경 파괴를 **초래했다**.
이득	profit, gain, benefit	명	이번 거래로 많은 **이득**을 얻었다.
희생	sacrifice	명	아버지는 가족을 위해 많은 **희생**을 했다.
고집하다	to insist on, to stick to	동	그는 끝까지 자신의 의견을 **고집했다**.
설득하다	to persuade, to convince	동	부모님을 **설득해** 새로운 강아지를 입양했다.
압박하다	to pressure	동	그는 상대 선수를 **압박**하기 위해 소리를 질렀다.

 **문법**

☑ **A/V-지 않을까 싶다**	말하는 사람이 어떤 상황이나 가능성을 조심스럽게 추측할 때 사용됩니다. 확신이 부족할 때, 또는 자신의 의견을 부드럽게 전달하고 싶을 때 자주 씁니다. This is used when the speaker is carefully guessing about a situation or possibility. It is often used when the speaker lacks certainty or wants to convey their opinion softly. 예 이번 시험이 조금 어려워지지 **않을까 싶어요**.
☑ **A/V-(으)ㄹ 게 뻔하다**	어떤 일이 당연히 그렇게 될 것이라고 강하게 예측할 때 사용됩니다. 주로 부정적인 결과나 기대하지 않는 상황을 예상할 때 자주 쓰입니다. This is used when the speaker strongly predicts that something will definitely happen. It is often used when anticipating a negative outcome or an unexpected situation. 예 시험 공부를 안 했으니 성적이 **나쁠 게 뻔해**.

연습 문제 정답 및 해설

[31~32]

여자: 우리 동네에 공사가 시작되면 소음과 먼지로 생활 환경이 크게 악화될 게 뻔합니다.

남자: 고속도로 건설은 교통 편의를 높여줄 뿐만 아니라 지역 경제 발전에도 기여할 것입니다. 장기적으로 주민들의 생활 수준을 높이는 데 도움이 됩니다.

여자: 우리 동네만 피해를 감수해야 하는 거 아닌가요?

남자: 그렇지 않습니다. 소음 방지벽 설치와 함께 공사 구역 내 녹지 공간도 조성할 예정입니다. 또한, 주민들을 위한 지원금과 인프라 확충 계획도 포함되어 있습니다.

☑ 고속도로 | 건설 | 소음 방지벽 | 악화되다 | 기여하다 | 감수하다 | 구역 | 녹지 | 조성하다 | 인프라 | 확충 | 유발하다 | 초래하다 | 이득 | 희생 | 고집하다 | 설득하다 | 압박하다

31. ④ 남자는 고속도로 건설이 교통 편의를 높여주고, 지역 경제 발전에도 기여한다고 말하며 지역 주민에게 좋은 점을 말하고 있습니다.

The man is talking about the benefits for local residents, saying that the construction of the highway will improve transportation convenience and contribute to the development of the local economy.

32. ② 남자는 소음 방지벽 설치, 녹지 공간 조성과 같은 구체적인 계획을 말하면서 고속도로 건설에 반대하는 여자를 설득하고 있습니다.

The man is trying to persuade the woman who opposes the construction of the highway by mentioning specific plans such as installing noise barriers and creating green spaces.

🔍 유형 분석 12(33~34번)

This is a lecture on various topics, explaining common sense or phenomena, or conveying lessons through metaphors. It is good to know expressions related to science, humanities, social studies, thoughts, psychology, etc. It uses professional but relatively everyday words.

다양한 주제를 다룬 강연에서 상식이나 현상을 설명하거나 비유를 통해 교훈을 전달하고 있습니다. 과학, 인문 사회, 사상, 심리 등과 관련된 표현을 알아 두는 것이 좋습니다. 전문적이지만 비교적 일상적인 단어를 사용하고 있습니다.

33

Choosing the correct content

Usually, the speaker introduces the background related to the topic in the first part. Then, in the middle part, they ask a direct question related to the topic. You can grasp the core content through this question. In the last part, they summarize the main point they want to make.

☆ **Vocabulary frequently used in the choices**

– background, reason, principle, process, countermeasures, measures, methods, timing, influence, prevention methods, causes, types, importance, solutions, limitations, effects, forms, problems, points to note, characteristics, considerations…

33 무엇에 대한 내용인지 맞는 것 고르기

보통 화자는 앞부분에서 주제와 관련된 배경을 소개합니다. 이후 중간 부분에 주제와 관련된 직접적인 질문을 합니다. 이 질문을 통해 핵심 내용을 파악할 수 있습니다. 마지막 부분에서는 자신이 말하고자 하는 중심 내용을 다시 정리합니다.

☆ 선택지에 자주 사용되는 어휘
 – 배경, 이유, 원리, 과정, 대책, 방안, 방법, 시기, 영향, 예방법, 원인, 유형(종류), 중요성, 해결책, 한계, 영향, 형태, 문제점, 주의할 점, 특징, 고려 사항…

● 최근 기출 문제에서 제시되었던 어휘들은 다음과 같습니다.

토픽 회차	선택지에서 사용된 어휘
52회	배경, 이유, 방법, 과정
60회	배경, 방법, 고려 사항, 주의 사항
64회	방법, 원리, 특징, 종류
83회	형태, 종류, 문제점, 과정
91회	방법, 시기, 주의할 점, 영향

34 들은 내용과 같은 것 고르기

전체적인 내용을 잘 듣고 분석할 필요가 있습니다. 들은 내용의 상황과 맥락에 맞지 않거나 언급되지 않은 선택지는 지워 가며 답을 찾는 것이 좋습니다. 그리고 선택지에 사용되는 어휘들은 듣기 내용에 나오는 어휘나 표현을 그대로 사용하지 않으므로 비슷한 어휘와 표현을 알고 있어야 답을 찾을 수 있습니다.

34

Choosing the same content

You need to listen to and analyze the whole content well. It is a good idea to eliminate choices that do not fit the context of what you hear or that are not mentioned, as you listen for the answer. Also, since the vocabulary used in the choices may not be the same as the vocabulary or expressions used in the listening, knowing similar vocabulary and expressions will help you find the answer.

◀) ·· 91회 듣기 33-34번

☑ 노화 ☑ 인지
☑ 가설 ☑ 통제하다
☑ 저하 ☑ 작용하다
☑ 결정적 ☑ 동일하다

33.
여자는 노인들을 대상으로 실험한 결과 음악 활동이 인지 기능에 긍정적인 영향을 미쳤다고 말하고 있습니다.

The woman says that as a result of experiments on the elderly, musical activities had a positive effect on cognitive function.

34.
① 연구팀은 6개월간 실험했다고 말했습니다.
③ 음악 활동을 통제한 집단은 기능의 저하가 진행되었는데, 피아노를 배운 집단은 떨어지지 않았다고 했으므로 동일한 결과라고 볼 수 없습니다.
④ 이 실험은 음악을 전문적으로 배운 적이 없는 노인들을 대상으로 했다고 말했습니다.

① The research team said they conducted the experiment for 6 months.
③ It was mentioned that the group whose musical activities were controlled experienced a decline in function, while the group that learned piano did not, so it cannot be said that the results were the same.
④ It was mentioned that this experiment was conducted on elderly people who had never learned music professionally.

정답 33. ④ 34. ②

기출문제 🔍   ◀) Track 기출문제 33-34

※ [33~34] 다음을 듣고 물음에 답하십시오. (각 2점)

> 여자: 한 연구팀이 노화로 인해 인지 기능이 떨어지는 것을 막는 데 음악 활동이 도움이 될 거라는 가설을 세우고 실험을 진행했습니다. 연구팀은 음악을 전문적으로 배운 적이 없는 노인들을 대상으로 6개월간 실험했는데요. 이 기간에 한 집단은 피아노를 배우게 했고, 다른 집단은 음악 활동을 못 하게 통제했습니다. 그 결과 음악 활동을 통제한 집단은 인지 기능의 저하가 진행된 데 비해 피아노를 배운 집단은 인지 기능이 떨어지지 않았습니다. 연구팀의 예상대로 음악 활동이 인지 기능의 저하를 막는 데 긍정적으로 작용한 거죠.

33. 무엇에 대한 내용인지 알맞은 것을 고르십시오.

① 음악을 감상하는 올바른 방법
② 음악적 재능이 발달하는 결정적 시기
③ 노인을 대상으로 하는 연구에서 주의할 점
④ 음악 활동이 노인의 인지 기능에 미치는 영향

34. 들은 내용과 같은 것을 고르십시오.

① 이 연구를 위한 실험은 1년 동안 진행됐다.
② 이 실험의 결과는 연구팀의 예상과 같았다.
③ 이 실험에서 두 집단은 동일한 결과를 보였다.
④ 이 실험은 음악을 전공한 사람들을 대상으로 했다.

응용 문제

응용문제 🔍   🔊 Track 응용문제 33-34

※ [33~34] 다음을 듣고 물음에 답하십시오. (각 2점)

> 여자: 이 그림은 초기 전구의 모습입니다. 전구가 처음 발명되었을 때는 지금과 달리 수명이 짧았고, 빛의 밝기도 고르지 않았습니다. 그래서 19세기 후반, 전구는 대중의 관심을 끌지 못했죠. 그러나 20세기 초반에 전구의 필라멘트 재료가 탄소에서 텅스텐으로 바뀌면서 수명이 길어지고 빛도 더 밝아졌습니다. 특히 이 개선된 전구는 공장과 거리의 조명에 큰 변화를 가져왔습니다. 이후 가정과 상업 공간에 널리 퍼지면서, 도시의 밤이 훨씬 밝아지게 되었고, 전 세계적으로 사용되기 시작했습니다. 이러한 변화는 전력 소비 효율성도 크게 개선시켰습니다.

33. 무엇에 대한 내용인지 알맞은 것을 고르십시오.

① 전구의 발명 과정
② 전구의 사용 범위
③ 전구가 산업에 미친 영향
④ 초기 전구의 단점과 개선 과정

☑ 전구
☑ 수명
☑ 고르다
☑ 필라멘트
☑ 탄소
☑ 텅스텐
☑ 전력
☑ 범위

33.
여자는 전구가 처음 발명되었을 때는 수명이 짧았고 빛의 밝기도 고르지 않았지만, 재료가 바뀌면서 수명이 길어지고 빛도 밝아졌다고 말하고 있습니다.

The woman says that when light bulbs were first invented, they had a short lifespan and the brightness of the light was uneven, but as the material changed, the lifespan became longer and the light became brighter.

정답 33. ④

34.

① 20세기 초반에 전구가 발명된 것이 아니라 전구의 필라멘트 재료가 바뀌었다고 했습니다.

② 전구가 처음 발명되었을 때는 대중의 관심을 끌지 못했다고 했습니다.

④ 전구의 필라멘트 재료는 탄소에서 텅스텐으로 바뀌었다고 말했습니다.

① It was not mentioned that the light bulb was invented in the early 20th century, but that the filament material of the light bulb was changed.

② It was mentioned that when the light bulb was first invented, it did not attract public attention.

④ It was mentioned that the filament material of the light bulb was changed from carbon to tungsten.

34. 들은 내용과 같은 것을 고르십시오.

① 전구는 20세기 초반에 발명되었다.

② 전구는 처음부터 대중에게 인기를 끌었다.

③ 개선된 전구는 거리 조명을 크게 변화시켰다.

④ 전구의 재료는 텅스텐 필라멘트로 처음 발명되었다.

정답 34. ③

📝 연습 문제

※ [33~34] 다음을 듣고 물음에 답하십시오 (각 2점)

33. 무엇에 대한 내용인지 알맞은 것을 고르십시오.

① 1인 미디어 활용의 장점과 주의점

② 1인 미디어가 사회에 미치는 영향

③ 1인 미디어 콘텐츠의 기술적 문제점

④ 1인 미디어를 통해 정확한 정보를 얻는 방법

34. 들은 내용과 같은 것을 고르십시오.

① 1인 미디어는 항상 긍정적인 영향을 미친다.

② 1인 미디어를 통해 창의성을 발휘할 수 있다.

③ 1인 미디어는 부정확한 정보 확산을 막아준다.

④ 자극적인 콘텐츠는 사람들에게 긍정적인 효과를 준다.

어휘

기출문제 33-34

노화	aging	명	**노화**로 인해 피부가 점점 탄력을 잃는다.
인지	cognition, recognition	명	이 연구는 인간의 **인지** 능력을 향상시키는 방법을 다룬다.
가설	hypothesis	명	이 **가설**이 맞는지 확인하기 위해 추가 연구가 필요하다.
통제하다	to control	동	경찰이 사고 현장을 **통제하고** 있다.
저하	decline, deterioration	명	나이가 들면서 체력의 **저하**를 느꼈다.
작용하다	to act, to function, to work	동	이 약은 몸에 빠르게 **작용한다**.
결정적	decisive, critical	명	그의 증언이 사건 해결에 **결정적**인 역할을 했다.
동일하다	identical, same	형	그 두 제품의 성능은 거의 **동일하다**.

응용문제 33-34

전구	light bulb	명	**전구**를 교체하지 않으면 방이 어두워진다.
발명되다	to be invented	동	전구는 19세기에 **발명되었다**.
수명	lifespan	명	이 전구는 **수명**이 길어서 오래 쓸 수 있다.
고르다	even, uniform	형	그는 항상 **고른** 속도로 달리기를 한다.
필라멘트	filament	명	전구 속 **필라멘트**가 끊어졌다.
탄소	carbon	명	**탄소** 배출을 줄이기 위한 정책이 필요하다.
텅스텐	tungsten	명	**텅스텐**은 높은 온도를 견딜 수 있는 금속이다.
전력	electric power	명	공장에서 사용하는 **전력** 소비가 높아졌다.
범위	range, scope	명	시험 **범위**를 미리 공지해 주세요.

연습문제 33-34

1인 미디어	personal media, one-person media	명	유튜브는 대표적인 **1인 미디어** 플랫폼이다.

플랫폼	platform	명	이 **플랫폼**에서는 누구나 방송할 수 있다.
콘텐츠	content	명	이 앱에서는 다양한 **콘텐츠**를 제공한다.
소통하다	to communicate	동	그 가수는 소셜 미디어를 통해 팬들과 **소통하고** 있다.
접근하다	to approach, to access	동	이 앱은 사용자가 쉽게 **접근할** 수 있도록 설계되었다.
면	side, aspect	명	그 사람은 다양한 **면**에 재능이 있다.
자극적	stimulating, provocative	명	**자극적인** 음식은 건강에 좋지 않다.
끼치다	to cause, to exert	동	미세먼지는 건강에 나쁜 영향을 **끼친다**.
혼란스럽다	confusing, chaotic	형	갑작스러운 일정 변경에 모두가 **혼란스러워했다**.
발휘하다	to demonstrate, to exhibit, to display	동	그는 어려운 상황에서 리더십을 **발휘했다**.
확산	diffusion, spread	명	정부는 전염병의 **확산**을 막기 위해 노력하고 있다.

📖 문법

☑ **N(이)라든가** ☑ **N(이)라든가 (하다)**	여러 가지 예를 들거나 비슷한 항목을 나열할 때 사용합니다. 두 가지 이상의 예시를 나열하면서 그 중 하나를 선택하거나, 구체적인 예시를 들지 않고 대략적인 범위를 표현할 때 자주 씁니다. This is used when giving several examples or listing similar items. It is often used when listing two or more examples and choosing one of them, or when expressing an approximate range without giving specific examples. 예 점심으로 **김밥이라든가 샌드위치라든가** 먹을 생각이에요.
☑ **A/V-(ㄴ/는)다는**	어떤 사실이나 상황을 간접적으로 전달하거나 인용할 때 사용됩니다. 특히 소문이나 믿음, 생각 등을 전달할 때 자주 사용됩니다. This is used when indirectly conveying or quoting a fact or situation. It is often used when conveying rumors, beliefs, or thoughts. 예 사람들이 이 음식점이 **맛있다는** 이야기를 많이 한다.

연습 문제 정답 및 해설

🔊 **[33~34]**

> 여자: 최근 1인 미디어가 큰 인기를 끌고 있습니다. 사람들은 유튜브라든가 개인 방송 플랫폼이라든가 하는 것을 통해 자신만의 콘텐츠를 제작하며 다양한 사람들과 소통하고 있습니다. 1인 미디어는 누구나 쉽게 접근할 수 있고, 자신의 생각과 정보를 자유롭게 표현할 수 있다는 장점이 있습니다. 하지만 그렇게 긍정적인 면만 있는 것은 아닙니다. 일부 콘텐츠는 자극적이거나 부정적인 영향을 끼쳐 사회적 문제를 일으키기도 합니다. 특히 부정확한 정보가 빠르게 퍼지면서 사람들을 혼란스럽게 만들 수 있습니다. 따라서 1인 미디어를 잘 활용한다면 개인의 창의성을 나타낼 수 있지만, 책임감 있게 사용하는 것이 무엇보다 중요합니다.

☑ **1인 미디어 | 플랫폼 | 콘텐츠 | 소통하다 | 접근하다 | 면 | 자극적 | 끼치다 | 혼란스럽다 | 발휘하다 | 확산**

33. ① 남자는 1인 미디어의 장점을 말하면서 책임감 있게 사용하는 것도 중요하다고 말하고 있습니다.

The man, while talking about the advantages of personal media, says that it is also important to use it responsibly.

34. ②
① 남자는 1인 미디어의 부정적인 면에 대해서도 이야기하고 있습니다.
③ 부정확한 정보가 빠르게 퍼질 수 있다고 말했습니다.
④ 자극적인 콘텐츠는 부정적인 영향을 끼친다고 말하고 있습니다.

① The man also talks about the negative aspects of personal media.
③ He said that inaccurate information can spread quickly.
④ He said that stimulating content has a negative impact.

This type is a speech given on-site, where a person gives a greeting, opening address, commemorative address, congratulatory address, etc., before starting an event at a museum, library, festival, etc., to explain the purpose, objectives, and significance of the event. It is a good idea to check the choices for question 35 before listening to the conversation, because you can predict what kind of story will be told and where it will take place based on the choices

이 유형은 현장 연설로, 관계자가 박물관, 도서관, 축제 등에서 어떤 행사를 시작하기 전에 하는 인사말, 개회사, 기념사, 축사 등을 통해 행사의 취지, 목적, 의의 등을 밝히고 설명합니다. 대화를 듣기 전에 35번의 선택지를 확인하는 것이 좋습니다. 선택지를 통해 어떤 장소에서 무슨 이야기를 할지 예측할 수 있기 때문입니다.

35

Choosing what the man is doing

This is a question asking what the speech is about. For example, if it is a 'product launch commemorative event', the speaker is 'commemorating the launch of a certain product', and if it is a 'graduation ceremony congratulatory address', they are 'congratulating someone'.

☆ **Expressions frequently used in the choices**

– to introduce, to explain, to promote, to request, to reveal, to announce, to report, to thank, to congratulate, to investigate, to analyze, to grasp, to emphasize, to express

35 남자가 무엇을 하고 있는지 고르기

지금 말하고 있는 연설이 무엇에 대한 것인지 묻는 문제입니다. 예를 들어 '제품 출시 기념회'라면 화자는 '어떤 제품의 출시를 기념하고 있는 것'이며, '졸업식 축사'라면 '누구를 축하하고 있는 것'일 것입니다.

☆ 선택지에 자주 사용되는 어휘

– 소개하다, 설명하다, 홍보하다, 부탁하다, 밝히다, 알리다, 보고하다, 감사하다, 축하하다, 조사하다, 분석하다, 파악하다, 강조하다, 표하다…

● 최근 기출 문제에서 제시되었던 어휘들은 다음과 같습니다.

토픽 회차	선택지에서 사용된 어휘
52회	소개하다, 강조하다, 당부하다, 진단하다
60회	발표하다, 홍보하다, 전하다, 구하다
64회	소개하다, 홍보하다, 설명하다, 부탁하다
83회	다짐하다, 소개하다, 부탁하다, 밝히다
91회	알리다, 표하다, 보고하다, 감사하다

36 들은 내용과 같은 것 고르기

전체적인 내용을 잘 듣고 분석할 필요가 있습니다. 들은 내용의 상황과 맥락에 맞지 않거나 언급되지 않은 선택지는 지워 가며 답을 찾는 것이 좋습니다. 그리고 선택지에 사용되는 어휘들은 듣기 내용에 나오는 어휘나 표현을 그대로 사용하지 않으므로 비슷한 어휘와 표현을 알고 있어야 답을 찾을 수 있습니다.

36

Choosing the same content

You need to listen to and analyze the whole content well. It is a good idea to eliminate choices that do not fit the context of what you hear or that are not mentioned, as you listen for the answer. Also, since the vocabulary used in the choices may not be the same as the vocabulary or expressions used in the listening, knowing similar vocabulary and expressions will help you find the answer.

기출 문제

🔊 ·· 91회 듣기 35-36번

☑ 아역
☑ 눈을 감다
☑ 특유
☑ 수상하다
☑ 힘을 쓰다
☑ 업적
☑ 지지
☑ 활약하다
☑ 데뷔하다

35.
남자는 선배가 배우로서, 감독으로서 이룬 업적에 대해 소개하고 있습니다.

The man is introducing the achievements of his senior as an actor and director.

36.
② 김민수는 아역 배우로 영화를 시작했다고 했으니 어린 나이에 배우로 데뷔한 것입니다.
③ 배우로서 백여 편의 영화에 출연했다고 했습니다.
④ 국제 영화제에서 감독상을 수상했다고 말했습니다.

② It was mentioned that Kim Min-soo started his film career as a child actor, so he debuted as an actor at a young age.
③ It was mentioned that he has appeared in over 100 films as an actor.
④ It was mentioned that he won the Best Director award at an international film festival.

기출문제 🔍   🔊 Track 기출문제 35-36

※ [35~36] 다음을 듣고 물음에 답하십시오. (각 2점)

> 남자: 아역 배우로 영화 인생을 시작해서 78세의 나이로 눈을 감기까지, 김민수 선배님의 삶은 오직 영화만을 위한 것이었습니다. 선배님은 배우로서 백여 편의 영화에 출연하며 특유의 개성 넘치는 연기로 우리를 울고 웃게 했습니다. 53세에는 감독으로서 첫 작품을 발표하고, 이후 3편의 영화를 더 남겼습니다. 마지막으로 연출한 작품으로 국제 영화제에서 감독상을 수상하기도 했지요. 뿐만 아니라 영화 박물관의 대표로서 한국 영화의 역사를 기록하는 일에도 힘을 써 온, 누구보다 영화를 사랑하는 분이셨습니다.

35. 남자는 무엇을 하고 있는지 고르십시오.

① 선배의 업적을 소개하고 있다.
② 선배의 영화를 홍보하고 있다.
③ 선배가 만든 작품을 설명하고 있다.
④ 선배에 대한 지지를 부탁하고 있다.

36. 들은 내용과 같은 것을 고르십시오.

① 김민수는 배우이자 감독으로 활약했다.
② 김민수는 늦은 나이에 배우로 데뷔했다.
③ 김민수는 백여 편이 넘는 영화를 연출했다.
④ 김민수는 국제 영화제에서 상을 받지 못했다.

정답 35. ①   36. ①

응용 문제

응용문제 🔍 🔊 Track 응용문제 35-36

※ [35~36] 다음을 듣고 물음에 답하십시오. (각 2점)

> 남자: 오늘은 우리 도서관에서 소장하고 있는 한 권의 책이 국가 문화재로 지정된 날입니다. 이 책은 조선 중기 학자가 쓴 의학서인데요. 당시에 사용된 약재와 치료법이 한자로 기록되어 있습니다. 특히, 당시 사람들이 어떤 방식으로 병을 치료했는지에 대한 정보가 풍부하게 담겨 있어 의학사 연구에 중요한 자료로 평가되고 있습니다. 이 책을 통해 조선 중기의 의료 체계와 약재 사용법 등을 알 수 있습니다. 그러므로 앞으로 이 책이 널리 활용될 수 있도록 훼손된 부분은 복원해야 하며, 더 많은 학문적 연구도 필요할 듯합니다.

35. 남자는 무엇을 하고 있는지 고르십시오.

① 이 책이 보관된 장소에 대해 설명하고 있다.

② 이 책을 집필한 학자에 대해 소개하고 있다.

③ 이 책을 더욱 연구할 필요성에 대해 제안하고 있다.

④ 이 책의 복원 작업에 대해 아쉬움을 표현하고 있다.

36. 들은 내용과 같은 것을 고르십시오.

① 이 책은 곧 복원 작업에 들어갈 예정이다.

② 이 책은 조선 중기의 학자가 집필한 것이다.

③ 이 책은 주로 문학적인 내용으로 이루어져 있다.

④ 이 책이 국가 문화재로 지정되기 위한 논의가 시작되었다.

☑ 소장하다
☑ 지정되다
☑ 조선　　☑ 중기
☑ 의학서　☑ 약재
☑ 치료법　☑ 한자
☑ 기록되다　☑ 당시
☑ 학문적　☑ 집필하다

35.
남자는 마지막에 이 책에 대해 더 많은 학문적 연구가 필요할 것 같다고 말하고 있습니다.

At the end, the man says that more academic research seems to be needed on this book.

36.
① 이 책의 훼손된 부분은 복원해야 한다고 주장하는 것이며 복원 작업을 하는 것은 아닙니다.
③ 이 책은 문학적인 내용이 아니라 의학서라고 했습니다.
④ 이 책은 국가 문화재로 이미 지정되었다고 말했습니다.

① It is argued that the damaged parts of this book should be restored, but it is not about doing the restoration work.
③ It was mentioned that this book is a medical book, not a literary work.
④ It was mentioned that this book has already been designated as a national cultural property.

정답 35. ③　36. ②

연습 문제

🔊 Track 연습문제 35-36

※ [35~36] 다음을 듣고 물음에 답하십시오 (각 2점)

35. 남자는 무엇을 하고 있는지 고르십시오.

① 현대 한국 예술가들의 작품을 소개하고 있다.

② 전시관 개관의 취지와 주요 내용을 설명하고 있다.

③ 한국 전통문화 보존에 대한 지원을 부탁하고 있다.

④ 한국 전통문화 계승의 올바른 방안을 제시하고 있다.

36. 들은 내용과 같은 것을 고르십시오.

① 전시관에서는 한국 전통 의복 체험만 제공된다.

② 청소년들은 전통문화와 관련된 강의를 들어야 한다.

③ 이 전시에서는 한국 전통문화와 현대문화가 모두 소개된다.

④ 이 전시의 목적은 외국인들에게 한국 문화를 알리는 것이다.

📖 어휘

기출문제 35-36

아역	child actor	명	**아역** 시절부터 연기를 시작한 배우들이 많다.
눈을 감다	pass away	표현	할머니께서 평화롭게 **눈을 감으셨다.**
특유	unique, characteristic	명	이 음식은 **특유**의 향이 강하다.
수상하다	to be awarded (a prize)	동	그녀는 영화제에서 최우수 연기상을 **수상했다.**
힘을 쓰다	to exert power, to make an effort	표현	회사는 매출을 올리기 위해 **힘을 쓰고** 있다.
업적	achievement, accomplishment	명	그의 역사적인 **업적**을 기념하는 전시회가 열렸다.
지지	support	명	많은 시민들이 환경 보호 운동에 **지지**를 보냈다.
활약하다	to be active	동	많은 청년들이 예술 분야에서 **활약하고** 있다.
데뷔하다	to debut	동	그는 20살에 가수로 **데뷔했다.**

응용문제 35-36

소장하다	to possess, to own, to collect	동	박물관은 다양한 유물을 **소장** 중이다.
지정되다	to be designated	동	그 지역이 개발 제한 구역으로 **지정되었다.**
조선	Joseon (dynasty)	명	**조선** 왕조는 약 500년 동안 이어졌다.
중기	the middle (of a period)	명	조선 **중기**에는 정치적 변화가 많이 일어났다.
의학서	medical book	명	다양한 치료법이 이 **의학서**에 기록되어 있다.
약재	medicinal herbs, medicinal ingredients	명	이 **약재**는 감기에 효과가 좋다고 알려져 있다.
치료법	treatment, cure	명	새로운 **치료법**이 환자들에게 큰 희망을 주고 있다.
한자	Chinese character	명	이 문서에는 **한자**가 많이 사용되었다.
기록되다	to be recorded	동	이 사건은 공식 문서에 **기록되어** 있다.
당시	at that time, then	부	그는 **당시**의 기억을 생생히 떠올렸다.

학문적	academic	명	이 책은 **학문적**으로 큰 가치가 있다.
집필하다	to write, to author	동	그는 5년 동안 이 책을 **집필했다**.

연습문제 35-36

개관식	opening ceremony	명	박물관 **개관식**에 많은 사람들이 참석했다.
선보이다	to unveil, to present, to showcase	동	그 디자이너는 새로운 컬렉션을 **선보였다**.
조화롭다	harmonious	형	여기는 자연과 도시가 **조화롭게** 어우러진 곳이다.
공존하다	to coexist	동	사람과 자연이 **공존하는** 사회를 꿈꾼다.
자긍심	pride, self-esteem	명	그는 자신의 일에 큰 **자긍심**을 느끼고 있다.
취지	purpose, aim, intent	명	이 행사는 환경을 보호하자는 **취지**로 열렸다.
계승	succession	명	역사는 문화 창조와 **계승**의 과정이라고 할 수 있다.

📖 문법

☑ V-(으)며

두 가지 동작이나 상태가 동시에 일어나거나 연결되어 있음을 나타낼 때 사용합니다. 글이나 말에서 문장을 부드럽게 연결하는 역할을 합니다. 주로 서술적 표현에서 많이 사용됩니다.

This is used to indicate that two actions or states occur simultaneously or are connected. It serves to smoothly connect sentences in writing or speech. It is mainly used in descriptive expressions.

예 우리는 서로의 생각을 공유하며 문제를 해결했다.

☑ A/V-기도 하다

어떤 사실이나 상황이 여러 가지 면을 가지고 있음을 나타낼 때 사용합니다. 긍정과 부정의 요소를 모두 담거나 다양한 가능성을 인정할 때 유용합니다.

This is used to indicate that a fact or situation has multiple aspects. It is useful when including both positive and negative elements or acknowledging various possibilities.

예 이 영화는 감동적이기도 하고 재미있기도 하다.

☑ N을/를 통해(서)

어떤 매개체나 경로를 통해 결과나 효과가 나타나는 경우에 사용됩니다.

This is used when a result or effect appears through a certain medium or path. It is often used to explain how to achieve a goal or obtain information.

예 우리는 인터넷을 통해 다양한 정보를 얻을 수 있다.

☑ N이자 N

하나의 대상이 두 가지 성격이나 역할을 동시에 가지고 있을 때 사용됩니다. 복합적인 정체성이나 역할을 표현할 때 유용합니다.

This is used when one subject has two characteristics or roles simultaneously. It is useful for expressing complex identities or roles.

예 서울은 한국의 수도이자 문화의 중심지이다.

🔊 [35~36]

> 남자: 이렇게 여러 분들을 모시고 '한국 전통문화의 어제와 오늘' 전시관 개관식을 열게 되어 매우 기쁩니다. 우리 전통문화는 오랜 시간 동안 한국인의 삶과 함께 해 왔으며, 그 속에서 다양한 예술과 생활방식이 발전했습니다. 이번 전시에서는 한국의 전통 의복, 음악, 음식 문화뿐만 아니라, 이런 전통 문화와 잘 어울리는 한국 현대 문화의 모습도 함께 선보이고 있습니다. 이 전시를 통해 전통과 현대가 조화롭게 공존하는 한국의 문화를 이해하는 좋은 기회가 되기를 바랍니다. 특히 청소년들이 한국 문화에 대한 자긍심을 느낄 수 있도록 다양한 체험 프로그램도 준비해 두었습니다.

☑️ 개관식 | 선보이다 | 조화롭다 | 공존하다 | 자긍심 | 취지 | 계승

35. ②

남자는 이 전시를 통해 전통과 현대가 공존하는 한국 문화를 이해하기를 바란다며 전시관의 개관 취지를 말하면서 전시의 주요한 내용을 설명하고 있습니다.

The man explains the purpose of the exhibition, saying that he hopes people will understand Korean culture where tradition and modernity coexist through this exhibition, and explains the main contents of the exhibition.

36. ③

① 전시관에서 현대 문화의 모습도 선보이고 있다고 했습니다.
② 청소년들은 강의를 듣는 게 아니라 체험 프로그램을 할 수 있다고 했습니다.
④ 전시의 목적은 외국인이 아니라 청소년들이 한국 문화에 대해 이해하는 기회가 되는 것이라고 말했습니다.

① It was mentioned that the exhibition hall also showcases aspects of modern culture.
② It was mentioned that teenagers can participate in experience programs, not lectures.
④ It was mentioned that the purpose of the exhibition is to provide an opportunity for teenagers, not foreigners, to understand Korean culture.

 메모

This is an educational program conducted through an interview between a host and an expert. The content of the conversation covers various topics such as academics, art, economy, health, science, literature, and education, and it is good to know related expressions in these areas.

진행자와 전문가가 인터뷰를 하면서 진행하는 교양 프로그램입니다. 대화의 내용은 학문, 예술, 경제, 건강, 과학, 문학, 교육 등 다양한 주제를 다루며 이런 영역의 관련 표현을 알아 두는 게 좋습니다.

37

Choosing the correct main idea of the woman:

This is a question about choosing the expert's main idea. The important thing in this question is to focus on what the interviewer is asking. The answer to that question is often the main idea. Also, before solving the problem, you need to check whether it is asking for the man's main idea or the woman's main idea. Usually, the expert's main idea is clearly presented at the beginning or end.

☆ **Expressions frequently used when stating the main idea**

그래서 (Therefore), 따라서 (consequently), 결국 (as a result), 결과적으로 (in the end), 그러므로 (thus), 특히 (especially), 무엇보다도 (above all), −는 것이 좋다 (it is good to), −때문이다 (it is because of), −는 게 낫다 (it is better to), −(ㄴ/는)다고 생각하다(보다) (I think (believe) that)...

37   여자의 중심 생각으로 알맞은 것 고르기

전문가의 중심 생각을 고르는 문제입니다. 이 문제에서 중요한 것은 질문하는 사람이 무엇을 물어보는지에 집중하는 것입니다. 그 질문에 대한 대답이 중심 생각이 되는 경우가 많습니다. 또한 문제를 풀기 전에 남자의 중심 생각인지 여자의 중심 생각인지 확인하고 풀어야 합니다. 보통 시작이나 끝 부분에 전문가의 중심 생각이 잘 나타납니다.

☆ **중심 생각을 말할 때 자주 사용하는 표현**

그래서, 따라서, 결국, 결과적으로, 그러므로, 특히, 무엇보다도,
−는 것이 좋다, −때문이다, −는 게 낫다, −(ㄴ/는)다고 생각하다(보다)….

38 들은 내용과 같은 것 고르기

전체적인 내용을 분석할 필요가 있습니다. 선택지는 사회자와 전문가가 말한 내용에서 제시되기 때문에 두 사람의 내용을 모두 주의하여 들어야 합니다. 담화의 중심 생각을 파악한 후에 들은 내용과 다른 것을 찾아내야 합니다. 담화에 언급하지 않은 것과 담화 내용과 반대되는 것들이 오답으로 많이 제시됩니다. 내용의 순서에 따라 선택지가 나오는 것이 아니므로 선택지의 내용을 미리 파악할 필요가 있습니다.

38

Choosing the same content

It is necessary to analyze the overall content. Since the choices are presented from the content spoken by both the host and the expert, you need to listen carefully to what both of them say. After grasping the main idea of the discourse, you need to find what is different from what you heard. Things that are not mentioned in the discourse and things that are opposite to the content of the discourse are often presented as incorrect answers. Since the choices are not presented in the order of the content, it is necessary to grasp the content of the choices in advance.

83회 듣기 37-38번

- ☑ 감성
- ☑ 현상하다
- ☑ 약품
- ☑ 처리
- ☑ 묘하다
- ☑ 색감
- ☑ 인화하다
- ☑ 원본
- ☑ 자극하다
- ☑ 수월하다
- ☑ 재유행하다

37.

남자는 필름 카메라가 젊은 세대들의 마음을 사로잡고 있다고 말하고 여자는 그 이유가 필름 사진이 가지는 독특한(특별한) 감성 때문이라고 대답합니다.

The man says that film cameras are capturing the hearts of the younger generation, and the woman replies that this is because of the unique (special) sensibility of film photography.

기출문제 🔍   🔊 Track 기출문제 37-38

※ [37~38] 다음을 듣고 물음에 답하십시오. (각 2점)

> 남자: 부모 세대가 사용했던 필름 카메라가 디지털에 익숙한 젊은 세대들의 마음을 사로잡고 있습니다.
>
> 여자: 네, 필름 사진만이 갖는 독특한 감성 때문입니다. 필름을 현상하기 위해 약품 처리를 하는 과정에서 묘한 색감과 분위기가 나는데 그것이 아주 매력적이죠. 또 필름 카메라는 필름을 구하기도 어렵고 필름마다 찍을 수 있는 사진 수가 제한적이에요. 인화 과정을 거쳐야만 사진을 받아볼 수 있고요. 이런 번거로움이 오히려 젊은 세대들이 사진 한 장 한 장을 소중하고 특별하게 느끼는 이유가 됩니다.

37. 여자의 중심 생각으로 가장 알맞은 것을 고르십시오.

① 사진을 찍을 때는 정성을 들이는 게 중요하다.

② 필름 사진을 잘 찍으려면 많이 찍어 봐야 한다.

③ 사진을 여러 장 인화하면 원본의 가치가 떨어진다.

④ 필름 사진에는 감성을 자극하는 특별한 매력이 있다.

정답 37. ④

38. 들은 내용과 같은 것을 고르십시오.

① 필름 사진은 인화하기 전에 미리 볼 수 있다.

② 필름 사진을 얻을 때까지의 과정이 수월해졌다.

③ 필름 사진의 색감은 약품 처리를 할 때 생긴다.

④ 필름 카메라가 부모 세대들에게 재유행하고 있다.

38.

① 필름 사진은 인화 과정을 거쳐야 받아볼 수 있다고 했습니다.

② 인화 과정을 거쳐야 받아볼 수 있어 번거롭다고 했습니다.

④ 필름 카메라가 부모 세대가 아니라 젊은 세대들의 마음을 사로잡고 있다고 했습니다.

① It was mentioned that film photos must go through a development process before they can be received.

② It was mentioned that it is inconvenient because they must go through a development process before they can be received.

④ It was mentioned that film cameras are capturing the hearts of the younger generation, not the parent generation.

정답 38. ③

37.
여자는 마지막에 도시에 녹지를 확대하면 열섬 현상을 완화하고 대기질도 개선할 수 있다고 말하고 있습니다.

At the end, the woman says that expanding green spaces in the city can mitigate the heat island phenomenon and improve air quality.

응용문제 🔍　　🔊 Track 응용문제 37-38

※ [37~38] 다음을 듣고 물음에 답하십시오. (각 2점)

> 남자: 교수님, 요즘 도시에서 발생하는 열섬 현상이 심각하다고 하더라고요. 이를 해결하기 위해서는 어떤 방법이 필요할까요?
>
> 여자: 네, 열섬 현상은 도시의 인공 구조물과 아스팔트가 태양열을 흡수하면서 발생합니다. 이를 완화하기 위해서는 도시 녹지 공간을 늘리는 것이 중요합니다. 나무와 식물은 태양열을 흡수하고 공기를 냉각시키기 때문에 도시의 온도를 낮출 수 있죠. 또한 빌딩의 지붕이나 벽면에 녹색 공간을 조성하는 녹색 건축이 도시의 온도 상승에 효과적인 해결책이 될 수 있습니다. 이런 방식으로 도시에 녹지를 확대하면 열섬 현상을 완화하고 대기질도 개선할 수 있습니다.

37. 여자의 중심 생각으로 가장 알맞은 것을 고르십시오.

① 녹색 건축은 열섬 현상을 해결하는 유일한 방법이다.

② 열섬 현상을 완화하기 위해서는 아스팔트를 없애야 한다.

③ 도시에 녹지를 늘리면 다양한 환경 문제를 해결할 수 있다.

④ 열섬 현상을 해결하기 위해서는 공기를 냉각할 필요가 있다.

정답 37. ③

38. 들은 내용과 같은 것을 고르십시오.

① 녹지 공간이 늘어나면 대기질이 악화된다.

② 녹색 건축은 도시 온도를 낮추는 데 효과적이다.

③ 나무는 열섬 현상 완화에 큰 영향을 주지 않는다.

④ 도시의 아스팔트는 열섬 현상을 줄이는 데 도움이 된다.

38.

① 열섬 현상을 완화하기 위해서 녹지 공간을 늘리는 게 중요하다고 했습니다.

③ 나무는 도시의 온도를 낮출 수 있다고 했습니다.

④ 열섬 현상은 아스팔트가 태양열을 흡수하면서 발생한다고 했습니다.

① It was mentioned that increasing green spaces is important to mitigate the heat island phenomenon.

③ It was mentioned that trees can lower the temperature of the city.

④ It was mentioned that the heat island phenomenon occurs when asphalt absorbs solar heat.

정답 **38.** ②

연습 문제

Track 연습문제 37-38

※ [37~38] 다음을 듣고 물음에 답하십시오 (각 2점)

37. 여자의 중심 생각으로 가장 알맞은 것을 고르십시오.

① 저출산 문제 해결은 경제적 지원이 전부이다.

② 보육 시설을 확충하면 출산율이 자연스럽게 올라간다.

③ 저출산 문제 해결을 위해서는 다양한 노력이 필요하다.

④ 일과 가정의 양립을 통해 저출산 문제를 해결할 수는 없다.

38. 들은 내용과 같은 것을 고르십시오.

① 육아 휴직 확대는 저출산 문제 해결에 도움이 된다.

② 경제적 지원 없이도 저출산 문제를 해결할 수 있다.

③ 부모들의 부담을 줄이기 위해서는 보육 시설을 줄여야 한다.

④ 결혼과 출산에 대한 부정적인 인식이 저출산 문제를 해결한다.

📖 어휘

감성	sensibility, emotions	명	이 영화는 관객의 **감성**을 자극하는 장면이 많다.
현상하다	to develop (film)	동	사진관에서 필름을 **현상해** 인화했다.
약품	chemicals	명	실험실에서는 다양한 화학 **약품**이 사용된다.
처리	processing, treatment	명	그 일의 **처리**를 위해 오랜 시간이 걸렸다.
묘하다	(peculiar) strange, weird	형	그 배우는 **묘한** 매력이 있다.
색감	color tone	명	이 그림의 **색감**이 매우 따뜻하다.
인화하다	to develop, to print (photos)	동	여행에서 찍은 사진을 **인화해** 앨범에 넣었다.
원본	original copy	명	사진 **원본**은 편집 없이 그대로 보존되었다.
자극하다	to stimulate, to provoke	동	매운 음식이 입맛을 **자극했다**.
수월하다	easy, smooth	형	이번 과제는 생각보다 **수월하게** 끝났다.
재유행하다	to become trendy again, to make a comeback	동	90년대 패션이 요즘 다시 **재유행**하고 있다.

응용문제 37-38

열섬	heat island	명	도심에서 **열섬** 현상으로 기온이 높아졌다.
인공	artificiality	명	**인공** 호수를 만들어 관광지로 개발했다.
구조물	structure	명	이 건축물은 현대적 **구조물**로 유명하다.
아스팔트	asphalt	명	여름에는 **아스팔트**가 뜨거워진다.
태양열	solar heat	명	이 건물에서는 **태양열**을 이용해 전기를 만든다.
흡수하다	to absorb	동	식물은 뿌리를 통해 영양분을 **흡수한다**.
완화하다	to alleviate, to ease	동	스트레스를 **완화하기** 위해 운동하는 것을 추천한다.
냉각시키다	to cool down	동	바람은 뜨거운 공기를 **냉각시키는** 데 도움이 된다.
벽면	wall surface	명	**벽면**에 그림을 걸어 방 분위기를 바꿨다.

대기질	air quality	명	오늘 **대기질**이 좋아서 야외 활동하기에 좋다.

연습문제 37-38

저출산	low birth rate	명	**저출산** 문제로 인구 감소가 우려되고 있다.
요인	factor, cause	명	스트레스는 질병의 주요 **요인** 중 하나다.
복합적	complex, multiple	명	**복합적**인 문제를 해결하려면 협력이 필요하다.
양립	compatibility, coexistence	명	서로 다른 가치관의 **양립**이 가능할까?
안정감	sense of stability, security	명	그의 목소리는 사람들에게 **안정감**을 준다.
전반	overall, general	명	경제 **전반**에 걸쳐 침체가 이어지고 있다.
종합적	comprehensive, overall	명	문제를 **종합적**으로 해결하는 방안이 필요하다.
뒷받침되다	to be supported (by evidence, etc.)	동	그의 주장은 명확한 증거로 **뒷받침되었다.**

📖 문법

☑ V-는 한

어떤 조건이 유지되는 동안에만 특정한 결과가 가능하거나 상태가 지속됨을 나타냅니다. 조건을 전제로 하여 그 결과를 이야기할 때 자주 쓰입니다.

This indicates that a specific result is possible or a state continues only while a certain condition is maintained. It is often used when discussing a result based on a condition.

예 열심히 **공부하는 한** 좋은 성적을 받을 수 있을 거예요.

☑ A/V-아/어야만

어떤 행동이나 상태가 이루어지기 위해 반드시 필요한 조건을 나타낼 때 사용됩니다.

This is used to indicate a condition that is absolutely necessary for an action or state to occur.

예 꾸준히 **연습해야만** 대회에서 우승할 수 있다.

연습 문제 정답 및 해설

🔊 [37~38]

> 남자: 교수님, 요즘 저출산 문제가 심각해지고 있다고 들었습니다. 이를 해결하기 위한 방법에는 어떤 것이 있을까요?
>
> 여자: 네, 저출산 문제는 여러 요인이 복합적으로 작용한 결과입니다. 이를 해결하려면 먼저 일과 가정의 양립을 도울 수 있는 사회적 지원이 필요합니다. 예를 들어, 육아 휴직의 확대와 보육 시설의 확충은 부모들의 부담을 줄이는 데 도움이 됩니다. 또한, 경제적 지원을 통해 아이를 키우는 가정에 안정감을 줄 필요가 있습니다. 사회 전반의 인식 개선도 중요한데, 결혼과 출산에 대한 긍정적인 가치가 확산될 수 있도록 노력해야 합니다. 이와 같은 종합적인 대책이 뒷받침될 때 저출산 문제를 해결할 수 있을 것입니다.

☑ 저출산 | 요인 | 복합적 | 양립 | 안정감 | 뒷받침되다

37. ③

여자는 종합적인 대책이 뒷받침될 때 저출산 문제를 해결할 수 있을 거라고 말하고 있습니다.

The woman says that the low birth rate problem can be solved only when comprehensive measures are supported.

38. ①

② 경제적 지원을 통해 안정감을 줄 필요가 있다고 했습니다.

③ 보육 시설의 확충은 부모들의 부담을 줄이는 데 도움이 된다고 말했습니다.

④ 결혼과 출산에 대한 긍정적인 가치가 확산되어야 한다고 말했습니다.

② It was mentioned that there is a need to provide a sense of stability through financial support.

③ It was mentioned that expanding childcare facilities helps reduce the burden on parents.

④ It was mentioned that positive values about marriage and childbirth should be spread.

유형 분석 15(39~40번)

This is a question that is solved by listening to a conversation between a host and an expert. The conversation presented here is the middle part. If you listen carefully to what the host says, you can understand what they have been talking about. The host expresses their feelings after hearing the expert's information and then asks a more in-depth question. The expert explains the detailed reasons for the question. In this type, topics such as environment, policy, and new technologies are frequently presented.

사회자와 전문가의 대담을 듣고 푸는 문제입니다. 여기에서 제시되는 대담은 중간 부분입니다. 사회자의 말을 잘 들으면 지금까지 어떤 이야기를 주고 받았는지 알 수 있습니다. 사회자는 전문가의 정보를 듣고 감정을 표현한 후 좀 더 깊이 있는 질문을 합니다. 전문가는 질문에 대해 자세한 이유를 밝힙니다. 이 유형에서는 보통 환경, 정책, 신기술 등의 주제가 자주 출제됩니다.

39

Choosing the correct content before the conversation

The answer to this question, which asks about the content before the conversation, lies in the host's opening remarks. You can find the answer by listening carefully to the sentence the host starts with. You can also find hints in the expert's detailed explanation that follows the host's sentence.

39 대화 전의 내용으로 알맞은 것 고르기

대화 앞의 내용을 찾는 문제인데 사회자가 시작하는 말에 답이 있습니다. 사회자가 시작하는 문장을 잘 들어야 정답을 찾을 수 있습니다. 사회자의 문장 다음에 이어지는 전문가의 구체적인 설명에서도 힌트를 찾을 수 있습니다.

예를 들어 '83회 기출 문제'와 같은 경우 사회자는 "그렇다면 정부는 지난 10년간 해양 생태계 개선 사업이 성공적이었다고 판단한 거군요." 라고 대담을 시작하고 있는데 이 문장을 근거로 39번 문제의 답을 다음과 같이 선택할 수 있습니다.

● 정부는 해양 생태계 개선 사업을 긍정적으로 평가했다.

40 들은 내용과 같은 것 고르기

대화의 전체적인 내용을 분석할 필요가 있습니다. 선택지는 사회자와 전문가가 말한 내용에서 제시되기 때문에 두 사람의 내용을 모두 주의하여 들어야 합니다. 담화의 중심 생각을 파악한 후에 들은 내용과 다른 것을 찾아내야 합니다. 담화에 언급하지 않은 것과 담화 내용과 반대되는 것들이 오답으로 많이 제시됩니다. 내용의 순서에 따라 선택지가 나오는 것이 아니므로 선택지의 내용을 미리 파악할 필요가 있습니다.

40

Choosing the same content

It is necessary to analyze the overall content of the conversation. Since the choices are presented from the content spoken by both the host and the expert, you need to listen carefully to what both of them say. After grasping the main idea of the discourse, you need to find what is different from what you heard. Things that are not mentioned in the discourse and things that are opposite to the content of the discourse are often presented as incorrect answers. Since the choices are not presented in the order of the content, it is necessary to grasp the content of the choices in advance.

🔊 ·· 91회 듣기 39-40번

☑️ 대기권   ☑️ 인공위성
☑️ 쏘다   ☑️ 앞서
☑️ 폭발   ☑️ 충돌
☑️ 전파   ☑️ 우주
☑️ 조약   ☑️ 강제성
☑️ 개정하다   ☑️ 보완하다
☑️ 효력   ☑️ 제정하다
☑️ 탐사   ☑️ 인력
☑️ 양성하다

39.

여자는 대기권에서 사고가 발생했다고 말하며, 남자는 폭발 사고에 대해 언급하고 있다.

The woman says that an accident occurred in the atmosphere, and the man mentions an explosion.

40.

① 국제 우주법을 제정해야 한다고 했기에 아직 제정되지 않았습니다.
② 우주 조약은 내용이 구체적이지 않다고 했습니다.
④ 많은 인공위성이 쏘아 올려지면 전파 방해 사고가 일어날 수 있다고 했습니다.

① It was said that international space law should be enacted, so it has not been enacted yet.
② It was said that the Outer Space Treaty is not specific in its content.
④ It was said that if many satellites are launched, radio interference accidents may occur.

기출문제 🔍   🔊 Track 기출문제 39-40

※ [39~40] 다음을 듣고 물음에 답하십시오. (각 2점)

> 여자: 박사님, 대기권에서 그런 위험한 사고가 발생했었군요. 앞으로 인공위성이 더 많아지면 이로 인한 사고도 늘어날 텐데요.
>
> 남자: 네. 앞으로 더 많은 인공위성이 쏘아 올려지면 앞서 말씀드린 것과 같은 폭발 사고는 더 많아질 겁니다. 충돌 사고, 전파 방해 같은 사고도 일어날 수 있고요. 이런 걸 대비해 오래전에 만들어 놓은 우주 조약이 있긴 한데요. 문제는 내용이 구체적이지 않고 꼭 지켜야 한다는 강제성이 없다는 거죠. 앞으로 발생할 수 있는 여러 문제를 해결하기 위해서라도 우주 조약을 현실에 맞게 개정하고 보완해야 합니다. 나아가서는 법적 효력을 갖는 국제 우주법을 제정해야 하고요.

39. 이 대화 전의 내용으로 가장 알맞은 것을 고르십시오.

   ① 인공위성을 관측하는 신기술이 개발되었다.
   ② 대기권에서 인공위성이 폭발하는 사고가 있었다.
   ③ 우주 조약을 개정하기 위해 여러 나라 사람들이 모였다.
   ④ 우주 탐사를 위한 인력을 양성하는 것은 쉬운 일이 아니다.

40. 들은 내용과 같은 것을 고르십시오.

   ① 얼마 전에 국제 우주법이 제정되었다.
   ② 우주 조약은 구체적인 내용으로 구성되어 있다.
   ③ 우주 조약은 강제적인 효력을 가지고 있지 않다.
   ④ 인공위성으로 인한 전파 방해 문제는 일어나지 않을 것이다.

정답 **39.** ②   **40.** ③

응용 문제

응용문제 🔍   🔊 Track 응용문제 39-40

※ [39~40] 다음을 듣고 물음에 답하십시오. (각 2점)

> 여자: 정부가 자율주행차 관련 법률을 만들고 있다고 하셨는데요. 그
> 렇다면 정부는 자율주행차 개발 사업이 성공적으로 진행되고
> 있다고 판단하고 있는 건가요?
>
> 남자: 네. 최근 자율주행차 기술이 상용화를 앞두고 있다는 보고가 나
> 오자, 정부는 관련 법규를 마련하고 사업 확대를 검토하고 있
> 습니다. 그러나 일부 운송업계에서는 자율주행차 도입으로 인
> 한 일자리 감소를 우려하고 있습니다. 자율주행차 기술이 도입
> 되면 운송 효율이 크게 향상될 것이라 기대되지만, 일자리 문제
> 해결도 중요한 과제로 남아 있습니다. 그렇지만 장기적으로는
> 자율주행 기술이 운송업계의 경쟁력을 높일 수 있을 것입니다.

39. 이 대화 전의 내용으로 가장 알맞은 것을 고르십시오.

① 운송업계는 자율주행차의 도입을 반대하고 있다.

② 자율주행차 기술이 이미 모든 산업에 도입되었다.

③ 자율주행차가 운송업계의 비용 절감을 이미 이루었다.

④ 정부는 자율주행차 상용화에 필요한 법규를 마련 중이다.

40. 들은 내용과 같은 것을 고르십시오.

① 정부는 자율주행차 사업을 중단할 계획이다.

② 자율주행차 기술은 운송업계에서만 활용되고 있다.

③ 자율주행차 도입으로 일자리 문제가 우려되고 있다.

④ 자율주행차 도입으로 운송업계의 경쟁력이 약화될 것이다.

☑ 자율주행차
☑ 법률   ☑ 판단하다
☑ 상용화   ☑ 법규
☑ 운송   ☑ 업계
☑ 절감   ☑ 약화되다

39.
여자는 '정부가 자율주행차 관련 법률을 만들고 있다고 하셨는데요.'라고 대화 전 내용을 언급하고 있습니다.

The woman mentions the content of the previous conversation, saying, "You said that the government is making laws related to self-driving cars."

40.
① 정부는 자율주행차 관련 법률을 만들고 있다고 했습니다.
② 운송업계에서만 활용되고 있다는 말은 나와 있지 않습니다.
④ 장기적으로는 운송업계의 경쟁력을 높일 수 있다고 했습니다.

① It was mentioned that the government is making laws related to self-driving cars.
② It was not mentioned that it is only being used in the transportation industry.
④ It was mentioned that in the long term, it can increase the competitiveness of the transportation industry.

정답 39. ④   40. ③

📝 연습 문제

🔊 Track 연습문제 39-40

※ [39~40] 다음을 듣고 물음에 답하십시오 (각 2점)

39. 이 대화 전의 내용으로 가장 알맞은 것을 고르십시오.

① 플라스틱이 환경 오염의 주범이다.

② 모든 플라스틱은 같은 방식으로 재활용된다.

③ 비닐류는 재활용이 쉽기 때문에 많이 사용된다.

④ 플라스틱 오염은 주로 친환경 소재에서 발생한다.

40. 들은 내용과 같은 것을 고르십시오.

① 모든 종류의 플라스틱은 재활용할 수 있다.

② 페트병과 비닐은 재활용이 모두 불가능하다.

③ 비닐류는 재활용이 쉽기 때문에 환경에 무해하다.

④ 재활용이 어려운 플라스틱은 매립되거나 소각된다.

어휘

기출문제 39-40

대기권	atmosphere	명	**대기권** 밖에서는 중력이 약해진다.
인공위성	satellite	명	**인공위성**이 지구를 돌며 날씨를 관측한다.
쏘다	to launch, to shoot	동	로켓이 인공위성을 우주로 **쏘아** 올렸다.
앞서	ahead, previously	부	회의에 **앞서** 간단한 공지가 있었다.
폭발	explosion	명	가스가 새어 **폭발** 사고가 발생했다.
충돌	collision	명	교차로에서 두 차량의 **충돌** 사고가 발생했다.
전파	radio waves, electromagnetic wave	명	이 지역에서는 라디오 **전파**가 잘 잡히지 않는다.
우주	space	명	그는 **우주** 탐사를 꿈꾸고 있다.
조약	treaty	명	두 나라가 평화 **조약**을 체결했다.
강제성	enforceability	명	이 법은 **강제성**이 있어 반드시 지켜야 한다.
개정하다	to revise, to amend	동	정부는 법을 **개정해** 시민들의 불편을 줄였다.
보완하다	to supplement, to complement	동	회사는 제품의 단점을 **보완해** 출시했다.
효력	effect, validity	명	이 계약서는 내일부터 **효력**이 발생한다.
제정하다	to enact, to establish	동	정부는 새로운 법을 **제정했다**.
탐사	exploration, survey	명	과학자들은 우주 **탐사**를 준비 중이다.
인력	manpower, workforce	명	이 프로젝트는 많은 **인력**이 필요하다.
양성하다	to train, to foster	동	정부는 기술 전문가를 **양성하기** 위한 프로그램을 운영하고 있다.

응용문제 39-40

자율주행차	self-driving car, autonomous vehicle	명	**자율주행차**가 도로를 시험 주행하고 있다.
법률	law, legislation	명	새롭게 제정된 **법률**이 내일부터 시행된다.

판단하다	to judge, to determine	동	그는 자신의 경험을 바탕으로 상황을 **판단했다**.
상용화	commercialization	명	그 기술은 **상용화**가 되기까지 시간이 걸릴 것이다.
법규	regulations, rules	명	공공장소에서는 정해진 **법규**를 따라야 한다.
운송	transportation	명	이 회사는 해외 **운송** 서비스를 제공한다.
업계	industry	명	패션 **업계**는 트렌드에 민감하다.
절감	reduction, saving	명	새로운 시스템으로 비용 **절감**이 가능하다.
약화되다	to be weakened	동	면역력이 **약화되면** 쉽게 병에 걸릴 수 있다.

연습문제 39-40

페트병	PET bottle	명	빈 **페트병**을 재활용함으로써 환경을 보호할 수 있다.
투명하다	transparent	형	이 병은 **투명해서** 내용물이 잘 보인다.
복합	composite, complex	명	이 문제는 **복합**적인 원인이 있다.
재질	material	명	이 옷은 부드러운 **재질**로 만들어졌다.
매립되다	to be buried, to be landfilled	동	쓰레기가 매립지에 **매립되었다**.
소각되다	to be incinerated	동	폐기물이 쓰레기장에서 **소각되었다**.
유해	harmful, hazardous	명	**유해** 물질이 공기 중에 퍼지고 있다.
미세	fine, tiny	명	공기 중에 **미세** 먼지가 많다.
주범	main culprit, primary cause	명	교통 혼잡의 **주범**은 불법 주차다.
무해하다	harmless, innocuous	형	이 제품은 인체에 **무해하다**.

📖 문법

☑ V-자

앞 문장의 행동이 완료된 직후에 뒤 문장의 행동이 이어짐을 나타낼 때 사용됩니다. 주로 사건이나 행동의 순서를 강조할 때 사용됩니다.

This is used to indicate that the action in the following clause happens immediately after the action in the preceding clause is completed. It is mainly used to emphasize the order of events or actions.

예 문을 열자 바람이 세차게 불어왔다.

☑ A/V-다니

어떤 사실이나 상황에 대해 놀라움, 감탄, 또는 실망의 감정을 표현할 때 사용됩니다. 주로 자신이 예상하지 못한 일에 대해 반응할 때 사용합니다.

This is used to express surprise, admiration, or disappointment about a fact or situation. It is mainly used when reacting to something unexpected.

예 이렇게 많은 사람들이 모이다니 대단하다.

☑ A/V-(으)ㄹ 따름이다

다른 가능성 없이 단지 그것뿐임을 강조할 때 사용됩니다. 주로 겸손한 표현이나 한정된 사실을 강조할 때 사용됩니다.

This is used to emphasize that there is no other possibility but that. It is mainly used in humble expressions or to emphasize a limited fact.

예 저는 그저 최선을 다할 따름입니다.

연습 문제 정답 및 해설

🔊 [39~40]

> 여자: 요즘 플라스틱 사용이 환경에 미치는 영향이 그렇게 심각하다니 정말 걱정스러울 따름입
> 니다. 그런데 재활용이 가능한 플라스틱과 그렇지 않은 플라스틱은 어떤 차이가 있나요?
> 남자: 플라스틱의 종류에 따라 성질이 다릅니다. 예를 들어, 페트병처럼 투명한 플라스틱은 재
> 활용이 쉬운 편입니다. 반면에 비닐류나 복합 재질의 플라스틱은 재활용 과정이 복잡하거
> 나 불가능한 경우가 많죠. 그래서 일회용 비닐이나 포장재는 주로 매립되거나 소각되는
> 데, 이 과정에서 유해 물질과 미세 플라스틱이 배출되어 환경을 오염시킵니다. 그러므로
> 재활용이 어려운 플라스틱 사용을 줄이고, 친환경 소재를 활용하는 것이 중요합니다. 또
> 한, 사람들이 분리배출을 정확히 실천할 수 있도록 교육과 인식 개선도 필수적입니다.

☑ 페트병 | 투명하다 | 복합 | 재질 | 매립되다 | 소각되다 | 유해 | 미세 | 분리배출 | 주범 | 무해하다

39. ①

여자는 '플라스틱 사용이 환경에 미치는 영향이 그렇게 심각하다니 정말 걱정스럽다.'라고 말하며 대담을 시작하고 있습니다. 그러므로 플라스틱이 환경 오염에 큰 원인이라는 대화를 했을 것으로 추측할 수 있습니다.

The woman starts the conversation by saying, "I'm really worried that the impact of plastic use on the environment is so serious." Therefore, it can be inferred that they had a conversation about plastic being a major cause of environmental pollution.

40. ④

① 재활용이 어려운 플라스틱도 있다고 했습니다.
② 페트병은 재활용이 쉬운 편이라고 했습니다.
③ 비닐류는 재활용이 복잡하거나 불가능하다고 말했습니다.

① It was mentioned that some plastics are difficult to recycle.
② It was mentioned that PET bottles are relatively easy to recycle.
③ It was mentioned that recycling vinyl is complicated or impossible.

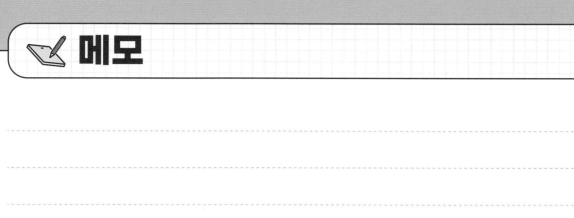

메모

유형 분석 16(41~42번)

This is a question that is solved by listening to lectures on various fields such as animals, futurology, history, art, social phenomena, psychology, natural phenomena, traditional culture, economy, and environment. The lecturer presents a topic to the audience and then explains it. Afterwards, they explain their personal opinions in more detail through scientific evidence and objective data. At the end, they conclude the lecture by summarizing the topic.

동물, 미래학, 역사, 예술, 사회 현상, 심리, 자연 현상, 전통문화, 경제, 환경 등 다양한 분야의 강연을 듣고 푸는 문제입니다. 강연자가 청중 앞에서 주제에 대해 제시한 후, 주제에 대하 설명합니다. 이후에 개인적 의견을 과학적인 근거와 객관적 자료를 통해 더욱 구체적으로 설명합니다. 마지막 부분에서는 주제에 대해 정리하면서 강연을 마칩니다.

41

Choosing the correct main point of the lecture

This is a question about choosing the main point of the lecture. Usually, the speaker's main idea appears at the beginning or end. It is necessary to look at the choices and predict what the topic is in a word before listening. The following is a summary of the main topics covered in this type of lecture, based on publicly available test questions.

☆ **Expressions that hint at the main point**

In other words, but, therefore, so, such...

41 강연의 중심 내용으로 알맞은 것 고르기

강연의 중심 내용을 고르는 문제입니다. 보통 앞부분이나 마지막 부분에 강연자의 중심 생각이 나타납니다. 선택지를 보고 어떤 주제인지 단어로 예상한 후에 들을 필요가 있습니다. 다음은 공개된 시험 문제를 바탕으로 이 유형의 강연에서 다룬 바 있는 주요 소재들을 정리한 것입니다.

토픽 회차	선택지에서 사용된 어휘	소재
52회	공연 / 연극	현대극 / 방백
60회	역사 / 음식 / 전통문화	수라상(왕의 밥상) / 신하 / 정치
64회	생물 / 음식 / 한국문화	미각 / 한식 / 깊은 맛
83회	우주 / 물리	화성 탐사선 / 작동 원리
91회	경제 / 산업	제조업체 / 서비스업

☆ **중심 생각을 암시하는 표현**

즉, 하지만, 그러므로, 따라서, 이러한,….

42 들은 내용과 같은 것 고르기

강연의 전체적인 내용을 분석할 필요가 있습니다. 강연자의 말을 주의해서 듣고 중심 내용을 파악한 후 들은 내용과 다른 것을 찾아내야 합니다. 강연에 언급하지 않은 것과 강연 내용과 반대되는 것들을 오답으로 많이 제시합니다. 듣기 내용의 순서에 따라 선택지가 나오는 것이 아니므로 선택지의 내용을 미리 파악할 필요가 있습니다.

42

Choosing the same content

It is necessary to analyze the overall content of the lecture. You need to listen carefully to the speaker's words, grasp the main point, and then find what is different from what you heard. Things that are not mentioned in the lecture and things that are opposite to the content of the lecture are often presented as incorrect answers. Since the choices are not presented in the order of the content, it is necessary to grasp the content of the choices in advance.

🔍 기출 문제

🔊 ·· 91회 듣기 41-42번

☑ 제조업체   ☑ 병행하다
☑ 영역   ☑ 확장하다
☑ 도모하다   ☑ 선박
☑ 엔진   ☑ 조선업계
☑ 경기   ☑ 구축
☑ 부품   ☑ 수입원
☑ 진화하다   ☑ 창출
☑ 영역

41.
여자는 제조업체들이 사업 영역을 확장해 나가고 있다고 하며 제조업이 한 단계 발전하고 있다고 말합니다.

The woman says that manufacturing companies are expanding their business areas and that the manufacturing industry is developing to a new level.

42.
① 이 업체는 엔진 판매가 활발해졌다고 했습니다.
② 조선업계 경기가 살아났다고 했습니다
③ 이 서비스가 안정적인 수입원이 되고 있다고 했습니다.

① It was mentioned that this company's engine sales have become active.
② It was mentioned that the shipbuilding industry has recovered.
③ It was mentioned that this service is becoming a stable source of income.

기출문제 🔍   🔊 Track 기출문제 41-42

※ [41~42] 다음을 듣고 물음에 답하십시오. (각 2점)

> 여자: 제조업체들이 서비스업을 병행하며 사업 영역을 확장해 나가고 있습니다. 즉, 고객에게 직접 서비스를 제공하면서 변화를 도모하고 있는 건데요. 선박 엔진을 생산하는 한 업체를 예로 들어 볼까요? 조선업계 경기가 살아나면서 엔진 판매가 활발해졌는데요. 이 업체는 엔진 판매와 함께 엔진 상태를 실시간으로 점검해 주는 서비스 사업도 하고 있습니다. 서비스 시스템 구축에 많은 비용이 들어갔지만 이 서비스가 부품 판매와 수리 작업으로 이어져 안정적인 수입원이 되고 있죠. 이러한 방식을 통해 제조업이 한 단계 진화하고 있습니다.

41. 이 강연의 중심 내용으로 가장 알맞은 것을 고르십시오.

① 제품의 품질은 부품의 질에 의해 결정된다.
② 제조업은 일자리 창출에 크게 기여하고 있다.
③ 제품에 대한 고객의 의견을 반영하는 것이 중요하다.
④ 제조업은 사업 영역 확장을 통해 발전을 도모하고 있다.

42. 들은 내용과 같은 것을 고르십시오.

① 이 업체는 엔진 판매에 어려움을 겪고 있다.
② 조선업이 경제적으로 힘든 상황에 놓여 있다.
③ 이 업체는 안정적인 수입을 얻지 못하고 있다.
④ 이 업체는 실시간 엔진 점검 서비스 시스템을 마련했다.

정답 41. ④   42. ④

🔍 응용 문제

응용 문제 🔍   🔊 Track 응용문제 41-42

※ [41~42] 다음을 듣고 물음에 답하십시오. (각 2점)

여자: 이것이 불안 장애 치료에서 사용하는 인지 행동 치료법입니다. 여기서 중요한 개념은 생각과 감정의 연결입니다. 불안은 주로 부정적인 사고에서 비롯되는데요. 이 치료법은 부정적인 생각을 인식하고 이를 긍정적인 방식으로 전환하는 데 중점을 둡니다. 만약 이런 과정을 거치지 않고 단순히 감정만을 억제하려 한다면 장기적으로 불안이 더 심해지는 수가 있습니다. 하지만 인지 행동 치료법은 특정 장비나 약물을 사용하지 않고도, 인식의 전환만으로 불안을 완화하는 효과를 얻을 수 있습니다. 이러한 치료를 통해 불안이 해소되고 일상에서 심리적 균형을 유지할 수 있게 됩니다.

41. 이 강연의 중심 내용으로 가장 알맞은 것을 고르십시오.

① 감정을 조절하는 다양한 치료법이 필요하다.

② 불안 장애는 부정적인 사고로 인해 발생한다.

③ 인지 행동 치료법은 불안 치료에 효과적이다.

④ 약물 없이 감정을 억제하는 것이 가장 효과적이다.

42. 들은 내용과 같은 것을 고르십시오.

① 이 치료법은 약물을 병행해야 한다.

② 불안 치료에는 특별한 장비가 필요하다.

③ 인지 행동 치료법은 감정만을 조절하는 방법이다.

④ 이 치료법은 부정적인 생각을 긍정적으로 바꾸는 것이다.

☑ 비롯되다 ☑ 전환하다
☑ 중점   ☑ 거치다
☑ 억제하다 ☑ 장비
☑ 약물   ☑ 조절하다

41.
여자는 인지 행동 치료법은 불안을 완화하는 효과를 얻을 수 있다고 말하고 있습니다.

The woman says that cognitive behavioral therapy can be effective in reducing anxiety.

42.
① 이 치료법은 약물을 사용하지 않고도 효과를 얻을 수 있다고 했습니다.
② 특정 장비를 사용하지 않고도 효과를 얻을 수 있다고 했습니다.
③ 단순히 감정만을 억제하는 게 아니라 생각과 감정을 연결하는 치료법이라고 했습니다.

① It was mentioned that this therapy can be effective without the use of medication.
② It was mentioned that it can be effective without the use of special equipment.
③ It was mentioned that this therapy connects thoughts and emotions, not just suppressing emotions.

정답 41. ③   42. ④

응용 문제   **183**

🔊 Track 연습문제 41-42

※ [41~42] 다음을 듣고 물음에 답하십시오 (각 2점)

41. 이 강연의 중심 내용으로 가장 알맞은 것을 고르십시오.

① 센터들은 기부보다는 자립적 운영 방식을 추구한다.

② 센터들은 구조된 동물의 개체 수에 따라 운영 방식을 바꾸고 있다.

③ 센터들은 교육 프로그램을 통해 지역 사회의 참여를 유도하고 있다.

④ 센터들은 프로그램 다양화를 통해 운영의 지속 가능성을 높이고 있다.

42. 들은 내용과 같은 것을 고르십시오.

① 이 보호 센터는 후원 모금에 실패하고 있다.

② 이 보호 센터는 교육 프로그램 운영을 중단했다.

③ 이 보호 센터는 실시간 건강 확인 시스템을 구축했다.

④ 보호 센터의 활동이 지역 사회의 관심을 끌지 못하고 있다.

📖 어휘

기출문제 41-42

제조업체	manufacturer	명	이 **제조업체**는 최신 기술을 적용해 스마트폰을 생산합니다.
병행하다	to do concurrently, to carry out simultaneously	동	그는 공부와 운동을 **병행하며** 시간을 효율적으로 사용한다.
영역	area, field, domain	명	그녀는 디자인 **영역**에서 뛰어난 성과를 보였다.
확장하다	to expand, to broaden	동	우리 회사는 사업을 해외 시장으로 **확장할** 예정입니다.
도모하다	to plan, to seek	동	그 기업은 변화를 **도모하기** 위해 다양한 프로그램을 개설했다.
선박	ship, vessel	명	항구에서 다양한 **선박**들을 볼 수 있었습니다.
엔진	engine	명	이 자동차는 친환경 **엔진**을 장착하고 있습니다.
조선업계	shipbuilding industry	명	**조선업계**는 최근 경제적으로 힘든 상황에 처해 있다.
경기	business condition, economic climate	명	**경기**가 회복되면서 소비자들의 지출이 늘고 있다.
구축	construction, establishment	명	회사는 보안을 강화하기 위한 시스템 **구축**을 계획하고 있다.
부품	parts, components	명	이 기계는 여러 **부품**으로 조립되었습니다.
수입원	source of income, revenue	명	관광업이 이 지역의 주요 **수입원**입니다.
진화하다	to evolve, to develop	동	인공지능 기술은 빠르게 **진화하고** 있습니다.
창출	creation, generation	명	정부는 일자리 **창출**을 위해 다양한 정책을 추진하고 있습니다.
영역	area, field, domain	명	이 과제는 여러 학문적 **영역**을 다룹니다.

응용문제 41-42

비롯되다	to originate from, to stem from	동	그의 성공은 작은 도전에서 **비롯되었습니다**.
전환하다	to convert, to change, to switch	동	회사는 디지털 플랫폼으로 빠르게 **전환했습니다**.

중점	focus, emphasis	명	이번 회의의 **중점**은 예산을 절약하는 방안입니다.
거치다	to go through, to undergo	동	그 사람은 많은 어려움을 **거쳐** 지금의 위치에 올랐습니다.
억제하다	to suppress, to restrain	동	정부는 물가 상승을 **억제하기** 위해 정책을 시행했다.
장비	equipment, device	명	작업 현장에서는 안전 **장비** 착용이 필수입니다.
약물	medicine, drug	명	그 환자는 병 치료를 위해 **약물** 복용을 시작했습니다.
조절하다	to adjust, to control, to regulate	동	에어컨의 온도를 26도로 **조절했습니다.**

연습문제 41-42

그치다	to stop, to cease	동	형식적인 인사에 **그치지** 않고 진심으로 감사하며 편지를 썼다.
협력하다	to cooperate, to collaborate	동	두 회사는 공동 프로젝트로 **협력하고** 있습니다.
주기적	periodic, regular	명	**주기적**으로 운동하는 게 건강에 좋습니다.
후원금	donation, contribution	명	이번 행사에 많은 **후원금**이 모였습니다.
모금	fundraising	명	자선 단체를 위한 **모금**이 활발히 진행되고 있다.
조치	measure, action	명	당국은 긴급 **조치**를 취했습니다.
개체	individual, entity	명	이 지역에는 다양한 동물 **개체**가 서식하고 있다.
유도하다	to induce, to guide, to lead	동	선생님은 학생들의 적극적인 참여를 **유도했습니다.**
자립적	independent, self-reliant	명	그 학생은 부모로부터 독립하여 **자립적인** 생활을 하고 있습니다.
추구하다	to pursue, to seek	동	그는 항상 새로운 목표를 **추구한다.**

📖 문법

☑ **V-기만 하다**	말하는 사람이 어떤 행동이나 상태가 단순히 계속되는 것만을 강조할 때 사용한다. 다른 변화 없이 동일한 상황이 이어지거나, 소극적인 태도를 나타낼 때 쓰입니다. This is used when the speaker emphasizes that an action or state simply continues. It is used when the same situation continues without any other changes, or when expressing a passive attitude. 예 요즘 주말에는 밖에 나가지 않고 하루 종일 자기만 한다.
☑ **V-고도**	앞의 동작이나 상태와 그 결과가 예상 밖이거나 반대일 때 사용한다. 즉, 기대와 다른 결과가 이어짐을 나타냅니다. This is used when the action or state in the preceding clause and its result are unexpected or opposite. In other words, it indicates that an unexpected result follows. 예 열심히 준비하고도 시험에 떨어졌어요.
☑ **V-는 수가 있다**	어떤 일이 드물게 일어나거나 가능성이 적지만, 그래도 그 일이 발생할 수 있음을 나타낼 때 사용합니다. 주로 경고나 충고의 의미로 사용됩니다. This is used when something rarely happens or is unlikely, but it can still happen. It is mainly used for warnings or advice. 예 너무 무리하면 병이 나는 수가 있어요.

🔊 **[41~42]**

> 여자: 동물 보호 센터들이 다양한 프로그램을 도입해 운영 방식을 개선하고 있습니다. 이제 단순히 구조된 동물들을 보호하는 것에 그치지 않고, 지역 사회와 협력해 교육과 자원봉사 프로그램을 운영합니다. 예를 들어, 한 보호 센터에서는 주기적으로 어린이들을 대상으로 하는 동물 돌봄 체험 프로그램을 제공합니다. 이 프로그램을 운영하는 데 비용과 인력이 필요하지만, 이를 통해 지역 사회가 관심을 갖게 했으며, 후원금 모금에도 긍정적인 효과를 얻고 있습니다. 또한, 보호 중인 동물들의 상태를 실시간으로 확인할 수 있는 시스템도 도입했습니다. 이 시스템은 동물의 건강을 빠르게 관리할 수 있어 치료와 예방 조치가 더 효과적으로 이루어지고 있습니다. 이러한 운영 개선이 동물 보호 활동의 지속 가능성을 높이고 있습니다.

☑️ 그치다 | 협력하다 | 주기적 | 후원금 | 모금 | 조치 | 개체 | 유도하다 | 자립적 | 추구하다

41. ④

여자는 센터들이 다양한 프로그램을 도입해서 운영 방식을 개선하고 있다고 말하며, 마지막 부분에서 이런 운영 개선이 활동의 지속 가능성을 높이고 있다고 말합니다.

The woman says that the centers are improving their operation methods by introducing various programs, and in the last part, she says that these operational improvements are increasing the sustainability of the activities.

42. ③

① 프로그램을 통해 후원금 모금에 긍정적 효과를 얻고 있다고 했습니다.
② 교육 프로그램을 운영한다고 했습니다.
④ 센터 활동을 통해 지역 사회가 관심을 갖게 되었다고 말했습니다.

① It was mentioned that they are seeing positive effects on fundraising through the programs.
② It was mentioned that they run educational programs.
④ It was mentioned that the community has become interested through the center's activities.

메모

This is a question that is solved by listening to a documentary. Questions to identify the main and detailed content of the documentary are presented. The topics are from various fields such as history, science, current events, futurology, animals, art, social phenomena, psychology, natural phenomena, traditional culture, economy, and environment. Before solving the problem, it is important to first understand what kind of documentary it is.

다큐멘터리를 듣고 푸는 문제입니다. 다큐멘터리의 중심 내용과 세부 내용을 파악하는 문항이 출제됩니다. 주제는 역사, 과학, 시사, 미래학, 동물, 예술, 사회 현상, 심리, 자연 현상, 전통문화, 경제, 환경 등 다양한 분야에서 출제됩니다. 문제를 풀기 전에 먼저 어떤 종류의 다큐멘터리인지를 파악하는 것이 문제를 푸는 데 중요합니다.

43

Choosing the correct content of the documentary

This is a question asking about the main point that the documentary wants to convey. Usually, the main point appears at the end. Expressions such as 'like this', 'therefore', 'so', 'in the end', 'finally', 'ultimately', 'through examples', 'but', etc. are often used when stating the main point.

43 무엇에 대한 내용인지 알맞은 것 고르기

다큐멘터리를 통해 전달하고 싶은 중심 내용을 찾는 문제입니다. 보통 중심 내용은 마지막 부분에 나타나는 경우가 많습니다. **'이렇듯, 따라서, 그러므로, 결국, 마침내, 궁극적으로, 사례를 통해, 하지만'** 등과 같은 표현들이 중심 내용을 말할 때 자주 사용됩니다.

44

Choosing the correct explanation or reason for <subject>

- Choose the correct explanation for <subject>.
- Choose the correct reason why <subject> does <something>.

This is a question where you analyze the overall content and choose the specific explanation or reason for <subject>. You can easily find the answer by using the vocabulary presented in the question as a clue.

44 〈대상〉에 대한 '설명'이나 '이유'로 맞는 것 고르기

- 〈대상〉에 대한 설명으로 맞는 것을 고르십시오.
- 〈대상〉이 〈무엇〉을 하는 이유로 맞는 것을 고르십시오.

전체적인 내용을 분석하고 〈대상〉에 대한 구체적인 설명이나 이유를 고르는 문제입니다. 문제의 질문에 제시된 어휘를 단서로 하여 찾는다면 쉽게 찾을 수 있습니다.

기출 문제

Track 기출문제 43-44

※ [43~44] 다음을 듣고 물음에 답하십시오. (각 2점)

남자: 서울 도심 한가운데, 다른 세상 같은 공간이 존재한다. 조선의 역대 왕과 왕비의 제사를 모시는 종묘의 정전이다. 낮은 담장을 지나 정전을 정면으로 마주한 순간 크기와 위엄에 압도된다. 그 중 단연 눈에 띄는 것은 지붕이다. 가로 길이만 101미터다. 수평선처럼 일직선으로 길게 뻗은 지붕은 마치 바닥까지 덮을 듯 아래로 내려와 있다. 좌우가 완벽하게 대칭을 이룬 모습에 감탄이 절로 나온다. 지붕 아래엔 화려한 색깔 하나 없는 단아한 기둥들이 절묘한 균형을 이루며 줄지어 서 있다. 이렇듯 종묘 정전은 제사를 드리는 엄숙한 곳답게 절제된 아름다움으로 신성하고 장엄한 분위기를 자아낸다.

43. 무엇에 대한 내용인지 알맞은 것을 고르십시오.

① 종묘 정전의 건축미

② 종묘 정전의 건립 과정

③ 종묘 정전의 관리 방법

④ 종묘 정전의 현대적 기능

44. 종묘 정전에 대한 설명으로 맞는 것을 고르십시오.

① 지붕이 곡선 형태로 휘어 있다.

② 기둥에 화려한 색이 사용되었다.

③ 도심에서 멀리 떨어진 곳에 있다.

④ 왕과 왕비의 제사를 지내는 공간이다.

🔊 ·· 91회 듣기 43-44번

☑ 역대　　　　☑ 제사
☑ 정전　　　　☑ 담장
☑ 마주하다　　☑ 위엄
☑ 압도되다　　☑ 단연
☑ 일직선　　　☑ 대칭
☑ 절로　　　　☑ 단아하다
☑ 기둥　　　　☑ 절묘하다
☑ 신성하다　　☑ 장엄하다
☑ 자아내다　　☑ 건축미
☑ 건립　　　　☑ 곡선
☑ 휘다

43.
남자는 마지막에 '종묘 정전은 절제된 아름다움으로 ~~분위기를 자아낸다'라고 하며 종묘 정전 건축물의 아름다움에 대해 말하고 있습니다.

At the end, the man says, "Jongmyo Jeongjeon creates an atmosphere of ~~ with its restrained beauty," and talks about the beauty of the Jongmyo Jeongjeon building.

44.
① 일직선으로 길게 뻗은 지붕이라고 했기에 곡선이라는 설명은 틀립니다.
② 화려한 색깔 하나 없는 기둥이라고 말하고 있습니다.
③ 서울 도심 한가운데 종묘가 있다고 설명합니다.

① It was mentioned that the roof stretches in a straight line, so the explanation that it is curved is incorrect.
② It says that the pillars do not have any fancy colors.
③ It explains that Jongmyo is located in the heart of downtown Seoul.

정답 43. ①　44. ④

응용 문제

☑ 평원 ☑ 무리
☑ 사냥 ☑ 개별적
☑ 구사하다 ☑ 먹잇감
☑ 몰다 ☑ 가하다
☑ 분담하다 ☑ 완수하다
☑ 노리다 ☑ 생존
☑ 분배 ☑ 공격
☑ 방어 ☑ 습성

43.
남자는 마지막에 사자들의 집단적 행동이 생존에 필수적이라고 말하며 협력이 생존 전략 중 하나라고 말하고 있습니다.

At the end, the man says that the collective behavior of lions is essential for survival, and that cooperation is one of the survival strategies.

44.
남자는 사자들이 협력하여 사냥할 때 사냥 성공률이 크게 향상된다고 말하고 있으므로 사냥 실패 확률이 낮아지는 것이라고 볼 수 있습니다.

The man says that when lions cooperate to hunt, their hunting success rate improves significantly, so it can be seen that the probability of hunting failure decreases.

정답 43. ③ 44. ②

응용문제 🔍   🔊 Track 응용문제 43-44

※ [43~44] 다음을 듣고 물음에 답하십시오. (각 2점)

> 남자: 연구자들은 아프리카 평원에서 사자 무리의 사냥 방식을 관찰하고 있다. 사자들은 개별적으로 사냥하지 않고, 서로 협력하며 복잡한 전략을 구사한다. 무리 중 일부는 먹잇감을 몰아가고, 다른 사자들은 숨어 있다가 결정적인 순간에 공격을 가한다. 이 과정에서 사자들 간의 소통은 매우 중요하며, 각 개체는 역할을 분담해 목표를 완수한다. 이렇게 <u>협력하여 사냥할 때</u>, 사자는 더 큰 사냥감을 노릴 수 있을뿐더러 <u>사냥 성공률도 크게 향상된다.</u> 반면, 혼자 사냥하는 사자는 성공 확률이 훨씬 낮아진다. 결국, <u>사자들의 집단적 행동은 생존에 필수적이며, 무리 내에서 협력하는 것이 그들의 생존 전략 중 하나임을 보여준다.</u>

43. 무엇에 대한 내용인지 알맞은 것을 고르십시오.

① 동물의 먹이 분배 방식
② 동물의 공격과 방어 방법
③ 동물의 생존 전략과 협력
④ 사자의 독립적인 사냥 습성

44. 사자 무리가 협력하는 이유로 맞는 것을 고르십시오.

① 자신의 먹잇감을 쉽게 방어하기 위해
② 사냥에 실패할 가능성을 줄이기 위해
③ 다른 사자들과 함께 역할을 나누기 위해
④ 더 많은 먹이를 개별적으로 가지기 위해

📝 연습 문제

🔊 Track 연습문제 43-44

※ [43~44] 다음을 듣고 물음에 답하십시오 (각 2점)

43. 무엇에 대한 내용인지 알맞은 것을 고르십시오.

① 훈민정음의 현대적 해석

② 세종대왕의 정치적 업적

③ 한글의 창제 과정과 특징

④ 한자의 사용과 한글의 차이점

44. 한글에 대한 설명으로 맞는 것을 고르십시오.

① 한자는 한글 창제 후 사라졌다.

② 한글은 창제 당시 바로 공용 문자로 채택되었다.

③ 한글 자음은 발음 기관의 모양을 본떠 만들어졌다.

④ 세종대왕은 훈민정음을 연구하기 위해 한글을 만들었다.

기출문제 43-44

역대	all-time, historical	명	**역대** 왕들의 업적이 궁궐 전시관에 전시되고 있다.
제사	ancestral rites, memorial service	명	명절마다 가족들이 모여 조상을 위한 **제사**를 지낸다.
정전	main hall	명	이곳은 조선시대 왕이 정사를 돌보던 **정전**이다.
담장	wall, fence	명	아이들은 이웃집 **담장** 너머로 공을 던졌다.
마주하다	to face, to confront	동	현실의 어려움을 **마주할** 때마다 그는 더욱 강해졌다.
위엄	dignity, majesty	명	왕은 **위엄** 있는 목소리로 신하들에게 명령했다.
압도되다	to be overwhelmed, to be awestruck	동	산 위에 올라가 멋진 경치에 **압도된** 사람들은 말을 잃었다.
단연	without a doubt, by far	명	이 소설은 **단연** 올해 최고의 작품으로 평가받고 있다.
일직선	straight line	명	차도가 **일직선**으로 뻗어 있어 운전하기 편했다.
대칭	symmetry	명	**대칭**을 맞추기 위해 도안을 다시 수정했다.
절로	naturally, spontaneously	부	풍경이 너무 아름다워 감탄이 **절로** 나왔다.
단아하다	simple and elegant	형	**단아한** 인테리어가 집안 분위기를 살렸다.
기둥	pillar, column	명	건물의 **기둥** 하나가 부서져 보수 공사가 필요했다.
절묘하다	exquisite, ingenious	형	색상의 조합이 **절묘하게** 어우러진다.
신성하다	sacred, holy	형	이곳은 **신성한** 장소이므로 조용히 해야 한다.
장엄하다	grand, majestic	형	오케스트라의 연주는 **장엄한** 분위기를 자아냈다.
자아내다	to create (an atmosphere), to evoke	동	그의 연기는 깊은 감동을 **자아냈다**.
건축미	architectural beauty	명	**건축미**가 뛰어난 건물은 도시의 상징이 된다.
건립	construction, establishment	명	그는 도서관 **건립**을 위해 많은 돈을 기부했다.
곡선	curve	명	자연스러운 **곡선**이 디자인의 핵심이다.

휘다	area, field, domain	동	나무가 바람에 **휘어졌다**.

응용문제 43-44

평원	plain, grassland	명	말들이 **평원**에서 자유롭게 뛰놀고 있다.
무리	group, herd, pack	명	새들이 **무리**를 지어 하늘을 날았다.
사냥	hunting	명	사자는 **사냥**을 통해 새끼들에게 먹이를 준다.
개별적	individual	명	**개별적** 요구에 맞춘 서비스가 제공된다.
구사하다	to speak, to use	동	그는 한국어를 유창하게 **구사한다**.
먹잇감	prey	명	독수리는 **먹잇감**을 발견하고 날아갔다.
몰다	to drive, to corner	동	그는 양떼를 우리로 **몰았다**.
가하다	to inflict, to impose	동	적군에게 집중적으로 공격을 **가했다**.
분담하다	to share, to divide	동	팀원들은 각자 역할을 **분담했다**.
완수하다	to complete, to accomplish	동	목표를 **완수하기** 위해 최선을 다했다.
노리다	to aim at, to target	동	포식자는 약한 동물을 **노린다**.
생존	survival	명	**생존**을 위해 물이 꼭 필요하다.
분배	distribution, division	명	이익의 공정한 **분배**가 중요하다.
공격	attack, offense	명	강한 **공격**으로 상대 팀의 수비를 뚫고 득점에 성공했다.
방어	defense	명	태권도 경기에서 상대의 공격에 대한 **방어**도 중요하다.
습성	habit, instinct	명	늑대는 무리를 지어 다니는 **습성**을 가지고 있다.

연습문제 43-44

창제하다	to create, to invent	동	세종대왕은 오랜 연구 끝에 한글을 **창제했다**.
백성	people, citizens	명	왕은 **백성**들의 고충을 직접 듣고 해결하려 했다.
설계되다	to be designed	동	이 시스템은 효율적인 운영을 위해 **설계되었다**.

음운	phoneme, sound	명	한국어는 복잡한 **음운** 체계를 가진다.
본뜨다	to model after, to imitate	동	어린이는 부모의 행동을 **본떠** 따라 하는 경향이 있다.
반포하다	to promulgate, to announce	동	세종대왕은 한글을 창제하여 백성들에게 **반포했다**.
공용	public use	명	둘 이상의 언어가 **공용**으로 사용되는 나라가 있다.
해석	interpretation	명	이 그림에 대한 여러 가지 **해석**이 존재한다.
채택되다	to be adopted	동	그의 아이디어가 최종안으로 **채택되었다**.

📖 문법

☑ V-(으)ㄹ 듯(이)

앞의 동사가 암시하는 행동이나 상황이 실제로 일어나거나 그와 유사한 느낌을 줄 때 사용합니다. 주로 '마치 ~인 것처럼' 또는 '~할 것 같다는 느낌이 들 정도로'의 의미로 사용됩니다.

This is used when the action or situation implied by the preceding verb actually happens or gives a similar feeling. It is mainly used with the meaning of "as if ~" or "to the extent that it feels like ~ will happen".

예 바람이 불어 머리가 날아갈 듯(이) 헝클어졌다.

☑ A/V-(으)ㄹ뿐더러

앞의 내용뿐만 아니라 그에 더해 뒤의 내용까지도 해당됨을 나타냅니다. 두 가지 이상의 사실이나 상황을 덧붙여 강조할 때 사용합니다.

This is used to indicate that not only the preceding content but also the following content is included. It is used to add and emphasize two or more facts or situations.

예 이 식당은 음식이 맛있을뿐더러 분위기도 좋다.

☑ A/V-기에

원인, 이유 또는 기준을 나타낼 때 사용됩니다. 뒤에 오는 행동이나 판단의 근거로 쓰이며, '~해서', '~하기 때문에'와 유사한 의미를 전달합니다.

This is used to indicate a cause, reason, or standard. It is used as the basis for the following action or judgment, and conveys a meaning similar to "~because" or "~so".

예 날씨가 춥기에 두꺼운 옷을 입었다.

연습 문제 정답 및 해설

🔊 [43~44]

> 남자: 한글은 조선의 세종대왕이 1443년에 창제한 문자로, 백성들이 쉽게 익힐 수 있도록 설계
> 되었다. 당시 백성들은 한자를 배우기 어려워 글을 읽고 쓸 수 없었기에 소통에 많은 어려
> 움을 겪었다. 한글은 음운의 원리를 바탕으로 만들어졌으며, 과학적인 문자로 평가받는
> 다. 한글의 자음은 발음 기관의 모양을 따라 만들어졌고 모음은 하늘, 땅, 사람을 본떠 만
> 들어졌다. 세종대왕은 훈민정음이라는 책을 통해 한글을 반포하며 문자 사용의 필요성과
> 의미를 설명했다. 오늘날 한글은 한국의 공용 문자로 자리 잡았으며, 그 독창성과 우수성
> 덕분에 많은 학자들에게 주목받고 있다.

☑ 창제하다 | 백성 | 설계되다 | 음운 | 본뜨다 | 반포하다 | 공용 | 해석 | 채택되다

43. ③ 남자는 세종대왕이 한글을 창제한 과정과 한글의 특징에 대해 설명하고 있습니다.

The man explains the process of King Sejong creating Hangeul and the characteristics of Hangeul.

44. ③
① 한자가 한글 창제 후 사라졌다는 내용은 찾을 수 없습니다.
② 한글 창제 후 훈민정음이라는 책을 통해 반포했다고 말했습니다.
④ 훈민정음을 연구하기 위해서 한글을 만든 것이 아니라 훈민정음을 통해 한글을 반포하였습니다.

① There is no mention that Chinese characters disappeared after the creation of Hangeul.
② It was mentioned that after the creation of Hangeul, it was promulgated through a book called Hunminjeongeum.
④ It was not to study Hunminjeongeum that Hangeul was created, but Hangeul was promulgated through Hunminjeongeum.

메모

This is a question that is solved by listening to a lecture. A lecture is a way of conveying specialized knowledge on a single topic. It is necessary to know the expressions that are often used in the choices to describe how the lecturer speaks, and to read them in advance.

강연을 듣고 푸는 문제입니다. 강연은 어떤 한 가지 주제에 대해 전문적인 지식을 전달하는 방식입니다. 강연자가 말하는 방식이 어떤 것인지 선택지에 자주 나오는 표현을 알아 두고 이것을 미리 읽어볼 필요가 있습니다.

45

Choosing the same content

It is necessary to analyze the overall content. You need to understand the main point of the lecture and find what is different from what you heard. The choices are not always presented in the order of the listening content, so it is good to read the content of the choices in advance. Also, the expressions or vocabulary used in the listening may not be used exactly the same way in the choices, and similar expressions may be used, so you need to consider this when finding the answer.

45 들은 내용과 같은 것 고르기

전체적인 내용을 분석해야 합니다. 강연의 중심 내용을 이해하고 들은 내용과 다른 것을 찾아낼 필요가 있습니다. 선택지는 듣기 내용의 순서에 따라 항상 나오는 것은 아니므로 선택지의 내용을 미리 읽어 두면 좋습니다. 그리고 들은 내용에 나온 표현이나 어휘를 선택지에서 그대로 사용하지 않고 유사한 표현을 사용할 때가 많기 때문에 이를 고려하여 답을 찾아야 합니다.

46

Choosing the correct way the woman speaks

While listening to the entire lecture, you need to understand what the main point is, whose opinion it is, and how the content is being conveyed to the audience.

☆ **Expressions frequently used in the choices**

＊**What:** examples, causes, facts, criteria, changes, methods, processes, forms, roles, scenes, characteristics..

＊**How they are doing:** explaining, comparing, analyzing, describing, presenting, inferring, summarizing...

46 여자가 말하는 방식으로 알맞은 것 고르기

전체 강연을 들으면서 중심 내용이 무엇이고, 의견은 누구의 의견인지, 또한 그 내용을 청중에게 전달할 때 어떤 방법을 사용하는지 파악해야 합니다.

☆ **선택지에 자주 사용하는 표현**

＊**무엇을:** 사례들을, 원인을, 사실을, 기준을, 변화를, 방법을, 과정을, 형태를, 역할을, 장면을, 특징을……

＊**어떻게 하고 있다:** 설명하고 있다, 비교하고 있다, 분석하고 있다, 묘사하고 있다, 제시하고 있다, 유추하고 있다, 요약하고 있다….

기출 문제

🔊 Track 기출문제 45-46

※ [45~46] 다음을 듣고 물음에 답하십시오. (각 2점)

> 여자: 여기 오른쪽 아랫배, 대장이 시작되는 부분에 주머니처럼 생긴 기관이 맹장인데요. 이 맹장 끝에 꼬리처럼 붙어 있는 게 충수입니다. 충수는 소화 과정에 전혀 관여하지 않고 걸핏하면 염증을 일으켜 쓸모없는 기관으로 여겨졌습니다. 그래서 충수에 염증이 생기면 제거해 버렸죠. 그런데 충수가 면역 기능을 강화하는 데 기여한다는 사실이 밝혀졌습니다. 충수가 장내 미생물을 비축해 두는 창고 역할을 한다는 것이죠. 대장에 탈이 나면 충수에 담겨 있는 유산균 같은 미생물들이 대장으로 이동해 회복을 돕습니다. 그래서 최근에 충수염이 생겼을 때 충수를 보존하며 치료하는 방법이 연구되고 있습니다.

45. 들은 내용과 같은 것을 고르십시오.

① 충수에는 염증이 잘 생기지 않는다.

② 충수는 소화가 잘되도록 돕는 일을 한다.

③ 충수에는 유익한 미생물이 서식하고 있다.

④ 충수를 제거하는 수술이 최근에 가능해졌다.

46. 여자가 말하는 방식으로 알맞은 것을 고르십시오.

① 유사한 사례들을 묶어 비교 분석하고 있다.

② 대상이 가진 문제의 주요 원인을 유추하고 있다.

③ 대상의 역할에 대해 밝혀진 사실을 설명하고 있다.

④ 다양한 연구를 바탕으로 자신만의 기준을 제시하고 있다.

🔊 ·· 91회 듣기 45-46번

☑ 대장 ☑ 맹장
☑ 충수 ☑ 관여하다
☑ 걸핏하면 ☑ 면역
☑ 미생물 ☑ 비축하다
☑ 탈이 나다 ☑ 유익하다
☑ 유사하다 ☑ 유추하다

45.
① 충수는 걸핏하면 염증을 일으킨다고 했습니다.
② 충수는 소화 과정에 전혀 관여하지 않는다고 했습니다.
④ 과거에 충수에 염증이 생기면 제거해 버렸다고 말했습니다.

① It was mentioned that the appendix often causes inflammation.
② It was mentioned that the appendix is not involved in the digestion process at all.
④ It was mentioned that in the past, the appendix was removed if it became inflamed.

46.
여자는 '충수가 면역 기능을 강화하는 데 기여한다는 사실이 밝혀졌다'고 말하면서 '창고 역할을 한다'고 설명하고 있습니다.
The woman says that 'it has been found that the appendix contributes to strengthening the immune function' and explains that 'it acts as a warehouse'.

정답 45. ③ 46. ③

🔍 응용 문제

☑ 고체　　☑ 액체
☑ 기체　　☑ 압력
☑ 냉각되다　☑ 가열되다
☑ 수증기　☑ 분자
☑ 배열되다　☑ 부피
☑ 방출하다　☑ 일정하다

45.
① 물의 부피 변화는 상태가 변한 후에 일어나는 결과라고 했습니다.
② 물의 상태 변화는 온도와 압력에 따라 일어난다고 했습니다.
④ 물의 온도 변화는 다른 물질보다 천천히 일어난다고 말했습니다.

① It was mentioned that the change in the volume of water is a result that occurs after the state changes.
② It was mentioned that the change in the state of water occurs according to temperature and pressure.
④ It was mentioned that the temperature of water changes more slowly than other substances.

46.
여자는 물의 상태 변화의 특징에 대해 설명하면서 다른 물질과의 차이점을 비교하며 이야기하고 있습니다.
The woman explains the characteristics of the change in the state of water by comparing the differences with other substances.

응용**문제** 🔍　　🔊 Track 응용문제 45-46

※ **[45~46] 다음을 듣고 물음에 답하십시오.** (각 2점)

> 여자: 물은 지구에서 가장 중요한 자원 중 하나로, 세 가지 상태로 존재할 수 있습니다. 고체, 액체, 기체로 변하는 물의 상태 변화는 온도와 압력에 따라 일어납니다. 예를 들어, 물이 0도 이하로 냉각되면 고체, 즉 얼음이 되고, 100도에서 가열되면 기체인 수증기로 변합니다. 이러한 상태 변화는 물의 분자가 서로 다른 방식으로 배열되기 때문입니다. 특히 물은 다른 물질과 달리 고체 상태일 때 부피가 늘어나는 독특한 성질을 가지고 있습니다. 이 때문에 얼음은 물에 뜨게 됩니다. 또한, 물은 많은 열을 흡수하거나 방출하더라도 온도 변화가 다른 물질보다 천천히 일어난다는 특징이 있습니다.

45. 들은 내용과 같은 것을 고르십시오.

① 물의 상태 변화는 물의 부피와 관계가 있다.
② 물은 온도와 압력에 관계없이 상태가 일정하다.
③ 물은 다른 물질과 다르게 고체일 때 부피가 커진다.
④ 물의 온도 변화는 다른 물질보다 급격하게 나타난다.

46. 여자가 말하는 방식으로 알맞은 것을 고르십시오.

① 대상이 가진 가치를 설명하고 있다.
② 대상이 미치는 영향을 분석하고 있다.
③ 근거를 바탕으로 자신의 의견을 제시하고 있다.
④ 대상의 특징을 분석하며 다른 것과 비교하고 있다.

정답 45. ③　46. ④

✎ 연습 문제

※ [45~46] 다음을 듣고 물음에 답하십시오 (각 2점)

45. 들은 내용과 같은 것을 고르십시오.

    ① 금리 인상은 소비와 투자를 줄이는 효과가 있다.

    ② 인플레이션은 물가가 하락하는 현상을 의미한다.

    ③ 인플레이션은 생활비를 감소시키는 경향이 있다.

    ④ 중앙은행은 금리를 고정한 채 경제를 관리해야 한다.

46. 여자가 말하는 방식으로 알맞은 것을 고르십시오.

    ① 경제 성장의 문제점을 지적하며 경고하고 있다.

    ② 금리 인하를 통해 경제 성장을 촉구하고 있다.

    ③ 경제적 어려움에 대한 개인의 책임을 강조하고 있다.

    ④ 인플레이션의 위험성을 알리고 대책을 제안하고 있다.

어휘

대장	large intestine	명	대장은 몸속에서 노폐물을 배출하는 데 중요한 역할을 한다.
맹장	appendix	명	맹장은 진화 과정에서 기능이 축소된 기관으로 여겨진다.
충수	appendix	명	충수는 맹장의 끝부분에 위치한 기관이다.
관여하다	to be involved in, to participate in	동	그는 회사의 주요 결정에 깊이 관여했다.
걸핏하면	easily, readily	부	그녀는 걸핏하면 사소한 일로 화를 낸다.
면역	immune	명	면역 체계가 약해지면 질병에 쉽게 걸린다.
미생물	microorganism	명	유산균은 장에 유익한 미생물이다.
비축하다	to store, to reserve	동	우리는 비상식량을 충분히 비축했다.
탈이 나다	to have a problem, to go wrong	표현	어제 먹은 음식 때문에 탈이 나서 병원에 갔다.
유익하다	beneficial, useful	형	규칙적인 운동은 건강에 유익하다.
유사하다	similar, alike	형	이 두 제품은 기능이 유사하다.
유추하다	to infer, to deduce	동	결과를 통해 원인을 유추할 수 있다.

응용문제 45-46

고체	solid	명	얼음은 물의 고체 상태다.
액체	liquid	명	물은 대표적인 액체 물질이다.
기체	gas	명	산소는 공기 중에 있는 기체다.
압력	pressure	명	깊은 바다에서는 압력이 매우 높다.
냉각되다	to be cooled, to be refrigerated	동	뜨거운 커피가 서서히 냉각되었다.
가열되다	to be heated	동	물은 섭씨 100도까지 가열되기 전에는 끓지 않는다.
수증기	steam, vapor	명	뜨거운 물로 샤워 후 욕실에 수증기가 가득 찼다.

분자	molecule	명	물 분자는 H$_2$O로 구성된다.
배열되다	to be arranged, to be lined up	동	의자가 가지런히 **배열되었다**.
부피	volume, size	명	기체는 온도에 따라 **부피**가 변한다.
방출하다	to release, to emit	동	태양은 많은 에너지를 **방출한다**.
일정하다	constant, fixed	형	실내 온도를 **일정하게** 유지했다.

연습문제 45-46

인플레이션	inflation	명	**인플레이션**으로 물가가 올랐다.
직면하다	to face, to confront	동	우리는 여러 가지 문제에 **직면해** 있다.
통제되다	to be controlled	동	출입이 엄격하게 **통제되었다**.
가계	household	명	**가계** 지출이 늘어 가정 경제가 어려워졌다.
금리	interest rate	명	은행은 **금리** 인상을 발표했다.
하락하다	to fall, to decline	동	집값이 계속 **하락하고** 있다.
경향	tendency, trend	명	요즘 사람들은 간편한 식사를 선호하는 **경향**이 있다.
촉구하다	to urge, to call for	동	환경 단체는 플라스틱 사용을 줄이라고 **촉구했다**.

📖 문법

☑ **V-(으)ㅁ에 따라**	앞에 오는 동사에 의해 어떤 변화나 결과가 발생함을 나타내며, 시간의 경과나 조건의 변화에 따른 결과를 설명할 때 자주 쓰입니다. This is used to indicate that a certain change or result occurs due to the verb that comes before it. It is often used to explain results according to the passage of time or a change in conditions. 예 기술이 **발달함에 따라** 새로운 직업들이 생겨나고 있다.
☑ **V-느니만 못하다**	두 가지 선택이나 상황을 비교할 때 '차라리 A가 나을 정도로 B가 좋지 않다'는 의미를 나타냅니다. 선택지 B가 기대에 못 미치거나, 오히려 A가 더 나을 때 사용됩니다. 부정적인 평가나 실망을 표현할 때 자주 사용됩니다. This is used when comparing two choices or situations, with the meaning that "B is so bad that A would be better." It is used when option B does not meet expectations, or when A is actually better. It is often used to express negative evaluation or disappointment. 예 음식이 너무 짜서 안 **먹느니만 못했다**.
☑ **V-(으)ㄴ 채(로)**	어떤 상태나 동작이 유지된 상태에서 다른 행동이 발생하는 것을 나타냅니다. '〜(으)ㄴ 상태 그대로'의 의미로 쓰이며, 주로 예상치 못한 상황이나 부주의한 상태를 묘사할 때 많이 사용됩니다. This is used to indicate that another action occurs while a certain state or action is maintained. It is used with the meaning of '"〜(으)ㄴ 상태 그대로" and is often used to describe unexpected situations or careless states. 예 문을 열어 둔 **채(로)** 나가버렸다.

연습 문제 정답 및 해설

[45~46]

> 여자: 여러분, 우리는 경제가 성장하면서 인플레이션이라는 현상에 직면할 수 있습니다. 인플레이션은 물가가 지속적으로 오르는 현상을 말하며, 이로 인해 돈의 가치는 시간이 지남에 따라 떨어집니다. 만약 인플레이션이 통제되지 않으면 생활비가 증가하고, 가계와 기업 모두 어려움을 겪을 수밖에 없습니다. 그래서 중앙은행은 물가를 안정시키고자 금리를 조정합니다. 금리를 인상하면 소비와 투자가 줄어들어 인플레이션을 억제할 수 있는 반면에, 지나치게 높이면 경제 성장에 악영향을 미칠 수 있어 안 하느니만 못한 결과를 가져올 수도 있습니다. 따라서 중앙은행은 경제 상황에 따라 적절한 금리 정책을 시행해야 합니다. 또한 물가 안정을 유지하면서도 경제 성장을 도모하는 것이 중요합니다.

☑ 인플레이션 | 직면하다 | 통제되다 | 가계 | 금리 | 하락하다 | 경향 | 촉구하다

45. ①

② 인플레이션은 물가가 오르는 현상이라고 했습니다.
③ 인플레이션이 통제되지 않으면 생활비가 증가한다고 했습니다.
④ 중앙은행은 경제 상황에 따라 금리 정책을 시행해야 한다고 말했습니다.

② It was mentioned that inflation is a phenomenon where prices rise.
③ It was mentioned that if inflation is not controlled, living expenses will increase.
④ It was mentioned that the central bank should implement interest rate policies according to the economic situation.

46. ④

여자는 인플레이션이 통제되지 않으면 가계와 기업 모두 어려움을 겪을 수 있다고 말하면서 마지막 부분에 여러가지 대책을 제안하고 있습니다.

The woman says that if inflation is not controlled, both households and businesses can experience difficulties, and in the last part, she suggests various countermeasures.

This is a question that is solved by listening to a conversation. The format of the question is that the host raises a social issue and the expert explains the issue in detail. The social issues presented by the host are those that have recently been controversial or require solutions. It is important to listen carefully to the host's explanation and question that comes first and understand who the expert is and what the topic of the conversation is.

대담을 듣고 푸는 문제입니다. 사회자가 사회적인 이슈를 제기하고 전문가가 그 이슈에 대해 구체적으로 설명하는 형식으로 문제가 출제됩니다. 사회자가 제시하는 사회적 이슈는 최근 사회적으로 논란이 되었거나 문제 해결이 필요한 것들입니다. 먼저 나오는 사회자의 설명과 질문을 집중해서 들으면서 전문가가 누구인지, 대담의 주제가 무엇인지 파악하는 것이 중요합니다.

47

Choosing the same content

It is necessary to analyze the overall content. Since the choices are presented from the content spoken by both the host and the expert, you need to listen carefully to both. After grasping the main idea of the conversation, it is necessary to find what is different from what you heard. Things that are not mentioned in the conversation and things that are opposite to the content of the conversation are often presented as incorrect answers. Since the choices are not presented in the order of the content, it is necessary to grasp the content of the choices in advance.

47 들은 내용과 같은 것 고르기

전체적인 내용을 분석해야 합니다. 선택지는 사회자와 전문가가 말한 내용에서 제시되기 때문에 두 사람 모두의 내용을 주의해서 들어야 합니다. 대담의 중심 생각을 파악한 후 들은 내용과 다른 것을 먼저 찾아내는 것이 필요합니다. 듣기 내용의 순서에 따라 선택지가 나오는 것이 아니므로 선택지의 내용을 미리 파악할 필요가 있습니다.

48 남자의 태도로 알맞은 것 고르기

전문가는 자신의 개인적인 의견을 말하는 경우가 많습니다. 태도를 나타내는 표현을 미리 알아 두는 것이 좋습니다. 질문자의 질문에 대해 전문가가 긍정적인 태도를 가지고 있는지 부정적인 태도를 가지고 있는지 확인해야 합니다. 보통 마지막 부분에서 전문가가 어떻게 마무리하는지를 확인하면 전문가의 태도를 확인할 수 있습니다.

☆ 태도를 나타내는 표현

(높이) 평가하다, 검토하다, 낙관하다, 감탄하다, 기대하다,
우려하다, 경계하다, 의심하다, 비관적으로 보다, 촉구하다, 당부하다….

48

Choosing the correct attitude of the man

Experts often express their personal opinions. It is good to know the expressions that indicate attitude in advance. You need to check whether the expert has a positive or negative attitude towards the interviewer's question. Usually, you can check the expert's attitude by looking at how they conclude the conversation at the end.

☆ Expressions that indicate attitude

(highly) evaluate, review, be optimistic, admire, expect, be concerned, be wary, doubt, be pessimistic, urge, advise...

🔍 기출 문제

🔊 ·· 83회 듣기 47-48번

- ☑ 물질
- ☑ 자본
- ☑ 주되다
- ☑ 지표
- ☑ 언급되다
- ☑ 입증되다
- ☑ 신뢰
- ☑ 측정하다
- ☑ 불신
- ☑ 절차
- ☑ 원동력
- ☑ 미비하다
- ☑ 맹신
- ☑ 경계하다

47.

① 경제학에서 사회적 자본이 중요한 지표로 언급되고 있다고 했습니다.

② 과거에는 물질 자본이 주된 기준이었으나 최근 경제학에서 사회적 자본이 중요한 지표로 언급되고 있다고 했습니다.

④ 남자는 사회적 자본이 확보되면 불필요한 거래 비용이 준다고 말하고 있습니다.

① It was mentioned that social capital is being mentioned as an important indicator in economics.

② It was mentioned that in the past, material capital was the main criterion, but recently social capital has been mentioned as an important indicator in economics.

④ The man says that if social capital is secured, unnecessary transaction costs are reduced.

기출문제 🔍

🔊 Track 기출문제 47-48

※ [47~48] 다음을 듣고 물음에 답하십시오. (각 2점)

> 여자: 박사님, 과거에는 한 국가의 경쟁력을 평가할 때 돈과 같은 물질 자본이 주된 기준이었는데요. 최근 경제학에서는 사회적 자본이 더 중요한 지표로 언급되고 있습니다.
>
> 남자: 네. 사회적 자본이 갖는 경제적 가치가 입증되었기 때문이죠. 사회적 자본은 구성원들 간의 신뢰를 측정한 값으로 정의되는데요. 사회적 자본이 확보되면 불신으로 인해 발생하는 불필요한 절차나 거래 비용이 줄어 일의 처리가 빨라집니다. 그럼 사회 전체의 효율성과 수익성이 높아지고 이는 곧 경제적 자본의 성장으로 이어지죠. 이처럼 사회적 자본은 경제 성장의 원동력이 된다는 점에서 매우 중요합니다.

47. 들은 내용과 같은 것을 고르십시오.

① 경제학에서는 사회적 자본에 대한 연구가 미비하다.

② 경제학에서는 물질 자본을 더 중요한 지표로 삼는다.

③ 사회적 자본은 구성원들의 신뢰 정도를 측정한 것이다.

④ 사회적 자본은 높은 거래 비용을 요구하는 경우가 많다.

정답 47. ③

48. 남자의 태도로 알맞은 것을 고르십시오.

① 사회적 자본의 가치를 높이 평가하고 있다.

② 사회적 자본의 활용 방안을 검토하고 있다.

③ 사회적 자본에 대한 맹신을 경계하고 있다.

④ 사회적 자본이 미칠 영향을 우려하고 있다.

48.

남자는 마지막 말에서 사회적 자본이 경제 성장의 원동력이 되므로 매우 중요하다고 강조하고 있습니다.

In his last words, the man emphasizes that social capital is very important because it is the driving force behind economic growth.

정답 48. ①

응용 문제

응용문제 🔍 🔊 Track 응용문제 47-48

47.
① 남자는 자동화 기술 도입은 장기적으로 인건비를 절감할 수 있는 방법이라고 말합니다.
② 자동화 기술 도입은 장기적으로 운영 효율성을 높이는 방법이라고 말하고 있습니다.
④ 자동화 기술 도입을 하면 초기 비용이 많이 든다고 말했습니다.

① The man says that introducing automation technology is a way to reduce labor costs in the long run.
② The man says that introducing automation technology is a way to increase operational efficiency in the long run.
④ The man said that introducing automation technology incurs high initial costs.

48.
남자는 마지막에 기업마다 다른 실질적인 지원책이 마련되길 기대한다고 말하고 있습니다.
At the end, the man says that he hopes that each company will come up with different practical support measures.

정답 47. ③ 48. ①

※ [47~48] 다음을 듣고 물음에 답하십시오. (각 2점)

> 여자: 최근 자동화 기술이 빠르게 발전하면서, 많은 기업들이 기술 도입을 고민하고 있습니다. 하지만 비용이 많이 들기 때문에 기업들의 부담이 크지 않을까요?
>
> 남자: 맞습니다. 자동화 기술 도입은 초기 비용이 큰 대신, 장기적으로는 운영 효율성을 높이고 인건비를 절감할 수 있는 효과적인 방법입니다. 다만, 모든 기업이 같은 방식으로 자동화를 진행할 수는 없습니다. 예를 들어, 자본이 부족한 기업은 정부나 금융 기관의 기술 도입 자금 지원이 필요합니다. 반면 기술 도입이 이미 이루어진 기업에는 교육 프로그램을 통해 자동화 시스템을 효과적으로 활용할 수 있도록 지원해야 합니다. 이런 방식으로 기업들이 새로운 기술을 도입하거나 활용할 수 있도록 기업마다 다른 실질적인 지원책이 마련되길 기대합니다.

47. 들은 내용과 같은 것을 고르십시오.

① 인건비 절약을 위해 자동화 기술 도입은 불필요하다.
② 자동화 기술 도입은 단기적인 비용 절감만을 가져온다.
③ 자동화 기술 도입은 운영을 효율적으로 하는 데 도움이 된다.
④ 자동화 기술 도입은 초기보다 운영 과정에서 많은 비용이 든다.

48. 남자의 태도로 알맞은 것을 고르십시오.

① 기업을 위한 맞춤형 지원을 제안하고 있다.
② 기술 도입의 경제적 효과를 과소평가하고 있다.
③ 기술 도입에 따른 어려움에 대해 우려하고 있다.
④ 기술 발전이 경제에 미칠 영향을 비관적으로 보고 있다.

📝 연습 문제

Track 연습문제 47-48

※ [47~48] 다음을 듣고 물음에 답하십시오. (각 2점)

47. 들은 내용과 같은 것을 고르십시오.

① 경기 회복을 위해 임대료를 인상해야 한다.
② 세금 감면은 매출이 큰 자영업자에게 더 효과적이다.
③ 자영업자의 생존을 위해 다양한 지원 방법이 필요하다.
④ 대출을 갚는 부담이 큰 사업체는 상환 기간을 줄여야 한다.

48. 남자의 태도로 알맞은 것을 고르십시오.

① 자영업자들이 큰 성과를 낼 것으로 확신하고 있다.
② 자영업자들이 회복을 위해 스스로 해결하기를 기대하고 있다.
③ 자영업자들이 불황을 감내할 준비가 부족하다고 비판하고 있다.
④ 자영업자들의 어려움 해결을 위한 정부의 역할을 강조하고 있다.

어휘

물질	material, substance	명	**물질**의 상태는 온도에 따라 고체, 액체, 기체로 변할 수 있다.
자본	capital	명	창업을 위해 **자본**을 충분히 확보해야 한다.
주되다	to be main, to be primary	동	이 프로그램의 **주된** 목표는 청소년 교육이다.
지표	indicator, index	명	경제 **지표**가 경기 회복을 암시하고 있다.
언급되다	to be mentioned, to be referred to	동	보고서에 그의 업적이 여러 번 **언급되었다**.
입증되다	to be proven, to be verified	동	이론이 실험을 통해 **입증되었다**.
신뢰	trust, confidence	명	고객의 **신뢰**를 얻기 위해 최선을 다해야 한다.
측정하다	to measure	동	혈압을 매일 **측정하는** 것이 건강 관리에 중요하다.
불신	distrust, suspicion	명	정치권에 대한 국민의 **불신**이 커지고 있다.
절차	procedure, process	명	모든 **절차**를 완료한 후 결과를 발표할 예정이다.
원동력	driving force, impetus	명	경제 발전의 **원동력**은 기술 혁신이다.
미비하다	insufficient, lacking	형	법적 규제가 아직 **미비한** 상태다.
맹신	blind faith	명	신기술에 대한 **맹신**은 위험한 것이다.
경계하다	to be wary of, to be cautious about	동	지나친 낙관주의를 **경계하는** 자세가 필요하다.

인건비	labor costs	명	**인건비** 상승으로 기업의 부담이 커지고 있다.
절감하다	to reduce, to cut down	동	예산을 **절감하기** 위해 다양한 방안을 찾고 있는 중이다.
다만	however, but	부	모든 조건이 만족스러웠다. **다만**, 가격이 너무 비쌌다.
자금	funds, capital	명	프로젝트를 위한 **자금**이 부족하다.
실질적	actual, real, substantial	명	**실질적**인 도움을 주는 지원책이 필요하다.

지원책	support measures, policies	명	정부는 중소기업을 위한 **지원책**을 발표했다.
과소평가하다	to underestimate	동	이 문제의 심각성을 **과소평가해서는** 안 된다.
비관적	pessimistic	명	그는 미래에 대해 **비관적**인 태도를 보였다.

연습문제 47-48

침체	stagnation, slump	명	경기 **침체**로 많은 기업이 어려움을 겪고 있다.
위축되다	to shrink, to contract	동	경기 불황으로 소비가 **위축되었다**.
자영업자	self-employed person	명	**자영업자**들은 매출 감소로 어려움을 겪고 있다.
다각적	multifaceted, diverse	명	문제 해결을 위해 **다각적**인 접근이 필요하다.
급감하다	to plummet, to decrease sharply	동	코로나로 인해 매출이 **급감했다**.
감면	reduction, exemption	명	정부는 세금 **감면** 정책을 시행했다.
납부	payment	명	세금 **납부**는 매년 정해진 기간에 이루어진다.
상환	repayment	명	대출 **상환** 기간이 연장되었다.
성과	achievement, result, performance	명	이번 프로젝트에서 큰 **성과**를 거두었다.
감내하다	to endure, to bear	동	목표를 이루기 위해 많은 고통을 **감내해야** 한다.
비판하다	to criticize	동	언론은 정부의 정책을 강하게 **비판했다**.

 **문법**

☑ **A/V-(으)ㄴ/ 는 대신(에)**	앞에 제시된 행동이나 상황 대신 다른 선택이나 대안을 말할 때 사용합니다. 긍정적이거나 부정적인 대상을 비교하며, '어떤 것을 포기하는 대신 다른 것을 얻는다'라는 의미를 전달합니다. This is used when presenting a different choice or alternative instead of the action or situation mentioned previously. It compares a positive or negative subject and conveys the meaning of "gaining something else by giving up something." 예 주말에 일한 대신(에) 월요일에 쉬기로 했다.
☑ **N(으)로 인해**	어떤 원인이나 이유로 인해 뒤에 오는 결과가 발생했음을 나타냅니다. 공식적이거나 격식 있는 표현에서 자주 사용되며, '~때문에'와 유사한 의미로 쓰입니다. This is used to indicate that the following result occurred due to a certain cause or reason. It is often used in formal or official expressions and has a similar meaning to "~because." 예 사고로 인해 교통이 몇 시간 동안 마비되었다.

연습 문제 정답 및 해설

> 여자: 경기 침체가 길어지면서 소비가 위축되고 있습니다. 이로 인해 많은 자영업자들이 매출 감소로 어려움을 겪고 있습니다. 이런 상황에서 어떤 지원이 필요할까요?
>
> 남자: 경제 불황으로 어려움을 겪는 자영업자에게는 다각적인 지원이 필요합니다. 먼저, 매출이 급감한 업종에는 세금 감면이나 납부를 미루는 조치가 도움이 될 수 있습니다. 대출 상환 부담이 큰 사업체에는 상환 기간을 연장하거나 무이자 대출로 전환할 필요가 있습니다. 또한, 매출이 회복될 때까지 임대료를 지원하는 것도 효과적일 겁니다. 무엇보다 중요한 건 자영업자들이 어려운 상황을 극복할 수 있도록 교육 프로그램을 제공하는 것입니다. 이렇게 정부에서 다양한 방안을 함께 실행한다면 경기 침체 속에서도 자영업자들의 생존을 도울 수 있을 것입니다.

☑ 침체 | 위축되다 | 자영업자 | 다각적 | 급감하다 | 감면 | 납부 | 상환 | 성과 | 감내하다 | 비판하다

47. ③

① 경기 회복을 위해 임대료를 지원해야 한다고 했습니다.

② 세금 감면은 매출이 급감한 업종에 도움이 된다고 말했습니다.

④ 대출 부담이 큰 사업체에는 상환 기간을 연장할 필요가 있다고 말했습니다.

① It was mentioned that rent should be supported to help the economy recover.

② It was mentioned that tax cuts are helpful for businesses that have experienced a sharp decline in sales.

④ It was mentioned that for businesses with a large debt burden, it is necessary to extend the repayment period.

48. ④

남자는 정부에서 다양한 방안을 실행한다면 자영업자들의 생존을 도울 수 있다고 강조하며 여러 번 말하고 있습니다.

The man repeatedly emphasizes that if the government implements various measures, it can help the self-employed survive.

This is a question that is solved by listening to a lecture. While conveying professional knowledge on a topic, the speaker also expresses their opinion. Topics such as politics, economy, society, science, and tradition are frequently presented, so it is necessary to know the vocabulary of those fields. The following is a summary of the main topics covered in this type of lecture, based on publicly available test questions.

강연을 듣고 푸는 문제입니다. 전문적인 주제에 대한 지식을 전달하면서 자신의 의견을 말합니다. 정치, 경제, 사회, 과학, 전통 등의 주제가 자주 출제되므로 그 분야의 어휘들을 알아둘 필요가 있습니다. 다음은 공개된 시험 문제를 바탕으로 이 유형의 강연에서 다룬 바 있는 주요 소재들을 정리한 것입니다.

토픽 회차	분야	소재
52회	한국사 / 정치	탕평책 / 붕당 / 정치적 대립
60회	의학 / 생명 과학	장기 이식 기술 / 인공 장기
64회	한국사 / 세계사	일성록 / 동서양 문화 교류
83회	법 / 사회 제도	사법 재판 / 심급 제도 / 공정함
91회	철학 / 윤리	도덕적 의무 / 보편적 견해 / 동정심

49 Choosing the same content

It is necessary to analyze the overall content. After grasping the main point of the lecture, it is necessary to find what is different from what you heard. The choices are not always presented in the order of the listening content, so it is good to read the content of the choices in advance.

49 들은 내용과 같은 것 고르기

전체적인 내용을 분석해야 합니다. 강연의 중심 생각을 파악한 후 들은 내용과 다른 것을 먼저 찾아내는 것이 필요합니다. 선택지의 내용을 미리 파악할 필요가 있습니다.

50 남자의 태도로 알맞은 것 고르기

강연자의 태도를 찾는 문제입니다. 앞 문제들에서 제시된 태도를 나타내는 표현들과 함께 다음 표현들도 알아 두는 것이 좋습니다.

☆ 태도를 나타내는 표현

변화를 기대하다, 강하게 주장하다, 의의를 강조하다, 동의를 구하다, 예측하다, 판단을 요구하다, 결론을 끌어내다, 반박하다, 반성하다, 정당화하다…

Choosing the correct attitude of the man

Experts often express their personal opinions. It is good to know the expressions that indicate attitude in advance. You need to check whether the expert has a positive or negative attitude towards the interviewer's question. Usually, you can check the expert's attitude by looking at how they conclude the conversation at the end.

☆ Expressions that indicate attitude

to expect change, to strongly assert, to emphasize significance, to seek agreement, to predict, to demand judgment, to draw a conclusion, to refute, to reflect, to justify...

🔍 기출 문제

☑️ 철학자   ☑️ 도덕적
☑️ 보편적   ☑️ 동정심
☑️ 배제하다   ☑️ 연민
☑️ 채권자   ☑️ 정당하다
☑️ 외면하다   ☑️ 선하다
☑️ 견해   ☑️ 이견
☑️ 자제하다   ☑️ 당위성
☑️ 과대평가   ☑️ 섣부르다
☑️ 제기하다

49.

① 철학자의 주장은 보편적 견해와 다르다고 말하고 있습니다.
③ 도움을 청하는 사람을 외면하고, 출근 시간을 지키는 것은 선한 사람이라고 말하고 있습니다.
④ 어려움에 빠진 이웃을 도와주는 것은 도덕적으로 정당한 행위가 아니라고 했습니다.

① It was mentioned that the philosopher's claim is different from the general view.
③ It was mentioned that ignoring someone asking for help and keeping to their work schedule is being a good person.
④ It was mentioned that helping a neighbor in need is not a morally justifiable act.

기출문제 🔍   🔊 Track 기출문제 49-50

※ [49~50] 다음을 듣고 물음에 답하십시오. (각 2점)

남자: 한 철학자는 행위의 결과와는 무관하게 인간이 지켜야 할 도덕적 의무만을 기준으로 도덕성을 판단해야 한다고 주장했는데요. 보편적 견해와 달리 동정심과 같은 행위자의 감정은 배제한 거죠. 예를 들어 연민의 감정에 이끌려 채권자에게 갚아야 할 돈으로 경제적 어려움에 빠진 이웃을 도와주는 것은 도덕적으로 정당한 행위가 아니라는 겁니다. 이 철학자의 기준에 따르면 도움을 청하는 사람을 외면하고 출근 시간을 지켜 회사에 간 사람이 도덕적으로 선한 사람이 됩니다. 물론 이 철학자의 견해는 인간의 감정을 고려하지 않았다는 점에서 이견이 있을 순 있지만 어느 한 면만을 보고 누군가의 도덕성을 판단하는 걸 자제해야 한다는 점을 다시 생각하게 합니다.

49. 들은 내용과 같은 것을 고르십시오.

① 이 철학자는 도덕성에 대해 일반적인 견해를 따르고 있다.
② 이 철학자는 도덕성을 평가하는 기준에서 감정을 배제했다.
③ 이 철학자에 따르면 출근 시간을 지키는 것은 도덕적 의무가 아니다.
④ 이 철학자에 따르면 어떤 상황에서도 다른 사람을 돕는 것이 최우선이다.

정답 49. ②

50. 남자의 태도로 알맞은 것을 고르십시오.

① 도덕적 행위의 당위성을 강조하고 있다.

② 도덕적 행위의 가치를 과대평가하고 있다.

③ 도덕성에 대한 섣부른 판단을 경계하고 있다.

④ 도덕성에 대한 연구의 필요성을 제기하고 있다.

50.

남자는 마지막에 어느 한 면만을 보고 누군가의 도덕성을 판단하는 걸 자제해야 한다고 말합니다. 이것은 도덕성을 함부로 판단하지 말 것을 이야기하고 있다고 볼 수 있습니다.

At the end, the man says that we should refrain from judging someone's morality based on one aspect. This can be seen as saying that we should not judge morality carelessly.

정답 50. ③

응용 문제

49.

① 음악이 감정적 반응에 의해 평가되는 것에 반대한다고 했습니다.

② 음악이 상업적 성공 여부에 의해 평가되는 것에도 반대한다고 했습니다.

③ 기술적으로 뛰어난 작품은 가치를 유지한다고 했습니다.

① It was mentioned that he opposes evaluating music based on emotional responses.

② It was mentioned that he also opposes evaluating music based on commercial success.

③ It was mentioned that technically excellent works retain their value.

응용문제 🔍 🔊 Track 응용문제 49-50

※ [49~50] 다음을 듣고 물음에 답하십시오. (각 2점)

남자: 어떤 음악 평론가는 음악의 평가 기준에 대해 새로운 시각을 제시했습니다. 그는 음악이 대중의 감정적 반응이나 상업적 성공 여부에 의해 평가되는 것에 반대하며, 그 음악이 지닌 구조적 완성도와 작곡 기법을 통해 가치를 평가해야 한다고 주장했습니다. 음악은 감상자의 주관적인 감정에 의존하지 않고, 그 자체의 조화, 그리고 작곡자가 얼마나 치밀하게 기법을 사용했는지에 따라 평가받아야 한다는 것입니다. 그는 특히 클래식 음악을 예로 들어, 기술적 완성도가 뛰어난 작품은 시간이 지나도 그 가치를 유지하지만, 감정적 반응에만 의존하는 음악은 일시적인 인기를 얻을 뿐이라고 강조했습니다. 그의 주장은 음악이 감정과 긴밀하게 연결되어 있다고 생각하는 사람들로부터 비판받을 수 있지만, 음악의 기술적 측면을 되돌아보게 만든다는 점에서 큰 의미가 있다고 생각합니다.

49. 들은 내용과 같은 것을 고르십시오.

① 클래식 음악은 감정적 반응에 의존한다.

② 음악은 주로 상업적으로 성공했는지에 따라 평가된다.

③ 기술적으로 뛰어난 음악은 감정적 반응을 일으키지 않는다.

④ 이 평론가는 음악이 조화를 고려해 평가받아야 한다고 했다.

정답 49. ④

50. 남자의 태도로 알맞은 것을 고르십시오.

① 음악의 상업적 성공을 기대하고 있다.

② 음악의 감정적 전달력을 중시하고 있다.

③ 음악에서 기술적 완성도의 중요성을 강조하고 있다.

④ 감정적 반응에 의해 음악이 평가받아야 한다고 주장하고 있다.

50.
남자는 마지막에 평론가의 주장이 음악의 기술적 측면을 되돌아보게 한다는 점에서 큰 의미가 있다고 말하며 중요성을 강조합니다.

At the end, the man emphasizes the importance of the critic's claim, saying that it is significant in that it makes us reflect on the technical aspects of music.

정답 50. ③

📝 연습 문제

🔊 Track 연습문제 49-50

※ [49~50] 다음을 듣고 물음에 답하십시오 (각 2점)

49. 들은 내용과 같은 것을 고르십시오.

① 비례대표제는 지역의 대표성을 강화하는 제도이다.

② 비례대표제는 정치적 혼란을 일으킬 가능성이 있다.

③ 현행 제도는 다양한 의견을 반영해서 좋은 평가를 받고 있다.

④ 많은 정당이 국회에 들어오면 정책 결정이 더 빨라질 수 있다.

50. 남자의 태도로 알맞은 것을 고르십시오.

① 비례대표제의 도입을 반대하고 있다.

② 비례대표제 도입의 장점을 강조하고 있다.

③ 비례대표제의 도입을 적극적으로 지지하고 있다.

④ 비례대표제 도입에 대해 중립적인 입장을 취하고 있다.

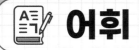 **어휘**

기출문제 49-50

철학자	philosopher	명	소크라테스는 '너 자신을 알라'고 말한 **철학자**다.
도덕적	moral	명	그는 어려운 상황에서도 **도덕적**인 결정을 내렸다.
보편적	universal, general	명	사랑과 희망은 **보편적**인 감정으로 여겨진다.
동정심	sympathy, compassion	명	그는 어려운 사람을 돕고자 하는 **동정심**이 강하다.
배제하다	to exclude, to eliminate	동	그는 불필요한 요소들을 **배제**하고 본질에 집중했다.
연민	pity, sympathy	명	그는 고통받는 사람들에게 **연민**을 느꼈다.
채권자	creditor	명	**채권자**는 대출 상환이 늦어지면 이자를 요구할 수 있다.
정당하다	justified, legitimate, rightful	형	**정당**한 절차 없이 처벌을 내릴 수 없다.
외면하다	to ignore, to turn a blind eye	동	현실을 **외면**하면 문제를 해결할 수 없다.
선하다	good, virtuous	형	**선한** 마음은 주변 사람들에게 긍정적인 영향을 준다.
견해	view, opinion	명	다른 사람의 **견해**를 존중하는 자세가 필요하다.
이견	different opinion, disagreement	명	**이견**이 많아 합의에 도달하는 데 시간이 걸렸다.
자제하다	to refrain, to abstain	동	감정적으로 대응하지 않고 **자제하는** 것이 중요하다.
당위성	validity, legitimacy	명	교육 개혁의 **당위성**이 강조되고 있다.
과대평가	overestimation	명	그는 자신의 능력을 **과대평가**했다.
섣부르다	hasty, premature	형	**섣부른** 결정을 내리지 않도록 신중해야 한다.
제기하다	to raise (an issue), to bring up	동	이론의 타당성에 의문을 **제기했다**.

응용문제 49-50

평론가	critic	명	이 영화는 **평론가**들로부터 좋은 평가를 받았다.
기법	technique, method	명	이 작품은 독특한 **기법**을 사용했다.

주관적	subjective	명	예술 작품에 대한 평가는 **주관적**이다.
의존하다	to depend on, to rely on	동	그는 부모에게 경제적으로 **의존하고** 있다.
조화	harmony, balance	명	전통과 현대의 **조화**가 돋보인다.
치밀하다	detailed, meticulous	형	그는 **치밀하게** 계획을 세웠다.
긴밀하다	close, intimate	형	협력 팀원들 간의 **긴밀한** 소통이 필요하다.
측면	aspect, side	명	이 문제를 여러 **측면**에서 검토해야 한다.
되돌아보다	to look back on, to reflect on	동	실수를 **되돌아보고** 교훈을 얻어야 한다.
상업적	commercial	명	**상업적**인 목적이 지나치면 본질이 훼손될 수 있다.

연습문제 49-50

비례대표제	proportional representation	명	국회는 **비례대표제** 개혁을 논의 중이다.
정당	political party	명	**정당**은 국민의 목소리를 대변해야 한다.
국회	National Assembly, parliament	명	**국회**에서 예산안이 통과되었다.
더디다	slow, sluggish	형	회복 속도가 예상보다 **더디다**.
정국	political situation	명	**정국**이 불안정하면 정책 추진이 어렵다.
기반	foundation, basis	명	기술 발전이 경제 성장의 **기반**이 된다.
현행	current, existing	명	**현행** 제도는 많은 비판을 받고 있다.
모색하다	to seek, to explore	동	정부는 해결책을 **모색하고** 있다.
중립적	neutral	명	토론이 진행되는 동안 사회자는 **중립적**인 자세를 가져야 한다.

 **문법**

☑ **N에 의해(서)**	어떤 원인, 이유, 수단, 방법에 의해 결과가 발생함을 나타냅니다. 공식적인 문맥에서 자주 쓰이며, 뒤에는 주로 사건의 결과나 결정된 사실이 이어집니다.
	This is used to indicate that a result occurs due to a certain cause, reason, means, or method. It is often used in formal contexts, and is usually followed by the result of an event or a decided fact.
	예 그의 무죄가 증거에 의해 밝혀졌다.
☑ **A/V-(으)ㄹ 뿐이다**	다른 가능성이나 의미가 없고 단지 그것뿐임을 강조할 때 사용됩니다. 주로 겸손하게 말할 때나 단순한 사실을 나타낼 때 쓰입니다.
	This is used to emphasize that there is no other possibility or meaning but that. It is mainly used when speaking humbly or to indicate a simple fact.
	예 저는 그저 열심히 노력했을 뿐이에요.

🔊 [49~50]

남자: 최근 비례대표제 도입에 대한 논의가 활발히 진행되고 있지만, 이 제도에 대해 신중한 접근이 필요하다고 생각합니다. 비례대표제는 정당의 득표율에 비례해서 당선자 수를 결정하는 선거 제도로, 다양한 정치적 의견을 반영할 수 있다는 점에서 긍정적인 평가를 받고 있지만, 실제로는 정치적 혼란을 초래할 가능성이 큽니다. 특히, 지나치게 많은 정당이 국회에 들어와 정책 결정이 더디게 이루어질 수 있고, 정국이 불안정해질 우려가 있습니다. 또한, 비례대표제가 각 지역의 대표성을 약화시킬 수 있다는 지적도 있습니다. 선거 제도는 안정적인 정치 운영을 위한 중요한 기반입니다. 따라서 우리는 비례대표제를 도입하기보다는 현행 제도를 개선하고, 국민의 목소리가 충분히 반영될 수 있는 방안을 모색해야 한다고 생각합니다.

☑ 비례대표제 | 득표율 | 당선자 | 정당 | 국회 | 더디다 | 정국 | 기반 | 현행 | 모색하다 | 중립적

49. ②

① 비례대표제는 지역의 대표성을 약화시킬 수 있다고 했습니다.
③ 현행 제도를 개선해야 한다고 말했습니다.
④ 많은 정당이 국회에 들어와 정책 결정이 더디게 이루어질 수 있다고 했습니다.

① It was mentioned that the proportional representation system can weaken regional representation.
③ It was mentioned that the current system needs to be improved.
④ It was mentioned that many political parties entering the National Assembly can slow down policy decisions.

50. ①

남자는 비례대표제의 단점을 이야기하면서, 비례대표제를 도입하기보다는 다른 방안을 모색해야 한다고 말하고 있으므로 반대하는 입장을 취하고 있음을 알 수 있습니다.

The man is expressing his opposition to the proportional representation system by talking about its shortcomings and saying that other solutions should be explored rather than introducing it.

쓰기 유형

This is a question about inserting the appropriate sentence in the blank. Short advertisements, announcements, and explanatory texts on various topics that are often encountered in everyday life are mainly presented. You need to understand the content by grasping the composition and development method of the writing to solve the problem.

When creating a sentence to insert in the blank, the most important thing is to understand the context before and after. Carefully examine the sentences before and after the blanks (㉠) and (㉡) and complete the sentence to fit the overall flow. Create sentences using essential vocabulary and expressions without writing unnecessary content.

Also, pay attention to the conjunctions that connect the preceding and following sentences. Conjunctions can help you understand the relationship between sentences and grasp the content.

빈칸에 알맞은 문장을 넣는 문제입니다. 일상에서 자주 접하는 짧은 광고문이나 안내문, 다양한 주제의 설명문 등이 주로 출제됩니다. 글의 구성과 전개 방식을 파악하며 내용을 이해해야 문제를 풀 수 있습니다.

빈칸에 넣을 문장을 만들 때 가장 중요한 것은 앞뒤 내용을 파악하는 것입니다. 빈칸 (㉠)과 (㉡) 앞뒤에 있는 문장들을 잘 살펴보고 전체 흐름에 맞게 문장을 완성해야 합니다. 불필요한 내용을 쓰지 않고 핵심적인 어휘와 표현을 사용해서 문장을 만들도록 합니다.

또 앞뒤 말을 연결해 주는 접속사를 주의해서 봐야 합니다. 접속사를 통해 앞뒤 문장의 관계를 파악하고 내용을 이해하는 데 도움을 받을 수 있습니다.

분류	기능	종류
열거	앞뒤로 비슷한 내용이 이어짐.	그리고, 다른 하나는, 및
반대	앞 내용과 반대되는 내용이 뒤에 옴.	그러나, 그런데, 그렇지만, 반대로, 하지만
추가	다른 설명을 덧붙임.	또한, 게다가
인과	앞뒤 내용이 원인과 결과로 연결됨.	그래서, 따라서, 그러므로
이유	앞서 말한 내용의 이유를 밝힘.	왜냐하면
전환	화제를 바꿈.	그런데, 한편

스트레스를 받았을 때 사탕이나 과자와 같이 단 음식을 먹으면 기분이 좋아진다. 단 음식으로 인해 뇌에서 기분을 좋게 만드는 호르몬이 나오기 때문이다. **그런데** 전문가들은 사람들이 술이나 담배에 중독되는 것처럼 단맛에도 (㉠). **따라서** 평소에 단 음식을 지나치게 많이 (㉡) 주의할 필요가 있다.

예를 들어 91회 기출문제 52번에 사용된 '그런데'와 '따라서'의 기능을 알면 지문의 내용을 더 쉽게 파악할 수 있습니다. '그런데'는 앞뒤 내용이 상반될 때 사용하므로 (㉠)이 포함된 뒤 문장에는 앞 내용과 다르게 단 음식에 대한 부정적인 내용이 나올 것임을 알 수 있습니다. 한편 '따라서'는 앞에서 말한 원인의 결과를 보여 주는데 글의 마지막에 올 때는 내용을 종합하여 핵심을 제시하는 경우가 많습니다. 앞에서 단 음식이 지닌 중독성을 이야기했으므로 마지막에 단 음식을 지나치게 많이 먹는 것을 주의해야 한다는 내용이 나오는 것이 자연스럽습니다.

이 외에도 답을 쓸 때 빈칸 앞뒤에 있는 말을 써서 내용이 중복되지 않도록 해야 하며 철자가 틀리지 않도록 주의해야 합니다. 또한 글의 전체 형식이나 격식에 맞는 표현을 쓰도록 합니다. 가령 '-아/어요'와 같은 비격식적인 표현은 쓰지 않도록 합니다.

51 빈칸에 문장 채우기

문자 메시지, 이메일, 편지, 인터넷 게시판, 광고 등 일상에서 자주 접할 수 있는 내용의 글이 제시됩니다. 제목이나 표현 형식을 통해 글의 종류를 파악할 수 있습니다. 글을 쓴 목적을 생각하며 앞뒤 문맥을 살펴 빈칸에 알맞은 문장을 완성합니다. 문장을 마칠 때는 글에 제시된 종결 표현인 '-ㅂ/습니다'를 사용해야 합니다.

For example, if you know the function of '그런데' (but/however) and '따라서' (therefore) used in question 52 of the 91st exam, you can grasp the content of the text more easily. Since '그런데' is used when the preceding and following content are contrasting, you can tell that the sentence after (㉠), which includes '그런데', will have negative content about sweet food, unlike the preceding content. On the other hand, '따라서' shows the result of the cause mentioned before, and when it comes at the end of the text, it often summarizes the content and presents the key point. Since the addictive nature of sweet food was mentioned earlier, it is natural that the content that you should be careful about it appears at the end.

In addition, when writing the answer, you should use the words before and after the blank to avoid overlapping content, and you should be careful not to make spelling mistakes. Also, use expressions that fit the overall format and formality of the writing. For example, avoid using informal expressions like '-아/어요'.

51
Fill in the blank with a sentence

This presents a text with content that you often encounter in everyday life, such as text messages, emails, letters, online bulletin boards, and advertisements. You can identify the type of text through the title or expression format. Complete the sentence in the blank by considering the purpose of writing and examining the context before and after. When finishing the sentence, you must use the sentence ending expression '-ㅂ/습니다' presented in the text.

52

Fill in the blank with a sentence

This presents a text with instructive content, scientific knowledge, or general knowledge on various fields. Even if it is an unfamiliar topic you are encountering for the first time, you can grasp and understand the flow of the text by considering the context before and after, the function of demonstrative pronouns and conjunctions, etc. When finishing the sentence, you must use the literary expression '-ㄴ/는다'.

52 빈칸에 문장 채우기

교훈적인 내용을 담은 글이나 과학 지식 또는 다양한 분야에 걸친 상식에 대한 글이 제시됩니다. 처음 접하는 낯선 주제라고 해도 앞뒤 문맥과 지시 대명사, 접속사의 기능 등을 생각하며 읽으면 글의 흐름을 파악하고 이해하는 데 도움을 받을 수 있습니다. 문장을 마칠 때는 문어적 표현인 '-ㄴ/는다'를 사용해야 합니다.

🔍 기출 문제

📖 ·· 91회 쓰기 51번

☑ 피부과
☑ 만약에
☑ 변경

※ [51~52] 다음 글의 ㉠과 ㉡에 알맞은 말을 각각 쓰시오. (각 10점)

51.

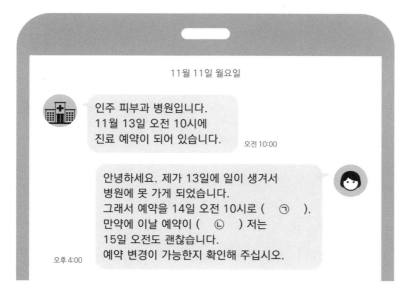

㉠ _____

㉡ _____

51.

이 문제는 그림을 통해, 메시지를 받고 대답을 쓰는 것임을 알 수 있습니다. (㉠) 앞에 있는 '일이 생겨서 못 가게 되었습니다. 그래서 예약을 ~로' 라는 말을 통해 예약 날짜와 시간을 변경하는 말을 써야 한다는 것을 알 수 있습니다. 또한 . (㉡) 앞에 '만약에 이날 예약이' 라는 말이 있으므로 예약이 어려운 상황에 대해 가정하고 있음을 알 수 있습니다.

[모범 답안]
㉠ 변경하고 싶습니다 / 바꾸고 싶습니다
㉡ 불가능하면 / 어려우면

51.

This problem shows, through a picture, that you are writing a reply after receiving a message. From the phrase 'Something came up and I can't go. So I'll change the reservation to ~' before (㉠), you can tell that you need to write about changing the reservation date and time. Also, since the phrase 'If the reservation is not available on this day' appears before (㉡), you can tell that it is assuming a situation where making a reservation is difficult.

☑ 뇌
☑ 호르몬
☑ 중독되다

52.

스트레스를 받았을 때 사탕이나 과자와 같이 단 음식을 먹으면 기분이 좋아진다. 단 음식으로 인해 뇌에서 기분을 좋게 만드는 호르몬이 나오기 때문이다. 그런데 전문가들은 사람들이 술이나 담배에 중독되는 것처럼 단맛에도 (㉠). 따라서 평소에 단 음식을 지나치게 많이 (㉡) 주의할 필요가 있다.

㉠ _____

㉡ _____

52.

This is a text about 'sweet food and addiction'. Since the expression '-(으)ㄴ 것처럼 ~도' (just like ~) appears before (㉠), similar content to the preceding content should be included in (㉠). Since it says to be careful after (㉡), you should write about what to be careful about. Choose the grammar that fits the context for the expressions 'to become addicted' and 'to eat' and write it in the correct form.

52.
'단 음식과 중독'에 대한 글입니다. (㉠) 앞에 '-(으)ㄴ 것처럼 ~도'라는 표현이 나오므로 (㉠)에는 앞의 내용과 비슷한 내용이 들어가야 합니다. (㉡) 뒤에 주의해야 한다고 했으므로 주의할 내용을 써 주면 됩니다. 문맥에 맞는 '중독되다, 먹다'라는 표현에 어울리는 문법을 골라 형식에 맞게 쓰도록 합니다.

[모범 답안]
㉠ 중독된다고 한다
㉡ 먹지 않도록

응용 문제

응용문제 🔍

※ [51~52] 다음 글의 ㉠과 ㉡에 알맞은 말을 각각 쓰시오. (각 10점)

51.

잃어버린 강아지를 찾습니다.

지난 12월 2일, 서울 중앙공원 근처에서
제 강아지 '초코'가 (㉠   ).
초코는 작은 하얀색 강아지로, 파란색 옷을 입고 있습니다.
사람을 잘 따르고 이름을 (㉡   ) 반응합니다.

혹시 초코를 보신 분은 010-1234-5678로 연락 부탁드립니다.

㉠ _____

㉡ _____

51.
잃어버린 강아지를 찾는 게시글입니다. 강아지를 잃어버렸고 (㉠) 앞에 '초코가' 라고 쓰여 있으므로 사라졌다는 표현을 써야 하고, 자동사를 사용하여 써야 합니다. (㉡) 앞에 '이름을' 이라는 말이 있고 뒤에 '반응합니다.'라고 되어 있으므로 '이름을 부르다' 라는 표현을 조건의 연결 어미를 사용하여 (㉡)에 써야 합니다.

[모범 답안]
㉠ 사라졌습니다 / 없어졌습니다
㉡ 부르면 / 말하면

51.

This is a post about finding a lost dog. It says that the dog was lost, and since '초코가' is written before (㉠), you should use an expression that means disappeared, and you should use an intransitive verb. Since the phrase '이름을' appears before (㉡) and 'responds' appears after, you should use the expression '이름을 부르다 (to call the name)' with a conditional conjunctive ending in (㉡).

☑ 묵독
☑ 낭독
☑ 일반적
☑ 동시

52.

> 오늘날 사람들은 책을 소리 내어 읽지 않고 눈으로만 읽는다. 이러한 묵독으로 많은 양의 책을 빠르게 읽게 되었다. 하지만 과거에는 책을 (㉠) 낭독 방식이 일반적이었다. 낭독은 눈으로 읽으면서 동시에 말하고 듣기 때문에 내용을 기억하는 데 효과적이지만 묵독에 비해 책을 읽는 속도가 (㉡).

㉠ _____

㉡ _____

52.

'This is a text about 'silent reading and reading aloud'. Since 'however' appears before (㉠), the content following should be opposite to the content about silent reading mentioned before. Since the expression '~에 비해' (compared to) appears before (㉡), you should write about reading aloud in comparison to silent reading, based on reading speed, in (㉡). Choose the grammar that fits the context for the expressions 'to make a sound' and 'to be slow' and write it in the correct form.

52.

'묵독과 낭독'에 대한 글입니다. (㉠) 앞에 '하지만'이 있으므로 앞에서 말한 묵독의 내용과 반대되는 내용이 들어가야 합니다. (㉡) 앞에 '~에 비해'라는 표현이 나오므로 책 읽는 속도를 기준으로 낭독을 묵독과 비교한 내용을 (㉡)에 써야 합니다. 문맥에 맞는 '소리 내다, 느리다'라는 표현에 어울리는 문법을 골라 형식에 맞게 써야 합니다.

[모범 답안]

㉠ 소리 내어 읽는
㉡ 느린 편이다

연습 문제

※ [51~52] 다음 글의 ㉠과 ㉡에 알맞은 말을 각각 쓰시오. (각 10점)

51.

안녕하세요, 회원님. 마린 수영장입니다. 다름 아니라 아직 이번 달 (㉠   ) 연락을 드렸습니다. 이번 달도 수강을 원하실 경우 오늘까지 등록 부탁드립니다. 오늘 이후로는 다른 대기자분께 기회를 드리게 되는 점 양해 바랍니다.

안녕하세요, 이번 달도 수영장에 다닐 예정입니다. 그런데 오늘은 수영장에 갈 수 없어서 그러는데 수강료를 계좌로 보내도 될까요? 가능하다면 은행 계좌번호를 알려주세요. 바로 (㉡   ).

㉠ _____

㉡ _____

52.

　더운 기후에서는 얇은 옷 한 벌만 입는 것이 보통이다. 반대로 추운 기후에서는 두꺼운 옷을 여러 벌 겹쳐 입는다. 또한 옷의 색깔도 (㉠   ). 더운 지방에서는 햇볕을 막아 내기 위해 흰색 옷을 많이 입는다. 그러나 추운 지방에서는 몸을 좀 더 따뜻하게 (㉡   ) 진하고 어두운 색깔의 옷을 즐겨 입는다.

㉠ _____

㉡ _____

어휘

기출문제 51-52

피부과	dermatology clinic	명	여드름이 심해져서 오늘 **피부과**에 다녀왔다.
만약	if, in case	부	**만약**에 시험에 합격한다면 가족들과 축하 파티를 할 거예요.
변경	change	명	예약 시간 **변경**은 다음주부터 가능합니다.
뇌	brain	명	**뇌**에서 언어를 관장하는 부분은 좌반구에 위치한다.
호르몬	hormone	명	출산 후의 급격한 **호르몬** 변화도 일시적으로 감정의 변화를 가져올 수 있다.
중독되다	to be poisoned	동	그 사람은 하루 종일 커피를 마셔야 살 정도로 카페인에 **중독되었다**.

응용문제 51-52

따르다	to follow	동	내 동생은 어릴 때부터 나를 잘 **따랐다**.
반응하다	to react	동	그 아이의 이름을 부르자 바로 **반응했다**.
사라지다	to disappear	동	방금 전까지 있었던 휴대폰이 갑자기 **사라졌다**.
부르다	to call	동	선생님이 이름을 **부를** 때 바로 대답해야 합니다.
묵독	reading silently	명	최근 음독에서 **묵독**으로 독서의 방식이 전환되고 있다.
낭독	recitation	명	법정에서 판결문 **낭독**이 시작되자 모두 조용해졌다.
일반적	general, usual	명 관	**일반적**으로 큰 섬은 화산의 대폭발로 생겨난 것이 많다.
동시	simultaneity	명	우리 팀은 경기 시작과 **동시**에 한 골을 먹고 말았다.

연습문제 51-52

회원	member	명	학교의 동아리들은 보통 3월에 신입 **회원**을 모집한다.
등록	registration	명	수영을 배우고 싶어서 오늘 수영 교실에 **등록**을 했다.
수강료	tuition fee	명	물가가 많이 올라서 학원의 **수강료**도 계속 오르고 있다.
계좌	bank account	명	은행에서 내 명의로 신규 **계좌**를 개설했다.

기후	climate	명	지구 온난화로 인해 세계의 **기후**가 급격하게 변하고 있다.
겹치다	to overlap	동	같은 크기의 그릇들을 **겹쳐** 놓아야 깨끗해 보인다.
막다	to block	명	우리 집은 앞에 있는 큰 건물이 햇빛을 **막고** 있어 어둡다.
진하다	thick, strong, concentrated	형	졸릴 때 **진한** 커피를 한 잔 마시면 잠이 깬다.

📖✏️ 문법

☑ **V-아/어 있다**	동작이 완료된 후 그 상태가 지속됨을 나타낼 때 사용합니다. 주로 상태 동사와 함께 쓰이며, 결과적으로 어떤 상태가 유지되는 상황을 표현합니다. This is used to indicate that an action is completed and the resulting state continues. It is mainly used with stative verbs to express a situation where a certain state is maintained as a result. **예** 책상이 깨끗하게 **정리되어 있다.** 　　물컵이 식탁 위에 **놓여 있다.**
☑ **A-다고 하다** ☑ **V-ㄴ/는다고 하다**	들어서 알게 된 내용을 다른 사람에게 전달할 때 사용합니다. 입말에서는 줄여서 'A-대요', 'V-ㄴ/는대요'로 많이 씁니다. When conveying information you've heard to someone else, this form is used. In spoken language, it's often shortened to 'A-대요' or 'V-ㄴ/는대요'. **예** 다음 달부터 지하철 요금이 **인상된다고 합니다.** 　　부산의 해운대는 여름철 휴가지로 인기가 **많다고 합니다.**
☑ **A/V-도록**	앞에 말이 뒤에 오는 말의 목적, 방식, 정도 등을 나타낼 때 사용합니다. '-게'와 바꿔서 쓸 수 있습니다. It is used when the preceding statement indicates the purpose, method, or degree of the following action. It can be replaced with '-게'. **예** 오늘 배운 것을 잊어버리지 **않도록** 복습했다. 　　밤이 **새도록** 친구와 이야기를 나누었다. 　　만화를 보고 배가 **아프도록** 웃었다.

☑ A-(으)ㄴ 편이다
☑ V-는 편이다

무엇을 단정하여 말하기보다 어느 쪽에 가깝거나 속한다고 말할 때 사용합니다.

It is used when you want to say something is more likely or tends to belong to a certain category, rather than stating it definitively

예 그는 다른 사람의 부탁을 잘 들어주는 **편이다**.

그 모델은 젊은 사람들에게 인기가 **많은 편이다**.

연습 문제 정답 및 해설

㉠ 등록을 하지 않으셔서
㉡ 수강료를 보내도록 하겠습니다

☑ 회원 | 등록 | 수강료 | 계좌

51.

등록 안내 메시지입니다. 이번 달 등록을 부탁한다는 메시지이므로 ㉠에는 아직 등록을 안 했다는 내용이 들어가야 합니다. 또한 답글은 수강료를 보낼 계좌 번호를 알려 달라는 부탁을 하고 있기 때문에 ㉡에 수강료를 보내겠다는 내용이 올 수 있습니다.

This is a registration notification message. Since it is a message asking for registration this month, the content that registration has not been completed yet should be included in ㉠. Also, since the reply is asking for the account number to send the tuition fee to, the content that the tuition fee will be sent can be included in ㉡.

㉠ 기후에 따라 다르다 / 기후에 따라 차이가 있다
㉡ 보호하기 위해 / 유지하기 위해

☑ 기후 | 겹치다 | 막다 | 진하다

52.

㉠의 앞에서는 기후에 따라 옷차림이 다르다는 내용을 설명하고 있으며, 뒤 문장에서는 기후가 다르면 즐겨 입는 옷의 색깔에도 차이가 있다는 내용을 설명하고 있으므로 문맥상 옷 색깔도 '기후에 따라 다르다'라는 말이 들어가는 것이 적절합니다.
㉡의 경우 '몸을 좀 더 따뜻하게 하는 것'이 '진하고 어두운 색깔의 옷을 입는 행위'의 목적이나 이유가 되기 때문에 '보호하다'나 '유지하다'라는 어휘와 앞에 제시된 '-기 위해(서)'라는 문법을 사용해서 답안을 작성하는 것이 좋습니다.

Before ㉠, it explains that clothing choices vary depending on the climate, and the following sentence explains that if the climate is different, the color of clothes people prefer to wear also differs, so contextually, it is appropriate to include the phrase 'also varies depending on the climate' when referring to clothing color.
In the case of ㉡, since 'making the body warmer' is the purpose or reason for 'wearing dark-colored clothes', it is good to use vocabulary like 'protect' or 'maintain' and the grammar '-기 위해(서)' presented before to write the answer.

메모

유형 분석 02(53번)

53

Writing to explain data

This is a question about writing a 200-300 character essay using the provided data. Based on the released exams, since the 60th exam, a total of three pieces of data have been provided for writing. The following is writing question 53 from the 83rd TOPIK II exam.

As you can see from the above example question, on the left, survey results or statistical data, which are usually the main topic of the writing, are presented in a graph, and on the right, data showing the causes, background, or prospects of changes in the survey or statistical data are presented. Since it is important to include all the information presented in the data when writing, it is necessary to first organize the information in order, starting with the information shown in the left data and ending with the information at the bottom right, before actually writing the essay. By connecting the information organized in this way, you can complete an essay consisting of an introduction, development, and conclusion.

The introduction of the writing usually consists of sentences explaining the survey or statistical content on the left, such as '~according to a survey by ~' or '~it was found that ~', and since there are many sentences indicating changes in numbers, vocabulary such as 'increase', 'decrease', 'rise', and 'fall' are frequently used. Next, the development part consists of sentences explaining the detailed information presented on the right, so vocabulary such as 'to be ranked', 'to account for', and 'to reach' are often used, and the conclusion usually consists of one sentence describing the 'prospect', which is the information presented at the bottom right.

For reference, it is desirable to use vocabulary and grammar that corresponds to the 'Intermediate High (Level 4)' level or higher, and in addition, knowing the following scoring criteria for question 53 will be helpful in writing the answer.

53 자료를 설명하는 글 쓰기

제시된 자료를 사용하여 200~300자의 글을 쓰는 문제입니다. 공개된 시험지를 기준으로 60회 시험부터는 글을 쓰기 위한 자료로서 총 세 가지가 제시되고 있습니다. 다음은 토픽 II 83회에서 출제되었던 쓰기 53번 문항입니다.

● 조사 기관 : 인주시 사회연구소

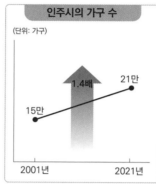
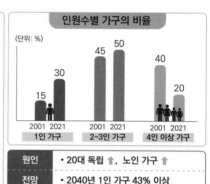

위 기출 문제를 통해 확인할 수 있는 바와 같이 왼쪽에는 보통 글의 주요 소재가 되는 설문 조사의 결과나 통계 자료들이 그래프로 제시되며, 오른쪽에는 설문 조사나 통계 자료 수치 변화의 원인과 배경 또는 전망을 보여 주는 자료들이 제시됩니다. 글을 쓸 때는 자료에 제시된 내용이 모두 포함되도록 하는 것이 중요하기 때문에, 본격적으로 글을 쓰기 전에 우선 왼쪽 자료에 나타난 정보를 시작으로 오른쪽 아래에 있는 정보까지 순서대로 정리하는 것이 필요합니다. 그렇게 정리된 정보를 연결해서 쓰면 도입과 전개, 마무리 부분으로 구성된 한 편의 글을 완성할 수 있습니다.

글의 도입은 보통 '~의 조사에 따르면, ~것으로 나타났다'와 같이 왼쪽의 조사나 통계 내용을 설명하는 문장으로 구성되며, 수치의 변화를 나타내는 문장이 많기 때문에 '증가하다, 감소하다, 늘다, 줄다' 등과 같은 어휘가 자주 사용됩니다. 다음으로 전개 부분은 오른쪽에 제시된 세부적인 정보들을 설명하는 문장으로 구성되기 때문에 '순위에 오르다, 차지하다, 달하다'와 같은 어휘들이 많이 사용되며, 마무리는 주로 오른쪽 제일 아래 제시된 정보인 '전망'을 기술하는 하나의 문장으로 구성됩니다.

참고로 어휘와 문법은 '중급 상(4급)' 이상의 수준에 해당하는 것들을 사용하는 게 바람직하며, 더불어 53번 문항의 아래와 같은 채점 기준을 알아 두면 답안을 작성하는 데 도움이 될 것입니다.

※ 채점 기준

구분	채점 근거	상	중	하
내용 및 과제 수행 (7점)	1) 주어진 과제를 충실히 수행하였는가? 2) 주제와 관련된 내용으로 구성하였는가? 3) 주어진 내용을 풍부하고 다양하게 표현하였는가?	6~7 점	3~5점	0~2점
글의 전개 구조 (7점)	1) 글의 구성이 명확하고 논리적인가? 2) 글의 내용에 따라 단락 구성이 잘 이루어졌는가? 3) 논리 전개에 도움이 되는 담화 표지를 적절하게 사용하여 조직적으로 연결하였는가?	6~7 점	3~5점	0~2점
언어 사용 (8 x 2=16점)	1) 문법과 어휘를 다양하고 풍부하게 사용하며 적절한 문법과 어휘를 선택하여 사용하였는가? 2) 문법, 어휘, 맞춤법 등의 사용이 정확한가? 3) 글의 목적과 기능에 따라 격식에 맞게 글을 썼는가?	7~8점 (x 2)	4~6점 (x 2)	0~3점 (x 2)

🔍 기출 문제

기출문제 🔍

※ [53] 다음은 편의점 매출액 변화에 대한 자료이다. 이 내용을 200~300자의 글로 쓰시오. 단, 글의 제목은 쓰지 마시오. (30점)

53.

● 조사 기관 : 산업경제연구소

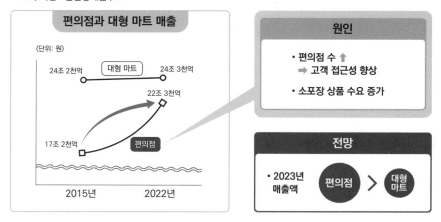

53.

This problem shows, through a picture, that you are writing a reply after receiving a message. From the phrase 'Something came up and I can't go. So I'll change the reservation to ~' before (㉠), you can tell that you need to write about changing the reservation date and time. Also, since the phrase 'If the reservation is not available on this day' appears before (㉡), you can tell that it is assuming a situation where making a reservation is difficult.

53.

2015년부터 2022년까지 나타난 '편의점 매출액의 변화'를 대형 마트의 경우와 비교해서 분석하고, 그 원인과 전망을 설명하는 글을 써야 하는 문제입니다. 글의 도입에서는 왼쪽에 제시된 그래프 자료를 근거로 해서, 같은 기간 대형 마트의 매출액에는 눈에 띄는 변화가 없는 반면, 편의점의 매출액은 크게 상승했다는 내용을 기술해야 합니다. 다음으로 전개 부분에서는 오른쪽 위에 제시된 자료를 바탕으로 해서 편의점 매출액 상승의 원인이 편의점 수가 증가하여 고객 접근성이 향상된 것과 함께 소포장 상품의 수요가 증가한 데 있다는 것을 설명하도록 합니다. 그리고 2023년 매출액 변동에 대한 전망을 기술하는 내용으로 마무리를 구성하면 됩니다.

[모범 답안]

	산	업	경	제	연	구	소	의		조	사	에		따	르	면		대	형		마	트	의
매	출	액	은		20	15	년	에		24	조		2	천	억		원	이	었	던		것	이
20	22	년	에		24	조		3	천	억		원	으	로		큰		변	화	가		없	었	다	.
그	에		비	해		편	의	점		매	출	액	은		20	15	년	에		17	조		2	천
억		원	이	었	던		것	이		20	22	년	에		22	조		3	천	억		원	으	로
크	게		증	가	한		것	을		알		수		있	었	다	.		이	렇	게		편	의
점		매	출	액	이		크	게		증	가	한		원	인	은		첫	째	,		편	의	점
수	가		증	가	하	여		고	객		접	근	성	이		향	상	되	고	,		둘	째	,
소	포	장		상	품	의		수	요	가		증	가	했	기		때	문	이	다	.		이	런
추	세	로		볼		때		20	23	년	에	는		편	의	점	의		매	출	액	이		대
형		마	트	를		넘	어	설		것	으	로		전	망	된	다	.						

(288자)

[Model Answer]

According to a survey by the Industrial Economy Research Institute, there was no significant change in hypermarket sales, which were 24.2 trillion won in 2015 and 24.3 trillion won in 2022. In comparison, convenience store sales increased significantly from 17.2 trillion won in 2015 to 22.3 trillion won in 2022. The reasons for this significant increase in convenience store sales are, first, the increase in the number of convenience stores, which improved customer accessibility, and second, the increase in demand for small-packaged products. Based on this trend, it is expected that convenience store sales will surpass those of hypermarkets in 2023. (288 characters)

응용 문제

- ☑ 평균기온
- ☑ 이산화탄소 ☑ 온실가스
- ☑ 배출 ☑ 추가
- ☑ 상승

응용문제 🔍

※ [53] 다음은 '지구의 평균 기온 변화'에 대한 자료이다. 이 내용을 200~300자의 글로 쓰시오. 단, 글의 제목은 쓰지 마시오. (30점)

53.

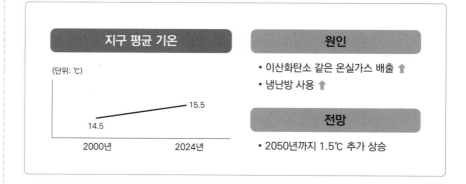

지구 평균 기온
(단위: ℃)
14.5 (2000년) → 15.5 (2024년)

원인
- 이산화탄소 같은 온실가스 배출 ↑
- 냉난방 사용 ↑

전망
- 2050년까지 1.5℃ 추가 상승

53.

The type of this problem can be said to be 'analysis', where you write about the 'current status - cause - prospect' of the Earth's average temperature based on the given data. In the introduction, compose sentences using the information provided in the question as is, and explain using the given data, such as 'According to a survey by ( ) , the average temperature of the Earth, which was 14.5℃ in 2000, increased by about 1℃ to 15.5℃ in 2020'. In terms of the structure of the writing, it is good to write about the 'current status' first and then the 'cause'. The following expressions can be used to indicate the 'current status'.

And write the causes in order using 'first, second, third (firstly, secondly, lastly)'. At this time, you can naturally connect the content using expressions such as 'The causes of this decrease/increase/fall/rise are as follows'. For the conclusion, write about the future prospects. When writing about prospects, use expressions such as '~(으)ㄹ 것으로 보이다 / ~(으)ㄹ 것으로 전망되다 (It seems likely that ~' or 'It is expected that ~)'.

53.

이 문제의 유형은 '분석'이라고 할 수 있는데, 주어진 자료를 보고 지구의 평균 기온에 대한 '현황-원인-전망'을 쓰면 됩니다. 도입 부분에서는 제시된 문제에 있는 정보를 그대로 사용하여 문장을 구성하고, '( )의 조사에 따르면 2000년에 14.5℃였던 것이 2024년에는 15.5℃로 약 1℃ 상승한 것으로 나타났다.' 와 같이 주어진 자료를 사용하여 설명하면 됩니다. 글의 구성상 '현황'을 먼저 쓰고 그 다음에 '원인'을 쓰는 것이 좋습니다. '현황'을 나타내는 표현으로는 다음과 같은 표현이 있습니다.

'N이었/였던 것이 N(으)로 감소/증가/하락/상승한 것으로 나타났다'
'00년 사이에 N이/가 감소/증가/하락/상승하다'

그리고 원인을 '첫째, 둘째, 셋째(먼저, 다음으로, 마지막으로)'를 사용하여 순서대로 적습니다. 이때 '이러한 감소/증가/하락/상승의 원인은 다음과 같다' 라는 표현으로 내용을 자연스럽게 연결하면 됩니다. 마무리로는 앞으로의 전망을 쓰면 되는데, 전망에 대해 쓸 때는 '~(으)ㄹ 것으로 보이다 / ~(으)ㄹ 것으로 전망되다'와 같은 표현을 쓰면 됩니다.

[모범 답안]

	지	구		환	경		연	구	소	의		조	사	에		따	르	면		지	구	의		평
균	기	온	은		20	00	년	에		14	.	5	℃	였	던		것	이		20	24	년	에	는
15	.	5	℃	로		약		1	℃		상	승	한		것	으	로		나	타	났	다	.	
이	렇	게		평	균	기	온	이		상	승	한		원	인	은		다	음	과		같	다	.
첫	째	,		산	업	화	로		인	해		이	산	화	탄	소		같	은		온	실	가	스
배	출	이		증	가	했	고	,		둘	째	,		냉	난	방		사	용	량	이		늘	어
에	너	지		소	비	가		급	증	했	기		때	문	이	다	.		이	러	한		추	세
가		지	속	된	다	면		20	50	년	까	지		평	균	기	온	이		1	.	5	℃	
추	가		상	승	할		것	으	로		보	이	며		이	에		따	라		폭	염	,	
태	풍	,		홍	수	와		같	은		이	상		기	후		현	상	이		더	욱		심
해	질		것	으	로		전	망	된	다	.													

(276자)

[Model Answer]

According to a survey by the Global Environment Research Institute, the average temperature of the Earth, which was 14.5℃ in 2000, increased by about 1℃ to 15.5℃ in 2024. The reasons for this increase in average temperature are as follows. First, due to industrialization, greenhouse gas emissions such as carbon dioxide have increased, and second, energy consumption has surged due to the increase in the use of heating and cooling. If this trend continues, the average temperature is expected to rise by an additional 1.5℃ by 2050, and as a result, extreme weather events such as heat waves, typhoons, and floods are expected to become more severe. (276 characters)

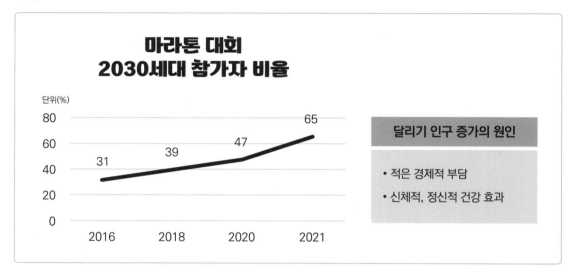

연습 문제

※ [53] 다음은 '2030세대의 달리기 인구 증가' 대한 자료이다. 이 내용을 200~300자로 쓰시오.
　　단, 글의 제목은 쓰지 마시오. (각 30점)

53.

마라톤 대회 2030세대 참가자 비율

단위(%)

- 2016: 31
- 2018: 39
- 2020: 47
- 2021: 65

달리기 인구 증가의 원인

- 적은 경제적 부담
- 신체적, 정신적 건강 효과

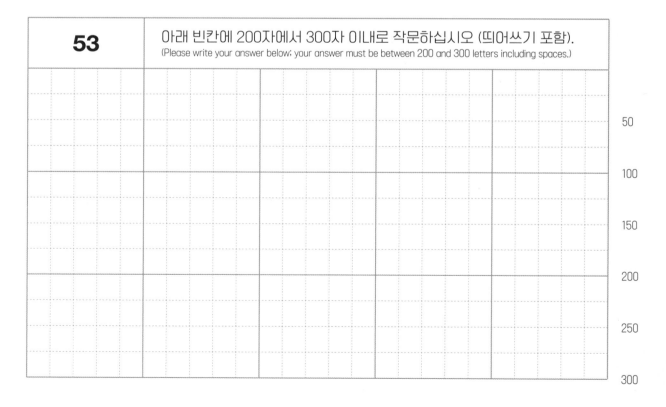

53	아래 빈칸에 200자에서 300자 이내로 작문하십시오 (띄어쓰기 포함). (Please write your answer below; your answer must be between 200 and 300 letters including spaces.)

📖 어휘

기출문제 53

매출액	sales	명	백화점들의 **매출액**은 계절에 따라 차이가 있다.
대형	large-scale	명	요즘 **대형** 가전제품을 선호하는 소비자가 늘고 있다.
접근성	accessibility	명	그 동네에 지하철이 개통되면 **접근성**이 크게 개선될 것이다.
향상	improvement	명	체육 시간을 늘림으로써 학생들의 체력을 **향상**시킬 수 있다.
소포장	small packaging	명	마트에서도 채소나 과일의 **소포장** 제품이 인기를 얻고 있다.
수요	demand	명	판매에서는 **수요**와 공급 사이에 균형을 맞추는 것이 중요하다.
전망	prospect, outlook	명	앞으로 경기가 회복될 것이라는 **전망**이 나왔다.

응용문제 53

평균기온	average temperature	명	올해 여름의 **평균기온**이 작년보다 1℃ 높아졌다.
이산화탄소	carbon dioxide	명	공장에서 배출되는 **이산화탄소**가 온난화의 주요 원인이다.
온실가스	greenhouse gas	명	**온실가스** 배출을 줄이기 위한 정책이 전 세계적으로 필요하다.
배출	emission, discharge	명	이 자동차는 가스의 **배출**이 적어 친환경 차량으로 분류된다.
추가	additional	명	기온이 오르는 것을 막기 위해 **추가** 정책을 도입해야 한다.
상승	rise, increase	명	기름값의 **상승**으로 인해 생활비 부담이 커지고 있다.

연습문제 53

세대	generation	명	지금은 활자에 익숙한 **세대**와 영상에 익숙한 세대가 공존하고 있다.
달리기	running	명	형과 동생이 **달리기** 시합에서 나란히 1, 2위를 차지했다.

참가자	participant	명	이번 대회에서는 **참가자** 전원에게 기념품을 증정한다.
비율	percentage, proportion	명	중간시험에서는 주관식과 객관식이 같은 **비율**로 출제되었다.
부담	burden, load	명	해외여행은 경제적으로 꽤 **부담**이 된다.

📖 문법

✅ N에 따르면

어떤 정보나 사실의 출처를 나타낼 때 사용한다. 주로 보고, 조사, 기사 등과 같이 정보의 근거가 되는 대상을 제시할 때 쓰이며, 뒤에는 그에 따른 내용을 서술한다. 보통 공식적이거나 객관적인 내용을 전달할 때 사용됩니다.

This is used to indicate the source of information or facts. It is mainly used when presenting the basis of information such as reports, investigations, and articles, and is followed by a description of the relevant content. It is generally used when conveying formal or objective information.

예 뉴스 **보도에 따르면** 이번 사고로 다친 사람이 20여 명에 이른다고 한다.

선생님의 **설명에 따르면** 두 표현은 어감에 차이가 있다.

연습 문제 정답 및 해설

📖 **[53]**

☑ 세대 | 달리기 | 참가자 | 비율 | 부담

53. 이 문제는 그래프의 수치와 제시된 원인을 바탕으로 '2030 세대의 달리기 인구 증가'에 대한 원인과 현황을 설명하면 됩니다. 글의 도입은 질문을 사용해서 시작하고 제시된 정보를 활용하여 구체적인 내용을 기술하는데, 수치를 모두 쓰기 보다는 '꾸준히 증가하고 있다'는 표현으로 현황을 설명할 수 있습니다. 그리고 이에 대한 원인은 '나열'의 표현을 사용하여 순서대로 제시하는 것이 좋습니다. 마지막으로 이러한 현상이 지속될 것임을 전망하는 내용으로 마무리하면 됩니다.

This question asks you to explain the causes and current status of the 'increase in the running population among the 2030 generation' based on the figures in the graph and the given causes. You can start the introduction with a question and use the provided information to describe the specific details. Instead of writing all the figures, you can explain the current status with expressions like 'steadily increasing'. And it is good to present the causes in order using a 'listing' expression. Finally, conclude with a prospect that this phenomenon will continue.

[모범 답안]

	최	근		20	30	세	대	를		중	심	으	로		달	리	기	를		즐	기	는		인
구	가		증	가	하	고		있	다	.		마	라	톤		대	회	에		참	가	한		비
율	을		살	펴	보	면		20	16	년	부	터		20	21	년	까	지		꾸	준	하	게	
증	가	하	고		있	다	는		것	을		알		수		있	는	데	,		이	처	럼	
달	리	기		인	구	가		증	가	하	는		원	인	은		다	음	과		같	다	.	
먼	저		경	제	적	인		부	담	이		적	다	는		것	을		들		수		있	다
운	동	화		이	외	에		특	별	한		장	비	가		필	요	하	지		않	기		때
문	에		비	용	이		많	이		들	지		않	는	다	.		다	음	으	로		신	체
적	.		정	신	적		건	강	에		효	과	가		있	는		운	동	이	라	는		것
도		달	리	기		인	구		증	가	에		영	향	을		주	었	다	.		이	러	한
원	인	으	로		20	30	세	대	의		달	리	기		열	풍	이		당	분	간		지	속
될		것	으	로		예	상	된	다	.														

(298자)

[Model Answer]

Recently, the number of people who enjoy running, especially among the 2030 generation, has been increasing. Looking at the participation rate in marathons, you can see that it has been steadily increasing from 2016 to 2021. The reasons for this increase in the running population are as follows. First, it is affordable. Since no special equipment other than running shoes is required, it does not cost a lot of money. Next, the fact that it is an exercise with physical and mental health benefits has also influenced the increase in the running population. Due to these reasons, it is expected that the running craze among the 2030 generation will continue for the time being. (298 characters)

54

Writing about a topic

This is a question where you logically write your thoughts on a given topic. 2-3 tasks related to the topic are presented together, and it is important to specifically describe the answers required by the tasks. To do this, you first need to read the question carefully and understand the type of question. This is because the content to be written and the expressions used may differ depending on the type of question.

Generally, the overall content of the writing is determined by the topic sentence presented in the question, but the specific content must consist of answers to the tasks. The types of tasks can be summarized as follows:

54 주제에 대해 글 쓰기

제시된 주제에 대해 논리적으로 자신의 생각을 쓰는 문제입니다. 주제와 관련된 2~3개의 과제가 함께 제시되는데 과제에서 요구하는 대답을 구체적으로 기술하는 것이 중요합니다. 이를 위해서는 먼저 문제를 잘 읽고 문제의 유형을 파악하는 것이 필요합니다. 문제의 유형에 따라 써야 하는 내용과 사용하는 표현이 달라질 수 있기 때문입니다.

일반적으로 문제에 제시된 주제문을 통해 글의 전체적인 내용이 결정되지만 구체적인 내용은 반드시 과제에 대한 답으로 구성되어야 하는데 과제의 유형은 다음의 몇 가지로 정리할 수 있습니다.

과제 유형	
1	~의 의미.
2	~의 중요성(~이 중요한 이유), 필요성
3	~의 긍정적인 / 부정적인 면 ~의 장점 / 단점
4	~을 위해 필요한 노력, 문제점 및 해결 방법
5	~에 대한 찬성, 반대 의견

기출 문제	
52회	주제 : 의사소통의 중요성과 방법 과제 : – 의사소통이 중요한 이유 　　　 – 의사소통이 어려운 점 　　　 – 원활한 의사소통을 위한 방법
60회	주제 : 조기 교육의 장점과 문제점 과제 : – 조기 교육의 장점 　　　 – 조기 교육의 문제점 　　　 – 조기 교육에 대한 찬성 또는 반대 의견
64회	주제 : 청소년기의 중요성 과제 : – 청소년기가 중요한 이유 　　　 – 청소년기의 특징 　　　 – 올바른 청소년기를 위해 필요한 노력

83회	주제 : 창의력의 필요성
	과제 : – 창의력이 필요한 이유
	      – 창의력으로 얻을 수 있는 성과
	      – 창의력을 기르기 위해 필요한 노력

91회	주제 : 가짜 뉴스의 등장이 사회에 미치는 영향
	과제 : – 가짜 뉴스가 생겨나는 이유
	      – 가짜 뉴스로 생기는 문제
	      – 문제의 해결 방법

답안을 작성할 때는 주제와 세부 과제에 맞는 내용을 논리적으로 써야 하는데, 이를 위해서는 대체로 '서론–본론–결론'으로 글을 구성합니다. 서론에서는 일반적으로 주제를 소개하는 내용을 쓰는데, 문제에서 제시된 내용을 바탕으로 좀 더 구체적으로 설명하는 것이 좋습니다. 그리고 본론에서 주제와 관련된 구체적인 내용을 과제에 대한 대답을 중심으로 구성합니다. 이때 단순히 개인적인 생각보다는 객관적이고 논리적인 내용으로 설득력 있게 써야 합니다. 이를 위해 글의 내용에 따라 '예시, 비교 및 대조, 분류' 등의 방법을 사용하는 것이 좋습니다. 마지막으로 결론은 세 번째 과제에 대한 답으로 구성하는 것이 일반적인데, 문제에 따라 본론의 내용을 간단하게 정리하고 자신의 의견이나 강조하고 싶은 내용으로 마무리할 수도 있습니다.

답안의 내용뿐만 아니라 형식적인 면도 평가의 중요한 요소이기 때문에 답안을 작성할 때 다음 몇 가지 사항을 주의해야 합니다.

1. 문장의 종결 표현은 '–ㄴ/는다'를 사용해야 합니다.
2. 조사는 생략하지 않고 반드시 써야 합니다.
3. 구어적인 표현이나 문법은 사용하면 안 됩니다.
4. 주제에 맞는 어휘와 표현, 고급 수준의 문법을 정확하게 사용해야 합니다.

When writing the answer, you should write logically about the content that fits the topic and sub-tasks. To do this, generally structure the writing as 'introduction-body-conclusion'. In the introduction, you usually write content that introduces the topic. It is good to explain it in more detail based on the content presented in the question. And in the body, you organize specific content related to the topic, focusing on the answers to the tasks. At this time, you should write persuasively with objective and logical content rather than simply personal thoughts. To do this, it is good to use methods such as 'examples, comparison and contrast, and classification' according to the content of the writing. Finally, the conclusion is generally composed of the answer to the third task. Depending on the question, you can also briefly summarize the content of the body and conclude with your own opinion or something you want to emphasize.

Since not only the content of the answer but also the formal aspects are important evaluation factors, you should pay attention to the following points when writing the answer.

1. The sentence ending expression should be '–ㄴ/는다'.
2. Particles should not be omitted and must be written.
3. Colloquial expressions or grammar should not be used.
4. Vocabulary and expressions appropriate to the topic and advanced grammar should be used accurately.

※ 채점 기준 및 주의 사항

구분	채점 근거	점수 구분		
		상	중	하
내용 및 과제 수행 (12점)	과제의 충실한 수행, 주제와 관련된 내용, 내용의 다양성	12~9점	8~5점	4~0점
글의 전개 구조 (12점)	글의 구성, 단락 구성, 담화 표지 사용	12~9점	8~5점	4~0점
언어 사용 (26점)	다양한, 적절한, 정확한 문법과 어휘 사용, 문어체 사용	26~20점	18~12점	10~0점

※ [54] 다음을 참고하여 600~700자로 글을 쓰시오. 단, 문제를 그대로 옮겨 쓰지 마시오. (50점)

54.

> 오늘날 우리는 정보 통신 기술의 발달로 누구나 쉽게 정보를 생산하고 대중에게 전달할 수 있다. 그런데 정보의 생산과 유통을 통해 개인과 집단이 이익을 얻을 수 있게 되면서 사실과 다른 가짜 뉴스가 늘어나고 있다. 아래의 내용을 중심으로 '가짜 뉴스의 등장이 사회에 미치는 영향'에 대한 자신을 생각을 쓰라.
>
> • 가짜 뉴스가 생겨나는 사회적인 배경은 무엇인가?
> • 가짜 뉴스로 인해 어떤 문제가 생길 수 있는가?
> • 이런 문제들을 해결하기 위해서 어떤 방안이 필요한가?

94회 쓰기 54번

☑ 생산하다   ☑ 대중
☑ 유통   ☑ 집단
☑ 등장   ☑ 미치다

54.

'가짜 뉴스의 등장이 사회에 미치는 영향'이라는 주제로 글을 쓰는 문제입니다. 주제문에서 가짜 뉴스가 늘어나는 상황을 설명하고 있으며, 이와 관련된 과제로 '가짜 뉴스가 생겨나는 사회적 배경', '가짜 문제로 인해 생길 수 있는 문제', '이런 문제들을 해결하기 위한 방안'이 제시되었습니다.

먼저 서론에서는 주제의 내용을 바탕으로 가짜 뉴스가 생겨나는 사회적 배경을 자세히 설명하고 가짜 뉴스로 인해 여러 문제가 생기는 상황을 언급해야 합니다.

다음으로 본론에서는 과제 중 하나인 가짜 뉴스로 인한 문제를 '개인과 집단', '사회와 경제', '정치와 외교' 부분으로 나누어 예를 들어 구체적으로 제시해야 합니다. 그리고 '제도의 마련', '캠페인 활동', '기술 개발'이라는 세 가지 문제 해결 방안을 제시하면서 글을 마무리하는 것이 좋습니다.

이 문제는 세 개의 과제가 각각 서론, 본론, 결론에 해당되는 내용이기 때문에 순서대로 자연스럽게 글을 구성할 수 있습니다.

54.

This is a question about writing an essay on the topic of 'the impact of the emergence of fake news on society'. The topic sentence explains the situation of increasing fake news, and related tasks such as 'the social background of the emergence of fake news', 'problems that can arise from fake news', and 'solutions to these problems' are presented.
In the introduction, the social background of the emergence of fake news is explained in detail based on the content of the topic, and the situation where various problems arise due to fake news is mentioned.
In the body, the problem caused by fake news, which is one of the tasks, is divided into 'individual and group', 'society and economy', and 'politics and diplomacy' and presented concretely with examples.
And the writing concludes by presenting three solutions: 'establishment of a system', 'campaign activities', and 'technology development'.
This question can be naturally structured in order because the three tasks correspond to the introduction, body, and conclusion, respectively.

[모범 답안]

	정	보		통	신		기	술	의		발	달	과		소	셜		미	디	어	의		대	중
화	로		인	해		이		시	대	에	는		누	구	나		쉽	게		정	보	를		생
산	하	고		불	특	정		다	수	와		공	유	할		수		있	게		되	었	다	.	
이	는		정	보	를		생	산	하	고		유	통	하	는		매	체	가		신	문	이	나
방	송	과		같	은		전	통	적		미	디	어	에	서		디	지	털		미	디	어	
플	랫	폼	으	로		확	장	되	면	서		가	능	해	진		것	이	다	.		나	아	가
그		과	정	에	서		경	제	적		가	치	를		창	출	하	는		것		역	시	
가	능	해	지	면	서		다	양	한		문	제	가		양	산	되	고		있	다	.		사
람	들	의		이	목	을		끌	기		위	한		가	짜		뉴	스	의		등	장	도	
그		문	제		중		하	나	이	다	.													
	가	짜		뉴	스	는		정	보		수	용	자	로		하	여	금		잘	못	된		지
식	과		선	입	견	,		편	협	한		사	고	를		형	성	하	게		한	다	.	
가	짜		뉴	스	의		소	재	가		되	는		개	인	이	나		기	업	,		단	체
의		경	우		이	미	지		타	격	과		경	제	적		피	해	는		물	론	이	고
사	회	적	으	로		재	기	가		어	려	울		정	도	로		명	예	가		훼	손	되
기	도		한	다	.		또	한	가	짜		뉴	스	는		혐	오	를		확	산	하	고	
사	회	적		불	안	을		야	기	하	며		사	회		구	성	원	들	의		통	합	을
방	해	한	다	.		나	아	가		정	치		및		외	교	적		문	제	로		심	화
될		가	능	성	도		있	기		때	문	에		심	각	한		사	회		문	제	라	
말	할		수		있	다	.																	
	가	짜		뉴	스	를		근	절	하	기		위	해	서	는		우	선		제	도	적	으
로		가	짜		뉴	스	의		생	산	과		유	통	이		불	법	적		행	위	임	을
규	정	하	고	,		가	짜		뉴	스		단	속	을		위	한		기	구	를		만	들
어		가	짜		뉴	스	가		확	산	되	지		않	도	록		규	제	를		강	화	해
야		한	다	.		또	한		각	종		캠	페	인	이	나		교	육	을		통	해	
가	짜		뉴	스	의		위	험	성	과		위	법	성	을		알	리	는		것		역	시
필	요	하	다	.		나	아	가		정	보	의		진	위	를		판	단	하	는		기	술
을		개	발	해		가	짜		뉴	스	가		정	보		수	용	자	에	게		전	달	되

[Model Answer]

Due to the development of information and communication technology and the popularization of social media, anyone can easily produce information and share it with an unspecified number of people in this era. This has become possible as the media that produces and distributes information has expanded from traditional media such as newspapers and broadcasting to digital media platforms. Furthermore, as it has become possible to create economic value in the process, various problems are being mass-produced. The emergence of fake news to attract people's attention is one of those problems.

Fake news causes information recipients to form incorrect knowledge, prejudices, and narrow-minded thinking. In the case of individuals, companies, or organizations that are the subject of fake news, not only do they suffer damage to their image and economic losses, but their reputation can also be damaged to the extent that it is difficult to recover socially. In addition, fake news spreads hatred, causes social unrest, and hinders the integration of members of society. Furthermore, it can be said to be a serious social problem because it has the potential to escalate into political and diplomatic issues.

To eradicate fake news, first, it is necessary to establish a system that defines the production and distribution of fake news as illegal acts, and to create an organization to crack down on fake news and strengthen regulations to prevent its spread. It is also necessary to raise awareness of the dangers and illegality of fake news through various campaigns and education. Furthermore, developing technology to determine the authenticity of information to prevent fake news from reaching information recipients would also be a good method. (699 characters)

☑ 급격하다
☑ 연령
☑ 인격
☑ 가치관
☑ 분분하다

응용문제 🔍

※ [54] 다음을 참고하여 600~700자로 글을 쓰시오. 단, 문제를 그대로 옮겨 쓰지 마시오. (50점)

54.

> 최근 청소년들의 스마트폰 사용이 급격히 증가하고 있는 가운데 스마트폰을 사용하는 연령도 점점 낮아지고 있다. 특히 초등학생들의 스마트폰 사용에 대해서는 그것이 학생들의 인격이나 가치관 형성에 미치는 영향과 관련하여 의견이 분분한 상황이다. 아래의 내용을 중심으로 '초등학생의 스마트폰 사용'에 대한 자신의 생각을 쓰라.

• 스마트폰의 사용 연령에는 어떤 변화가 있는가?
• 초등학생들의 스마트폰 사용 증가로 인해 어떤 문제가 생길 수 있는가?
• 이런 문제들을 해결하기 위해서 어떤 방안이 필요한가?

54.

This question is about writing a complete essay on the topic of 'smartphone use among elementary school students'. The introduction, body, and conclusion of the writing should include answers to the three questions presented, in order. First, in the first paragraph, which is the introduction of the writing, you should explain the background of the change in smartphone usage age. And in the body, you should describe the problems that can arise from elementary school students using smartphones. It is good to present two or three specific problems. Finally, in the conclusion paragraph, you should conclude the writing by presenting solutions to the problems raised in the body.

54.

이 문제는 '초등학생들의 스마트폰 사용'이라는 주제로 완결된 글을 쓰는 문제입니다. 글의 서론과 본론, 결론 부분에는 제시된 세 가지 질문에 대한 답변이 순서대로 포함되어야 합니다. 먼저 글의 서론이 되는 첫 문단에서는 스마트폰 사용 연령의 변화와 함께 그러한 변화가 생기게 된 배경에 대해 설명해야 합니다 그리고 본론에서는 초등학생들이 스마트폰을 사용함으로써 발생할 수 있는 문제점들을 기술해야 하는데, 두세 가지 정도의 문제점들을 구체적으로 제시하는 것이 좋습니다. 마지막으로 결론 문단에서는 앞서 본론에서 제기한 문제점들에 대한 해결 방안을 제시하는 것으로 글을 마무리해야 합니다.

[모범 답안]

　스마트폰은　이제　청소년들의　일상에서도　효과적인　학습의　도구로서, 또　그들만의　문화를　창출하고　향유하는　중심　수단으로서　매우　중요한　위치를　차지하게　되었으며, 스마트폰의　그러한　기능과　영향으로　인해　사용　연령도　초등학생으로　점점　낮아지고　있는　추세이다.

　하지만　초등학생들까지　스마트폰에　길들여지는　것은　심각한　문제를　야기할　수도　있다.　자제력과　분별력이　부족한　초등학생들이　집이나　학교, 길거리　등　시간과　장소를　가리지　않고　스마트폰에　열중하게　되면　학습이나　학교생활에도　지장을　줄　수　있을뿐더러　자칫　위험한　사고를　초래할　수도　있기　때문이다.　특히　초등학생들은　이제　막　공부하는　습관을　형성하는　시기에　있는데　이　시기에　스마트폰에　의존하게　되는　것은　바람직하지　않다.　또한　스마트폰을　통한　단편적인　교류에만　익숙해지다　보면　타인과의　관계　형성에서　왜곡된　사고를　가지게　될　수도　있기　때문에　초등학생들이　올바른　인간관계에　대한　경험과　지식을　쌓는　데도　부정적인　영향을　줄　수　있다.

　어린　학생들은　성인보다　스마트폰에　중독되기가　더　쉬우므로　부모와　교사의　역할이　매우　중요하다.　따라서　꼭　필요한　경우가　아니라면　스마트폰　사용을　자제할　수　있도록　학생들과　자녀들에게　교육하고, 스마트폰　대신　이　시기에　꼭　필요한　외부　활동　등을　통해　즐거움을　느끼면서　정신적, 신체적으로　균형　있는　발달을　도모할　수　있도록　지도해　주어야　한다.

(684자)

[Model Answer]

Smartphones have now become very important in the daily lives of young people, both as effective learning tools and as central means of creating and enjoying their own culture. Due to these functions and influence of smartphones, the age of use is gradually decreasing to elementary school students.

However, elementary school students becoming accustomed to smartphones can also cause serious problems. This is because if elementary school students, who lack self-control and judgment, become engrossed in smartphones regardless of time and place, such as at home, school, or on the street, it can not only hinder learning and school life, but also lead to dangerous accidents. In particular, it is not desirable for elementary school students to become dependent on smartphones at this time when they are just forming study habits. Also, becoming accustomed to superficial interactions through smartphones can lead to distorted thinking in forming relationships with others, which can negatively affect elementary school students' experience and knowledge of proper interpersonal relationships.

Young students are more vulnerable to smartphone addiction than adults, so the role of parents and teachers is very important. Therefore, students and children should be educated to refrain from using smartphones unless absolutely necessary, and instead of smartphones, they should be guided to experience joy and pursue balanced mental and physical development through essential outdoor activities at this age. (684 characters)

연습 문제

※ [54] 다음을 참고하여 600~700자로 글을 쓰시오. 단, 문제를 그대로 옮겨 쓰지 마시오. (50점)

54.

사회 변화와 정보 통신 기술의 발전으로 인해 재택근무가 확대되고 있다. 이로 인해 많은 기업이 재택근무를 도입했으며, 온라인으로도 원활하게 업무를 수행할 수 있는 환경이 마련되었다. 하지만 소통이 부족해지는 문제 등으로 인해 재택 근무의 여러 부작용도 나타나고 있다. 아래의 내용을 중심으로 '재택 근무의 장단점과 활용 방안'에 대한 자신의 생각을 쓰라.

- 재택 근무가 증가하게 된 배경과 재택 근무의 장점은 무엇인가?
- 재택 근무를 하면 어떤 부작용이 생길 수 있는가?
- 어떻게 하면 재택 근무의 단점을 보완하고 효과를 높일 수 있는가?

54	아래 빈칸에 200자에서 300자 이내로 작문하십시오 (띄어쓰기 포함). (Please write your answer below; your answer must be between 200 and 300 letters including spaces.)

50

100

150

200

250

300

어휘

기출문제 54

생산하다	to produce	동	이 공장에서는 자동차 부품을 **생산하고** 있다.
대중	the public, the masses	명	우리 도시는 **대중**의 위한 문화 시설이 부족한 편이다.
유통	distribution, circulation	명	최근 가짜 약이 **유통**되고 있어 주의가 요구된다.
집단	group	명	개인과 **집단**의 이익이 충돌하는 경우가 많다.
등장	appearance, emergence	명	AI의 **등장**으로 우리 사회는 큰 변화를 겪게 되었다.
미치다	to affect, to influence, to have an effect on	동	부모님의 기대에 **미치지** 못해 늘 죄송스럽다.

응용문제 54

급격하다	rapid, sudden, drastic	형	최근 국제 정세가 **급격하게** 변하고 있다.
연령	age	명	**연령**에 따라 박물관 입장료에는 차이가 있다.
인격	personality, character	명	부부 사이에는 서로의 **인격**을 존중하는 것이 매우 중요하다.
가치관	values	명	교사들은 학생들이 올바른 **가치관**을 형성할 수 있도록 해야 한다.
분분하다	divided, varied	형	언어의 기원에 대해서는 여러 의견이 **분분하다**.

연습문제 54

통신	telecommunications	명	**통신**이 발달해서 외국에 있는 친구들과도 쉽게 연락할 수 있다.
기술	technology	명	정비사의 **기술**이 좋아서 자동차를 금방 수리했다.
재택근무	working from home, telecommuting	명	나는 내일부터 출근하지 않고 **재택근무**를 하게 되었다.
확대되다	to expand, to be enlarged	동	저출산 문제를 해결하려면 정부의 지원이 **확대되어야** 한다.
도입하다	to introduce, to adopt	동	교육부는 새로운 교육제도를 **도입하기로** 했다.

원활하다	smooth, seamless	형	환경 문제로 물이 **원활하게** 공급되지 않는 지역이 늘고 있다.
업무	task, duty, work	명	김 과장은 요즘 과중한 **업무**에 시달리고 있다.
수행하다	to carry out, to perform, to conduct	동	경찰의 임무를 **수행하다** 보면 위험한 순간이 찾아오기도 한다.
소통	communication	명	팀원들끼리 **소통**이 잘 되어야 좋은 성과를 낼 수 있다.
부작용	side effect	명	그 약의 **부작용**인지 어제부터 두통이 계속되고 있다.

☑ A/V-(으)ㄴ/는 가운데

앞 상황에서 뒤의 일이 발생함. 공적이고 격식적인 발화에서 앞의 행위나 상황이 지속되고 있다는 것에 초점을 두고 말할 때 주로 사용합니다.

This is used when the following event occurs in the preceding situation. It is mainly used in public and formal speech to emphasize that the preceding action or situation is continuing.

> 예 가까운 친지들만 **모인 가운데** 두 사람은 반지를 주고받았다.
> 면접의 비중이 높아지고 **있는 가운데** 면접 방식도 매우
> 다양해지고 있다.

☑ A/V-(으)ㄴ가/는가

주로 논문이나 신문 같은 글에서 일반적인 문제를 제기할 때 사용합니다.

This is mainly used to raise a general issue in writing such as papers or newspapers.

> 예 행복의 조건은 무엇이라고 **생각하는가**?
> 아이들에게는 어떤 교육이 **필요한가**?

연습 문제 정답 및 해설

[54]

54. '재택근무'라는 주제로 논리적인 글을 쓰는 문제입니다. 주제문 아래에 주제와 관련된 세 가지 질문이 함께 제시되어 있습니다. 재택근무가 늘어나게 된 배경은 무엇이며 장점은 무엇인지, 재택근무로 인해 나타나는 부작용은 무엇인지, 그리고 어떻게 하면 재택 근무의 단점을 보완하고 효과를 높일 수 있는지 묻고 있습니다. 각각의 문단에서는 질문에 대한 대답을 쓰는 느낌으로 자신의 생각을 써 나가면 됩니다. 글을 쓸 때에는 자신의 주장을 뒷받침할 수 있는 근거와 예를 함께 써 줘야 하며, 단락 별 분량을 비슷하게 맞추는 것이 좋습니다. 또한 각 단락별 내용은 유기적으로 연결되어야 합니다.

This is a question about writing a logical essay on the topic of 'telecommuting'. Three questions related to the topic are presented below the topic sentence. It asks what the background of the increase in telecommuting is, what the advantages are, what the side effects of telecommuting are, and how the disadvantages of telecommuting can be compensated for and its effectiveness can be increased. In each paragraph, you can write your thoughts as if answering the questions. When writing, you should include evidence and examples to support your claims, and it is good to keep the length of each paragraph similar. Also, the content of each paragraph should be organically connected.

[모범 답안]

　재택근무는　사회　변화에　따라　새로운　근무　형태로　자리　잡아가고　있다.　과거에는　일부　직종에만　도입되었지만,　디지털　기술의　발전　덕분에　다양한　산업에서　활용되고　있다.　재택근무는　출퇴근　시간을　줄이고,　기업　입장에서는　사무실　운영비를　절감할　수　있다는　점에서　긍정적으로　평가된다.　특히　근로자들은　시간을　유연하게　사용할　수　있고,　개인　생활과　업무의　균형을　맞출　수　있어　삶의　질을　높일　수　있다.

　그러나　재택근무의　확대는　여러　부작용을　낳을　수　있다.　첫째,　대면　만남이　줄어들면서　팀원　간　협력이　어려워지고,　업무　진행　상황을　공유하는　데　시간이　더　걸릴　수　있다.　둘째,　집에서　근무하다　보면　근무　시간이　늘어나거나　휴식이　부족해져　스트레스와　과로로　이어질　가능성이　높다.　셋째,　기술적인　문제가　생기는　경우도　있다.　재택근무　환경에서　회사의　중요한　자료가　개인　기기를　통해　처리되면서　보안　사고가　발생할　위험이　커진다.

　재택근무의　장점을　살리고　단점을　보완하기　위해서는　몇　가지　방안이　필요하다.　먼저,　팀원　간의　원활한　소통을　위해　화상　회의,　실시간　채팅　도구　등을　적극적으로　활용해야　한다.　이를　통해　업무　진행을　효율적으로　관리할　수　있다.　또한,　회사에서는　근무　규정을　세우고,　업무　강도를　점검하는　시스템을　마련해야　한다.　마지막으로,　데이터　보안을　강화하기　위한　기술적　대책을　세울　필요가　있다.

(683자)

[Model Answer]

Telecommuting is becoming established as a new form of work with social changes. In the past, it was introduced only in some occupations, but thanks to the development of digital technology, it is being utilized in various industries. Telecommuting is positively evaluated for reducing commuting time and, from the company's perspective, reducing office operating costs. In particular, workers can use their time flexibly and balance their personal life and work, which can improve their quality of life.

However, the expansion of telecommuting can lead to several side effects. First, as face-to-face meetings decrease, cooperation between team members becomes difficult, and it may take longer to share work progress. Second, working from home can increase working hours or lead to lack of rest, which increases the possibility of stress and overwork. Third, technical problems can also occur. As important company data is processed through personal devices in a telecommuting environment, the risk of security breaches increases.

Several measures are needed to take advantage of the benefits of telecommuting and compensate for its shortcomings. First, video conferencing, real-time chat tools, etc., should be actively used for smooth communication between team members. This can help manage work progress efficiently. In addition, companies need to establish work regulations and a system to check work intensity. Lastly, it is necessary to take technical measures to strengthen data security. (683 characters)

읽기 유형

- 유형 분석
- 기출 문제
- 응용 문제
- 연습 문제
- 어휘
- 문법
- 연습문제 정답 및 해설

This is a question where you read the given sentence and find the appropriate expression. To find the expression that fits the flow, you need to know the exact meaning of grammar and expressions, and it is helpful to familiarize yourself with grammar and expressions that are often used together. The following is a compilation of grammar and expressions that have appeared in questions and choices in the past 5 administrations of questions 3 and 4, so please refer to it.

1~2

제시된 문장을 읽고 알맞은 표현을 찾는 문제입니다. 흐름에 맞는 표현을 찾기 위해서는 문법과 표현의 정확한 의미를 알고 있어야 하며, 주로 함께 사용되는 문법과 표현을 익혀 두면 문제를 문제를 푸는 데 도움이 됩니다. 다음은 문제가 공개된 시험지를 기준으로 5회분의 1, 2번 문항에 문제와 선택지로 출제되었던 문법과 표현을 정리해 놓은 것이니 참고하시기 바랍니다.

토픽 회차	1번 문항		2번 문항	
	문제	선택지	문제	선택지
52회	–(으)려고	–아/어야 하다 –거나 –(으)ㄴ데/는데	–든지	–도록 –다가 –더니
60회	–다가	–든지 –(으)려고 –고서	–게 되다	–도록 하다 –아/어도 되다 –고서
64회	–거나	–지만 –(으)려고 –더니	–아/어 가다	–기도 하다 –나 보다 –(으)ㄴ 적이 있다
83회	–(으)면	–든지 –지만 –거나	–(으)ㄴ/는 모양이다	–곤 하다 –(으)ㄴ/는 편이다
91회	–(으)ㄴ 적이 있다	–고 싶다 –아/어도 되다 –(으)ㄹ 것 같다	–고 나서	–(으)ㄴ 지 –거든 –(으)려면

🔍 기출 문제

기출문제 🔍

※ [1~2] (   )에 들어갈 말로 가장 알맞은 것을 고르십시오. (각 2점)

1. 나는 오래 전에 설악산을 (   ).

① 등산하고 싶다   ② 등산해도 된다

③ 등산할 것 같다   ④ 등산한 적이 있다

📖 ·· 91회 읽기 1번

☑ 등산

1.
'오래 전에'는 과거를 나타내는 표현이기 때문에 미래 표현은 올 수 없습니다.
④ A/V–(으)ㄴ 적이 있다 : 그 동작이 진행되거나 그 상태에 있었던 때가 있다.

'Since 'long ago' is an expression that indicates the past, a future expression cannot come.

④ A/V–(으)ㄴ 적이 있다 : There was a time when the action was in progress or the state was in effect.

정답 1. ④

응용 문제

☑ 포장하다
☑ 깨지다

1.

'잘 포장해 주세요'는 부탁의 표현이기 때문에 앞부분에 부탁의 이유나 목적이 올 수 있습니다.
② V–도록: 행동의 목적
③ A/V–거든: 조건
④ A/V–(으)ㄹ까 봐: 원하지 않는 상황을 걱정하며 말할 때

Since 'Please wrap it well' is an expression of request, the reason or purpose for the request can come in the first part.
② V–도록: Purpose of action
③ A/V–거든: Condition
④ A/V–(으)ㄹ까 봐: When speaking with concern about an unwanted situation

응용문제 🔍

※ [1~2] (   )에 들어갈 말로 가장 알맞은 것을 고르십시오. (각 2점)

1. 물건이 (   ) 잘 포장해 주세요.

　① 깨지지 않으면　　　　　② 깨지지 않도록

　③ 깨지지 않거든　　　　　④ 깨지지 않을까 봐

정답 1. ②

연습 문제

읽기 연습 문제

※ [1~2] (　)에 들어갈 말로 가장 알맞은 것을 고르십시오. (각 2점)

1. 내가 음식을 (　　　　　　) 이따가 설거지를 해 주세요.

① 했더니　　　　　　　　　② 하느라고

③ 할 테니까　　　　　　　　④ 하는 바람에

2. 다음 방학에 친구와 여행을 (　　　　　　).

① 갔거든요　　　　　　　　② 가 봤어요

③ 갔을 거예요　　　　　　　④ 가기로 했어요

어휘

기출문제 1-2			
등산	hiking, mountain climbing	명	**등산**을 가면 좋은 공기를 마실 수 있어서 좋아요.
응용문제 1-2			
포장하다	to pack, to wrap	동	선물할 수 있게 **포장해** 주세요.
깨지다	to be broken	동	컵이 **깨져서** 손을 다쳤어요.
연습문제 1-2			
이따가	later, in a while	부	지금은 바쁘니까 조금 **이따가** 전화할게요.
설거지	dishwashing	명	**설거지**는 밥을 먹자마자 해야 해요.

📝 연습 문제 정답 및 해설

📖 **[1 ~ 2]**

☑ 이따가 | 설거지

1. ③
후행절이 명령형이므로 선행절에 화자의 의지를 나타내는 'V-(으)ㄹ 테니까'가 옵니다. 이외의 표현들은 명령형과 함께 쓸 수 없습니다.

Since the following clause is in the imperative mood, 'V-(으)ㄹ 테니까', which indicates the speaker's will, comes in the preceding clause. Other expressions cannot be used with the imperative mood.

2. ④
'다음 방학'이므로 미래의 계획을 나타내는 'V-기로 했어요'가 어울립니다.

'Next vacation' implies a future plan, so 'V-기로 했어요' (decided to V) is appropriate.

Following questions 1-2, this is a type of question to evaluate vocabulary, grammar, and expression ability, where you choose the option with a similar meaning to the underlined part. This type requires understanding and analyzing the expressions presented in the sentence, and 2 out of 50 questions (4%) are presented in this type.

To solve this type of question, you need to be familiar with many similar expressions and grammar. Since the 64th exam, question 3 often presents a connective expression that comes in the middle of a sentence, and question 4 often presents a sentence ending expression that comes at the end of a sentence. Although you need to know grammar and expressions well to solve the problem, if you don't, you can also infer the meaning and usage through the context. The following is a compilation of grammar and expressions that have appeared in questions and choices in the past 5 administrations of questions 3 and 4, so please refer to it.

3~4

1~2번에 이어 어휘·문법·표현 능력을 평가하기 위한 유형으로 밑줄 친 부분과 의미가 비슷한 것을 고르는 문제입니다. 문장에 제시된 표현을 이해하고 분석하는 과정이 요구되는 유형이며, 총 50문항 중 2문항이 이 유형으로 출제되고 있습니다.

이런 유형의 문제를 풀기 위해서는 같거나 비슷한 표현, 문법을 많이 익혀 두어야 합니다. 64회 시험 이후로 3번에는 문장 중간에 오는 연결 표현이 출제되고, 4번에는 문장 마지막에 오는 종결 표현이 출제되는 경우가 많습니다. 문법과 표현을 잘 알아 두어야 문제를 풀 수 있지만, 그렇지 않을 경우에는 앞뒤 문맥을 통해서 그 의미와 용법을 유추할 수도 있습니다. 다음은 문제가 공개된 시험지를 기준으로 5회분의 3, 4번 문항에 문제와 선택지로 출제되었던 문법과 표현을 정리해 놓은 것이니 참고하시기 바랍니다.

토픽 회차	3번 문항		4번 문항	
	문제	선택지	문제	선택지
52회	–나 보다	–(으)ㄴ/는 척하다 –(으)ㄹ 뿐이다 –(으)ㄹ 지경이다 –는 모양이다	–(으)ㄴ/는 거나 마찬가지이다	–(으)ㄴ/는 셈이다 –(으)ㄴ/는 탓이다 –기 마련이다 –기 나름이다
60회	–기만 하다	–(으)ㄹ 만하다 –(으)ㄴ/는 탓에 –(으)ㄹ 때마다 –는 동안	–아/어 봐야	–아/어 보니까 –는 대로 –는 바람에 –(으)ㄴ/는다고 해도
64회	–고자	–자마자 –더라도 –(으)ㄴ/는 대신(에) –기 위해(서)	–(으)ㄴ/는 셈이다	–(으)ㄹ 뿐이다 –(으)면 좋겠다 –(으)ㄹ 리가 있다/없다 –(이)나 마찬가지이다
83회	–(으)ㄹ 만큼	–다가 –더라도 –(으)ㄹ 정도로 –(으)ㄹ 때까지	–기 나름이다	–(으)ㄹ 만하다 –기(가) 쉽다 –(으)ㄹ 수도 있다/없다 –에 달려 있다
91회	–고자	–기 위해서 –(으)ㄴ/는 대신(에) –기(가) 무섭게 –는 바람에	–(으)ㄴ/는 셈이다	–(으)ㄴ/는 척하다 –기 나름이다 –(으)ㄹ 수밖에 없다 –(으)ㄴ/는 거나 마찬가지이다

기출 문제

기출문제 🔍

※ [3~4] 밑줄 친 부분과 의미가 가장 비슷한 것을 고르십시오. (각 2점)

3. 어려운 이웃을 <u>돕고자</u> 매년 봉사 활동에 참여하고 있다.

　① 돕기 위해서　　　　② 돕는 대신에

　③ 돕기 무섭게　　　　④ 돕는 바람에

📖 ·· 91회 읽기 3번

☑ 봉사
☑ 참여하다

3.
V–고자 : 주어의 의도나 행위의 목적을 나타냄.
① V–기 위해서 : 뒷절에서 이루어지는 행위의 목적을 나타냄.
② V–는 대신에 : 앞절의 행위나 상태를 뒷절의 것으로 대체함을 나타냄.
③ V–기 무섭게 : 앞의 행위를 하자마자 곧바로 뒷절의 상황이 일어남을 나타냄.
④ V–는 바람에 : 앞 행위의 영향으로 예상하지 못하거나 기대하지 못했던 뒷절의 결과가 생겼음을 나타냄.

V–고자 : Indicates the subject's intention or hope.
① V–기 위해서 : Indicates the purpose of the action that takes place in the following clause.
② V–는 대신에 : Indicates that the action or state in the preceding clause is replaced by the one in the following clause..
③ V–기 무섭게 : Indicates that the situation in the following clause occurs immediately after the action in the preceding clause.
④ V–는 바람에 : Indicates that an unexpected or unanticipated result in the following clause occurs due to the influence of the action in the preceding clause.

정답 3. ①

📖 ·· 63회 읽기 4번

4.

N인 셈이다 : 따져 보면 결국 이
러이러한 것과 같다는 뜻을 나타
냄.
① N일 뿐이다 : 앞에 오는 명사
로서의 의미나 가치 외에 다
른 것은 없다는 뜻을 나타냄.
② N이면 좋겠다 : 앞절의 상황
이 실현되기를 원하는 바람을
나타냄.
③ N일 리가 없다 : 앞절과 같이
그렇게 될 이유나 근거가 없
다는 뜻을 나타냄.
④ N이나 마찬가지이다 : 앞절
의 상황이나 상태와 결국 같
다는 뜻을 나타냄.

N인 셈이다 : Indicates that
when considered, it is
ultimately the same as this or
that.
① N일 뿐이다 : Indicates that
there is nothing other than
the meaning or value of
the preceding noun.
② N이면 좋겠다 : Indicates a
wish for the situation in the
preceding clause to be
realized.
③ N일 리가 없다 : Indicates
that there is no reason or
basis for it to be the same
as the preceding clause.
④ N이나 마찬가지이다 :
Indicates that it is
ultimately the same as the
situation or state in the
preceding clause.

4. 태어난 지 얼마 안 되어 서울로 왔으니 서울이 <u>고향인 셈이다.</u>

① 고향일 뿐이다   ② 고향이면 좋겠다

③ 고향일 리가 없다   ④ 고향이나 마찬가지이다

정답 4. ④

응용 문제

※ [3~4] 밑줄 친 부분과 의미가 가장 비슷한 것을 고르십시오. (각 2점)

3. 가게의 문을 <u>열자마자</u> 손님들이 몰려왔다.

   ① 열기 위해서   ② 열기 무섭게

   ③ 여는 바람에   ④ 여는 대신에

☑ 몰리다

3.

V-자마자 : 앞의 행위가 끝나고 곧 이어 다음 행위가 일어남을 나타냄.

V-자마자 : Indicates that the next action occurs immediately after the preceding action is completed.

정답 3. ②

✔ 인생

4.

V-기 나름이다 : 앞에 오는 행위를 어떻게 하느냐에 따라 결과가 달라짐을 나타냄. 문장의 주어는 보통 의미적으로 양면성을 가진 것이 옴.

① A/V-(으)ㄹ 만하다 : '어떤 행위나 상태가 그 정도에 미친다'거나 혹은 '그럴 만한 가치가 있다'는 것을 나타냄.

③ A/V-(으)ㄹ 수도 있다 : '그런 경우도 가능하다'거나 '그런 일도 생길 수 있다'는 뜻을 나타냄.

④ V-기에 달려 있다 : 앞의 행위를 어떻게 하느냐에 따라 결과가 달라지게 됨을 나타냄.

V-기 나름이다 : Indicates that the result changes depending on how the preceding action is done. The subject of the sentence usually has semantic ambiguity.

① A/V-(으)ㄹ 만하다 : Indicates that 'an action or state reaches that level' or 'is worth doing'.

③ A/V-(으)ㄹ 수도 있다 : 'indicates' that 'such a case is possible' or 'such a thing can happen'.

④ V-기에 달려 있다 : Indicates that the result changes depending on how the preceding action is done.

4. 인생에서 성공의 의미는 자기가 <u>생각하기 나름</u>이다.

① 생각할 만하다

② 생각할 리가 없다

③ 생각할 수도 있다

④ 생각하기에 달려 있다

정답 4. ④

📝 연습 문제

※ [3~4] 밑줄 친 부분과 의미가 가장 비슷한 것을 고르십시오. (각 2점)

3. 아내는 내 선물을 받고 눈물을 <u>흘릴 만큼</u> 기뻐했다.

① 흘리다가   ② 흘리더라도

③ 흘릴 정도로   ④ 흘릴 때까지

4. 물가가 너무 올라서 <u>절약해 봐야</u> 돈을 모으기는 힘들다.

① 절약한다고 해도   ② 절약하는 바람에

③ 절약하는 대신에   ④ 절약하기 위해서

📝 어휘

기출문제 3-4

봉사	volunteer	명	**봉사** 활동은 힘이 드는 반면에 보람이 있다.
참여하다	to participate	동	친구들을 사귀기 위해 동아리 활동에 적극적으로 **참여하고** 있다.

응용문제 3-4

몰리다	to flock, to swarm	동	이 길을 출퇴근 시간에 자동차들이 **몰려서** 아주 혼잡하다.
인생	life	명	나는 지금까지 행복한 **인생**을 살아 왔다고 생각한다.

연습문제 3-4

물가	price	명	**물가**는 오르는데 월급은 그대로여서 생활이 힘들어졌다.
절약하다	to save, to economize	동	어릴 때부터 용돈을 **절약해서** 쓰는 습관을 가지는 게 중요하다.

📝 연습 문제 정답 및 해설

📖 **[3~4]**

☑️ **물가 | 절약하다**

3. ③   A/V-(으)ㄹ 만큼 : 앞절의 상황과 비슷한 정도로 뒷절의 상황도 그러하다는 뜻을 나타냅니다.

① V-다가 : 앞의 행위가 진행 중인 상태에서 다른 행위로 전환되거나 다른 행위가 추가됨을 나타냅니다.

② V-더라도 : 앞절과 같이 가정을 하여도 뒷절에서는 그 가정에서 기대되는 행위와는 상반된 행위가 이루어짐을 나타냅니다.

③ A/V-(으)ㄹ 정도로 : 뒷절도 앞절의 상황과 그 수준이나 상태로 비슷함을 나타냅니다.

④ A/V-(으)ㄹ 때까지 : 그 행위나 상태가 완료되는 동안의 시간을 나타냅니다.

A/V-(으)ㄹ 만큼 : This indicates that the situation in the following clause is similar in degree to the situation in the preceding clause.

① V-다가 : This indicates that while the action in the preceding clause is in progress, it transitions to or adds another action.

② V-더라도 : This indicates that even with the assumption in the preceding clause, the action in the following clause is contrary to the action expected from that assumption.

③ A/V-(으)ㄹ 정도로 : This indicates that the following clause is similar in level or state to the situation in the preceding clause.

④ A/V-(으)ㄹ 때까지 : This indicates the time it takes for an action or state to be completed.

4. ①   A/V-아/어 봐야 : 어떤 상태가 되거나 행위를 해도 만족스러운 결과를 얻기는 힘들다는 뜻을 나타냅니다.

① A/V-(으)ㄴ/는다고 해도 : 앞의 상태에 이르거나 행위를 하는 것과 관계 없이 기대와는 다른 결과가 생긴다는 뜻을 나타냅니다.

A/V-아/어 봐야 : This indicates that it is difficult to obtain a satisfactory result even if a certain state is reached or an action is performed.

① A/V-(으)ㄴ/는다고 해도: This indicates that regardless of reaching the preceding state or performing the action, a result different from what is expected occurs.

This is a question where you read a practical text, such as an advertisement or an announcement, and choose what it is about. It is important to quickly identify the key expressions in the presented sentences and find what they have in common. Some of these expressions may be used metaphorically depending on the context, so caution is needed.

광고나 안내문과 같은 실용문을 읽고 무엇에 대한 글인지 고르는 문제입니다. 제시된 문장에서 핵심이 되는 표현들을 빨리 파악하여 공통적으로 관계가 있는 것을 찾아내는 것이 중요합니다. 이들 표현 중에는 기본적인 의미 이외에 문맥에 따라 비유적으로 사용되는 경우도 있으므로 주의할 필요가 있습니다.

5~7

Choose what the advertisement is about

Questions 5-6 ask you to read the given advertising copy and choose the corresponding item. Usually, question 5 asks you to choose an "item" (electronic appliance, household item, etc.) used in everyday life, and question 6 asks you to choose a "place." It is important to identify the expressions or words that describe the product or place.

Example:
heat, wind, to gift – fan
blanket, laundry, drying, clean – laundromat

Question 7 presents an advertisement for public interest, usually in two or more sentences. You need to read it carefully and find what it commonly expresses.

Related vocabulary: etiquette, management, problem, information, protection, introduction, etc.

5~7 무엇에 대한 광고인지 고르기

5~6번은 제시된 광고 문구를 읽고 해당하는 것을 고르는 문제입니다. 보통 5번은 일상 생활에서 사용되는 '물건'(전자제품, 생활 용품 등)을, 6번은 '장소'를 고르는 문제가 출제되는데, 해당 제품이나 장소를 설명하는 표현이나 단어를 찾아내는 것이 중요합니다.

예 더위, 바람, 선물하다 – 선풍기
이불, 세탁, 건조, 깨끗하다 – 세탁소

7번은 공공의 이익을 목적으로 하는 광고로 주로 두 줄 이상의 문장으로 제시되는데, 잘 읽고 공통적으로 나타내는 것을 찾아야 합니다.

관련 어휘 : 예절, 관리, 문제, 정보, 보호, 소개 등

8 무엇에 대한 안내문인지 고르기

안내나 주의 사항과 같은 문장을 읽고 그에 알맞은 제목을 고르는 문제로 아래와 같은 내용이 주로 출제됩니다.

안내 관련
- 행사 및 전시 안내, 모집 안내
  제품의 구입, 교환, 사용 등의 안내
  시설 이용 및 규칙 안내

주의 사항 관련
- 일반 상품 및 의약품 사용 시 주의 사항
  장소 및 시설 이용 시 주의 사항

Choosing the correct title for the announcement

This is a question where you read sentences such as announcements or precautions and choose the appropriate title. The following content is mainly presented:

Announcement related
- Event and exhibition announcements, recruitment announcements Announcements about purchasing, exchanging, and using products Facility use and regulations announcements

Precautions related
- Precautions when using general products and medicines Precautions when using places and facilities

🔍 기출 문제

📖 ‥ 83회 읽기 5번

☑ 정성
☑ 담다
☑ 신선하다
☑ 재료

5.
제시된 문구는 광고입니다. 핵심 단어는 '맛있다, 신선하다, 재료' 등입니다.

The given phrases are advertisements. The keywords are "delicious, fresh, ingredients," etc.

기출문제 🔍

※ [5~8] 다음은 무엇에 대한 글인지 고르십시오. (각 2점)

5.

매일 정성을 담아 더 맛있게~
자연에서 얻은 신선한 재료만을 사용합니다.

① 공원   ② 식당   ③ 꽃집   ④ 서점

📖 ‥ 83회 읽기 8번

☑ 승강장
☑ 출입문
☑ 무리하다

8.
'승강장, 출입문' 등의 단어로 볼 때 지하철과 관련된 사항이며, 특히 각 문장의 종결형은 '–지 마세요'의 형태로 주의 사항에 해당합니다.

Judging from words like "platform, door," it is related to subways, and especially since the ending of each sentence is in the form of "–지 마세요" (Don't do -), it corresponds to precautions.

8.

① 승강장에서 뛰지 마세요.
② 출입문이 닫힐 때에는 무리하게 타지 마세요.

① 안전 규칙   ② 신청 방법   ③ 사용 순서   ④ 교환 안내

정답 5. ②   8. ①

※ [5~8] 다음은 무엇에 대한 글인지 고르십시오. (각 2점)

5.

> 당신의 안방이 극장으로~
> 크고 선명한 화면, 생생한 소리

① 세탁기 ② 텔레비전 ③ 냉장고 ④ 휴대폰

☑ 안방
☑ 선명하다
☑ 생생하다
☑ 화면

5.

핵심 단어는 '안방, 극장, 화면, 소리' 등입니다.

The keywords are "bedroom, theater, screen, sound," etc.

8.

> ◆ 9월 1일에 현관 출입문 교체 작업이 있습니다.
> ◆ 소음 발생이 예상 되오니 양해 부탁드립니다.

① 공사 안내 ② 정전 안내 ③ 이용 안내 ④ 교환 안내

☑ 현관
☑ 출입문
☑ 교체
☑ 작업
☑ 소음
☑ 양해

8.

핵심 단어는 '작업, 소음'으로 공사와 관련된 내용임을 알 수 있습니다.

The keywords are "work, noise," indicating that it is related to construction.

정답 5. ② 8. ①

연습 문제

※ [5~8] 다음은 무엇에 대한 글인지 고르십시오. (각 2점)

5.

더 이상 무더운 여름은 없다!
조용하고 시원한 바람, 전기료 걱정도 이제 그만

① 에어컨　　　　② 냉장고　　　　③ 컴퓨터　　　　④ 세탁기

6.

건강하고 든든한 한 끼
그리운 어머니의 손맛

① 식당　　　　② 카페　　　　③ 미용실　　　　④ 헬스장

7.

어린이 보호 구역
제한 속도를 꼭 지켜주세요.

① 안전 운전　　　　② 환경 보호　　　　③ 예절 교육　　　　④ 에너지 절약

TOPIK II 종합서 | 읽기 유형

8.

● 구입 후 7일 이내에 영수증을 가지고 오시면 바꿔 드립니다.
● 한 번이라도 사용하신 물건은 안 됩니다.

① 사용 방법   ② 공사 안내   ③ 교환 안내   ④ 이용 규칙

어휘

기출문제 5-8

정성	sincerity, devotion	명	비싸지 않아도 **정성**이 들어 있는 선물이면 좋겠어요.
담다	to put in	동	음식을 그릇에 예쁘게 **담아** 주세요.
신선하다	fresh	형	**신선한** 재료로 만들었으니까 맛있을 거예요.
승강장	platform	명	친구와 지하철 **승강장**에서 만나기로 했어요.
출입문	door	명	**출입문**이 열리자마자 어떤 사람이 뛰어나오더라고요.
무리하다	to overdo, to strain oneself	동	**무리한** 운동은 오히려 건강에 좋지 않아요.

응용문제 5-8

안방	main bedroom, master bedroom	명	아버지가 **안방**에서 주무세요.
선명하다	clear, vivid	형	사진이 **선명하지** 않아서 누군지 잘 모르겠어요.
생생하다	vivid, lively	형	어제 꾼 꿈이 **생생하게** 기억나요.
화면	screen	명	TV**화면**은 크면 클수록 좋아요.
현관	entrance, front door	명	택배는 **현관** 앞에다가 놓아 주세요.
출입문	door	명	한 승객이 급한 일이 있는지 **출입문**이 열리자마자 뛰어내렸다.
교체하다	to replace, to change	동	휴대폰 액정이 깨져서 **교체해야** 돼요.
작업	work, task, operation	명	생각보다 **작업** 시간이 길어져서 퇴근이 늦어졌어요.
소음	noise	명	에어컨 **소음**이 갑자기 심해진 걸 보니까 고장이 난 것 같아요.
양해	understanding, consideration	명	비로 인해 경기가 다소 늦게 시작되는 점 **양해** 바랍니다.

연습문제 5-8

무덥다	hot and humid, sultry	형	장마가 길어서 그런지 올해 여름은 특히 **무더웠어요**.

든든하다	reliable, reassuring	형	아침에 밥을 잘 챙겨 먹었더니 **든든하네요**.
끼	meal	명	요즘 바빠서 하루에 **한 끼** 먹기도 힘들어요.
그립다	to miss, to long for	형	고향을 떠난 지 오래돼서 고향이 **그리워요**.
구역	section, zone, area	동	여기는 금연 **구역**이므로 담배를 피우시면 안 됩니다.
제한	restriction, limitation	명	영화나 공연 관람에는 나이 **제한**이 있습니다.
구입하다	to purchase, to buy	동	날씨가 추워져서 새로 패딩을 **구입했어요**.
영수증	receipt	명	물건을 산 후에는 **영수증**을 꼭 받아 두세요.

☑ **N(이)라도**	여럿 중에서 최선이 아닌 차선을 선택할 때 사용합니다. This is used when choosing the second-best option instead of the best among many. 예 통화할 시간이 없으면 메시지라도 보내세요. 젓가락이 없으면 손으로라도 먹어야지.

연습 문제 정답 및 해설

📖 [5~8]

☑️ 무덥다 | 튼튼하다 | 끼 | 그립다 | 제한 | 구입하다 | 영수증

5. ①   핵심 단어는 '여름, 시원하다, 전기료'입니다.

The keywords are "summer, cool, electricity bill."

6. ②   핵심 단어는 '끼, 손맛'으로 음식과 관련된 장소임을 알 수 있습니다.

The keywords are "talent, hand taste (skill)," indicating that it is a place related to food.

7. ①   '어린이 보호 구역'과 '속도를 지키다'라는 표현으로 운전과 관계된 내용임을 알 수 있습니다.

With the expressions "child protection zone" and "keep to the speed limit," you can tell that it is related to driving.

8. ③   핵심 단어는 '구입, 영수증, 바꾸다'로 제품의 교환과 관계된 내용임을 알 수 있습니다.

The keywords are "purchase, receipt, exchange," indicating that it is related to product exchange.

유형 분석 04(9~12번)

These are questions that assess factual comprehension ability, where you identify information from a text or chart.

사실적 이해 능력을 평가하는 문항 중 하나의 유형으로 글 또는 도표의 정보를 파악하는 문항들입니다.

9
Read the announcement and choose the matching content

Question 9 text is in the form of an announcement, covering topics such as announcements for exhibitions, festivals, and campsites, as well as book application announcements, food culture festivals, and club support projects. Therefore, to solve this question well, it is necessary to learn vocabulary and expressions related to announcements. For reference, based on the released exams, here is a list of vocabulary that frequently appears in the text of this question.

9 안내문 읽고 일치하는 내용 고르기

9번 텍스트는 안내문의 형식으로 박람회, 전시관, 축제, 캠핑장 이용 안내문을 비롯하여 도서 신청 안내나 음식 문화 축제, 동아리 지원 사업 등과 같은 주제들을 다루고 있습니다. 따라서 이 문항의 문제를 잘 풀기 위해서는 안내문과 관련한 어휘와 표현 등을 학습해 두는 것이 필요합니다. 참고로 공개된 시험을 기준으로 이 문항의 텍스트에서 자주 제시되었던 어휘들을 정리해 보면 다음과 같습니다.

명사 어휘	동사 어휘
기간, 신청, 무료, 행사, 관람, 입장, 홈페이지, 지원, 제출, 주차장, 대상	이용하다, 열리다, 예약하다, 진행하다, 드리다, 내다

10
Read the chart and choose the matching content

Question 10 text is in the form of a chart, presenting the results of a survey in various graph types such as pie charts, bar graphs, and line graphs. The topics covered include things like what people want to do most in their later years, criteria for choosing a job, media usage by generation, products that sell well in duty-free shops, subjects of youth counseling, and places to buy pets. In this question, the choices often explain changes in the survey subjects or differences between various items that appear in the survey results, so it will be helpful to familiarize yourself with vocabulary and expressions related to such changes or comparisons to solve the problem.

10 도표 읽고 일치하는 내용 고르기

10번 텍스트는 도표의 형식으로 어떤 조사에 대한 응답 결과를 원형, 세로, 가로 등의 그래프 유형으로 해서 제시하고 있습니다. 글의 주제로는 노후에 가장 하고 싶은 일이나 직업 선택의 기준, 세대별 매체 이용 현황, 면세점에서 많이 팔리는 상품, 청소년 고민 상담 대상, 애완 동물의 구입처 등과 같은 것들을 다루고 있습니다. 이 문항에서는 선택지에서 조사 대상의 변화나 조사 결과 나타난 여러 항목들 간의 차이를 설명하고 있는 경우가 많으므로, 그러한 변화나 비교 등과 관련된 어휘와 표현을 익혀 두면 문제를 푸는 데 도움이 될 것입니다.

11~12 기사문 읽고 일치하는 내용 고르기

11번과 12번은 기사문을 읽고 문제를 푸는 유형으로 전제적인 의미 파악 보다는 세부적인 정보에 대한 질문들이 출제되고 있습니다. 총 50문항 중 4문항(8%)이 이 유형으로 출제되고 있습니다. 보통 3~5개의 문장으로 구성된 텍스트가 제시되며, 주제로는 신문 기사에 실린 미담이나 사회 여러 분야의 뉴스거리 또는 정부가 시행하는 정책 등을 다루고 있습니다. 이 문제는 글을 순서대로 읽으면서 선택지가 맞는지 판단하고, 관련이 없는 내용을 하나씩 지워 가면서 답을 찾는 방식으로 문제를 풀어야 합니다.

11~12

Read the article and choose the matching content

Questions 11 and 12 are about reading an article and solving problems. The questions focus on detailed information rather than overall meaning. 4 out of 50 questions (8%) are presented in this type. Usually, a text consisting of 3-5 sentences is presented, and the topics cover heartwarming stories in newspaper articles, news from various sectors of society, or policies implemented by the government. To solve this problem, you should read the text in order, judge whether the choices are correct, and find the answer by eliminating unrelated content one by one.

기출문제 🔍

※ [9~12] 다음 글 또는 그래프의 내용과 같은 것을 고르십시오. (각 2점)

📖 ·· 83회 읽기 9번

☑ 대상　　　☑ 제출

9.
② 시청 홍보실을 방문해서 제출해야 합니다.
③ 1980년 이전에 찍은 사진을 내야 합니다.
④ 이 행사에 참여하면 문화상품권을 받습니다.

② You must visit the city hall public relations office and submit it.
③ You must submit a photo taken before 1980.
④ You will receive a culture voucher if you participate in this event.

9.

인주시의 과거 모습을 찾습니다

· 기간 : 2022년 9월 1일(목)~9월 30일(금)
· 대상 : 1980년 이전에 찍은 사진
· 방법 : 인주 시청 홍보실로 방문 제출

※ 사진을 제출하신 분께는 문화상품권(3만원)을 드립니다.

① 이 행사는 한 달 동안 진행된다.
② 사진을 이메일로 제출해야 한다.
③ 인주시에서 올해 찍은 사진을 내면 된다.
④ 이 행사에 참여하면 인주시의 옛날 사진을 받는다.

📖 ·· 91회 읽기 10번

☑ 이동　　　☑ 수단
☑ 응답하다　☑ 비율

10.
① 자가용으로 출퇴근한다고 응답한 직장인의 비율은 늘었다.
③ 2022년에는 자가용으로 출퇴근하는 직장인이 가장 많았다.
④ 2012년에 직장인들은 출퇴근할 때 자가용을 제일 많이 이용했다.

① The percentage of office workers who responded that they commute by car has increased.
③ In 2022, the most common mode of commuting for office workers was by car.
④ In 2012, office workers used cars the most for commuting.

10.

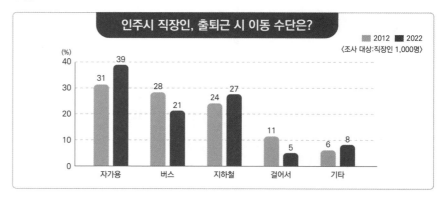

① 자가용으로 출퇴근한다고 응답한 직장인의 비율이 줄었다.
② 걸어서 출퇴근하는 직장인은 2012년보다 2022년이 더 적었다.
③ 2022년에는 지하철을 타고 출퇴근하는 직장인이 가장 많았다.
④ 2012년에 직장인들은 출퇴근할 때 버스를 제일 많이 이용했다.

정답 9. ①　10. ②

11.

> 지난 24일에 '제7회 소비자 선정 최고 브랜드 대상' 시상식이 인주 신문사 대강당에서 개최됐다. 이 상은 소비자의 온라인 투표로 수상 브랜드가 선정되어 의미가 크다. 지난해와 같이 100개 브랜드가 상을 받았는데 올해는 처음으로 친환경 화장품 두 개가 포함되었다.

① 소비자가 수상 브랜드를 선정했다.

② 기업들이 직접 온라인 투표에 참여했다.

③ 지난해보다 더 많은 브랜드가 선정됐다.

④ 친환경 화장품 브랜드는 상을 못 받았다.

12.

> 피자 가게를 운영하는 김민수 씨의 사연이 잔잔한 감동을 주고 있다. 최근 김 씨는 피자를 배달하러 가다가 오토바이가 빗길에 미끄러지는 사고를 당했다. 다행히 사람이 다치는 피해는 없었지만 피자가 망가져서 배달에 문제가 생겼다. 배달이 늦어지는 것에 대해 김 씨가 고객에게 연락하자 고객은 "천천히 오셔도 돼요. 몸은 괜찮나요?"라며 따뜻한 말부터 전했다고 한다.

① 고객은 주문한 피자를 취소하겠다고 말했다.

② 사고가 생겨서 배달 중이던 피자가 망가졌다.

③ 오토바이가 빗길에 미끄러져서 김 씨가 다쳤다.

④ 김 씨는 피자를 시킨 고객에게 연락하다 사고가 났다.

📖 ·· 64회 읽기 11번

☑ 소비자　　☑ 선정
☑ 시상식　　☑ 개최되다
☑ 투표　　　☑ 포함되다

11.

② 소지자의 온라인 투표로 수상 브랜드가 선정됐다.

③ 지난해와 같이 100개 브랜드가 상을 받았다.

④ 처음으로 친환경 화장품 두 개가 포함되었다.

② The winning brands were selected through online voting by holders.

③ As in the previous year, 100 brands received awards.

④ For the first time, two eco-friendly cosmetics were included.

📖 ·· 91회 읽기 12번

☑ 사연　　　☑ 잔잔하다
☑ 감동　　　☑ 피해
☑ 망가지다　☑ 고객

12.

① 고객은 김 씨의 몸 상태를 물으며 따뜻한 말을 전했다.

③ 사람이 다치는 피해는 없었다.

④ 김 씨는 빗길에 미끄러져서 사고가 났다.

① The customer inquired about Mr. Kim's physical condition and offered warm words.

③ There were no casualties.

④ Mr. Kim had an accident because he slipped on the wet road.

정답 11. ① 12. ②

🔍 응용 문제

9.

① 이 행사는 10월 4일부터 2주 동안 진행된다.
② 이 행사장에는 어른들과 아이들이 모두 입장할 수 있다.
③ 이 행사는 여름이나 겨울에 사용되는 계절 가전제품의 박람회이다.

① This event will be held for two weeks starting from October 4th.
② Both adults and children can enter this event venue.
③ This event is an exhibition of seasonal home appliances used in summer or winter.

응용문제 🔍

※ [9~12] 다음 글 또는 그래프의 내용과 같은 것을 고르십시오. (각 2점)

9.

제10회 계절 가전제품 박람회

◉ 기간 : 2025년 10월 4일(토)~10월 17일(금)
◉ 입장료 : 성인– 10,000원 / 아동– 5,000원
◉ 전시 제품 : 에어컨, 전기 난로 등 계절 가전

※ 박람회 기간 동안 모든 제품을 20% 할인된 가격에 구입하실 수 있습니다.

① 이 행사는 10월 내내 진행된다.
② 이 행사장에는 어른들만 입장할 수 있다.
③ 냉장고나 세탁기를 구입하려면 일찍 가야 한다.
④ 행사 기간에는 제품을 원래 가격보다 싸게 살 수 있다.

정답 9. ④

10.

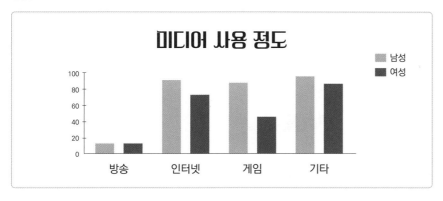

① 남녀 모두 인터넷 이용자 비율이 가장 높다.

② 남녀의 방송 미디어 이용자 비율은 동일하다.

③ 남자가 가장 많이 이용하는 미디어는 게임이다.

④ 여자는 게임 이용자가 인터넷 이용자보다 많다.

11.

제8회 서울 도서 축제가 열리고 있는 서울시 책 박물관에서 9월 14일 '한국에서 가장 좋은 책' 시상식을 개최한다. 독서 문화를 확산시키고 좋은 책을 만드는 사람들을 응원하기 위한 행사이다. 시상식에서는 만화를 대상으로 한 '한국에서 가장 재미있는 책'과 동화나 소설이 대상이 되는 '한국에서 가장 즐거운 책' 이렇게 두 분야에 대한 시상이 이루어질 예정이다.

① 도서 축제는 9월 14일에 시작된다.

② 책을 만드는 사람들이 이 상을 선정한다.

③ 시상식을 관람하려면 책 박물관으로 가면 된다.

④ 상을 받을 수 있는 대상은 만화와 소설 두 종류이다.

10.

① 남녀 모두 기타의 비율이 가장 높다.

③ 남자가 가장 많이 이용하는 미디어는 기타에 속하는 것들이다.

④ 여자는 인터넷 이용자가 게임 이용자보다 많다.

① For both men and women, the "Other" category has the highest percentage.

③ The media most used by men belong to the "Other" category.

④ Women have more internet users than game users.

11.

① 도서 축제는 이미 열리고 있으며, 시상식이 9월 14일에 개최된다.

② 상의 선정자에 대한 정보는 글에 나오지 않는다.

④ 만화와 동화, 소설 이렇게 세 종류의 도서가 상을 받을 수 있는 대상이 된다.

① The book festival is already being held, and the awards ceremony will be held on September 14th.

② Information about the award winners is not mentioned in the text.

④ Three types of books—comics, fairy tales, and novels—are eligible for awards.

정답 10. ② 11. ③

연습 문제

※ [9~12] 다음 글 또는 그래프의 내용과 같은 것을 고르십시오. (각 2점)

9.

수영 무료 강습 안내

- 장소 : 서울 청소년 체육관
- 기간 : 7월 1일 ~ 8월 31일 (매주 토요일 오전 10시, 오후 2시)
- 접수 방법 : 체육관 홈페이지 (6월 20일 마감)

※ 서울 시민이라면 누구나 신청 가능합니다.

① 수영 강습은 6월 20일에 시작한다.
② 청소년들만 수영 강습을 신청할 수 있다.
③ 강습을 신청하려면 체육관에 직접 가야 한다.
④ 강습 기간 동안 일주일에 두 번 수영을 배울 수 있다.

10.

대체 휴일에 대해 어떻게 생각하시나요?

반가운 이유는?
가족과 시간을 보낼 수 있어서 49%
여행을 갈 수 있어서 30%
기타 21%

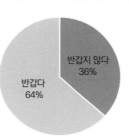

반갑지 않다
36%

반갑다
64%

반갑지 않은 이유는?
우리 직장은 출근해야 할 것 같아서 43%
경제적으로 부담이 돼서 32%
기타 25%

① 대체 휴일에는 모든 직장인들이 출근하지 않는다.
② 대체 휴일을 긍정적으로 생각하는 사람이 더 많다.
③ 대체 휴일에는 경제적인 부담에서 벗어날 수 있다.
④ 대체 휴일에 가족과 함께 지내려는 사람들은 별로 없다.

11.

> 지난달 5일 중소기업 회관에서 재미 교포 사업가인 이민수 씨의 강연이 열렸다. 이민수 씨는 2010년에 미국으로 가서 한식을 미국 사람들의 입맛에 맞게 바꾼 메뉴로 식당을 열었는데 시작하자마자 메뉴들이 인기를 얻어 큰돈을 벌 수 있었다. 이민수 씨는 그렇게 번 돈으로 그 지역의 학생들에게 장학금을 주거나 어려운 가정에 생활비를 지원하는 등 미국 사회에서 존경받는 사업가로서 다양한 활동을 하고 있다.

① 강연은 재미 교포들을 위해 마련된 것이다.
② 김 사장은 사업으로 번 돈을 남을 돕는 일에 썼다.
③ 김 사장이 처음 식당을 열었을 때는 반응이 안 좋았다.
④ 강연은 새로운 한식 메뉴를 소개하는 내용으로 구성되었다.

12.

> 지난 10~11일 경기 지역에 평균 400㎜에 달하는 폭우가 쏟아졌다. 이번 비는 최근 10년간 경기 지역에 내린 폭우 중 가장 큰 피해를 낳고 있다. 피해 상황 점검 결과 일부 도로가 끊기고 공장 등의 시설들 중 물에 잠긴 곳도 있다고 한다. 그러나 다행히 인명 피해는 없는 상황이며 정부는 주택가를 중심으로 신속하게 피해 복구에 나서겠다고 밝혔다.

① 이번 비는 이틀간에 걸쳐 쏟아졌다.
② 이번 폭우로 일부 주택가가 물에 잠겼다.
③ 정부는 피해를 본 도로와 공장부터 살펴볼 계획이다.
④ 최근 10년간 경기 지역에는 폭우로 인한 피해가 없었다.

📝 어휘

기출문제 9-12

대상	target, object	명	요즘 1인 가구를 **대상**으로 하는 제품이 많이 개발되고 있다.
제출	submission	명	신청 서류는 이번 주까지 **제출**해야 한다.
이동	movement, transportation	명	여행 중 **이동**할 때는 버스를 이용하려고 한다.
수단	means, method	명	언어는 인간이 의사소통을 하는 **수단**이다.
응답하다	to respond, to answer	동	설문 조사에서 '휴가를 간다'고 **응답한** 사람이 절반을 넘었다.
비율	percentage, proportion	명	초등학교는 여학생의 **비율**이 남학생보다 높다.
소비자	consumer	명	광고는 물건을 살 **소비자**들에게 큰 영향을 미친다.
선정	selection	명	그 회사는 새 건물이 들어설 장소 **선정**을 마쳤다.
시상식	awards ceremony	명	올해 졸업식에서는 발표와 **시상식**도 함께 진행될 예정이다.
개최되다	to be held	동	4년 뒤에 이 도시에서 올림픽이 **개최될** 것이다.
투표	vote	명	내일은 선거가 있어서 **투표**하러 가야 한다.
포함되다	to be included	동	이 제품의 가격에는 세금이 **포함되어** 있다.
사연	story, anecdote	명	라디오에서는 청취자들이 보낸 **사연**을 소개하고 선물도 준다.
잔잔하다	calm, peaceful	형	오늘은 바다의 파도가 **잔잔해서** 수영하기에 좋을 것 같다.
감동	impression, touch	명	영화를 보고 **감동**을 받아서 눈물까지 흘렸다.
피해	damage, harm	명	이번 지진으로 인한 **피해**가 생각보다 적어서 다행이다.
망가지다	to be broken, to be damaged	동	바람이 너무 심하게 불어서 우산이 다 **망가져** 버렸다.
고객	customer, client	명	그 점원은 매장을 찾는 **고객**들을 아주 친절하게 대한다.

응용문제 9-12

가전제품	home appliance	명	오랫동안 써 온 **가전제품**들이 낡아서 새것으로 바꾸고 싶다.
입장료	entrance fee	명	이 공연은 6세 미만의 아이들에게는 **입장료**를 받지 않는다.
성인	adult	명	보통 **성인**에게만 투표권이 주어진다.
아동	child	명	이번 대회는 유치원 **아동**들을 대상으로 개최된다.
난로	heater, stove	명	바깥의 날씨가 추워서 **난로**를 켜도 방이 따뜻해지지 않는다.
미디어	media	명	오늘날 우리는 다양한 형태의 **미디어**를 통해 정보를 얻고 있다.
기타	other, miscellaneous	명	공장 지역의 오염이 **기타** 지역보다 훨씬 심한 것으로 나타났다.
동일하다	identical, same	동	'의복'과 '옷'은 **동일한** 대상을 가리킨다.
도서	book	명	많은 **도서** 가운데 좋은 책을 고르는 것은 쉬운 일이 아니다.
응원	support, cheering	명	경기가 진행되는 동안 목이 아플 정도로 우리 팀을 **응원**했다.
동화	fairy tale, children's story	명	우리 아이는 꼭 자기 전에 **동화**를 읽어 달라고 한다.
신용카드	credit card	명	요즘은 **신용카드**보다 휴대폰으로 결제하는 경우 늘고 있다.
발견하다	to discover, to find	동	여행 중에 아주 맛있는 식당을 **발견했다**.
맡기다	to leave (something with someone), to entrust	동	옷이 더러워져서 세탁소에 **맡기려고** 한다.
되찾다	to recover, to retrieve	동	어릴 때 미아가 되었던 그 사람은 30년만에 이름을 **되찾았다**.
언론	media, press	명	그의 오랜 기부 활동은 **언론** 보도를 통해 세상에 알려졌다.

연습문제 9-12

강습	training, intensive course	명	한 달 동안 무료로 테니스 **강습**을 받을 수 있는 기회가 생겼다.
대체	substitute, replacement	명	요즘 고기의 **대체** 식품으로 콩이 주목 받고 있다.
직장인	office worker	명	**직장인**들은 매달 월급날만을 손꼽아 기다리는 것 같다.
긍정적	positive	명	운동은 정신 건강에도 **긍정적**인 영향을 미친다고 한다.
교포	Korean expatriate, overseas Korean	명	내 친구는 재미 **교포**와 결혼해서 미국에 자리를 잡을 예정이다.
강연	lecture, speech	명	그 작가는 **강연**을 끝낸 후에 청중들과 사진을 찍었다.
지원하다	to support, to aid	동	학교에서는 가정 형편이 어려운 학생들의 학비를 **지원하고** 있다.
달하다	to reach, to amount to	동	인터넷 사용 인구가 80%에 **달한다**.
폭우	heavy rain, downpour	명	기상 이변으로 **폭우**가 내리는 날이 더 많아지고 있다.
끊기다	to be cut off, to be disconnected	동	지하철이 12시 반에 **끊기기** 때문에 그 전에 돌아가야 한다.
잠기다	to be submerged, to be flooded	동	갑작스럽게 쏟아진 폭우로 일부 도로가 물에 **잠겼다**.
인명	human life	명	이번 사고에서 다행히 **인명** 피해는 없는 것으로 조사되었다.
복구	restoration, recovery	명	무너진 건물을 **복구**하는 데는 오랜 시간이 걸린다고 한다.

 **문법**

☑ **V-자**	앞의 행위가 끝난 후 곧 뒤의 행위가 시작됨을 나타냅니다. This indicates that the action in the following clause starts immediately after the action in the preceding clause ends. 예 집에서 **나오자** 비가 오기 시작했다. 비행기를 **타자** 가슴이 답답해져서 다시 내리고 싶었다.
☑ **V-기 위한**	어떤 일을 하는 목적이나 의도를 나타냅니다. This indicates the purpose or intention of doing something. 예 환경오염을 줄이기 **위한** 노력은 계속되어야 한다. 이번 지진으로 집을 잃어버린 사람들을 돕기 **위한** 방법을 찾고 있다.
☑ **누구나, 아무나, 무엇이나, 언제나, 어디나**	이것저것 가리지 않고 어떤 사람이든 또는 어떤 것이든 상관없음을 나타냅니다. This indicates that it doesn't matter who or what it is, without any discrimination. 예 이 학교 학생이라면 **누구나** 도서관을 이용할 수 있다. 출근 시간에는 서울 시내 **어디나** 길이 막히는 것 같다.

연습 문제 정답 및 해설

📖 [9~12]

☑ 강습 | 대체 | 직장인 | 긍정적 | 교포 | 강연 | 지원하다 | 달하다 | 폭우 | 피해 | 끊기다 | 잠기다 | 인명 | 복구

9. ④
① 수영 강습 신청이 6월 20일에 마감됩니다.
② 서울 시민이라면 누구나 신청 가능합니다.
③ 체육관 홈페이지에서 인터넷으로 신청해야 합니다.

① The swimming course registration closes on June 20th.
② Anyone who is a Seoul citizen can apply.
③ You must apply online through the gym's website.

10. ②
① 반갑지 않은 이유를 보면 대체 휴일에도 출근하는 직장이 있습니다.
③ 경제적인 부담 때문에 대체 휴일이 반갑지 않은 사람도 있는 것으로 나타났습니다.
④ 대체 휴일이 반가운 가장 큰 이유가 '가족과 시간을 보낼 수 있어서'인 것으로 조사되었습니다.

① Looking at the reasons why it is not welcome, there are workplaces that require employees to come to work even on substitute holidays.
③ It was found that some people do not welcome substitute holidays due to financial burdens.
④ The biggest reason why substitute holidays are welcome was found to be 'because I can spend time with my family'.

11. ②
① 강연자가 재미 교포 사업가입니다.
③ 식당을 열자마자 메뉴들이 인기를 얻어 큰돈을 벌 수 있었습니다.
④ 강연의 내용에 대해서는 글에 나오지 않습니다.

① The lecturer is a Korean-American businessman.
③ As soon as he opened the restaurant, the menus gained popularity and he was able to make a lot of money.
④ The content of the lecture is not mentioned in the text.

12. ①

② 이번 폭우로 공장 등의 시설 중 물에 잠긴 곳이 있습니다.

③ 정부는 주택가를 중심으로 복구 작업에 나설 계획입니다.

④ 최근 10년간 내린 폭우 중 가장 큰 피해를 낳고 있습니다.

② Some facilities, such as factories, have been flooded due to the recent heavy rain.

③ The government plans to start restoration work, focusing on residential areas.

④ It is causing the most damage among the heavy rains that have fallen in the last 10 years.

13~15

Choose the correctly arranged sentences

This is a question where you arrange the four given sentences in the correct order according to the content. To solve this problem, it is important to understand the relationship between the sentences, and certain words or expressions that come at the beginning of the sentences can be hints.

The first thing to do is to find the first sentence. Sentences that start with words like 'this', 'that', or expressions like 'and', 'but', 'so', 'however' are generally not suitable as the first sentence. Also, looking at the choices, there are two that start with the same sentence, so it is good to choose the appropriate one between the two first sentence candidates and then arrange the order step by step, considering the content and time order. In particular, it will be helpful to note that the following sentence is a detailed explanation of the previous sentence or the opposite content.

☆ **Expressions that cannot be the first sentence**

1. Demonstratives: like this, that, this is, among them
2. Addition: also, and, moreover, in addition,
3. besides Reason: because, for this reason
4. Contrast: but, however, yet, on the other hand, conversely, rather
5. Result: so, therefore, thus, accordingly

13~15 **문장을 순서대로 맞게 배열한 것 고르기**

제시된 네 개의 문장을 내용에 맞게 배열하는 문제입니다. 이 문제를 풀기 위해서는 문장과 문장 간의 관계를 이해하는 것이 중요한데, 이때 문장의 앞에 오는 특정한 단어나 표현들이 힌트가 될 수 있습니다.

가장 먼저 해야 하는 것은 첫 번째 문장을 찾는 것으로 '이, 그' 등으로 시작하는 단어나 '그리고, 하지만, 그래서, 그렇지만' 등의 표현이 사용된 문장은 대체로 첫 번째 문장이 될 수 없습니다. 또한 선택지를 살펴보면 같은 문장으로 시작되는 것이 두 개씩 있으므로 두 개의 첫 번째 문장 후보 중 적절한 것을 고른 후 내용 및 시간 순서 등을 고려하여 차근차근 순서를 배열해 가는 것이 좋습니다. 특히 뒤에 오는 문장은 앞선 문장에 대한 구체적인 설명이나 반대 내용 등이 온다는 것을 참고하시면 도움이 될 것입니다.

☆ **첫 문장이 될 수 없는 표현들**

1. 지시어 : 이렇게, 그것이, 이는, 그 중에서
2. 추가 : 또, 또는, 또한, 그리고, 게다가
3. 이유: 왜냐하면, 그렇기 때문에
4. 반대: 하지만, 그러나, 그런데, 반면(에), 반대로, 오히려
5. 결과: 그래서, 그렇기 때문에, 그러므로, 따라서

기출 문제

※ [13~15] 다음을 순서에 맞게 배열한 것을 고르십시오. (각 2점)

14.

> (가) 그 사업이 쉽지는 않겠지만 한 번 시도해 보고 싶다.
>
> (나) 친구들은 마지막까지 퇴사를 다시 고려해 보라고 했다.
>
> (다) 내일은 내가 10년 동안 다니던 회사를 그만두는 날이다.
>
> (라) 하지만 나는 오랫동안 생각해 온 사업을 시작해 보려고 한다.

① (나)-(가)-(라)-(다)　　② (나)-(다)-(가)-(라)

③ (다)-(라)-(가)-(나)　　④ (다)-(나)-(라)-(가)

📖 ·· 83회 읽기 14번

☑ 사업
☑ 시도
☑ 퇴사
☑ 고려하다
☑ 그만두다

14.
(나)와 (다) 중에서 내용의 선후 관계를 봤을 때 첫 번째 문장은 (다)입니다. 그리고 이어서 '회사를 그만두다'와 같은 의미인 '퇴사'가 언급된 (나)가 두 번째 문장이며, 이에 대한 반대 의견으로 (라)가, (라)에 대한 추가 설명인 (가)가 마지막으로 적합합니다.

Between (나) and (다), the first sentence is (다) when considering the chronological order of the content. And then (나), which mentions 'retirement', which has the same meaning as 'quitting the company', is the second sentence, (라) is suitable as the opposing opinion to this, and (가), which is an additional explanation of (라), is suitable as the last sentence.

정답 14. ④

응용 문제

☑ 달리기
☑ 꼭
☑ 참다
☑ 저절로
☑ 떠지다
☑ 아쉽다

13.

(가)와 (다) 중에서 (다)가 '처음에는'이라는 표현으로 시작되므로 첫 번째 문장으로는 맞지 않습니다. 또한 (다)의 '처음에는'과 (라)의 '이제는'이 순서대로 사용되면 내용의 흐름이 맞습니다.

Between (가) and (다), (다) is not suitable as the first sentence because it starts with the expression 'at first'. Also, the flow of the content is correct when 'at first' in (다) and 'now' in (라) are used in this order.

※ **[13~15] 다음을 순서에 맞게 배열한 것을 고르십시오.** (각 2점)

13.

> (가) 건강을 위해서 아침에 달리기를 하기 시작했다.
>
> (나) 그래도 꼭 참고 했더니 아침에 저절로 눈이 떠졌다.
>
> (다) 처음에는 힘들어서 일주일만에 그만둘까 생각했다.
>
> (라) 이제는 운동을 못하는 날이 생기면 아쉬울 정도이다.

① (가)-(다)-(나)-(라)   ② (가)-(나)-(라)-(다)

③ (다)-(가)-(나)-(라)   ④ (다)-(나)-(라)-(가)

정답 13. ①

※ [13~15] 다음을 순서에 맞게 배열한 것을 고르십시오. (각 2점)

13.

(가) 나 역시 근거 없는 미신일 뿐이라고 생각한다.
(나) 하지만 이런 말들을 믿지 않는 사람들도 많다.
(다) 한국 사람들은 중요한 시험을 보는 날 미역국을 먹지 않는다.
(라) 미역이 미끄러워서 미역국을 먹으면 시험에 떨어진다고 생각하기 때문이다.

① (가)-(나)-(라)-(다)　　　　② (가)-(라)-(다)-(나)

③ (다)-(라)-(나)-(가)　　　　④ (다)-(가)-(나)-(라)

14.

(가) 사람은 누구나 살면서 다양한 갈등을 경험하게 된다.
(나) 이럴 때 가장 필요한 것은 올바른 소통으로 문제를 해결해 나가려는 노력이다.
(다) 사람마다 각자 처한 상황과 가치관이 다르기 때문에 갈등이 생길 수밖에 없다.
(라) 사회가 다양해지고 인간관계가 복잡해지면서 이러한 상황도 갈수록 늘어나고 있다.

① (가)-(다)-(라)-(나)　　　　② (가)-(나)-(다)-(라)

③ (다)-(라)-(가)-(나)　　　　④ (다)-(나)-(가)-(라)

15.

(가) 그러나 소금이 많이 들어 있기 때문에 섭취 시 유의해야 한다.

(나) 뿐만 아니라 각종 비타민과 무기질이 풍부해서 암 예방에도 좋다.

(다) 발효되는 과정에서 생기는 유산균으로 인해 소화에도 도움이 된다.

(라) 주로 가정에서 반찬으로 먹는 김치는 한국의 전통 발효 식품 중 하나이다.

① (다)-(라)-(나)-(가) ② (다)-(가)-(나)-(라)

③ (라)-(가)-(다)-(나) ④ (라)-(다)-(나)-(가)

📖 어휘

기출문제 13-15

사업	business, project	명	아버지 **사업**이 잘 안 돼서 요즘 경제적으로 어려워요.
시도	attempt, try	명	한 번만 더 **시도**를 해 보고 안 되면 포기하세요.
퇴사	resignation, leaving a job	명	건강이 안 좋아서 얼마 전에 **퇴사**를 하고 집에서 쉬고 있어요.
고려하다	to consider	동	시간을 **고려하면** 비행기를 타고 가는 게 오히려 더 싸요.
그만두다	to quit, to stop	동	꾸준히 해 오던 운동을 **그만뒀더니** 살이 찌기 시작하더라고요.

응용문제 13-15

달리기	running	명	요즘 **달리기** 열풍이 불면서 운동화 판매가 증가하고 있다.
꾹	tightly, firmly	부	버튼이 고장나서 **꾹** 눌러야 열려요.
참다	to endure, to bear	동	다른 건 다 괜찮은데 배고픈 건 못 **참겠어요**.
저절로	automatically, by itself	부	주차되었던 차가 갑자기 **저절로** 움직여서 깜짝 놀랐어요.
(눈이) 떠지다	to open, to (become) awake	동	너무 많이 울었더니 눈이 안 **떠질** 정도로 퉁퉁 부었어요.
아쉽다	to be a pity, to be regrettable	형	그 드라마를 너무 좋아했는데 벌써 마지막회라니 너무 **아쉬워요**.

연습문제 13-15

근거	evidence, grounds	명	**근거** 없는 소문은 믿지 않는 게 좋다.
미신	superstition	명	**미신**은 과학적으로는 설명되지 않지만 믿는 사람이 아직도 많다.
미끄럽다	slippery	형	눈이 많이 와서 길이 **미끄러우니까** 조심하세요.
올바르다	correct, right, proper	형	건강을 유지하기 위해서는 **올바른** 식습관이 필요합니다.
소통	communication	명	세대 간의 갈등은 **소통**이 원활하지 않아서 생기는 경우가 많다.

늘어나다	to increase, to grow	동	서구화된 식습관 때문에 비만 환자가 갈수록 **늘어나고** 있다.
갈등	conflict	명	사춘기 때 부모님과의 **갈등**이 심해서 많이 힘들었다.
충돌하다	to collide, to clash	동	택시와 배달 오토바이가 **충돌해서** 배달 기사가 크게 다쳤다.
처하다	to be in (a situation), to be placed (in a position)	동	친구가 요즘 안 좋은 상황에 **처해** 있어서 걱정이 된다.
가치관	values	명	아버지하고 **가치관**이 달라서 자주 싸우게 된다.
발효	fermentation	명	치즈는 대표적인 **발효** 식품이다.
유산균	lactic acid bacteria	명	김치에는 **유산균**이 많이 들어 있어서 건강에도 좋다.
무기질	minerals	명	몸에 **무기질**이 부족하면 뼈가 약해질 수 있다.
암	cancer	명	할머니가 **암**에 걸리셔서 얼마 전에 돌아가셨다.
섭취	intake, ingestion	명	한국 사람들은 국이나 찌개를 많이 먹어서 소금 **섭취**량이 많은 편이다.

📖 문법

☑ **N만에**	시간 명사와 함께 쓰여 두 행위 사이에 지난 시간을 나타낼 때 사용합니다. This is used when a certain amount of time has passed between two actions with a time noun. 예 졸업한 지 **10년 만에** 친구를 만났다. 숙제가 쉬워서 **20분 만에** 다 했어요.
☑ **N일 뿐이다**	다른 특별한 의미없이 단지 그것만임을 나타낼 때 사용합니다. This is used to indicate that there is no other special meaning but that. 예 우리는 특별한 사이가 아니고 그냥 친한 **친구일 뿐이에요.** 그냥 간단한 **시험일 뿐이니까** 너무 긴장하지 마세요.
☑ **A/V-(으)ㄹ 수밖에 없다**	어떤 상황에서 다른 선택의 여지가 없을 때, 또는 그러한 결과가 당연함을 나타낼 때 사용합니다. This is used when there is no other choice in a certain situation, or when indicating that such a result is natural. 예 평일엔 바빠서 주말에 **만날 수밖에 없어요.** 그렇게 무리해서 일하니까 **병이 날 수밖에 없지요.**

연습 문제 정답 및 해설

📖 [13~15]

☑ 근거 | 미신 | 미끄럽다 | 올바르다 | 소통 | 늘어나다 | 갈등 | 충돌하다 | 처하다 | 가치관 | 발효 |
　유산균 | 무기질 | 암 | 섭취

13. ③ (가)와 (다) 중에서 (가)에 '역시'라는 표현이 있으므로 첫 번째 문장으로는 맞지 않습니다. 두 번째 문장으로는 (다)의 이유를 설명하고 있는 (라)가 자연스러우며 (라)와 다른 의견을 나타내는 (나)가 그 다음에 올 수 있습니다.

Between (가) and (다), (가) is not suitable as the first sentence because it contains the expression 'also'. It is natural for (라), which explains the reason for (다), to be the second sentence, and (나), which expresses a different opinion from (라), can come after that.

14. ① (가)와 (다) 중에서 (다)는 '갈등'이 생기는 상황을 설명하고 있기 때문에 첫 문장으로는 (가)가 맞습니다. 그 다음으로 (다)가 올 수 있습니다. 또한 (라)의 '이러한 상황'은 (다)를 가리키므로 다음에 (라)가 올 수 있으며 마지막으로 해결 방법을 설명하고 있는 (나)가 오는 것이 자연스럽습니다.

Between (가) and (다), (가) is suitable as the first sentence because (다) explains the situation where 'conflict' arises. (다) can come next. Also, since 'this situation' in (라) refers to (다), (라) can come next, and lastly, (나), which explains the solution, is naturally placed at the end.

15. ④ (다)와 (라) 중에서 주어인 '김치'가 나와 있는 (라)가 첫 번째 문장으로 맞습니다. 그 다음으로 발효의 장점을 설명하고 있는 (다)가 올 수 있으며 '뿐만 아니라'로 시작되는 (나)가 이어서 올 수 있습니다. 그리고 장점에 이어 단점을 설명하고 있는 (가)가 마지막에 오는 것이 자연스럽습니다.

Between (다) and (라), (라) is suitable as the first sentence because it contains the subject 'kimchi'. Next, (다), which explains the advantages of fermentation, can come, followed by (나), which starts with 'not only'. And then, it is natural for (가), which explains the disadvantages following the advantages, to come last.

메모

16~18

This is a question where you read the given text and choose the appropriate content to fill in the blank ( ). Usually, the text consists of 3-4 sentences, and encyclopedic knowledge about animals and plants or common sense related to food, clothing, and shelter are the main topics of the writing. When solving the problem, understanding the overall meaning of the given text should be prioritized, and in particular, the context before and after and the sentence containing the parentheses should be connected naturally.

Due to the nature of Korean text, the key content appears in the first and last sentences in most cases, so when the parentheses appear in the latter part of the text, you should find the answer keeping in mind that it is usually a sentence that summarizes the overall content or presents a conclusion. Also, since conjunctive adverbs like 'so' and 'therefore' are often used before such concluding sentences, knowing the usage of such conjunctive adverbs will also be helpful in solving the problem.

On the other hand, when the parentheses appear in the middle of the text, it is often a sentence that explains the reason for the content described in the previous sentence or expresses an opposite opinion. In this case, conjunctive adverbs such as 'but' and 'however' are mainly used, so it is also good to be familiar with the usage of conjunctive adverbs. In addition to conjunctive adverbs, it is also good to know the usage of words such as 'because', which is used to explain the reason for the previous sentence, and 'on the other hand' and 'rather', which are used to describe facts that are contrary to or different from the content of the previous sentence.

16~18

주어진 텍스트를 읽고 (　　)에 들어갈 알맞은 내용을 고르는 문제입니다. 보통 텍스트는 3~4개의 문장으로 구성되며, 주로 동식물에 대한 백과사전적 지식이나 의식주와 관련된 상식 등이 글의 주요 소재가 됩니다. 문제를 풀 때는 주어진 글의 전체적인 의미 파악이 우선시되어야 하며, 특히 앞 뒤의 맥락과 괄호가 포함된 문장이 자연스럽게 연결되어야 합니다

한국어 텍스트의 특성상 핵심 내용은 첫 문장과 마지막 문장에 나오는 경우가 대부분이므로, 보통 글의 뒷부분에 괄호가 나올 때는 전체 내용을 요약하거나 결론을 제시하는 문장이라는 점을 염두에 두고 답을 찾아야 합니다. 또한 이렇게 결론적인 내용이 포함된 문장 앞에는 '그래서'나 '따라서' 같은 접속 부사가 많이 사용되므로 그러한 접속 부사의 쓰임을 알아 두는 것도 문제를 푸는 데 도움이 될 것입니다.

한편 글의 중간에 괄호가 나올 때는 앞 문장에서 기술하고 있는 내용에 대한 이유를 설명하거나 또는 그에 대한 반대 의견을 나타내는 문장이 되는 경우가 많습니다. 이 때는 '그런데, 하지만'과 같은 접속 부사가 주로 사용되기 때문에 역시 접속 부사의 쓰임을 익혀 두는 것이 좋습니다. 접속 부사 외에도 앞 문장에 대한 이유를 설명할 때 사용하는 '왜냐하면', 앞 문장의 내용과 상반되거나 다른 사실을 기술할 때 사용하는 '반면(에)'와 '오히려' 등의 어휘들도 그 쓰임을 잘 알아 두면 좋습니다.

🔍 기출 문제

기출문제 🔍

※ [16~18] (　)에 들어갈 말로 가장 알맞은 것을 고르십시오. (각 2점)

16.

　　필름형 스피커는 종이보다 얇고 투명해서 (　　　　　) 사용할 수 있
다. 이 스피커를 활용하면 컴퓨터 화면이나 액자뿐만 아니라 벽이나
천장에서도 소리가 나오게 할 수 있다. 또 소재가 부드러워서 옷이나
커튼에 달아도 불편함 없이 사용이 가능하다.

---

① 소리 크기를 높여　　　　　② 단독 형태로 분리해

③ 다양한 물건에 붙여　　　　　④ 특수한 영역을 제한해

📖 ·· 83회 읽기 16번

☑ 투명하다
☑ 소재
☑ 달다

16.

빈칸 뒤에 필름형 스피커를 활용할 수 있는 여러 가지 예가 제시되고 있으므로, ③번의 '다양한 물건에 붙여'가 들어가는 것이 적절합니다.

Since various examples of how film speakers can be used are presented after the blank, it is appropriate to include ③ 'attached to various objects' in the blank.

정답 16. ③

🖥 ·· 91회 읽기 17번

☑ 막　　　☑ 씌우다
☑ 물기　　☑ 흡수하다
☑ 오히려

17.

앞 문장에서 물기를 빠르게 흡수해야 하는 소재에 유연제를 넣는 것에 부정적인 내용이 있으므로, 빈칸에는 ③번의 '흡수력을 떨어뜨리기'가 들어가는 것이 적합합니다.

Since there is negative content about adding fabric softener to materials that need to absorb moisture quickly in the previous sentence, it is appropriate to include ③ 'reduce absorbency' in the blank.

🖥 ·· 64회 읽기 18번

☑ 뮤지컬　　☑ 역할
☑ 출연하다　☑ 연기
☑ 색다르다　☑ 반복하다
☑ 관람하다　☑ 개성

18.

앞 문장들에서 한 뮤지컬에 여러 명의 배우들이 출연하는 이유가 배우에 따라 작품의 색도 다르기 때문이라고 했으므로, 빈칸에는 ④번의 '각 배우들이 개성이 담긴'이라는 말이 들어가는 것이 적절합니다.

Since the previous sentences explain that the reason why several actors appear in one musical is that the color of the work differs depending on the actor, it is appropriate to include ④ 'each actor has a unique' in the blank.

정답 17. ③　18. ④

17.

> 섬유 유연제는 섬유에 막을 씌워 옷감을 부드럽게 하고 향기도 남긴다. 그래서 세탁할 때 유연제를 넣는 사람들이 많다. 그런데 수건처럼 물기를 빠르게 흡수해야 하는 소재에는 유연제를 넣는 것이 좋은 것만은 아니다. 유연제가 만든 막이 오히려 섬유의 (　　　　) 때문이다.

① 향기를 없애기　　　② 색깔을 변형시키기
③ 흡수력을 떨어뜨리기　④ 촉감을 거칠게 만들기

18.

> 뮤지컬은 보통 한 역할에 여러 명의 배우들이 출연한다. 배우에 따라 연기나 분위기가 다르기 때문에 같은 작품이라도 색다른 느낌을 받을 수 있다. 그래서 뮤지컬 팬들은 (　　　　) 작품을 즐기기 위해 공연을 반복해서 관람한다.

① 입장료를 할인해 주는　② 공연에서 인기가 있는
③ 유행하는 노래가 나오는　④ 각 배우들의 개성이 담긴

응용 문제

응용문제 🔍

※ [16~18] (   )에 들어갈 말로 가장 알맞은 것을 고르십시오. (각 2점)

16.

무더운 여름철에는 열대야로 인해 불면증에 시달리는 사람들이 많다. 이렇게 밤에 더워서 자기 힘들 때는 미지근한 물로 시작해서 (   ) 것이 효과적이다. 처음부터 너무 낮은 온도의 물로 샤워를 시작하면 근육이 긴장돼서 체온이 다시 올라가게 된다. 또한 밤보다 아침에 샤워를 하는 것이 낮의 더위를 이기는 데에도 좋고 밤에 숙면을 취하는 데에도 도움이 된다.

① 머리를 나중에 감는   ② 점점 찬물로 바꿔 가는

③ 잠이 올 때까지 긴장을 푸는   ④ 뜨거운 물로 샤워를 끝내는

☑ 열대야
☑ 불면증
☑ 효과적
☑ 근육
☑ 체온
☑ 숙면

16.

빈칸 앞에 미지근한 물로 시작한다는 말이 있고 다음 문장에서 처음부터 너무 낮은 온도의 물로 샤워를 시작하면 체온이 올라간다는 말이 있으므로, 문맥상 ②번의 '점점 찬물로 바꿔 가는'이 들어가는 것이 적절하다.

Since the phrase 'starts with lukewarm water' appears before the blank and the following sentence says that if you start showering with water that is too cold from the beginning, your body temperature will rise, it is contextually appropriate to include ② 'gradually change to cold water' in the blank.

정답 16. ②

※ [16~18] (   )에 들어갈 말로 가장 알맞은 것을 고르십시오. (각 2점)

16.

> 고양이가 부드러운 소리를 낼 때는 일반적으로 인간에게 애정이나 신뢰를 나타내는 것이다. 반면 고양이가 공격적인 소리를 낼 때는 주의가 필요하다. 이럴 경우 고양이는 두려움이나 분노를 느껴 가끔은 공격적인 행동을 보이기도 한다. 따라서 고양이의 소리를 이해하는 것은 그들의 (   ) 큰 도움이 된다.

① 나이를 파악하는 데   ② 생활 습관을 개선하는 데

③ 건강 상태를 알아보는 데   ④ 감정과 필요를 파악하는 데

17.

> 우리가 냉장고 문을 열 때 외부의 따뜻한 공기가 냉장고 안으로 들어가게 된다. 그러면 공기 중에 포함되어 있던 수분이 냉장고의 낮은 온도로 인해 얼음 입자로 바뀌는데 이것이 쌓여 성에가 된다. 성에가 생기면 냉장 성능이 떨어지고 전력 낭비도 심해진다. 이러한 특성을 고려해서 냉장고의 (   ) 행위나 뜨거운 음식을 그대로 넣는 것을 피해야 한다.

① 위치를 바꾸는   ② 문을 자주 여닫는

③ 성에를 모두 제거하는   ④ 내부를 너무 차갑게 하는

18.

한국에서는 새해 첫날인 설날에 하얀색의 긴 가래떡으로 떡국을 끓여 먹는다. 그것은 가래떡의 하얀색이 새로 시작한다는 의미를 갖기 때문이다. 그리고 길게 늘어나는 가래떡처럼 재산도 많아지고 (   ) 의미도 담고 있다. 이런 것을 보면 우리가 먹는 음식 문화 하나도 이유 없이 생겨난 것은 없다는 것을 알 수 있다.

① 건강하게 오래 살라는　　　　　② 올해 더 깨끗해지라는

③ 인간관계도 더 넓히라는　　　　④ 좀 더 여유를 가지고 살아가라는

어휘

기출문제 16-18

투명하다	transparent	형	식탁 위에 **투명한** 컵이 몇 개 놓여 있다.
소재	material	명	이 드라마는 한국의 역사를 **소재**로 해서 만든 것이다.
달다	to attach, to stick	동	옷에 새 단추를 **달았다**.
막	membrane, film	명	우유를 오래 두었더니 컵 가장자리에 **막**이 생겼다.
씌우다	to cover, to put over	동	눈이 많이 올 것 같아서 자동차에 덮개를 **씌워** 두었다.
물기	moisture, dampness	명	머리를 감고 **물기**를 털어 냈다.
흡수하다	to absorb	동	꽃이 물을 잘 **흡수할** 수 있도록 뿌리를 닦아 주었다.
오히려	rather, on the contrary	부	약속 시간에 늦은 친구가 **오히려** 나에게 화를 냈다.
뮤지컬	musical	명	**뮤지컬**은 춤과 노래가 함께 하는 종합 예술이다.
역할	role	명	그 배우는 아무리 작은 **역할**이라도 최선을 다한다.
출연하다	to appear, to perform	동	내가 좋아하는 가수가 인기 있는 프로그램에 **출연하게** 되었다.
연기	acting, performance	명	배우한테 제일 중요한 것은 **연기** 실력이라고 생각한다.
색다르다	unique, different	형	외국 여행을 하다 보면 **색다른** 경험을 많이 할 수 있다.
반복하다	to repeat	동	이 단어는 어려우니까 **반복해서** 외우는 게 좋다.
관람하다	to watch, to see	동	어제는 직접 야구 경기장에 가서 경기를 **관람했다**.
개성	individuality, personality	명	저 사람은 **개성**이 강해서 다른 사람들과 비슷한 옷은 안 입는다.

응용문제 16-18

열대야	tropical night (a hot and humid night)	명	밤까지 이어지는 더위로 인해 **열대야**에 시달리는 사람이 많다
불면증	insomnia	명	**불면증**이 있는 사람은 저녁 시간에 커피를 안 마시는 게 좋다.
효과적	effective	명	외국어를 배울 때 두 가지를 같이 배우는 게 **효과적**이라고 한다.

근육	muscle	명	나이가 들면 **근육**이 빠지기 때문에 꾸준히 운동을 해야 한다.
체온	body temperature	명	사람 몸의 정상적인 **체온**은 36.5℃~37.8℃라고 한다.
숙면	sound sleep, deep sleep	명	요즘 시험에 대한 스트레스 때문에 **숙면**을 취하기가 힘들다.

연습문제 16-18

애정	affection, love	명	우리 남편은 **애정** 표현에 아주 서툰 편이다.
신뢰	trust, confidence	명	그 회사는 허위 광고로 소비자들에게 **신뢰**를 잃고 말았다.
반면	on the other hand, in contrast	명	새로 이사한 집은 거실은 넓은 **반면** 부엌은 아주 좁다.
공격적	aggressive	명	**공격적**인 태도로 말하는 사람과는 대화가 이어질 수 없다.
두려움	fear	명	밤 늦게 혼자 어두운 길을 걷다 보면 **두려움**을 느낄 때가 있다.
분노	anger, rage	명	친구가 나를 또 속였다는 사실에 큰 **분노**를 느꼈다.
외부	external, outside	명	건물 **외부**에 화장실이 있어서 좀 불편하다.
수분	moisture, hydration	명	겨울철 피부 건강을 위해서는 **수분** 유지가 매우 중요하다.
성능	performance, capability	명	이 청소기는 **성능**이 좋아서 작은 먼지까지 모두 흡수한다.
전력	electric power	명	여름철에는 에어컨 사용으로 **전력** 문제가 발생하기도 한다.
낭비	waste	명	이 일을 계속 하는 건 시간 **낭비**라는 생각이 들어서 그만두었다.
재산	property, assets	명	그분은 자신의 **재산**을 가난한 학생들을 돕는 데 내 놓았다.

🔖 문법

☑ **N에 따라**	어떤 상황이나 기준에 의지해 이후 상황이나 결과가 발생함을 나타냅니다. This is used to indicate that a subsequent situation or result occurs depending on a certain situation or standard. 예 **지역에 따라** 음식의 맛도 차이가 많이 난다. 시험 중 부정행위를 저지르면 **규정에 따라** 불합격으로 처리된다.
☑ **V-기 위해**	앞에 오는 행위의 실현을 목적으로 뒤에 오는 행위를 한다는 의미를 나타냅니다. This is used to indicate that the action in the following clause is done for the purpose of realizing the action in the preceding clause. 예 친구를 **만나기 위해** 학교 앞으로 갔다. 한국에 유학을 **가기 위해** 한국어를 배우고 있다.
☑ **N(으)로 인해**	앞에 오는 사실이 어떤 상황이나 사태에 대한 원인이나 이유가 됨을 나타냅니다. This is used to indicate that the preceding fact is the cause or reason for a certain situation or event. 예 심한 **감기로 인해** 일주일 넘게 고생을 했다. 어제 발생한 **교통사고로 인해** 여러 사람이 부상을 당했다.
☑ **A-다는** ☑ **V-ㄴ/는다는**	들은 사실을 인용하여 나타내거나 생각하는 내용을 담아 뒤에 오는 말을 수식할 때 사용합니다. This is used when quoting something that has been heard or when modifying the following statement by including the content of one's thoughts. 예 요즘은 노화 방지에 **좋다는** 제품이 제일 잘 팔린다. 나도 그 사람이 정말 성실하게 **일한다는** 이야기는 많이 들었다.

연습 문제 정답 및 해설

☑ 애정 | 신뢰 | 반면 | 공격적 | 두려움 | 분노 | 외부 | 수분 | 성능 | 전력 | 낭비 | 재산

16. ④   앞 문장에서 고양이가 부드러운 소리를 낼 때와 공격적인 소리를 낼 때 감정 상태가 다르다는 이야기를 하고 있으므로, 빈칸에는 ④번 '감정과 필요를 파악하는 데'가 들어가는 것이 적절합니다.

In the previous sentence, it says that a cat's emotional state is different when it makes soft sounds versus when it makes aggressive sounds, so it is appropriate to include ④ 'understanding their emotions and needs' in the blank.

17. ②   앞 문장에서 냉장고 문을 열 때 외부의 따뜻한 공기가 냉장고 안으로 들어가면 온도 차로 인해 성에가 생기게 된다고 했으므로, ②번 '문을 자주 여닫는'이 빈칸에 들어가는 것이 적절합니다.

In the previous sentence, it says that when the refrigerator door is opened, warm air from the outside enters the refrigerator, and the temperature difference causes frost to form, so it is appropriate to include ② 'frequently opening and closing the door' in the blank.

18. ①   빈칸의 앞 부분에 가래떡이 길게 늘어난다는 표현이 있으므로 이러한 의미와 관련이 있는 ①번의 '건강하게 오래 살라는'이 들어가는 것이 적절합니다.

Since the expression that garaetteok stretches long appears in the previous part of the blank, it is appropriate to include ① 'live a long and healthy life', which is related to this meaning.

This is a question where you read a text and answer the questions. Question 19 is about finding the appropriate expression to fit in the blank of the text, and question 20 is about choosing the topic of the text. Therefore, it is effective to first read the entire text and solve questions 19 and 20 in order.

글을 읽고 물음에 답하는 문제입니다. 19번 문제는 글에 흐름에 맞는 표현을 찾아 넣는 문제이며 20번은 글의 주제를 고르는 문제입니다. 따라서 먼저 글 전체를 읽고 19번과 20번 문제를 순서대로 푸는 것이 효과적입니다.

19

Choose the correct word to fill in the blank:

This is a question where you find the appropriate expression to fill in the blank of the given text. To solve this problem, it is important to understand the content of the sentences before and after the blank. Question 19 mainly asks you to fill in a conjunctive adverb, so you need to understand the content of the sentences before and after the blank and find the appropriate conjunctive adverb according to their relationship.

19 괄호 안에 들어갈 알맞은 말 고르기

제시된 글의 괄호 안에 들어갈 알맞은 표현을 찾는 문제입니다. 이 문제를 풀 때는 빈칸의 앞뒤 문장의 내용을 파악하는 것이 중요합니다. 19번은 주로 접속 부사를 넣는 문제가 나오기 때문에 빈칸의 앞뒤 문장의 내용을 먼저 이해하고 관계에 따라 선택지 중에서 알맞은 접속 부사를 찾아야 합니다.

☆ 주요 접속 부사

추가 : 게다가, 그리도, 또, 또한
반대 : 그러나, 그런데, 반대로, 반면에, 오히려, 하지만
결과 : 역시, 과연, 드디어, 마침내, 끝내, 반드시
결론 : 그래서, 그러니까, 그러므로, 따라서
가정 : 만약, 어쩌면
기타 : 도대체, 도저히, 마침, 물론, 비록, 하필

20

Choose the correct topic of the text

This is a question where you choose the topic of the given text. The topic refers to what the writer wants to say through the text, and you need to understand the overall flow and content of the text rather than the meaning of each sentence. Therefore, it is important to first read the text and grasp the main point the writer wants to make. Sometimes the choices present sentences with the same meaning as the content of the text, but these are just the same content, not the topic of the text, so be careful.

20 글의 주제로 알맞은 것 고르기

제시된 글의 주제를 고르는 문제입니다. 주제는 글을 통해 글쓴이가 말하고자 것을 의미하는데, 각 문장의 의미 보다는 글 전체의 흐름과 내용을 이해해야 합니다. 따라서 먼저 글을 읽고 글쓴이가 말하고자 하는 중심 내용이 무엇인지 파악하는 것이 중요합니다. 이때 선택지에는 글의 내용과 같은 의미의 문장이 제시되기도 하는데 이는 같은 내용일 뿐 글의 주제가 아니므로 주의해야 합니다.

🔍 기출 문제

📖 ·· 91회 읽기 19~20번

☑ 매섭다
☑ 남극
☑ 겹겹이
☑ 체온
☑ 견디다
☑ 무리
☑ 데우다
☑ 떨다
☑ 줄곧
☑ 둥글다

기출문제 🔍

※ [19~20] 다음을 읽고 물음에 답하십시오. (각 2점)

> 매서운 남극의 겨울, 황제펭귄들은 겹겹이 붙어 서로의 체온으로 추위를 견딘다. 무리 전체가 돌면서 바깥쪽과 안쪽에 있는 펭귄들이 계속 서로의 위치를 바꾼다. 안에서 몸을 데운 펭귄은 밖으로 나가고 밖에서 추위에 떨던 펭귄은 안으로 들어오는 것이다. (   ) 그 움직임은 아주 느리지만 쉬지 않고 이루어져 한 마리의 펭귄이 줄곧 찬바람을 맞고 서 있는 일이 없다. 그렇게 쉼 없이 둥글에 돌면서 펭귄들은 다 함께 살아 남는다.

19. (   )에 들어갈 말로 가장 알맞은 것을 고르십시오.

① 혹시   ② 또는   ③ 비록   ④ 만약

19.

(   )의 앞뒤 내용은 '펭귄이 안에서 밖으로 서로의 위치를 바꾼다'와 '그 움직임은 아주 느리지만 쉬지 않고 이루어진다'이기 때문에 '앞선 내용에도 불구하고'의 의미를 지닌 ③번 '비록'이 정답입니다.

The content before and after ( ) is 'penguins change their positions from the inside to the outside' and 'the movement is very slow, but it continues without rest', so ③ 'although', which has the meaning of 'despite the previous content', is the correct answer.

정답 **19.** ③

20.

② 펭귄들은 돌면서 위치를 바꿉니다.

③ 펭귄들은 추위에서 살아남기 위해 느리지만 쉬지 않고 움직입니다.

④ 펭귄들은 무리가 전체가 돌면서 다 함께 살아남습니다.

② Penguins change positions while rotating.

③ Penguins move slowly but without rest to survive the cold.

④ The entire group of penguins survives by rotating together.

20. 윗글의 주제로 가장 알맞은 것을 고르십시오.

① 황제펭귄은 서로 도우면서 추위에 맞서 생존해 왔다.

② 황제펭귄은 둥글게 돌면서 날씨에 대한 정보를 알린다.

③ 황제펭귄은 추위에서 살아남기 위해 움직임이 느려졌다.

④ 황제펭귄은 무리 생활을 통해 경쟁에서 이기는 법을 배운다.

정답 20. ①

🔍 응용 문제

응용문제 🔍

※ [19~20] 다음을 읽고 물음에 답하십시오. (각 2점)

성인 ADHD(주의력결핍 과잉행동장애)는 아동기부터 지속되거나 성인기에 진단되는 신경발달장애로 일상생활뿐만 아니라 직장 및 대인관계에 어려움을 초래할 수 있다. (　　　) 질병이라는 인식이 낮고 아동기에 진단되지 않아 발견이 늦은 탓에 병을 키운 경우가 많다. 약물치료, 인지행동치료 등으로 증상의 개선 및 관리가 가능하므로 의심이 된다면 진단과 치료를 받는 것이 좋다.

---

19. (　　　)에 들어갈 말로 가장 알맞은 것을 고르십시오.

① 또는　　　　② 비록　　　　③ 하지만　　　　④ 오히려

20. 윗글의 주제로 가장 알맞은 것을 고르십시오.

① 성인 ADHD는 아동기부터 시작된다.
② 성인 ADHD는 잘못된 생활 습관에서 비롯된다.
③ 성인 ADHD 환자는 정상적인 사회 생활이 어렵다.
④ 성인 ADHD는 적절한 치료를 통해 관리가 가능한 질병이다.

☑ 아동기　　☑ 성인기
☑ 지속되다　☑ 진단되다
☑ 초래하다　☑ 인식
☑ 증상　　　☑ 개선

19.
(　　　) 앞에 '신경발달장애'로 사회 생활에 어려움을 가져올 수 있다는 내용으로 심각성을 지적했으나 뒤에는 '질병이라는 인식이 낮다'가 나오므로 반대의 의미를 나타내는 접속 부사가 적합합니다.

The content before (　) points out the seriousness of 'neurodevelopmental disorders' that can cause difficulties in social life, but after that, 'low awareness of the disease' appears, so a conjunctive adverb that indicates the opposite meaning is appropriate.

20.
성인 ADHD는 질병이라는 인식이 낮고 진단을 받지 않아 잘 모르는 경우가 있으나 마지막 문장에서 '의심이 된다면 진단과 치료가 필요하다'는 것을 말하고 있습니다.

Adult ADHD is often not well known because there is low awareness of it as a disease and people do not get diagnosed, but the last sentence says that 'if you suspect it, you need diagnosis and treatment'.

정답 **19.** ③　**20.** ④

연습 문제

> CCTV 설치는 공공안전과 범죄 예방에 기여하지만 개인의 사생활을 침해할 수 있는 양면성을 지닌다. 안전한 사회를 위해 CCTV는 필요하나 무분별한 설치와 운영은 개인의 자유와 인권을 위협할 수 있다. 따라서 CCTV 활용에 있어 공공의 이익과 개인의 권리 사이의 균형을 찾는 것이 중요하다. 우선 CCTV 설치 시 반드시 필요한 장소에 한정하고 촬영 범위를 최소화하며 데이터 보안을 철저히 해야 한다. (   ) 설치 목적과 운영 방침을 명확히 공개하고 정보 주체의 권리를 보장해야 한다.

19. (   )에 들어갈 말로 가장 알맞은 것을 고르십시오.

① 또는   ② 그렇지만   ③ 반면에   ④ 만약

20. 윗글의 주제로 가장 알맞은 것을 고르십시오.

① CCTV 설치는 개인의 자유와 인권을 위협하므로 대안이 필요하다.
② CCTV 설치의 목적은 공공의 이익에 있으므로 개인의 피해는 감수해야 한다.
③ CCTV 설치 및 활용 시 다양한 규제를 마련하여 개인의 피해를 최소화해야 한다.
④ CCTV 설치는 여러 부작용에도 불구하고 안전한 사회를 위해 필수적인 요소이다.

📝 어휘

기출문제 19-20

매섭다	fierce, harsh, intense	형	작품을 심사하는 선생님들의 눈초리가 몹시 **매서웠다**.
남극	Antarctica	명	기상 이변으로 **남극**이 빙하가 빠른 속도로 녹고 있다.
겹겹이	in layers	부	옷을 **겹겹이** 껴 입었는데도 추운 것은 어쩔 수 없었다.
견디다	to endure, to withstand	동	이 기간만 잘 참고 **견디면** 좋은 결과를 얻을 수 있을 것이다.
무리	group, flock	명	한 **무리**의 개들이 거리를 떠돌고 있어서 시민들이 공포에 떨었다.
데우다	to warm up, to heat	동	너무 찬 우유를 마시면 배탈이 날 수 있으니 좀 **데워서** 드세요.
떨다	to shiver, to tremble	동	추운 데서 오래 **떨었더니** 몸살이 난 것 같다.
줄곧	continuously, all along	부	그는 고등학교 때 **줄곧** 1등을 놓치지 않았다.

응용문제 19-20

지속되다	to continue, to last	동	아버지의 병은 나아지지 않고 좋지 않은 상태가 **지속되고** 있다.
진단되다	to be diagnosed	동	아이가 기침을 심하게 해서 걱정을 많이 했는데 가벼운 감기로 **진단돼서** 다행이었다.
초래하다	to cause, to bring about	동	그동안의 무관심이 이런 비극을 **초래했다고** 볼 수 있다.
인식	awareness, perception	명	수출 초기에 비해서 우리 제품에 대한 **인식**이 많이 좋아졌다.
증상	symptom	명	특별한 **증상**이 없어서 별 걱정을 안 했는데 암이라니요.
개선	improvement	명	이번 방학에 교실 환경 **개선** 공사가 진행될 예정입니다.

연습문제 19-20

설치	installation	명	주말에 쓰레기 소각장 **설치**에 반대하는 집회가 있을 예정입니다.
범죄	crime	명	이 동네에서 최근 **범죄**가 여러 건 발생했다.

기여하다	to contribute	동	우리 회사에서는 문화 예술 발전에 **기여한** 분들을 선정해서 상을 드리고 있습니다.
침해하다	to infringe, to violate	동	책을 함부로 복사해서 쓰는 것은 저작권을 **침해하는** 행위입니다.
양면성	two-sidedness, duality	명	누구나 동전의 앞뒷면처럼 선과 악의 **양면성**이 있을 수 있다.
지니다	to possess, to have	동	그는 매우 겸손하고 바른 성품을 **지니고** 있다.
무분별하다	indiscriminate, reckless	형	도시가 **무분별하게** 개발되고 있어서 우려하는 사람들이 많다.
인권	human rights	명	공공의 이익도 중요하지만 개인의 **인권**이 무시되면 안 된다.
위협하다	to threaten, to endanger	동	그는 크게 주목받지 못하는 선수였으나 최근 실력이 부쩍 늘면서 어느새 1위의 자리를 **위협하는** 존재가 되었다.
권리	right, entitlement	명	**권리**를 요구하기 전에 먼저 책임을 다 했는지를 생각해 봐야 한다.
한정하다	to limit, to restrict	동	도서관에서 책을 빌릴 수 있는 사람을 재학생으로 **한정하였다**.
최소화하다	to minimize	동	태풍의 피해를 **최소화하기** 위해 정부가 최선을 다하고 있다.
보안	security, safety	명	기업들은 기술 유출을 막기 위해 **보안**에 많은 신경을 쓰고 있다.
방침	policy, guideline	명	학교 **방침**에 따라 신입생은 수영을 필수로 배워야 한다.
명확히	clearly	부	제품을 판매할 때 교환이나 환불 기준을 **명확히** 알려 주세요.
주체	main agent	명	이번 행사는 학생들이 **주체**가 되어 진행하는 것이 좋겠다.
보장하다	to guarantee, to ensure	동	아이들의 안전을 **보장하지** 못하면 행사에 참가시키지 않겠다.

📖✏️ 문법

☑ **A/V-(으)ㄴ/는 탓에**	나쁜 일이 생기게 된 이유나 원인을 나타낼 때 사용합니다. This is used to express the reason or cause of a bad event. 예 갑자기 비가 내리는 **탓에** 경기가 중단되었다. 친구가 늦게 온 **탓에** 공연을 제대로 보지 못했다.

📝 연습 문제 정답 및 해설

📖 [19~20]

☑ 설치 | 범죄 | 기여하다 | 침해하다 | 양면성 | 지니다 | 무분별하다 | 인권 | 위협하다 | 권리 | 한정하다 | 최소화하다 | 보안 | 방침 | 명확히 | 주체 | 보장하다

19. ① ( )의 앞뒤 문장 모두 CCTV 설치 시 필수적인 사항에 대해 이야기하고 있으므로 '또한'이 적합합니다.

Both the sentences before and after ( ) are talking about essential matters when installing CCTV, so '또한' (also) is appropriate.

20. ③ 'CCTV는 필요하나 개인의 자유와 인권을 위협할 수 있다'고 했으며 공공의 이익과 개인의 권리 사이의 균형을 찾는 것이 중요하고 그것을 위해 필수적인 사항을 제시하고 있습니다.

It says that 'CCTV is necessary, but it can threaten individual freedom and human rights', and emphasizes the importance of finding a balance between public interest and individual rights, and presents essential matters for that.

메모

유형 분석 08(21~22번)

This is a question where you read a text consisting of about five sentences and answer two questions. It evaluates vocabulary knowledge and factual comprehension ability by presenting relatively light social issues in the tone of a short article or report. And sometimes vocabulary or expressions used in a specific field of society are included in the text. Therefore, when reading this text, you should be able to grasp the overall topic of the text along with the meaning of each sentence.

다섯 개 정도의 문장으로 구성된 글을 읽고 두 개의 물음에 답하는 문항입니다. 비교적 가벼운 사회적 이슈들을 짧은 기사문이나 보도문의 분위기로 제시하면서 어휘적 지식과 사실적 이해 능력을 평가하고 있습니다. 그리고 때로는 사회의 특정 분야에서 사용되는 어휘나 표현이 글 속에 포함되어 있기도 합니다. 그러므로 이 글을 읽을 때에는 문장 하나하나의 의미와 함께 글 전체의 화제를 잘 파악할 수 있도록 해야 합니다.

21
Choose the most appropriate word to fill in the blank

Question 21 evaluates understanding of idioms commonly used in Korean society. Therefore, understanding Korean culture as well as Korean language ability is required to grasp the overall content and detailed meaning of the text. When studying idioms, including proverbs, it is effective to think about the exact situation where the idiom can be used, rather than just memorizing the expression. One question (2%) out of 50 reading questions is presented in this type.

21 빈칸에 들어갈 말로 가장 알맞은 말 고르기

21번은 한국 사회에서 일반적으로 통용되는 관용구에 대한 이해력을 평가하는 문항입니다. 따라서 한국어 능력뿐만 아니라 한국 문화에 대한 이해가 수반되어야 글의 전체적인 내용부터 세세한 의미까지 파악할 수 있습니다. 속담을 포함한 관용구를 공부할 때는 표현만을 외우기보다 관용구가 쓰일 수 있는 정확한 상황을 같이 생각해 보는 것이 효과적이며, 총 50개의 읽기 문항 중 한 문항이 이 유형으로 출제되고 있습니다.

토픽 회차	관용구 목록(선택지 번호 순)			
41회	제 눈의 안경	엎질러진 물	싼 게 비지떡	티끌 모아 태산
47회	담을 쌓다	못을 박다	머리를 맞대다	고개를 숙이다
52회	앞뒤를 재다	발을 빼다	발걸음을 맞추다	앞뒤를 가리지 않다
60회	손을 떼다	이를 갈다	담을 쌓다	열을 올리다
64회	앞뒤를 재다	진땀을 흘리다	발목을 잡다	귀를 기울이다
83회	등을 떠밀다	눈을 맞추다	발 벗고 나서다	손에 땀을 쥐다
91회	입맛에 맞다	가슴을 울리다	발목을 잡다	손을 맞잡다

22 글의 내용과 같은 것 고르기

22번은 사실적 이해 능력을 평가하는 문항 중 하나로, 글의 세부 내용을 제대로 파악했는지 묻는 문항입니다. 문항 지시문에서 요구하고 있는 것은 글의 내용과 같은 내용의 선택지를 고르는 것이기 때문에 글의 내용과 선택지를 잘 비교해 가면서 읽어야 합니다. 또한 대체로 가벼운 사회적 이슈나 논란 거리 등을 다루고 있는 제시 글의 특성상, 글의 주제나 중심 생각을 고르는 것이 되지 않도록 주의해야 합니다. 이 문항은 글에 쓰여 있는 객관적인 정보와 일치하는 것을 골라 내는 것입니다.

22

Choose the same content as the text

Question 22 is one of the questions that evaluate factual comprehension ability, asking whether you have correctly grasped the details of the text. Since the question asks you to choose the option with the same content as the text, you should read the text and the choices carefully while comparing them. Also, since the presented text usually deals with light social issues or controversial topics, you should be careful not to choose the main topic or central idea of the text. This question is about choosing the option that matches the objective information written in the text.

☑ 수요   ☑ 돈벌이
☑ 급급하다   ☑ 관계자
☑ 복제품   ☑ 쏟다
☑ 행태   ☑ 우려하다

21.

( ) 앞에는 '미술계 발전의'가 있고 뒤에는 '걱정하다'와 비슷한 '우려한다'가 있으므로 '방해하다'의 의미를 가진 '발목을 잡다'가 맞습니다. 또한 제시된 표현 중 부정적 의미는 ③번 뿐입니다.

① 입맞에 맞다
 : 관심과 흥미에 맞다
② 가슴을 울리다
 : 감동하다
③ 발목을 잡다
 : 행동을 방해하다
④ 손을 맞잡다
 : 서로 협력하다

Since 'concerns about the development of the art world' appears before ( ) and 'worries', which is similar to 'concerns', appears after, '발목을 잡다' (to hold someone back), which means 'to hinder', is appropriate. Also, among the presented expressions, only ③ has a negative meaning.

① 입맞에 맞다
 : to suit one's taste
② 가슴을 울리다
 : to touch one's heart
③ 발목을 잡다
 : to hinder one's actions
④ 손을 맞잡다
 : to cooperate with each other

기출문제 🔍

※ [21~22] 다음을 읽고 물음에 답하십시오. (각 2점)

> 최근 미술 전시회 수요가 증가하면서 돈벌이에 급급한 전시회가 늘고 있다. 일부 전시 관계자들이 전시 포스터 등 홍보 자료에 복제품 전시임을 밝히지 않고 입장료 수입만을 챙기는 것이다. 전시장을 찾아와서야 이런 사실을 알게 된 관람객들은 불만을 쏟아 내고 있다. 전문가들은 이런 전시 행태가 미술계 발전의 ( ) 수 있다고 우려한다. 전시회에 실망한 사람들이 미술에 대한 관심을 아예 끊을 수 있기 때문이다.

21. ( )에 들어갈 말로 가장 알맞은 것을 고르십시오.

① 입맞에 맞을
② 가슴을 울릴
③ 발목을 잡을
④ 손을 맞잡을

정답 21. ③

22. 윗글의 내용과 같은 것을 고르십시오.

① 복제품 전시회는 입장료를 받지 않는다.

② 최근 미술 전시회를 찾는 사람들이 많지 않다.

③ 전시회에서 복제품을 전시하는 일이 점점 줄고 있다.

④ 복제품 전시회인지 모르고 전시회를 방문한 관람객들이 있다.

22.

① 복제품 전시회임을 밝히지 않고 입장료 수입을 챙기고 있습니다.

② 미술 전시회 수요가 증가하고 있습니다.

③ 돈벌이에 급급해 복제품을 전시하는 일이 늘고 있습니다.

① They are collecting entrance fees without revealing that it is a replica exhibition.

② The demand for art exhibitions is increasing.

③ The number of cases where replicas are displayed for the sake of making money is increasing.

정답 22. ④

응용 문제

응용문제 🔍

※ [21~22] 다음을 읽고 물음에 답하십시오. (각 2점)

> 최근 영화와 드라마뿐만 아니라 음악 분야에서도 생성형 인공지능 (AI)이 다양하게 활용되고 있다. 그런데 이러한 분위기에서 저작권 침해를 우려하는 시각도 많다. 인공지능의 활용 과정에서 동의 없이 배우들의 대사나 가수들의 음원 등을 사용하는 일이 발생하기 때문이다. 그런데 현재는 이러한 침해 행위로부터 저작권을 보호 받을 수 있는 법적 장치가 없다. 따라서 이제는 정부 차원에서 (　　　　) 예술 계의 저작권을 보호할 수 있는 방안을 마련할 때가 되었다.

22. (　　　　)에 들어갈 말로 가장 알맞은 것을 고르십시오.

① 입을 맞춰서

② 등을 떠밀어서

③ 진땀을 흘려서

④ 발 벗고 나서서

22.

인공지능의 활용으로 예술가들의 저작권이 침해당하게 된 것에 대해 정부가 적극적으로 나서서 대책을 마련해야 한다는 내용이므로, 빈칸에는 '발 벗고 나서서'라는 말이 들어가는 것이 적절합니다.

① 입을 맞추다: 서로의 말이 일치하도록 하다.

② 등을 떠밀다: 일을 억지로 시키거나 부추기다.

③ 진땀을 흘리다: 어려운 일이나 난처한 일을 당해서 진땀이 나도록 매우 애를 쓰다.

④ 발 벗고 나서다: 적극적으로 나서다

Since the text says that the government should actively step up and come up with measures to protect artists' copyrights that have been infringed upon by the use of artificial intelligence, it is appropriate to include the expression '발 벗고 나서서' (to actively step up) in the blank.

① 입을 맞추다: to coordinate one's words with others

② 등을 떠밀다: to force or encourage someone to do something

③ 진땀을 흘리다: to struggle greatly with a difficult or embarrassing situation

④ 발 벗고 나서다: to actively step up

정답 21. ④

22. 윗글의 내용과 같은 것을 고르십시오.

① 인공지능의 사용으로 인해 저작권 문제가 생겼다.

② 많은 가수들이 인공지능이 만든 노래를 부르기 시작했다.

③ 최근 인공지능을 소재로 한 영화가 많이 만들어지고 있다.

④ 정부에서 예술가들의 저작권 보호를 위한 대책을 발표했다.

22.

② 음악 분야에서도 생성형 인공지능이 다양하게 활용되고 있습니다.

③ 영화 분야에서 인공지능이 다양하게 활용되고 있습니다.

④ 이제 정부 차원에서 저작권을 보호할 수 있는 방안을 마련할 때가 되었습니다.

② Generative artificial intelligence is also being used in various ways in the music field.

③ Artificial intelligence is being used in various ways in the film field.

④ It is time for the government to come up with measures to protect copyright.

정답 22. ①

📝 연습 문제

※ [21~22] 다음을 읽고 물음에 답하십시오. (각 2점)

> 　최근 고령자 운전 사고가 급증하면서 사회적 문제가 되고 있다. 통계에 의하면 지난 5년간 고령 운전자가 일으킨 교통사고 건수가 30% 이상 증가한 것으로 나타났다. 전문가들은 노화로 인한 반응 속도 저하와 인지 능력 감소를 주요 원인으로 보고 있으며 이에 대한 대책 마련이 시급하다고 지적했다.　시민들 역시 이제는 더 이상 이 문제를 (　　　) 안 된다며 목소리를 높이고 있다

21. (　　　)에 들어갈 말로 가장 알맞은 것을 고르십시오.

　① 가뭄에 콩 나듯 해서는
　② 그림의 떡 보듯 해서는
　③ 강 건너 불 보듯 해서는
　④ 간이라도 빼어 줄 듯 해서는

22. 윗글의 내용과 같은 것을 고르십시오.

　① 고령자 운전 사고는 점차 줄고 있다.
　② 고령자 운전 사고의 원인은 아직 잘 모른다.
　③ 고령자 운전 사고에 대한 대책은 이미 준비되었다.
　④ 고령자 운전 사고 증가에 대해 많은 사람들이 걱정한다.

📝 어휘

기출문제 21-22

수요	demand	명	날씨가 더워지면서 에어컨의 **수요**가 크게 증가했다.
돈벌이	making money, earning a living	명	직업을 **돈벌이**의 수단으로만 생각하면 안 된다.
급급하다	engrossed in, preoccupied with	형	그는 거짓말이 밝혀지자 변명하기에 **급급했다**.
관계자	person concerned, stakeholder	명	이 곳은 행사 **관계자**만 출입할 수 있다.
복제품	replica, copy	명	명품의 가격이 크게 오르자 **복제품** 판매도 늘었다.
쏟다	to pour, to devote (effort)	동	그는 자리에 앉자마자 사장님에 대한 험담을 **쏟아** 냈다.
행태	behavior, conduct	명	다른 사람을 무시하는 듯한 **행태**는 즉시 바로잡아야 한다.
우려하다	to be concerned, to worry	동	전기 수요의 증가로 정부는 전기 부족 사태를 **우려하고** 있다.

응용문제 21-22

생성	generation, creation	명	이 책에서는 우주의 **생성** 원리에 대해 설명하고 있다.
인공 지능	artificial intelligence	명	이 방에는 **인공 지능** 센서가 부착되어 있어 온도와 습도가 자동으로 조절된다.
결합	combination, union	명	물은 산소와 수소의 **결합**으로 이루어진다.
저작권	copyright	명	저작자가 사망한 뒤에도 **저작권**을 보호를 받을 수 있다.
침해	infringement, violation	명	연예인에 대한 대중 매체의 사생활 **침해**가 점점 심해지고 있다.
보호	protection	명	환경 **보호**는 미래의 후손을 위하여 아주 중요한 과제이다.
법적	legal	관	이번 사건은 최종적으로 **법적** 책임을 가려야 끝난다.

연습문제 21-22

급증하다	to increase rapidly, to surge	동	최근 기온이 급격히 떨어짐에 따라 감기 환자가 **급증했다**.

반응	reaction, response	명	이번 영화에 대한 관객들의 **반응**이 기대에 못 미친다.
저하	decline, deterioration	명	스마트폰 사용이 늘면서 학생들의 시력 **저하**가 심해졌다.
인지	cognitive	명	손을 이용한 놀이는 아이들의 **인지** 발달에도 도움이 된다.
대책	countermeasure, solution	명	비로 인한 피해를 줄이려면 보다 현실적인 **대책**이 필요하다.
마련하다	to prepare, to arrange, to come up with	동	집에 손님을 초대하면 음식 **마련**이 제일 걱정이다.
시급하다	urgent, pressing	형	일손이 부족할 때는 **시급한** 문제부터 해결해야 한다.
지적하다	to point out, to indicate	동	심사위원들은 원곡에 대한 이해가 부족한 점을 **지적했다.**

 **문법**

☑ **N뿐만 아니라** ＊ ~에서 뿐만 아니라	앞의 말말고도 다른 것이 더 있음을 나타냅니다. This indicates that there is something else in addition to what is mentioned before. 예 이 옷은 **디자인뿐만 아니라** 색깔도 나한테 잘 어울리는 것 같다. 비빔밥은 **한국에서뿐만 아니라** 세계적으로도 사랑 받는 음식이다.
☑ **A/V-(으)ㅁ** ☑ **N임**	동사, 형용사, '이다'와 결합하여 앞의 말을 명사형으로 만드는 데 사용합니다. This is used with verbs, adjectives, and '이다' to make the preceding word into a noun form. 예 그가 어릴 때 잃어버렸던 **아들임**이 밝혀지는 순간 시청률이 크게 상승했다.
☑ **N에 의하면**	어떤 사실의 근거나 출처를 나타낼 때 사용한다. 후행절에 주로 인용문이 오고 '~에 따르면'으로 바꿔서 사용할 수 있습니다. This is used to indicate the basis or source of a fact. It is often followed by a quotation and can be replaced with '~에 따르면' (according to). 예 이번 조사에 **의하면** 청소년들의 흡연율은 점차 감소하고 있는 것으로 나타났다.

📖 **[21~22]**

☑ 급증하다 | 통계 | 저하 | 인지 | 대책 | 마련하다 | 시급하다 | 지적하다

21. ③

이 글은 고령 운전자 사고의 증가와 이에 대한 대책 마련에 대해 이야기하고 있습니다. ( ) 앞에는 '대책 마련이 시급하다'라는 표현이 있고 뒤에는 '안 된다'라는 말이 있으므로 '남의 일처럼 생각하다'라는 의미의 ③번이 알맞습니다.

This article talks about the increase in accidents caused by elderly drivers and the need for countermeasures. Since the expression 'it is urgent to prepare countermeasures' appears before ( ) and Since the phrase 'It can't be done' is mentioned, option ③, which means 'to think of it as someone else's problem,' is the most appropriate.

22. ④

고령자 운전 사고가 사회적인 문제이며 해결책 마련에 대한 시민들의 요구도 커지고 있으므로 정답은 ④번입니다.

Since accidents caused by elderly drivers are a social problem and there is a growing demand from citizens for solutions, the correct answer is ④.

메모

This is a question about understanding the situation and psychological state of 'I' by reading the given text. Therefore, it is important to understand the background and situation of the story, and it is especially good to know various vocabulary related to expressing emotions.

제시된 글을 읽고 '나'의 상황과 심리 상태를 이해하는 문제입니다. 따라서 이야기의 배경과 상황을 잘 파악하는 것이 중요하며, 특히 심정을 표현하는 어휘들을 다양하게 알아 두는 것이 좋습니다.

23

Choose the feeling of 'I' expressed in the underlined part

This is a question about choosing the emotion of the writer expressed in the underlined part. Simply understanding the meaning of the underlined part is not enough, and it is important to first read the entire text and understand the situation. In particular, since the cause or reason for the emotion may be presented in the sentences before and after the underlined part, it is necessary to check them carefully. Also, you should organize the main vocabulary related to emotions in advance.

23 밑줄 친 부분에 나타난 '나'의 심정 고르기

밑줄 친 부분에 나타난 글쓴이의 감정을 고르는 문제입니다. 단순히 밑줄 친 부분의 의미만으로는 충분하지 않으며 먼저 글 전체를 잘 읽고 어떤 상황인지를 파악하는 것이 중요합니다. 특히 밑줄 친 부분의 앞뒤 문장에 감정의 원인이나 이유가 제시될 수 있기 때문에 꼼꼼하게 확인할 필요가 있습니다. 또한 감정과 관련된 주요 어휘를 미리 정리해야 합니다.

☆ 주요 감정 관련 어휘

긍정적	부정적	
가슴이 먹먹하다	곤란하다	섭섭하다
감격스럽다	거만하다	속상하다
기대가 되다	괘씸하다	실망스럽다
기쁘다	괴롭다	안타깝다
담담하다	난처하다	억울하다
마음이 홀가분하다	당황스럽다	의심스럽다
만족스럽다	민망하다	지겹다
반갑다	부끄럽다	짜증나다
설레다	부담스럽다	창피하다
안도하다	불만스럽다	초조하다
자랑스럽다	서럽다	허전하다
희열을 느끼다	서먹하다	허탈하다
흐뭇하다	서운하다	혼란스럽다

24 글의 내용과 같은 것 고르기

제시된 내용과 같은 것을 고르는 문제입니다. 글의 종류는 주로 수필이므로 이야기 속 주요 '사건'을 파악하고 흐름을 이해하는 것이 중요합니다. 글의 내용과 선택지를 비교하면서 맞는 내용을 골라야 하는데, 이때 선택지에서는 지문에 나온 표현을 그대로 사용하지 않기 때문에 비슷한 어휘를 알고 있어야 합니다. 단, 비슷한 표현이라고 해도 의미는 지문의 내용과 정확하게 일치해야 정답이 될 수 있으므로 답을 고를 때 주의해야 합니다.

24

Choosing the same content as the text

This is a question where you choose the option that matches the content of the text. The type of text is usually an essay, so it is important to grasp the main 'events' in the story and understand the flow. You need to compare the content of the text and the choices to choose the correct answer. The choices may not use the same expressions as in the text, so you need to know similar vocabulary. However, even if the expressions are similar, the meaning must exactly match the content of the text to be the correct answer, so be careful when choosing.

🔍 기출 문제

📖 ·· 83회 읽기 23~24번

☑ 창고
☑ 선반
☑ 펼치다
☑ 왈칵
☑ 두근거리다
☑ 적다
☑ 빼곡히
☑ 흔적

23.

밑줄 친 '눈물이 나올 뻔하다'의 뒷문장에 어렸을 때 돌아가신 아버지의 일기장'이라는 내용이 있으며 뒤에 '두근거리다'라는 표현도 있으므로 반갑고 감격스러운 감정이 알맞습니다.

The sentence after the underlined 'I almost cried' mentions 'my father's diary from when I was young', and the expression 'my heart pounded' also appears later, so a feeling of gladness and being touched is appropriate.

기출문제 🔍

※ [23~24] 다음을 읽고 물음에 답하십시오. (각 2점)

며칠 전 창고 선반 위에 올려 둔 가방을 꺼내는데 공책 한 권이 툭 하고 떨어졌다. 나는 '뭐지?'하고 별 생각 없이 안을 펼쳐 보고는 <u>눈물이 왈칵 나올 뻔했다</u>. 그것은 바로 어렸을 때 돌아가신 아버지의 일기장이었다. 아버지 물건이 아직도 집에 남아 있을 줄은 전혀 생각하지 못했다. 두근거리는 마음으로 거실로 나와 일기장을 펼쳤다. 30년 전 날짜가 적힌 일기장의 누렇게 변한 페이지마다 아버지의 하루하루가 적혀 있었다. 내가 초등학교에 입학한 날, 여행한 날, 혼났던 날……그때의 추억이 펼쳐졌다. 아버지는 언제 어디서 무엇을 하셨는지 빼곡히 적어 두셨다. 일기장에 적혀 있는 곳을 인터넷으로 찾아보니 자주 가시던 빵집과 국숫집이 아직도 그대로 있었다. 그곳에 가면 아버지의 흔적을 느낄 수 있을까? 나는 이번 주말에 일기장에 적혀 있는 곳에 한번 찾아가 보려고 한다.

---

23. 밑줄 친 부분에 나타난 '나'의 심정으로 가장 알맞은 것을 고르십시오.

① 반갑고 감격스럽다
② 편하고 만족스럽다
③ 아쉽고 걱정스럽다
④ 기쁘고 자랑스럽다

정답 23. ①

24. 윗글의 내용과 같은 것을 고르십시오.

① 나는 아버지의 물건을 많이 가지고 있다.

② 나는 전에 아버지의 일기장을 자주 꺼내 읽었다.

③ 나는 거실에 아버지의 일기장을 보관하고 있었다.

④ 나는 아버지가 자주 가시던 빵집에 가 보려고 한다.

24.

① 아버지의 물건이 아직 남아 있을 줄은 생각 못했습니다.

② 일기장을 우연히 찾았고 두근거리는 마음으로 읽었습니다.

③ 창고 선반 위에서 찾았습니다.

① I didn't think my father's belongings would still be there.

② I found the diary by chance and read it with a pounding heart.

③ I found it on the shelf in the storage room.

정답 24. ④

🔍 응용 문제

23.

'불만을 토로하려 했던 내 마음은 어느새 사라지고' 뒤에 밑줄 친 '어색한 웃음으로 손을 저어가며'와 '쏜살같이 내렸다'라는 표현은 부끄럽고 민망함을 나타냅니다.

The expressions 'my heart, which was about to complain, disappeared' and the underlined 'waving my hand with an awkward smile' and 'got off quickly' in the following sentence indicate embarrassment and shame.

응용문제 🔍

※ [23~24] 다음을 읽고 물음에 답하십시오. (각 2점)

> 엘리베이터가 도착했고 문이 열렸다. 그 순간 내 앞에 서 있는 것은 다름 아닌 윗집 가족이었다. 며칠째 머릿속을 맴돌던 불만이 입 밖으로 터져 나오려던 찰나, 아이 엄마가 먼저 입을 열었다. "안녕하세요? 아래층에 사시죠? 저희 아이가 시끄럽게 해서 불편하실 텐데, 정말 죄송합니다. 주의를 준다고 주는데도…" 그녀의 목소리에는 진심 어린 사과의 뜻이 담겨 있었다. 그녀 옆의 꼬마도 고개를 숙이며 "아저씨, 시끄럽게 해서 미안해요."라고 하는 것이 아닌가. 순간 불만을 토로하려 했던 내 마음은 어느새 사라지고 <u>어색한 웃음으로 손을 저어가며</u> 괜찮다고 말하고는 1층에 도착하자마자 <u>쏜살같이 내렸다</u>. 엘리베이터에서 내리며 생각했다. 때로는 우리가 예상치 못한 순간에 이웃의 따뜻함을 느낄 수 있다는 것을. 그리고 그런 순간이 우리 삶을 조금 더 여유롭게 만든다는 것을. 그날 이후 윗집의 발소리는 더 이상 신경 쓰이지 않았다. 오히려 그 소리가 생동감 넘치는 일상의 리듬처럼 느껴졌다.

23. 밑줄 친 부분에 나타난 '나'의 심정으로 가장 알맞은 것을 고르십시오.

① 분하고 억울하다

② 부끄럽고 민망하다

③ 기쁘고 자랑스럽다

④ 뿌듯하고 만족스럽다

정답 23. ②

24. 윗글의 내용과 같은 것을 고르십시오.

① 나는 윗집 사람들과 친하게 지내왔다.

② 나는 윗집 아이에게 주의를 준 적이 있다.

③ 나는 이제 윗집 소음 때문에 불편하지 않다.

④ 나는 평소에 엘리베이터를 이용하지 않는다.

24.

① 층간 소음으로 불만을 가지고 있었습니다.

② 불만이 머릿속에서만 맴돌았고 말하지 못했습니다.

④ 윗글에 나오지 않는 내용입니다.

① I had a complaint about the noise between floors.

② The complaint only lingered in my head and I couldn't say it.

④ This content does not appear in the text above.

정답 24. ③

※ [23~24] 다음을 읽고 물음에 답하십시오. (각 2점)

어린 시절, 집 앞 작은 공원에서 처음 자전거를 탔던 날을 아직도 생생히 기억한다. 불안정한 바퀴 위에서 손이 아플 정도로 손잡이를 잡고 몸에는 힘이 가득 들어가 있었다. 뒤에서 아빠가 자전거를 잡고 있었지만 나도 모르는 사이에 손을 놓을 것 같아서 절대 놓으면 안 된다고 소리를 쳤고 아빠는 걱정하지 말라고, 잘하고 있다면서 용기를 주셨다. 그리고 조금씩 페달을 밟아가며 균형을 잡아갔고, 어느새 나는 바람을 가르며 달리고 있었다. 세월이 흘러 이제 아빠는 흰 머리의 노인이 되셨다. 지팡이를 짚고 천천히 걸으시는 모습을 보면 왠지 <u>목이 메인다.</u> 자전거를 배우던 그때처럼 이제는 내가 아빠의 손을 잡고 천천히 걸어가야 할 것 같다.

23. 밑줄 친 부분에 나타난 '나'의 심정으로 가장 알맞은 것을 고르십시오.

① 서운하고 허탈하다
② 부끄럽고 미안하다
③ 안타깝고 속상하다
④ 창피하고 부담스럽다

24. 윗글의 내용과 같은 것을 고르십시오.

① 나는 결국 자전거 타기에 실패했다.
② 나는 아빠한테 자전거 타는 것을 배웠다.
③ 나는 돌아가신 아빠를 생각하면 마음이 아프다.
④ 나는 자전거를 배우면서 아빠와 사이가 나빠졌다.

어휘

기출문제 23-24

창고	storage room	명	사 놓고 사용하지 않는 물건이 **창고**에 가득하다.
선반	shelf	명	지하철 **선반** 위에 가방을 놓아 두고 그냥 내렸다.
펼치다	to spread, to unfold	동	책을 사자마자 첫 페이지를 **펼쳐서** 작가 소개를 읽어 보았다.
왈칵	suddenly, all at once	부	오랜만에 엄마 얼굴을 보니까 나도 모르게 눈물이 **왈칵** 쏟아졌다.
두근거리다	to pound, to throb	동	곧 내 차례가 된다고 생각하니 가슴이 **두근거리고** 식은 땀이 나기 시작했다.
적다	to write	동	내가 방학동안 해야 할 일을 꼼꼼히 **적어** 놓았다.
빼곡히	densely, closely	부	수첩에는 그동안의 연습 과정이 **빼곡히** 쓰여 있었다.
흔적	trace, mark, sign	명	선수의 유니폼에는 치열했던 경기의 **흔적**이 고스란히 남아 있었다.

응용문제 23-24

맴돌다	to linger, to hover	동	시간이 많이 흘렀지만 살려 달라는 아이의 목소리가 계속 귓가에 **맴돌았다**.
찰나	instant, moment	명	현관문을 나서려는 **찰나**에 전화벨이 울렸다.
진심 어리다	sincere, heartfelt	표현	이번 사고로 가족을 잃은 사람들에게 **진심 어린** 위로를 전했다.
토로하다	to express, to vent	동	직원들은 회의가 시작되자 그동안 쌓였던 불만을 **토로하기** 시작했다.
쏜살같이	like an arrow, very quickly	부	먹이를 먹던 고양이는 사람이 나타나자 **쏜살같이** 달아났다.
생동감	vividness, liveliness	명	스피커가 좋아서 그런지 소리에 **생동감**이 넘친다.

연습문제 23-24

불안정하다	unstable, unsteady	형	지금 하는 일이 좋기는 하지만 **불안정한** 점이 마음에 걸린다.

바람을 가르다	to cut through the wind	표현	오토바이를 타고 **바람을 가르며** 달릴 때가 가장 짜릿하다.
지팡이를 짚다	walk with a stick(cane)	표현	교통사고로 다리를 다쳐서 한동안 **지팡이를 짚고** 다녀야 한다.
목이 메이다	to have a lump in one's throat	표현	어머니를 잃고 슬퍼하는 친구를 보니 **목이 메여서** 말을 할 수가 없었다.

📖 문법

☑ **V-(으)ㄹ 뻔하다**	어떤 일이 거의 일어날 것 같았으나 다행히 일어나지 않았을 때 사용합니다. This is used when something almost happened but fortunately didn't. 예 조금만 늦었으면 비행기를 놓칠 **뻔했다.** 자전거를 타고 가다가 차에 부딪혀서 죽을 **뻔했어요.**
☑ **V-(았/었)던**	과거에 일어난 일이나 상태를 회상하여 표현할 때 사용합니다. 'V-던'은 완료되지 않고 중단된 상태, 과거에 일정 기간 지속된 상황이나 상태를 나타낼 때 사용하며 'V-았/었던'은 과거에 완료된 일회적 상황 또는 일정 기간 지속된 상황을 나타낼 때 사용합니다. This is used when recalling and expressing something that happened or a state that existed in the past. 'V-던' is used to indicate an incomplete or interrupted state, or a situation or state that continued for a certain period in the past, while 'V-았/었던' is used to indicate a one-time situation that was completed in the past, or a situation that continued for a certain period. 예 아까 **마시던** 커피를 책상 위에 올려 놓았어요. 어렸을 때 **살던** 집에 한 번 가 보고 싶어요. 한국에 와서 처음 **먹었던** 음식이 떡볶이예요. 친구들과 함께 **공부했던** 교실이 그대로 남아 있어요.
☑ **A/V-(으)ㄹ 텐데**	현재나 미래의 상황에 대해 화자의 추측을 표현할 때 사용합니다. This is used to express the speaker's guess about a present or future situation. 예 **바쁘실 텐데** 와 주셔서 감사합니다. 시험보느라고 **힘들었을 텐데** 오늘은 일찍 가서 쉬세요.

☑ A/V-(으)ㄴ/는데도

앞선 행동이나 상황으로 기대할 수 있는 것과 다른 상황이나
결과를 나타낼 때 사용합니다.

This is used to indicate a situation or result that is different from
what could be expected from the preceding action or situation.

예 날씨가 **추운데도** 많은 사람들이 모였다.

　　내가 그렇게 **부탁하는데도** 들어주지 않더라고요.

연습 문제 정답 및 해설

📖 **[23~24]**

☑ 불안정하다 | 바람을 가르다 | 지팡이를 짚다 | 목이 메이다

23. ③ 글쓴이는 '흰머리의 노인이 되어 지팡이를 짚고 걸으시는 아버지의 모습'을 보고 마음 아파하고 있습니다.

The writer is heartbroken to see 'the image of their father as an old man with white hair, walking with a cane'.

24. ②
① 바람을 가르며 달렸습니다.
③ 아빠는 흰 머리의 노인이 되셨습니다.
④ 자전거를 배우던 기억을 좋은 추억으로 표현하고 있습니다.

① I ran cutting through the wind.
③ My father has become an old man with white hair.
④ The memory of learning to ride a bicycle is expressed as a good memory.

25~27

This is a question where you read the title of a newspaper article and choose the sentence from the choices that best explains what the text means. Newspaper article titles, especially those dealing with incidents and accidents, are not in the form of complete sentences and convey a condensed meaning with concise expressions. Therefore, it requires the ability to expand and interpret the entire hidden meaning. Also, since figurative expressions, onomatopoeia, and mimetic words may be used to express the content concisely, it is important to be familiar with vocabulary, onomatopoeia, and mimetic words that are used to express the degree of seriousness or the amount of something, as in the example below.

Usually, the titles of articles in questions 25 and 26 present relatively light information such as news from the social, cultural, or arts fields, or weather news. And question 27 mainly presents titles that deal with policies implemented by the government and their results in fields such as economy, management, law, and institutions, expressing concerns or presenting prospects.

Generally, newspaper article titles present the subject of the article in the first part and explain its current status or point out related problems in the latter part. Therefore, for this type of question, it is good to first look at the title of the article and correctly grasp its subject and content, and then choose the correct answer from the choices.

25~27

신문 기사 제목을 보고 선택지에서 그 텍스트가 의미하는 바를 잘 설명한 문장을 고르는 문제입니다. 주로 사건과 사고를 다루는 신문 기사의 제목은 완전한 문장 구조의 형태가 아니고 간결한 표현으로 함축된 뜻을 전달하고 있습니다. 따라서 그 속에 감추어진 내용 전체를 확장하여 해석할 수 있는 능력을 필요로 합니다. 또한 내용을 간결하게 표현하기 위해 비유적인 표현이나 의성어, 의태어가 사용되는 경우도 있으므로, 아래의 예와 같이 어떠한 정도의 심각성을 나타내거나 수량의 많고 적음을 표현할 때 사용하는 어휘와 의성어, 의태어들을 잘 익혀 두는 것이 중요합니다.

예 64회 27번 : 우주여행 시대 '성큼'
　　83회 26번 : 기습 폭우에 차량 '엉금엉금'
　　91회 25번 : 3년 만의 콘서트에 구름 관중

보통 25번과 26번의 텍스트에서는 사회나 문화, 예술 분야의 정보나 날씨 뉴스와 같이 상대적으로 가벼운 내용의 정보 전달형 기사 제목들이 출제됩니다. 그리고 27번에서는 아래의 예와 같이 경제나 경영, 법과 제도 등의 분야에서 국가가 시행하고 있는 정책과 성과 등에 대해 다루면서 그에 대한 우려를 나타내거나 전망을 제시하는 제목들을 주로 출제하고 있습니다.

예 60회 27번 : 반도체 공급 안정은 미지수
　　83회 27번 : 정부 대책 마련은 미흡
　　93회 27번 : 부동산 시장 기지개

일반적으로 신문 기사의 제목을 보면 앞부분에서는 기사의 소재를 제시하고, 뒷부분에서는 그것의 현재 상황을 설명하거나 그와 관련된 문제점을 지적하는 형태로 되어 있습니다. 따라서 이 유형의 문항은 먼저 기사 제목을 보고 그 소재와 내용을 제대로 파악한 뒤, 선택지에서 정답을 고르는 것이 좋습니다.

기출문제 🔍

※ [25~27] 다음 신문 기사의 제목을 가장 잘 설명한 것을 고르십시오.

(각 2점)

25.

> 관광버스 추락, 안전벨트로 승객 전원 목숨 건져

① 관광버스가 추락했지만 승객들이 안전벨트 덕분에 모두 살았다.

② 관광버스 추락 사고 이후 안전벨트를 하는 승객이 더 많아졌다.

③ 관광버스가 추락하자 일부 승객이 안전벨트를 풀고 탈출하였다.

④ 관광버스가 추락하면서 안전벨트를 한 일부 승객이 크게 다쳤다.

26.

> 한국 탁구의 간판 김수미, 올해 국제 대회 금메달 싹쓸이

① 올해 국제 탁구 대회에서 한국 대표 김수미의 금메달 가능성이 높아졌다.

② 한국 탁구계가 김수미를 내세워 올해 국제 대회의 금메달을 노리고 있다.

③ 한국의 대표 탁구 선수 김수미가 올해 국제 대회에서 모두 금메달을 땄다.

④ 한국 탁구 선수 김수미가 올해 국제 대회에서 금메달을 따고자 훈련 중이다.

📖 ·· 64회 읽기 25번

☑ 추락   ☑ 안전벨트
☑ 승객   ☑ 전원
☑ 목숨   ☑ 건지다

25.

'전원'은 소속된 인원 전체를 가리키는 말이고, '목숨을 건지다'는 '어떤 사고 등에서 살았다'라는 의미의 표현입니다. 따라서 안전벨트 덕분에 버스의 승객이 모두 살았다는 의미의 제목입니다.

'전원 (All)' refers to all the people involved, and 'to save one's life' is an expression that means 'to survive an accident'. Therefore, the title means that all the passengers on the bus survived thanks to the seat belts.

📖 ·· 91회 읽기 26번

☑ 간판   ☑ 싹쓸이

26.

여기에서 '간판'은 '대표하여 내세울 만한 사람'이라는 뜻이고, '싹쓸이'는 '모두 다 쓸어서 가져갔다'라는 뜻으로 쓰였습니다. 따라서 대표 선수 김수미가 금메달을 모두 땄다는 의미의 제목입니다.

Here, '간판 (signboard)' means 'a person who is worthy of being a representative', and '싹쓸이 (sweep)' is used to mean 'to take everything'. Therefore, the title means that the representative player Kim Soo-mi won all the gold medals.

정답 25. ①   26. ③

☑ 거래
☑ 사기
☑ 마련
☑ 미흡

27.

'급증'이라는 말은 '빠른 속도록 늘다'라는 뜻이고, '미흡'은 '뭔가 부족해서 만족스럽지 못하다'라는 의미의 표현입니다. 따라서 사기가 늘었지만 정부의 대책 마련은 충분하지 않다는 의미의 제목입니다.

The word '급증 (surge)' means 'to increase rapidly', and '미흡 (inadequate)' is an expression that means 'unsatisfactory due to lack of something'. Therefore, the title means that fraud has increased, but the government's preparation of countermeasures is insufficient.

27.

> 온라인 거래 사기 급증, 정부 대책 마련은 미흡

① 온라인 거래 사기가 늘었지만 정부의 대책 마련은 충분하지 않다.

② 온라인 시작에서 거래 사기가 증가해 정부가 대책을 수립하고 있다.

③ 온라인 거래 사기를 막기 위해 마련한 정부의 대책은 큰 효과가 없었다.

④ 온라인 거래 사기 피해자들을 위해 정부가 대책을 마련하겠다고 발표했다.

정답 27. ①

응용문제 🔍

※ [25~27] 다음 신문 기사의 제목을 가장 잘 설명한 것을 고르십시오.

(각 2점)

25.

어린이 보호 구역, 불법 주차로 '몸살'

① 어린이 보호 구역에는 주차 공간이 부족하다.

② 어린이 보호 구역에는 자동차가 다니지 않는다.

③ 몸이 아픈 사람만 어린이 보호 구역에 주차할 수 있다.

④ 많은 자동차들이 어린이 보호 구역에 잘못 주차를 하고 있다.

☑ **몸살**

25.

'어린이 보호 구역'이란 어린이를 교통사고의 위험으로부터 보호하기 위해 설정한 구간이고, 여기에서 '몸살'은 그 구역에 불법 주차로 인한 문제들이 많이 생겼다는 의미입니다. 따라서 많은 자동차들이 어린이 보호 구역에 잘못된 주차를 하고 있다는 의미의 제목입니다.

A 'child protection zone' is a section designated to protect children from the risk of traffic accidents, and here, 'aches and pains' means that there are many problems in that zone due to illegal parking. Therefore, the title means that many cars are parked illegally in the child protection zone.

정답 25. ④

※ [25~27] 다음 신문 기사의 제목을 가장 잘 설명한 것을 고르십시오. (각 2점)

25.

> 서울 음악 축제, 입맛대로 즐기는 각양각색 음악

① 서울에서 음악 축제와 음식 축제가 동시에 열린다.

② 축제에서는 자신의 취향에 맞는 다양한 음악을 즐길 수 있다.

③ 축제에 가면 자신의 입맛에 맞는 음식들을 골라 먹을 수 있다.

④ 음악 축제에서는 준비해 간 음식을 먹으면서 음악을 즐길 수 있다.

26.

> 전용도로라면, 더 안전하고 신나는 두 바퀴!

① 빠른 속도로 달리려면 전용도로를 이용해야 한다.

② 자전거를 타고 달리면 신나는 기분을 느낄 수 있다.

③ 전용도로를 이용하면 자전거를 안전하게 탈 수 있다.

④ 자동차 운전을 잘 못 하는 사람도 전용도로에서는 안전하다.

27.

> 의료 기업 '오성', 사람의 손을 빌리지 않고 알아서 수술하는 로봇 개발

① 의료 기업이 수술하는 사람을 도와주는 로봇을 개발했다.

② 의료 기업이 사람이 할 수 없는 수술을 하는 로봇을 개발했다.

③ 의료 기업이 사람에게 수술 방법을 가르쳐 주는 로봇을 개발했다.

④ 의료 기업이 사람의 도움 없이 직접 수술을 하는 로봇을 개발했다.

어휘

기출문제 25-27

추락	fall, crash	명	비행기 **추락**으로 많은 인명 피해가 발생했다.
안전벨트	seat belt	명	버스가 출발하기 전에 **안전벨트**를 매야 한다.
승객	passenger	명	새벽에 지하철을 타면 **승객**들이 없어서 빈 자리가 많다.
전원	all members, everyone	명	우리 반 학생 **전원**이 대학 입학 시험에 합격해서 아주 기뻤다.
목숨	life	명	그 소방관은 화재 현장에서 많은 사람들의 **목숨**을 구했다.
건지다	to save, to rescue	동	평소에 배워 둔 수영 실력 덕분에 목숨을 **건질** 수 있었다.
간판	signboard, billboard	명	요즘은 한국어로 된 **간판**을 찾아보기가 힘들다.
싹쓸이	clean sweep, taking everything	명	도둑이 들어와서 가게의 물건을 **싹쓸이** 해 갔다.
거래	transaction, deal	명	그 기업은 여러 은행과의 **거래**를 일시에 중단했다.
사기	fraud, scam	명	순진한 노인들을 상대로 **사기**를 친 범인이 붙잡혔다.
마련	preparation	명	아들의 대학 등록금을 **마련**하기 위해 적금을 해약하려고 한다.
미흡	inadequate, insufficient	명	이번 공연은 홍보 **미흡**으로 관객을 동원하는 데 실패했다.

응용문제 25-27

몸살	aches and pains, troubles	명	**몸살**이 났을 때는 약을 먹고 푹 쉬어야 한다.

연습문제 25-27

입맛	taste, appetite	명	감기를 앓고 났더니 **입맛**이 없어서 우유만 마셨다.
각양각색	various, diverse	명	백화점에 가면 **각양각색**의 상품들을 두루 구경할 수 있다.
취향	preference	명	거기에는 다양한 메뉴가 있어서 **취향**에 따라 골라 먹으면 된다.

전용	exclusive, dedicated	명	환자 **전용** 엘리베이터는 내부 공간이 더 크게 제작된다.
신나다	to be excited, to be thrilled	동	날씨가 좋을 때는 출근하지 말고 그냥 **신나게** 놀았으면 좋겠다.
바퀴	wheel	명	자전거 **바퀴**에 문제가 생겨서 수리 센터에 맡겨 두었다.
의료	medical	명	우리 동네에 최신 **의료** 기구가 갖춰진 병원이 들어선다고 한다.
기업	company, enterprise	명	그분은 작은 가게를 세계적인 **기업**으로 키워 냈다.
로봇	robot	명	요즘은 **로봇**들이 여러 분야에서 인간의 일을 대신하고 있다.

연습 문제 정답 및 해설

📖 [25~27]

☑ 입맛 | 각양각색 | 취향 | 전용 | 신나다 | 바퀴 | 의료 | 기업 | 로봇

25. ② '각양각색'은 '각기 다른 여러 가지 모양과 색깔'이라는 말이고 여기에서 '입맛대로 즐긴다'는 말은 '자신의 흥미에 따라 즐긴다'는 말입니다. 따라서 음악 축제에서는 자신의 취향에 맞는 음악을 즐길 수 있다는 의미의 제목입니다.

'각양각색' means 'various shapes and colors', and here, '입맛대로 즐긴다' means 'enjoy according to your interest'. Therefore, the title means that you can enjoy music that suits your taste at the music festival.

26. ③ '전용도로'는 특정한 목적으로 쓰기 위해서 만들어 놓은 길을 말하는데 뒤에 '두 바퀴'라는 말이 있기 때문에 여기에서는 '자전거가 다닐 수 있는 길'을 말합니다. 따라서 자전거 전용도로를 이용하면 더 안전하고 신나게 자전거를 탈 수 있다는 의미의 제목입니다.

'전용도로' refers to a road created for a specific purpose, and since the phrase '두 바퀴' appears after it, it refers to 'a road for bicycles' here. Therefore, the title means that you can ride a bicycle more safely and excitingly if you use the bicycle-only road.

27. ④ '손을 빌리다'라는 말은 비유적으로 '다른 사람의 도움을 받다'의미를 나타냅니다. 따라서 사람의 도움을 받지 않고 알아서 수술하는 로봇을 개발했다는 의미의 제목입니다.

'손을 빌리다' metaphorically means 'to get help from others'. Therefore, the title means that they have developed a robot that can perform surgery on its own without human assistance.

28~31

Choose the appropriate content to fill in the blank

This is a question where you read a paragraph of text and choose the appropriate content to fill in the blank. Since it mainly conveys information, it is important to grasp the exact meaning. At this time, it is helpful to check if there are any expressions that connect the content before and after the blank, and refer to them to find the answer.

☆ Expressions for connecting content

Example – For example, For instance
Addition – And, Also, In addition, Moreover, As well as
Contrast – However, But, On the other hand
Transition – By the way, Meanwhile
Cause and Effect – So, Therefore, Thus, As a result, Because
Summary – That is, In other words, As shown above

28~31 괄호에 들어갈 알맞은 내용 고르기

한 단락 분량의 글을 읽고 괄호 안에 들어갈 알맞은 내용을 고르는 문제입니다. 주로 정보를 전달하는 내용이므로 정확한 의미를 파악하는 것이 중요합니다. 이때 괄호 앞뒤를 중심으로 내용을 연결하는 표현이 있는지 확인하고, 이를 참고하면 답을 찾는 데 도움이 됩니다.

☆ 내용을 연결하는 표현

예시 – 예를 들면, 예를 들어
첨가 – 그리고, 또, 또한, 게다가, 뿐만 아니라
반대 – 그러나, 하지만, 반면에
전환 – 그런데, 한편으로
인과 – 그래서, 따라서, 그러므로, 그렇기 때문에, 왜냐하면
정리 – 즉, 다시 말해, 이처럼

기출문제 Q

※ [28~31] (   )에 들어갈 말로 가장 알맞은 것을 고르십시오. (각 2점)

29.

> 사진에서 구도는 전체적인 분위기를 살리는 중요한 요소이다. 보통 동적인 느낌을 주고 싶을 때는 대각선 구도를 쓰는데 도로나 폭포 등의 풍경 사진 등에 쓰여 생동감을 표현한다. 한편 전통적인 가족사진은 (   ) 위해서 삼각형 구도를 가장 많이 활용한다. 이 구도는 연장자를 중심으로 가족 구성원이 옆이나 뒤에 배치되어 전체적으로 편안하고 균형 잡힌 분위기를 만들어 낸다.

① 동적인 효과를 살리기

② 안정적인 느낌을 주기

③ 풍경을 중앙에 배치하기

④ 긴장된 분위기를 연출하기

📖 ·· 91회 읽기 29번

☑ 구도
☑ 동적
☑ 풍경
☑ 배치되다
☑ 균형 잡히다

29.

(   )의 앞은 '생동감을 표현하기 위한' 구도에 대해 말하고 있는데 (   ) 뒤에 '한편'이라는 표현이 있으므로 '생동감'과 반대 의미인 '안정적'을 골라야 하고 정답은 ②번입니다.

The content before ( ) talks about the composition for 'expressing dynamism', and since the expression '한편' appears after ( ), you should choose '안정적', which has the opposite meaning to '생동감', so the correct answer is ②.

정답 29. ②

🔍 응용 문제

28.

지중해식 식단이 심혈관 질환 및 비만 예방에 도움이 된다고 설명하고 있습니다.

It explains that the Mediterranean diet helps prevent cardiovascular disease and obesity.

응용문제 🔍

※ [28~31] (   )에 들어갈 말로 가장 알맞은 것을 고르십시오. (각 2점)

28.

> 지중해식 식단은 지중해 연안 국가들의 전통적인 식습관에서 비롯되었는데 과일, 채소, 통곡물, 견과류를 풍부하게 섭취하고 올리브유를 주요 지방 공급원으로 사용한다. 특히 생선과 가금류를 적당히 먹고 붉은 고기의 섭취는 줄이는데 붉은 고기가 포화 지방과 콜레스테롤 함량이 높기 때문이다. 이러한 구성은 심혈관 질환 및 비만 예방에도 도움이 되어 (   ) 각광받고 있다.

① 건강 식단으로
② 경제적인 식단으로
③ 전통적인 식습관으로
④ 채식 위주의 식습관으로

정답 28. ①

📝 연습 문제

※ [28~31] (   )에 들어갈 말로 가장 알맞은 것을 고르십시오. (각 2점)

28.

> 재능 기부는 개인의 전문 지식, 기술, 경험을 사회에 무상으로 제공하는 나눔 활동이다. 이는 단순한 물질적 기부를 넘어 (   ) 사회적 가치를 창출한다. 재능 기부자는 자아실현과 보람을 경험하고 수혜자는 필요한 서비스를 받아 삶의 질이 향상된다. 이는 사회 전체의 연대감을 강화하고 지속 가능한 발전에 기여한다. 다양한 분야에서 이루어지는 재능기부는 현대 사회에서 새로운 나눔 문화로 자리잡고 있다.

① 제품의 판매를 통해

② 서비스 제공을 통해

③ 전문적인 지식 교육을 통해

④ 지식과 능력의 공유를 통해

29.

> 인상파는 19세기 후반 프랑스에서 시작된 미술 운동으로 전통적인 회화 기법에서 벗어나 빛과 색채의 순간적인 효과를 포착하고자 했다. 모네, 르누아르, 드가와 같은 화가들이 주도한 이 움직임은 야외에서 직접 그림을 그리는 '현장 회화'를 선호했다. 또한 붓 터치를 거칠고 빠르게 하여 순간의 인상을 표현했으며 밝고 선명한 색채를 사용했다. 그들은 (   ) 주제로 삼아 당시 사회의 모습을 생생하게 담아냈는데, 이러한 혁신적인 접근은 현대 미술의 발전에 큰 영향을 미쳤다.

① 꽃과 사물을

② 신화적인 인물과 사건을

③ 자연 풍경의 아름다움을

④ 일상적인 장면과 생활을

30.

석굴암은 신라 시대에 세워진 인공 석굴 사원으로 불교 예술의 정수를 보여주는 곳이다. 정교한 구조와 뛰어난 조각 기술로 유명한데, 돔 형태의 천장은 당시 최고의 건축 기술을 보여준다. 특히 석굴은 습기가 차기 쉬운데도 정교한 배수 시스템으로 습기를 방지하였는데 이러한 설계는 당시의 (　　　　　) 잘 보여준다. 석굴암은 예술적 가치와 독창성, 그리고 동아시아 불교 문화를 대표한다는 점에서 1995년 유네스코 세계문화유산에 등재되었다.

① 예술적 수준을
② 과학 기술 수준을
③ 날씨 예측 수준을
④ 불교 문화 수준을

31.

클래식 음악의 대표적인 형식인 소나타와 콘체르토는 각각 고유한 특징을 지닌다. 소나타는 주로 독주 악기나 소규모 앙상블을 위한 작품으로 보통 3~4악장으로 구성된다. 반면 콘체르토는 독주 악기와 오케스트라의 대화와 대비를 특징으로 하는 대규모 작품이다. 소나타는 작곡가의 내면 세계를 드러내는 것을 목표로 친밀하고 섬세한 표현을 추구한다면 콘체르토는 독주자의 기량과 오케스트라의 풍성한 음향을 조화롭게 결합하여 (　　　　　) 강조한다.

① 화려하고 극적인 효과를
② 슬프고 감성적인 표현을
③ 조용하고 우울한 분위기를
④ 기계적이고 시끄러운 소리를

📝 어휘

구도	composition (in art)	명	그림을 그릴 때는 먼저 **구도**를 잡는 것이 중요하다.
동적	dynamic	명	건강이 나아지면 지금보다는 좀 더 **동적**인 활동을 하고 싶다.
풍경	scenery, landscape	명	이 집에서 가장 마음에 드는 건 창밖으로 보이는 **풍경**이다.
배치되다	to be placed, to be arranged	동	집회가 커질 것을 우려해 경찰이 곳곳에 **배치되었다**.
균형 잡히다	to be balanced	표현	건강을 유지하려면 적당한 운동과 **균형 잡힌** 식단이 필요하다.

연안	coast	명	요즘 서해 **연안**에서 새우가 많이 잡힌다.
비롯되다	to originate from, to stem from	동	그 친구들의 싸움은 사소한 오해에서 **비롯되었다**.
견과류	nuts	명	하루에 **견과류** 몇 알씩을 먹으면 두뇌 건강에 도움이 됩니다.
가금류	poultry	명	조류 독감의 유행으로 **가금류** 농가의 피해가 예상된다.
포화 지방	saturated fat	명	**포화 지방**은 콜레스테롤 수치를 높일 수 있기 때문에 주의해야 한다.
함량	content	명	몸 관리를 위해 단백질 **함량**이 높은 음식을 먹고 있다.
심혈관	cardiovascular	명	추운 날씨에 운동을 하면 **심혈관**에 문제를 일으킬 수 있으므로 주의해야 합니다.
각광받다	to be in the spotlight, to be popular	동	달리기는 요즘 젊은이들 사이에 **각광받고** 있는 운동이다.

재능 기부	talent donation	명	다양한 영역의 전문가들이 **재능 기부**에 참여해서 형편이 어려운 학생들에게 많은 도움을 주고 있다.
무상	free of charge, complimentary	명	행사 기간동안 물과 간식은 **무상**으로 제공됩니다.

창출하다	to create, to generate	동	지역에 큰 공장이 지어지면 많은 고용을 **창출하는** 효과가 생긴다.
자아실현	self-actualization, self-realization	명	사회에서의 성공보다 **자아실현**을 위해 과감히 직장을 그만두는 사람들이 늘고 있다.
수혜자	beneficiary, recipient	명	이 정책의 가장 큰 **수혜자**는 둘 이상의 자녀를 둔 맞벌이 부부이다.
향상되다	to be improved, to be enhanced	동	새로운 감독이 온 이후로 선수들의 기록이 많이 **향상되었다**.
연대감	sense of solidarity	명	이번 사고를 함께 겪고 이겨내면서 주민들 사이에 끈끈한 **연대감**이 자리잡았다.
기법	technique, method	명	작가만의 독특한 **기법**으로 사물을 생동감 있게 표현해 냈다.
포착하다	to capture, to grasp	동	오랜 시간을 기다린 끝에 꽃이 피는 순간을 **포착해** 낼 수 있었다.
주도하다	to lead, to spearhead	동	이번에 새로 적용될 규칙은 학생들이 **주도해서** 만들었다.
혁신적	innovative	명	우리 회사는 **혁신적**인 변화를 통해 제2의 전성기를 맞이하였습니다.
접근	approach, access	명	바닷물이 상승해서 사고 현장으로의 **접근**이 더욱 어려워졌다.
인공	artificial	명	눈이 건조해서 **인공** 눈물을 항상 가지고 다닌다.
사원	temple	명	**사원**에 입장할 때는 반바지나 슬리퍼를 신으면 안 된다.
정교하다	sophisticated, elaborate, intricate	형	명품 시계를 만들기 위해서는 매우 **정교한** 기술이 필요하다.
조각	sculpture	명	미술관 정원에 많은 **조각** 작품들이 전시되어 있다.
천장	ceiling	명	며칠동안 내린 폭우로 **천장**에서 비가 샌다.
배수	drainage	명	나뭇잎을 치우지 않으면 비가 올 때 하수구가 막혀서 **배수**에 문제가 생길 수 있다.
등재되다	to be registered, to be listed	동	내가 쓴 논문에 세계적인 학술지에 **등재되었다**.

📖✏️ 문법

✅ **V-고자 하다**	화자의 의도를 나타낼 때 사용합니다. This is used to express the speaker's intention. 예 재료비 및 인건비 상승으로 제품의 가격을 인상하고자 합니다. 신간 출판 기념으로 북콘서트를 개최하고자 하오니 많은 관심 바랍니다.

연습 문제 정답 및 해설

📖 [28~31]

☑ 재능 기부 | 무상 | 창출하다 | 자아실현 | 수혜자 | 향상되다 | 연대감 | 기법 | 포착하다 | 주도하다 | 혁신적 | 접근 | 인공 | 사원 | 정교하다 | 조각 | 천장 | 배수 | 등재하다

28. ④ 재능 기부에 대한 내용입니다. 재능 기부는 '개인의 전문 지식, 기술, 경험'을 무상으로 제공하는 '나눔 활동'이라는 설명이 있으므로 (   )에 '지식과 능력의 공유를 통해'를 넣는 것이 맞습니다.

This is about talent donation. Since it explains that talent donation is a 'sharing activity' that provides 'an individual's expertise, skills, and experience' free of charge, it is correct to insert 'through the sharing of knowledge and abilities' in (   ).

29. ④ 인상파에 대한 내용입니다. 당시 사회의 모습을 생생하게 담아냈다는 설명이 있으므로 그림의 주제로 꽃과 사물이나 자연 풍경의 아름다움보다는 '일상적인 장면과 생활'이 적합합니다.

This is about Impressionism. Since it explains that it vividly captured the appearance of society at that time, 'everyday scenes and life' is more appropriate as the subject of the paintings than the beauty of flowers and objects or natural scenery.

30. ② 석굴암의 특징에 대한 내용입니다. 앞부분에서는 예술적 아름다움과 건축 기술에 대해 설명하고 있고 습기를 방지하는 정교한 배수 시스템은 '과학 기술'과 관련된 사항으로 볼 수 있습니다.

This is about the characteristics of Seokguram Grotto. The first part explains the artistic beauty and architectural technology, and the elaborate drainage system that prevents moisture can be seen as related to 'scientific technology'.

31. ① 클래식의 형식인 소나타와 콘체르토에 대한 설명입니다. 콘체르토는 '대규모 작품'으로 소나타의 '친밀하고 섬세한 표현'과 반대되는 성격이기 때문에 (   )에 '화려하고 극적인 효과'가 적합합니다.

This is an explanation of the classical forms of sonata and concerto. Since a concerto is a 'large-scale work' with a character opposite to the 'intimate and delicate expression' of a sonata, 'splendid and dramatic effect' is appropriate for (   ).

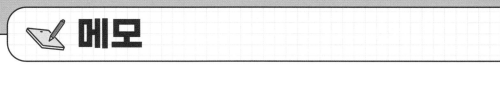

메모

32~34

This is a question where you read the entire text and choose the option that matches the content by grasping the detailed information. The text consists of 4-5 sentences and deals with relatively specialized content from fields such as science, medicine, history, art, and language, making it one of the more difficult question types for learners.

In this type of question, a specific subject with expertise in a certain field is often the main topic of the text, so you may have difficulty quickly understanding the names or terms related to it. However, even if you do not have prior knowledge related to the subject of the text, you can still choose the correct answer after reading the text if you know the vocabulary and expressions included in it. Therefore, it is important to have a good command of advanced vocabulary and grammar from various fields.

32~34

글의 전체적인 내용을 잘 읽고 세부 정보를 파악하여 일치하는 내용의 선택지를 고르는 문제입니다. 텍스트는 4~5개의 문장으로 구성되며, 과학과 의학, 역사와 예술, 언어 등의 분야에서 소재들을 가져와 비교적 전문적인 내용을 다루고 있기 때문에 학습자들이 어려워하는 유형들 중 하나입니다.

이 유형의 문항에서는 특정 분야에서 전문성을 띄는 어떤 대상이 글의 주요 소재가 되는 경우가 많기 때문에 그것과 관련된 명칭이나 용어를 빠르게 이해하는 데 어려움을 겪을 수도 있습니다. 그러나 실제로는 글의 소재와 관련된 사전 지식이 없더라도, 글 속에 포함된 어휘와 표현들을 알고 있다면 글을 읽고 나서 충분히 정답을 고를 수 있으므로 무엇보다 여러 분야에 걸친 고급 수준의 어휘력과 문법에 대한 이해력 등을 갖추는 것이 중요합니다.

기출문제 🔍

※ [32~34] 다음을 읽고 글의 내용과 같은 것을 고르십시오. (각 2점)

32.

> 나비 박사 석주명은 나비의 종류를 분류하고 이름을 지어 준 생물학자이다. 1931년부터 나비를 연구한 그는 한국의 나비가 총 844종이라는 당시의 분류를 248종으로 수정하였다. 날개 무늬나 모양이 조금만 달라도 다른 종이라고 판단한 기존의 분류가 틀렸음을 배추흰나비 16만여 마리의 무리를 비교해서 밝혔다. 또한 그때까지 한자어나 외래어로 명명된 나비에 '떠들썩 팔랑나비'와 같은 고유어 이름을 지어 주는 데 앞장섰다.

① 석주명은 한국의 나비를 총 844종으로 구분하였다.
② 석주명은 나비 이름을 고유어로 바꾸려고 노력하였다.
③ 석주명은 자신의 배추흰나비 연구에 문제가 있음을 알았다.
④ 석주명은 나비의 날개 모양이 다르면 종이 달라짐을 밝혔다.

🔖 ·· 64회 읽기 32번

☑ 분류하다
☑ 연구하다
☑ 수정하다
☑ 종
☑ 판단하다
☑ 명명되다
☑ 고유어

32.
① 총 844종이라는 당시의 분류를 248종으로 수정하였습니다.
③ 기존의 분류가 틀렸음을 배추흰나비 무리를 비교해서 밝혔습니다.
④ 날개 무늬 등이 조금만 달라도 다른 종이라고 판단한 기존의 분류가 틀렸음을 밝혔습니다.

① The original classification of 844 species was revised to 248 species.
③ It was revealed that the existing classification was wrong by comparing groups of cabbage white butterflies.
④ It was revealed that the existing classification, which considered butterflies to be different species even with slight differences in wing patterns, was wrong.

정답 32. ②

🔲 ·· 83회 읽기 33번

☑ 식물
☑ 실험
☑ 빠지다
☑ 완료되다
☑ 곤충
☑ 씨앗
☑ 분포하다

33.

② 유전체 해독이 완료되었습니다.
③ 곤충의 도움 없이 씨앗을 맺을 수 있습니다.
④ 한 세대 기간이 6주 정도밖에 되지 않습니다.

② Genome sequencing has been completed.
③ It can bear seeds without the help of insects.
④ Its generation time is only about 6 weeks.

33.

> 애기장대는 각종 식물 실험에 빠지지 않고 등장하는 식물이다. 식물 중에서는 처음으로 유전체 해독이 완료되어 식물의 유전자 연구를 할 때 주로 이용된다. 전 세계에 고루 분포하고, 곤충의 도움 없이 씨앗을 맺을 수 있어서 재배도 쉽다. 또한 한 세대 기간이 6주 정도밖에 되지 않아 실험 결과를 빨리 확인할 수 있기 때문에 실험에 널리 이용되고 있다.

① 애기장대는 세계 곳곳에서 볼 수 있는 식물이다.
② 애기장대의 유전체 해독을 위한 연구가 진행 중이다.
③ 애기장대가 씨앗을 만드는 데에 곤충의 역할이 필요하다.
④ 애기장대는 성장 기간이 길어 유전자 연구에 효율적이다.

정답 33. ①

34.

코알라는 유칼립투스라는 나뭇잎을 먹고 산다. 이 나뭇잎은 독성이 강해서 일반적인 동물들은 먹을 수 없다. 하지만 코알라는 유칼립투스의 독을 해독하는 효소가 있어서 다른 동물들과 경쟁할 필요 없이 유칼립투스 잎을 충분히 먹을 수 있다. 다만 새끼 코알라는 독성을 분해하는 효소가 없어서 유칼립투스 잎 대신 어미의 배설물을 먹는다. 이를 먹다 보면 새끼 코알라의 몸속에도 유칼립투스의 독을 해독하는 효소가 생기게 된다.

① 다양한 동물들이 유칼립투스 잎을 차지하기 위해 경쟁한다.
② 어미 코알라는 유칼립투스의 독성을 분해하는 효소를 가지고 있다.
③ 코알라는 태어난 직후부터 많은 양의 유칼립투스 나뭇잎을 먹는다.
④ 새끼 코알라는 유칼립투스의 독성 때문에 어미의 배설물을 먹지 않는다.

·· 91회 읽기 34번

☑ 독성
☑ 해독하다
☑ 효소
☑ 경쟁하다
☑ 충분
☑ 새끼
☑ 배설물

34.
① 유칼립투스 잎은 독성이 강해서 일반적인 동물들은 먹을 수 없습니다.
③ 새끼 코알라는 독성을 분해하는 효소가 없어서 유칼립투스 잎을 먹을 수 없습니다.
④ 새끼 코알라는 어미의 배설물을 먹으면서 몸속에 독을 해독하는 효소를 만들게 됩니다.

① Eucalyptus leaves are highly toxic and cannot be eaten by ordinary animals.
③ Baby koalas cannot eat eucalyptus leaves because they do not have the enzymes to break down the toxins.
④ Baby koalas develop enzymes to detoxify the poison in their bodies by eating their mother's excrement.

정답 34. ②

☑ 개미
☑ 주먹
☑ 집단
☑ 구분되다
☑ 사회
☑ 의사소통
☑ 수행하다
☑ 살림

32.
① 각자 일이 구분되어 있습니다.
② 규모가 커지면서 식량 창고와 육아실 등으로 나뉘게 됩니다.
③ 개미의 집은 여왕개미가 첫 살림을 차리면서 만드는 작은 굴에서부터 시작됩니다.

① Each ant has a separate task.
② As the scale grows, it is divided into food storage, nurseries, etc.
③ The ant's house starts from a small hole that the queen ant makes when she first starts her family.

응용문제 🔍

※ [32~34] 다음을 읽고 글의 내용과 같은 것을 고르십시오. (각 2점)

32.

> 어디에서나 흔히 볼 수 있는 개미는 작게는 주먹 정도의 크기에서 크게는 1650m²나 되는 집을 만들어 살고 있는 곤충이다. 개미 집단도 인간 사회처럼 각자 일이 구분되어 있고 서로 의사소통을 하면서 맡은 바 일을 수행한다. 다만 인간은 의사소통에 주로 청각과 시각을 사용하지만 개미는 후각을 사용한다는 차이점이 있다. 개미의 집은 여왕개미가 첫 살림을 차리면서 만드는 작은 굴에서부터 시작되며 규모가 커지면서 식량 창고와 육아실 등으로 나뉘게 된다.

① 개미 집단에서는 모든 일을 다 같이 참여해서 한다.
② 개미의 집은 인간의 집과 달리 한 공간으로 되어 있다.
③ 개미들은 여왕개미가 육아를 시작하는 시기에 맞춰 집을 짓는다.
④ 개미들은 각각 다른 의미를 가지고 있는 냄새를 통해 의사소통을 한다.

정답 32. ④

연습 문제

※ [32~34] 다음을 읽고 글의 내용과 같은 것을 고르십시오. (각 2점)

32.

> 가시고기는 보통 5~6cm 정도가 되는 아담한 물고기이다. 이 가시고기는 지구상에서 부성애가 가장 강한 생물이면서 둥지를 가지고 생활하는 유일한 물고기로 알려져 있다. 가시고기 암컷은 둥지에 알을 낳으면 미련 없이 그곳을 떠나 버리는 반면에 수컷은 자지도 않고 먹지도 않으며 알을 지키고 키우는 데에만 몰두한다. 그러다가 새끼들이 모두 자라 둥지를 떠나면 그 자리에서 죽음을 맞이하게 된다. 인간의 모습을 많이 닮은 가시고기의 삶을 통해 어머니 못지않게 뜨거운 아버지의 사랑을 느낄 수 있다.

① 가시고기의 암컷은 둥지를 떠나 알을 낳는다.
② 가시고기는 지구상에서 가장 크기가 작은 물고기이다.
③ 가시고시의 수컷은 새끼들을 위해 희생하는 삶을 산다.
④ 가시고기는 인간과 비슷한 양육 방식으로 새끼들을 키운다.

33.

> 『음식디미방』은 1670년경 유학자 이시명의 부인이었던 장계향이 쓴 조리서이다. 제목을 풀이하면 '음식의 맛을 아는 방법'이라는 뜻을 지닌다. 음식디미방 이전에도 한국에서 음식에 관한 책은 있었지만 한글로 쓰여진 것은 이 책이 처음이다. 음식디미방에는 예로부터 전해오거나 장계향이 스스로 개발한 음식 등 양반가에서 먹는 각종 특별한 음식들의 조리법이 자세하게 소개되어 있다. 가루 음식과 떡 종류의 조리법부터 각종 술 담그기까지 자세히 기록되어 있는 이 책은 17세기 중엽 한국인들의 식생활을 연구하고 이해하는 데 매우 귀중한 문헌이다.

① 이 책은 음식 분야의 전문가들이 함께 쓴 책이다.
② 장계향은 자신이 생각해 낸 조리법도 이 책에 기록했다.
③ 장계향은 이 책에서 음식의 조리법들을 간단하게 소개하고 있다.
④ 이 책은 한국에서 음식을 소개하는 책으로는 가장 오래된 것이다.

34.

새로운 마늘 품종인 '홍산'은 꼭지 끝 부분이 연한 녹색을 띤다. 이것은 고혈압과 고질혈증 완화에 도움을 주는 엽록소인 '클로로필' 때문에 나타나는 특성이다. 클로로필은 항암과 당뇨 완화 효과도 있으며 간 기능을 개선하는 데에도 도움이 되는 성분이다. 또한 일반적으로 다른 품종의 마늘은 특정한 환경에서만 자라는 데 반해 홍산은 전국 어디에서나 재배가 가능하다. 그리고 무엇보다 향과 저장성이 좋아 가정집이나 식당 등에서 오래 보관해 두고 먹을 수 있기 때문에 다양한 소비자들로부터 주목받고 있다.

① 홍산은 어떤 환경에서나 잘 자라는 품종이다.

② 홍산은 엽록소 때문에 전체적으로 녹색을 띤다.

③ 홍산을 많이 먹으면 간 기능에 문제가 생길 수 있다.

④ 홍산은 보관 기간이 짧아 가정집보다는 식당에서 많이 사용된다.

📖 어휘

기출문제 32-34

분류하다	to classify	동	이 자료는 세 종류로 **분류할** 수 있다.
연구하다	to research, to study	동	우리 팀은 오랫동안 의료용 로봇을 **연구해** 왔다.
수정하다	to revise, to correct	동	날씨 때문에 여행 계획을 모두 **수정하게** 되었다.
종	species	명	이 책은 **종**의 기원에 대해 연구한 결과를 모아 놓은 것이다.
판단하다	to judge, to determine	동	경찰은 이번 사고가 부주의에 의한 것이라 **판단했다**.
명명되다	to be named, to be called	동	우리 회사에는 '만남의 광장'이라고 **명명된** 휴식 공간이 있다.
고유어	native Korean word	명	외래어의 사용이 늘면서 잊혀져 가는 **고유어**도 늘고 있다.
식물	plant	명	어머니는 정원에 다양한 종류의 **식물**을 심어 놓으셨다.
실험	experiment	명	약의 효능을 증명하기 위해서는 과학적인 **실험**이 필요하다.
빠지다	to be omitted, to be left out	동	책상 다리에서 못이 **빠져서** 책상이 흔들린다.
완료되다	to be completed, to be finished	동	늦어도 이번 주까지는 작업이 모두 **완료되어야** 한다.
곤충	insect	명	**곤충** 중에는 우리 생활에 이로운 것도 많이 있다.
씨앗	seed	명	내가 뿌려 놓은 **씨앗**에서 싹이 나기 시작했다.
분포하다	to be distributed, to be spread	동	우리나라는 서울에 인구가 집중적으로 **분포한다**.
독성	toxicity	명	이 약에는 **독성**이 있기 때문에 복용 시 주의해야 한다.
해독하다	to detoxify	동	고대 문자를 **해독하는** 데에는 많은 시간과 노력이 필요하다.
효소	enzyme	명	**효소**가 제일 많이 들어 있는 음식은 발효 식품들이다.
경쟁하다	to compete	동	우리 팀은 우승 후보 팀과 **경쟁해서** 승리를 했다.

충분히	sufficiently, enough	부	잠을 **충분히** 잤기 때문에 오늘은 몸이 아주 가벼운 것 같다.
새끼	baby, offspring	명	어미 소가 **새끼**에게 젖을 먹이고 있다.
배설물	excrement, droppings	명	공원에 있는 비둘기의 **배설물**이 호흡기 장애를 일으키기도 한다.

응용문제 32-34

개미	ant	명	아이가 먹다 남긴 과자에 **개미**들이 모여 들었다.
주먹	fish	명	그는 화를 참지 못하고 친구에게 **주먹**을 휘둘렀다.
집단	group	명	곤충들도 인간처럼 **집단**을 이루고 산다.
구분되다	to be divided, to be separated	동	기숙사에는 남녀가 사용할 수 있는 공간이 **구분되어** 있다.
사회	society	명	학교를 졸업하고 **사회**에 나온 지 아직 얼마 되지 않았다.
의사소통	communication	명	우리는 언어를 매개체로 하여 **의사소통**을 한다.
수행하다	to perform, to carry out	동	내가 맡은 책임을 성실하게 **수행하려고** 노력 중이다.
살림	household, housekeeping	명	엄마는 나를 낳은 뒤 직장을 그만두고 **살림**만 하고 계신다.

연습문제 32-34

아담하다	small and cozy	형	새로 이사한 집은 이전 집에 비해 **아담한** 편이다.
부성애	paternal love	명	나는 어려서부터 아버지의 **부성애**를 느껴 보고 싶었다.
둥지	nest	명	새끼 새는 날갯짓을 익히며 **둥지**를 떠날 준비를 하고 있다.
암컷	female	명	가시고기의 **암컷**은 알을 낳으면 둥지를 떠나 버린다.
미련	lingering attachment, reluctance	명	나는 그 일에 아직 **미련**이 남아 있다.
수컷	male	명	새들은 암컷보다 **수컷**이 더 예쁜 경우가 많다.
몰두하다	to be absorbed in, to be engrossed in	동	그 감독은 새 영화 제작에 **몰두하고** 있다.

전하다	to convey, to deliver	동	가족들에게 합격 소식을 **전하기** 위해 서둘러서 집에 돌아갔다.
개발하다	to develop	동	우리 지역의 발전을 위해서는 관광 자원을 더 **개발해야** 한다.
조리법	recipe, cooking method	명	같은 재료라도 **조리법**에 따라 완전히 다른 맛을 낼 수도 있다.
자세하다	detailed, specific	형	사장은 **자세한** 설명도 없이 사원들을 해고했다.
기록되다	to be recorded	동	그 사건은 역사에 **기록되어** 있다.
품종	breed, variety	명	우리 연구소에서는 병충해에 강한 **품종**을 개발하고 있다.
꼭지	stalk, stem	명	**꼭지**가 시든 걸 보니 이 수박은 맛이 없을 것 같다.
띠다	to be tinged with	동	붉은빛을 **띤** 장미들이 담장에 활짝 피어 있다.
완화	relief, mitigation	명	이 약은 통증을 빠른 속도로 **완화**시킬 수 있다고 한다.
개선하다	to improve	동	그 지역의 생활 환경을 **개선하기** 위해 전문가들이 나섰다.
특정하다	specify, identify	형	보고서는 **특정한** 형식에 맞춰 작성해야 한다.
재배	cultivation, farming	명	우리 할머니는 집안에서 상추를 **재배**하신다.
보관하다	to store, to keep	동	중요한 서류는 따로 **보관하는** 게 안전하다.

📖 문법

☑ **A/V-아/어도**	앞의 행위나 상태와 관계없이 꼭 뒤의 일이 있음을 나타냅니다. This indicates that the following event will definitely happen regardless of the preceding action or state. 예 아무리 **바빠도** 아침은 꼭 먹는 게 좋다. 　　바람이 많이 **불어도** 별로 춥지 않을 것 같다.
☑ **V-다 보면**	앞의 행위를 일정 기간 계속 하게 되면 자연스럽게 뒤의 결과에 도달하게 될 것임을 나타냅니다. This indicates that if the preceding action is continued for a certain period, it will naturally lead to the following result. 예 한국 친구들과 이야기를 **하다 보면** 한국어 실력이 좋아질 것이다. 　　결혼해서 **살다가 보면** 싸울 일도 생기 마련이다.
☑ **V-아/어 버리다**	어떤 행위를 완전히 혹은 이미 끝내서 그 결과 아무것도 남지 않았거나 부담을 덜게 되었거나 아쉬움이 남게 되었음을 나타냅니다. This indicates that after an action is completely or already finished, there is nothing left as a result, a burden has been lifted, or there is regret. 예 그 일을 다 **끝내 버리고** 나니 마음이 아주 편안해졌다. 　　내가 역에 도착했을 때 기차는 이미 **떠나 버리고** 없었다.

연습 문제 정답 및 해설

📖 [32~34]

☑ 아담하다 | 부성애 | 둥지 | 암컷 | 미련 | 수컷 | 몰두하다 | 전하다 | 개발하다 | 조리법 | 자세하다 |
기록되다 | 품종 | 꼭지 | 띠다 | 완화 | 개선하다 | 특정하다 | 재배 | 보관하다

32. ③

① 가시고기의 암컷은 둥지에 알을 낳고 떠나 버립니다.
② 가시고는 5~6cm 정도가 되는 아담한 물고기입니다.
④ 가시고기의 수컷이 인간의 자식에 대한 사랑과 비슷한 부성애를 가지고 있습니다.

① The female stickleback lays eggs in the nest and leaves.
② The stickleback is a small fish about 5-6cm long.
④ The male stickleback has paternal love similar to human love for their children.

33. ②

① 이 책은 장계향이 쓴 책으로 전해져 오고 있습니다.
③ 장계향은 이 책에서 음식의 조리법들을 자세하게 소개하고 있습니다.
④ 이 책 이전에도 한국에서 음식과 관련한 책은 있었지만 한글로 기록된 것은 이 책이 처음입니다.

① This book is said to have been written by Jang Gye-hyang.
③ In this book, Jang Gye-hyang introduces detailed recipes for food.
④ There were books related to food in Korea before this book, but this is the first one written in Korean.

34. ①

② 홍산은 엽록소 때문에 꼭지 부분이 연한 녹색을 띱니다.
③ 홍산은 간 기능 개선에 도움을 줄 수 있습니다.
④ 홍산은 오래 보관해 두고 먹을 수 있는 장점이 있습니다.

② The stem of Hongsan is light green due to chlorophyll.
③ Hongsan can help improve liver function.
④ Hongsan has the advantage of being able to be stored and eaten for a long time.

35~38

Choose the appropriate topic of the text

This is a question about reading a text and finding its topic. It is important to first read the entire text and then find the topic sentence, which usually appears at the beginning or end of the text. When the topic sentence appears at the beginning of the text, it is followed by examples or explanations that support the topic. Conversely, when the text starts with introductory content and is followed by examples or explanations, the topic sentence appears at the end of the text. In this case, the topic sentence often comes after conjunctive adverbs that express result, contrast, or summary, so it is necessary to pay close attention to such expressions. Also, expressions such as '–아/어야 한다' (should/must) that indicate the writer's claim are also important. The following is a list of topics that have appeared in questions 35-38 of the past 5 administrations of released exams, so please refer to it.

35~38 글의 주제로 알맞은 것 고르기

글을 읽고 주제를 찾는 문제입니다. 먼저 글 전체를 읽은 후 주제 문장을 찾는 것이 중요한데, 주제 문장은 보통 글의 처음이나 마지막에 나오는 경우가 많습니다. 글의 처음에 주제 문장이 나오는 경우 그 뒤에는 주제를 뒷받침하는 예나 설명이 나옵니다. 반대로 도입하는 내용으로 시작하여 뒤에 예나 설명이 제시될 때는 주제 문장이 글의 마지막에 나옵니다. 이때 결과나 역접, 정리하는 표현의 접속 부사 뒤에 주제 문장이 오는 경우가 많으므로 그러한 표현들을 주의 깊게 볼 필요가 있습니다. 또한 글쓴이의 주장을 나타내는 '–아/어야 한다' 등의 표현도 중요합니다. 다음은 문제가 공개된 시험지를 기준으로 5회분의 35~38번 문항에 출제되었던 주제를 정리해 놓은 것이니 참고하시기 바랍니다.

토픽 회차	문항별 주제	
52회	35번 통계의 해석	36번 철새 리더의 조건
	37번 무료함의 심각성	38번 올바른 사과의 조건
60회	35번 초소형 카메라 사용 제한	36번 요약형 정보 습득의 문제
	37번 영상물과 순수 문학과의 관계	38번 분자 요리법
64회	35번 문화제 복원	36번 유아 발달과 촉각 경험
	37번 버섯의 기능	38번 음주 운전 처벌법
83회	35번 바람직한 예술 입문서	36번 점자 표기 규정
	36번 '자기 길들이기'	37번 중도층의 역할
91회	35번 소행성 탐사의 필요성	36번 경기 상황과 저축의 상관성
	37번 참치 쿼터제	38번 올바른 기술 혁신의 조건

기출문제 🔍

※ [35~38] 다음을 읽고 글의 주제로 가장 알맞은 것을 고르십시오.

(각 2점)

35.

> 태양계에 존재하는 수많은 소행성에는 천문학적인 가치를 지닌 광물이 있는 것으로 예상된다. 그래서 많은 나라들이 이에 관심을 가지고 있다. 실제로 최근 몇몇 국가에서는 소행성에 있는 광물 시료를 채취하는 데 성공하기도 했다. 하지만 대부분의 나라에서는 소행성 탐사가 아직 논의 단계에 머무르고 있다. 미래 자원을 확보하기 위해서 적극적으로 소행성 탐사에 대한 투자와 기술 개발에 나설 필요가 있다.

① 태양계에는 아직 발견되지 않은 소행성이 많이 존재한다.

② 소행성에서 자원을 가져오는 것은 실현 가능성이 희박하다.

③ 소행성 탐사를 성공시키기 위해 국제 협력을 확대해야 한다.

④ 미래 자원 확보를 위해 소행성 탐사에 대한 노력을 기울여야 한다.

📖 ·· 91회 읽기 35번

☑ 태양계
☑ 소행성
☑ 천문학적
☑ 광물
☑ 시료
☑ 채취하다
☑ 탐사
☑ 확보하다

35.

글쓴이는 소행성에 많은 가치의 광물이 존재하고 있으나 대부분의 나라가 탐사에 아직 적극적이지 않은 현실에 대해 설명하면서 마지막 문장에 '투자와 기술 개발에 나설 필요가 있다'고 자신의 생각을 밝히고 있습니다.

The writer explains the reality that many valuable minerals exist on asteroids, but most countries are not yet actively exploring them, and expresses their opinion in the last sentence that 'it is necessary to invest and develop technology'.

정답 35. ④

35.

글쓴이는 세이버메트릭스의 장점과 함께 우려하는 점에 대해서도 언급하고 있는데, 마지막 문장에 이러한 우려를 고려하여 활용해야 한다는 자신의 의견을 밝히고 있습니다.

The writer mentions the advantages of sabermetrics as well as concerns about it, and expresses their opinion in the last sentence that it should be used in consideration of these concerns.

응용문제 🔍

※ [35~38] 다음을 읽고 글의 주제로 가장 알맞은 것을 고르십시오.

(각 2점)

35.

> 세이버메트릭스(Sabermetrics)는 야구 경기와 선수들의 성과를 객관적으로 분석하기 위해 통계적 방법을 사용하는 이론으로 야구 분석에 혁명을 가져왔다고 해도 과언이 아니다. 이는 구단의 경쟁력 향상과 팬들의 게임 이해도를 높이는 데도 크게 기여했다. 그러나 데이터에 지나치게 의존하면 인간적 요소나 즉흥성을 간과할 수 있고 야구의 예측 불가능한 매력을 잃을 수 있다. 따라서 세이버메트릭스를 도구로 활용하되 야구의 본질을 잃지 않는 지혜가 요구된다.

① 야구의 가장 큰 매력은 예측 불가능성이다.
② 세이버메트릭스가 야구 발전에 큰 기여를 했다.
③ 세이버메트릭스는 객관적인 데이터를 통해 야구를 분석한다.
④ 야구의 본질을 지키면서 세이버메트릭스를 적절히 활용해야 한다.

정답 35. ④

연습 문제

읽기 연습 문제 **399**

※ [35~38] 다음을 읽고 글의 주제로 가장 알맞은 것을 고르십시오. (각 2점)

35.

> 탄수화물을 제한하는 식단은 체중 감량과 혈당 조절에 도움이 된다. 그러나 이러한 식단에는 부작용도 존재한다. 초기에는 피로감, 두통, 변비 등이 나타날 수 있으며 장기적으로는 영양 불균형이나 근육량 감소 등이 나타날 수 있다. 따라서 탄수화물 섭취를 극단적으로 제한하는 것은 바람직하지 않다. 전문가들은 개인의 건강 상태와 활동량에 따라 적절한 탄수화물 섭취량을 조절할 것을 권장한다. 완전 곡물, 과일, 채소 등 영양가 있는 탄수화물 섭취를 유지하면서 총량을 조절하는 것이 장기적인 건강에 더 유익할 수 있다.

① 탄수화물은 건강에 해로운 영양소이다.
② 탄수화물이 질병을 치료하는 데 효과가 있다.
③ 탄수화물은 개인에 따라 섭취량을 조절하는 것이 필요하다.
④ 과일이나 채소에 들어있는 탄수화물을 섭취하는 것이 건강에 좋다.

36.

> 최근 배양육이 미래 식량 문제 해결의 대안으로 주목받고 있다. 배양육이란 동물 세포를 실험실에서 배양해 만든 고기인데, 전통적인 축산업에 비해 환경 부담이 적고 동물 복지 문제를 해결할 수 있다는 장점이 있다. 그러나 아직 대량 생산과 비용 절감 문제가 해결되지 않아 일반 소비자가 접하기는 어려운 상황이다. 또한 맛과 질감의 개선과 함께 안전성 검증, 윤리적 논란 해소 등의 과제가 남아 있다. 전문가들은 배양육이 향후 10-20년 내 일반화될 것으로 전망하지만 기존 육류를 완전히 대체하기보다는 보완재가 될 것으로 예상하고 있다.

① 배양육 산업은 현재 초기 단계로 많은 연구와 지원이 필요하다.
② 배양육은 기존 육류의 보완재로 미래 식량의 대안이 될 수 있다.
③ 배양육 기술은 해결해야 할 문제점이 많아서 일반화되기 어렵다.
④ 배양육은 기존 육류를 대체할 수 있을 만큼 완성된 미래 식량이다.

37.

최근 도심 지역을 중심으로 자율주행 버스를 시범 운행 중이다. 현재는 안전을 위해 전문 운전자가 탑승하여 실시간으로 도로 상황과 장애물을 감지하고 문제에 대응하고 있다. 그러나 악천후나 복잡한 도로 상황에서의 안전성 확보와 응급 상황 대처 능력은 아직 개선이 필요하다. 따라서 자율주행 버스의 운행 데이터를 체계적으로 수집하고 분석하여 안전성 향상을 위한 기초 자료로 활용해야 할 것이다. 또한 자율주행 기술이 사회에 안전하고 유익하게 도입되려면 안전성 강화뿐만 아니라 승객의 편의성 향상에도 집중해야 한다.

① 자율주행 버스는 전문 운전자가 탑승해야 안전하다.
② 자율주행 버스의 가장 큰 장점은 안전성과 승객의 편의성이다.
③ 자율 주행 버스의 운행 데이터는 자율 주행 기술의 기초 자료에 불과하다.
④ 자율주행 버스가 본격적으로 도입되기 위해서는 안전성 강화가 필수적이다.

38.

노벨상은 스웨덴의 발명가이자 기업가인 알프레드 노벨의 유언에 따라 1895년 제정되었다. 이 상은 과학 외에도 문학과 경제학 등 여러 분야에 걸쳐 인류 발전에 크게 기여한 이들에게 주어지는 세계적인 권위의 상이다. 노벨은 다이너마이트 발명으로 축적한 부를 인류 발전과 평화 증진에 사용하고자 했다. 그런데 일부에서는 노벨이 자신의 죄책감을 덜기 위한 수단으로 이 상을 만들었다고 주장하기도 한다. 이러한 비판에도 불구하고 노벨상은 여전히 최고 권위를 지닌 상으로 인정받고 있으며 기업가의 사회적 책임과 부의 의미 있는 환원을 보여주는 사례로 볼 수 있다.

① 노벨상은 만든 목적 때문에 논란의 중심에 있다.
② 노벨상은 권위와 의미가 있는 상으로 평가받을 만하다.
③ 기업가들은 사회적 책임과 부의 환원에 대해 깊이 고민해야 한다.
④ 다이너마이트의 발명은 인류에 많은 피해와 동시에 이익도 가져다주었다.

📖 어휘

기출문제 35-38

태양계	solar system	명	태양계는 수많은 행성으로 이루어져 있다.
소행성	asteroid	명	소행성 충돌을 소재로 한 재난 영화가 인기를 끌고 있다.
천문학적	astronomical	명	오염된 바다를 정화하는 데는 천문학적인 비용이 든다.
광물	mineral	명	북쪽 지역에 광물 자원이 풍부하게 매장되어 있다.
시료	sample, specimen	명	바다의 오염도를 알기 위해 바닷물 시료를 검사했다.
채취하다	to collect, to gather	동	감염 여부를 알려면 뼈에서 골수를 채취해 검사를 해 봐야 합니다.
탐사	exploration, probe	명	신문사에 입사해서 탐사 취재 기자가 되려고 한다.
확보하다	to secure, to obtain	동	기술 경쟁에서 이기려면 우수 인재를 많이 확보해야 한다.

응용문제 35-38

야구	baseball	명	오늘은 1루 관객석에 앉아 야구 경기를 지켜보았다.
성과	achievement, result	명	지금까지의 성과에 만족하지 않고 더 열심히 노력하겠다.
분석하다	to analyze	동	이번 경기의 패인을 정확히 분석해야 다음 경기에서 이길 수 있다.
통계적	statistical	관	음주운전으로 인한 교통사고가 연말에 자주 발생한다는 것이 통계적인 수치로 확인되었다.
향상	improvement	명	생활 수준의 향상으로 소비자의 욕구가 다양해지고 있다.
기여하다	to contribute	동	이 시스템은 생산 능률을 높이는 데 크게 기여했다.
의존하다	to depend, to rely	동	우리 경제는 수출에 크게 의존하고 있다.
요소	element, factor	명	인물, 사건, 배경을 보통 소설의 삼대 요소라고 한다.
즉흥성	spontaneity, improvisation	명	연주의 즉흥성은 재즈의 가장 큰 매력이라고 할 수 있다.

간과하다	to overlook, to neglect	동	준비를 철저히 했음에도 오늘과 같은 돌발 상황을 **간과한** 나머지 문제가 생기고 말았다.
예측	prediction	명	그 사람의 언행은 하도 유별나서 **예측**을 할 수 없다.
본질	essence	명	시대마다 형식은 달라져도 **본질**은 변하지 않는다.
지혜	wisdom	명	전통문화에는 우리 조상들의 **지혜**가 그대로 담겨 있다.

연습문제 35-38

감량	weight loss	명	건강 검진을 받았는데 의사가 체중 **감량**을 권고했다.
혈당	blood sugar	명	빈 속에 과일을 먹으면 **혈당**이 급격히 올라갈 수 있다.
극단적	extreme, drastic	명	굶어서 살을 빼는 **극단적**인 다이어트 방법은 부작용이 크다.
유익하다	beneficial, helpful	형	아이들에게 **유익한** 도서를 추천해 주세요.
세포	cell	명	우리의 몸은 수많은 **세포**로 이루어져 있다.
축산업	livestock industry	명	우유 소비가 크게 감소해서 **축산업**에 종사하시는 분들에게 큰 타격을 주고 있다.
절감	reduction, decrease	명	경제 불황이 이어지자 기업들도 비용 **절감**을 위해 노력하고 있다.
접하다	to encounter, to come into contact with	동	지방에 살면 수준 높은 문화 공연을 쉽게 **접하기** 어렵다.
검증	verification, validation	명	고위 공직자가 되려면 철저한 **검증**을 받아야 한다.
해소	resolution, alleviation	명	화재와 관련된 불안 요인이 **해소**되지 않아 전기차 구매를 망설이는 소비자가 늘고 있다.
향후	in the future, from now on	명	**향후** 10년안에 AI 기술이 전 산업을 지배할 것이다.
보완재	supplementary material	명	커피 소비가 증가하면서 **보완재** 중 하나인 설탕의 판매도 늘었다.
도심	urban center, downtown	명	학교가 **도심** 한복판에 위치하고 있어 소음이 심하다.
자율주행	autonomous driving, self-driving	명	**자율주행** 택시를 이용할 수 있는 날이 멀지 않았다.
시범	pilot, trial	명	그 선수가 학생들 앞에서 태권도 **시범**을 보였다.

대응하다	to respond, to react	동	구급 대원들은 위급한 상황에 **대응할** 수 있도록 교육을 받는다.
악천후	severe weather, inclement weather	명	**악천후**에도 많은 관중들이 경기장을 찾았다.
대처	response, countermeasure	명	사고가 났을 때 직원들의 **대처**가 조금 아쉬웠다.
체계적	systematic, organized	명	목표를 이루기 위해서는 **체계적**으로 계획을 세워야 한다.
수집하다	to collect, to gather	동	자료를 **수집하여** 체계적으로 정리했다.
강화	strengthening, reinforcement	명	최근 범죄가 잇따라 발생해 경찰은 순찰을 **강화**했다.
편의성	convenience, user-friendliness	명	이번에 출시된 제품은 사용의 **편의성**이 크게 향상되었다.
도입되다	to be introduced, to be adopted	동	올해부터 새로운 시험 제도가 **도입되었다**.
유언	will, testament	명	아버지는 갑자기 세상을 떠나시는 바람에 **유언**도 남기지 못하셨다.
제정하다	to enact, to establish	동	사회적 약자들을 보호하기 위해 이 법을 **제정하였다**.
권위	authority	명	교권이 약해지면서 선생님의 **권위**가 바닥에 떨어진 지 오래다.
축적하다	to accumulate	동	그동안의 노하우를 **축적해서** 만들어 낸 제품입니다.
증진	promotion, enhancement	명	정부는 국민들의 건강 **증진**을 위해 건강검진 제도의 보완에 나섰다.
죄책감	guilt	명	나 혼자만 여행을 가려니 괜히 **죄책감**이 든다.
환원	reduction, restoration	명	그동안 이룬 부와 성공을 어떻게 사회에 **환원**할지 고민 중이다.

문법

✓ **A/V-(ㄴ/는)다고 해도 과언이 아니다**	어떤 상황이나 상태를 설명할 때 사용하는데, 표현이나 서술이 다소 강한 표현처럼 들릴 수 있지만 실제로는 그만큼 사실에 가깝다는 것을 의미합니다. This is used when describing a situation or state, and although the expression or description may sound somewhat strong, it actually means that it is close to the truth. **예** 동생은 콜라를 물처럼 마신다고 해도 과언이 아닐 만큼 많이 마신다. 그의 성공은 기적이라고 해도 과언이 아니다.
✓ **V-되**	앞선 내용은 인정하거나 허락하지만 그에 따른 조건이나 추가 설명을 나타낼 때 사용합니다. This is used to indicate a condition or additional explanation while acknowledging or allowing the preceding statement. **예** 식사를 하시되 죽처럼 부드러운 음식만 드세요. 다음 여행은 유럽으로 가되 겨울은 피해서 가는 게 좋겠어.
✓ **N에도 불구하고**	앞선 행위나 상태로 기대되는 것과 다른 결과 혹은 반대의 결과를 표현할 때 사용합니다. This is used to express a result that is different from or opposite to what is expected from the preceding action or state. **예** 수많은 실패에도 불구하고 포기하지 않고 도전한 끝에 신약 개발에 성공했다. 한정판 제품은 비싼 가격에도 불구하고 판매를 시작하자마자 품절된다.

연습 문제 정답 및 해설

📖 **[35~38]**

☑️ 감량 | 혈당 | 극단적 | 유익하다 | 세포 | 축산업 | 절감 | 접하다 | 검증 | 해소 | 향후 | 보완재 | 도심 | 자율주행 | 시범 | 대응하다 | 악천후 | 대처 | 체계적 | 수집하다 | 강화 | 편의성 | 도입되다 | 유언 | 제정하다 | 권위 | 축적하다 | 증진 | 죄책감 | 환원

35. ③

탄수화물 제한의 장단점에 대해 설명하고 있습니다. 장점과 단점이 있기 때문에 '전문가들은 개인의 건강 상태, 활동량, 목표에 따라 적절한 섭취량을 조절할 것을 권장한다'는 문장에서 이 글의 주제를 알 수 있습니다.

This explains the advantages and disadvantages of carbohydrate restriction. Since there are both advantages and disadvantages, you can understand the main topic of this text from the sentence, "Experts recommend adjusting the appropriate intake amount according to individual health conditions, activity levels, and goals."

36. ②

배양육에 대한 글입니다. 배양육이 미래 식량 문제 해결의 대안으로 주목받고 있지만 여러 문제가 있어 향후 기존 육류의 대체제보다는 보완재가 될 것이라고 마무리하고 있습니다.

This is a text about cultured meat. While cultured meat is attracting attention as an alternative to solve future food problems, it mentions that there are various problems and concludes that it will be a supplement rather than a substitute for existing meat in the future.

37. ④

자율주행 버스에 대한 글입니다. 안전성 부분에서 부족한 부분을 언급하며 '자율주행 버스의 운행 데이터를 체계적으로 수집하고 분석하여 안전성 향상을 위한 기초 자료로 활용해야 한다'고 했습니다. '또한 자율주행 기술이 사회에 안전하고 유익하게 도입되려면 안전성 강화뿐만 아니라~'라는 내용으로 마무리하고 있습니다.

his is a text about self-driving buses. It mentions shortcomings in safety and says that 'operational data of self-driving buses should be systematically collected and analyzed to be used as basic data for safety improvement'. It also concludes with the content that 'for self-driving technology to be introduced safely and beneficially into society, not only safety enhancement but also...'

38. ② 　노벨상에 대한 글입니다. 노벨상의 제정 이유를 설명하고 비판하는 의견도 언급하고 있습니다. 하지만 글의 마지막에 이러한 비판에도 불구하고 '최고 권위를 인정받고 있으며 사회 환원의 좋은 사례로 볼 수 있다'고 하였습니다.

This is a text about the Nobel Prize. It explains the reason for the establishment of the Nobel Prize and also mentions criticisms. However, at the end of the text, it says that despite these criticisms, 'it is recognized as the highest authority and can be seen as a good example of social contribution'.

메모

39~41

This is a type of question that evaluates learners' structural understanding ability, where you read a text and find the appropriate place for a separately presented sentence to be inserted in the text. You choose the correct place among ㉠, ㉡, ㉢, and ㉣ in the text where the separately presented sentence fits contextually.

 The text consists of one paragraph with 5 sentences, including the separately presented sentence, and various topics such as 'sports', 'geography', 'book introduction', 'science', and 'history' are used as subjects for the text. The separately presented sentence often starts with a demonstrative pronoun including 'this', 'that', or 'that', or with a conjunctive adverb such as 'but' or 'so'. In these cases, the presented sentence is not placed at the beginning of the text, but rather in the middle or latter part. Therefore, when there is a demonstrative pronoun or conjunctive adverb that leads the separately presented sentence, you should use it as a clue to carefully consider the context before and after, and the chronological order, and then choose the answer.

39~41

학습자들의 구조적 이해 능력을 평가하는 유형의 문항 중 하나로, 글을 읽고 글 위에 별도로 제시된 문장이 들어가기에 적합한 곳을 찾는 문제입니다. 글 속에 비워 둔 ㉠, ㉡, ㉢, ㉣ 중에서 문맥상 별도의 제시 문장이 들어가기에 알맞은 곳을 고르면 됩니다.

텍스트는 별도의 제시 문장을 포함해 5개의 문장이 한 문단을 이루는 형태로 구성되며, 글의 소재로는 '스포츠', '지리', '책 소개', '과학', '역사' 등 다양한 분야의 이야깃거리들이 활용됩니다. 별도의 제시 문장은 '이, 그, 저'가 포함된 지시어로 시작이 되거나 또는 '그런데, 그래서'와 같은 접속 부사로 시작되는 경우가 많습니다. 이런 경우 제시 문장은 글의 도입 부분이 아니라 중, 후반에 들어가게 됩니다. 따라서 별도의 제시문을 이끄는 지시어나 접속 부사가 있을 때는 그것을 단서로 해서 제시 문장의 앞뒤, 선후 관계를 잘 따져보고 답을 골라야 합니다.

기출 문제

※ [39~41] 주어진 문장이 들어갈 곳으로 가장 알맞은 것을 고르십시오.
(각 2점)

39.

> 그런데 심판이 아무리 위치 선정을 잘해도 필연적으로 선수의 몸에 가려서 볼 수 없는 사각지대가 생긴다.

> 스포츠 경기를 진행할 때 득점이나 반칙 등의 판정은 심판에 의해서 이루어진다. (㉠) 이렇게 눈에 보이지 않는 곳에서 벌어진 상황에 대해서는 심판도 정확한 판단을 하기 어렵다. (㉡) 비디오 판독은 이런 스포츠 경기에서 초고속 카메라를 판정의 근거로 사용하는 기술이다. (㉢) 이처럼 비디오 판독을 활용하면 심판이 판단하기 어려운 부분을 객관적으로 확인할 수 있어 판정에 대한 신뢰도를 높일 수 있다. (㉣)

① ㉠   ② ㉡   ③ ㉢   ④ ㉣

📖 ·· 91회 읽기 39번

☑ 사각지대
☑ 득점
☑ 반칙
☑ 판정
☑ 심판
☑ 벌어지다
☑ 판독
☑ 객관적

39.
주어진 문장은 심판이 판정을 할 때 사각지대가 생긴다는 내용이고 ㉠의 뒤 문장이 '이렇게 눈에 보이지 않는 곳에서'라는 말로 시작되고 있으므로 여기에 들어가는 것이 적절합니다.

The given sentence is about how blind spots occur when referees make judgments, and since the following sentence of ㉠ starts with the phrase 'like this, in places that are not visible', it is appropriate to insert it there.

정답 39. ①

☑ 혐오감
☑ 외면당하다
☑ 멸종
☑ 쏠리다
☑ 편중되다
☑ 등장하다
☑ 편견

40.

주어진 문장은 '그들' 즉 '동물 보호 단체'가 하는 활동을 설명하는 내용이고, ⓒ의 뒤 문장이 '이러한 노력은'으로 시작되고 있으므로 여기에 들어가는 것이 적절합니다.

The given sentence explains the activities of 'they', that is, 'animal protection groups', and since the following sentence of ⓒ starts with 'these efforts', it is appropriate to insert it there.

40.

> 그들은 못생기고 혐오감을 준다는 이유만으로 외면당한 동물들을 대중에게 알리는 활동을 한다.

> 멸종 위기에 처한 동물을 보호하려는 노력이 계속되고 있으나 주된 연구와 지원이 몇몇 동물에 쏠리고 있어 문제가 되고 있다. (㉠) 한 조사에 따르면 동물 보호 기금의 모금 액수도 북극곰, 판다같이 인기 있는 동물들에게 편중되었다고 한다. (㉡) 이런 가운데 그간 관심을 받지 못했던 동물들을 보호하기 위한 단체가 등장했다. (㉢) 이러한 노력은 동물 보호를 위한 마음에도 편견이 깃들어 있었음을 일깨우고 있다. (㉣)

① ㉠   ② ㉡   ③ ㉢   ④ ㉣

정답 40. ③

41.

이처럼 정밀하면서도 실제와 같은 그림은 외부인이 궁궐에 침입할 목적으로 사용할 수 있다.

동궐도는 창덕궁과 창경궁 전체를 그린 조선시대 그림이다. (㉠) 세로 2m, 가로 5m가 넘는 대작으로 건축물은 물론 주변의 산과 궁궐 안 연못, 나무까지 그대로 그려 넣었다. (㉡) 건물 배치와 건물 사이의 거리도 완벽하게 재현했다. (㉢) 이러한 이유로 제작자와 제작 연도를 포함하여 그림에 관련된 정보 일체가 왕실 기밀이었을 것으로 추정된다. (㉣)

① ㉠　　　　② ㉡　　　　③ ㉢　　　　④ ㉣

📖 ·· 83회 읽기 41번

☑ 정밀하다
☑ 실제
☑ 침입하다
☑ 건축물
☑ 재현하다
☑ 기밀
☑ 추정되다

41.

주어진 문장이 '이처럼'으로 시작되고 있으므로 그 앞에는 그림이 어느 정도 정밀하고 실제적인지에 대한 내용이 있을 것입니다. 또한 ㉢의 뒤 문장이 '이러한 이유로 ~ 기밀이었을 것이다'라는 내용으로 되어 있으므로 여기에 들어가는 것이 적절합니다.

Since the given sentence starts with 'like this', there will be content about how precise and realistic the picture is before it. Also, since the following sentence of ㉢ is 'for this reason, it would have been confidential', it is appropriate to insert it there.

정답 41. ③

☑ 닿다
☑ 상처
☑ 고혈압
☑ 삼가다
☑ 반신욕
☑ 원활하다
☑ 체력

39.

주어진 문장에서는 반신욕을 삼가야 하는 사람들에 대해 설명하고 있는데 ⓒ의 앞 문장에 '반신욕이 누구에게나 항상 좋은 것은 아니다.'라는 말이 있으므로, 여기에 들어가는 것이 적절합니다.

The given sentence explains about people who should refrain from half-body bathing, and since the previous sentence of ⓒ says 'half-body bathing is not always good for everyone', it is appropriate to insert it there.

응용문제 🔍

※ [39~41] 주어진 문장이 들어갈 곳으로 가장 알맞은 것을 고르십시오.
　(각 2점)

39.

> 물이 닿는 부위에 상처가 있거나 고혈압이 있는 사람은 삼가는 것이 좋다.

> 　반신욕은 상체는 차갑게 하고 하체는 따뜻하게 해서 혈액순환을 원활하게 하는 목욕법이다. (㉠) 식사 후 30분, 운동 후 30분이 지난 후 반신욕을 하는 것이 가장 좋으며 물 높이는 가슴 아래나 배꼽이 잠길 정도의 높이가 적당하다. (㉡) 그러나 반신욕이 누구에게나 항상 좋은 것은 아니다. (㉢) 그리고 반신욕으로 땀을 너무 많이 내면 체력이 떨어져 부작용이 올 수 있으니 체력에 맞게 시간 등을 조절할 필요가 있다. (㉣)

① ㉠　　　　② ㉡　　　　③ ㉢　　　　④ ㉣

📝 연습 문제

※ **[39~41] 주어진 문장이 들어갈 곳으로 가장 알맞은 것을 고르십시오.** (각 2점)

39.

> 하루하루 살기에 바빠서 타인과 세상은 물론 자신의 모습과 감정도 되돌아볼 여유가 없어진 것이다.

> 우리는 문학을 통해 자신의 감정을 표현하고 다양한 타인의 문제와 만나며 세상과 소통할 수도 있다. (㉠) 그런데 언제부터인가 각박한 현대를 살고 있는 사람들에게 문학은 점점 비현실적인 이야기, 나와 상관없는 이야기로 멀어져 가기 시작했다. (㉡) 그러나 바쁘고 힘들수록 문학을 가까이 하다 보면 오히려 그 속에서 현실적인 문제들에 대한 해답을 얻을 수도 있고 위로를 받을 수도 있다. (㉢) 문학 속에는 아름답고 슬프고 고통스럽기도 한 세상의 질서가 다 들어 있기 때문이다. (㉣)

① ㉠   ② ㉡   ③ ㉢   ④ ㉣

40.

> 살아가다 보면 자신의 노력만으로는 안 되는 일이 있다는 것을 깨달을 때가 있다.

> 고도로 발달된 과학 문명의 혜택을 누리고 있는 지금도 사람들이 점을 보러 가는 이유는 무엇일까? (㉠) 그럴 때 사람들은 운명과 같은 것이 있다는 생각을 하게 된다. (㉡) 자신의 노력과 상관없이 이미 이 일은 잘 안 되도록 정해져 있었던 것이 아닐까 하는 생각을 하게 되는 것이다. (㉢) 이처럼 현실적인 어려움으로 인해 불안함과 답답함을 느끼게 되면 사람들은 사주니 관상이니 하면서 운명을 알아보고 싶은 충동을 느끼게 된다. (㉣)

① ㉠   ② ㉡   ③ ㉢   ④ ㉣

41.

노인은 노화와 더불어 여러 신체적, 심리적 변화를 겪으며 질병에 걸릴 가능성이 높아지기 때문이다.

노인 인구의 증가는 여러 가지 사회적인 변화를 가져오고 있다. (㉠) 산업의 측면에서도 노인들의 질병 예방 및 치료와 관련된 분야의 중요성이 강조되고 있다. (㉡) 특히 치매나 우울증과 같은 정신 질환에 걸릴 확률이 더 높아지게 된다. (㉢) 따라서 노인의 정신 건강과 노화 과정 등에 대한 충분한 이해를 바탕으로 그러한 노인들을 돌볼 수 있는 준비가 필요하다. (㉣)

① ㉠   ② ㉡   ③ ㉢   ④ ㉣

📝 어휘

기출문제 39-41

사각지대	blind spot	명	운전을 할 때는 **사각지대**에 늘 신경을 써야 한다.
득점	scoring, goal	명	양 팀 모두 **득점** 없이 경기가 끝나 버렸다.
반칙	foul	명	그 선수는 경기 중 세 번째 **반칙**으로 결국 퇴장을 당했다.
판정	judgment, decision	명	나는 신체검사에서 불합격 **판정**을 받았다.
심판	referee, umpire	명	**심판**의 판정에 불만을 품은 일부 선수들이 경기장을 나가 버렸다.
벌어지다	to happen, to occur, to take place	동	교실 안에서 싸움이 **벌어져서** 학생 한 명이 다치기도 했다.
판독	interpretation, reading	명	종이가 물에 젖는 바람에 글씨가 번져서 **판독**이 불가능하다.
객관적	objective	명	문화는 상대적인 것이기 때문에 **객관적** 기준을 적용할 수 없다.
혐오감	disgust, aversion	명	관광지에서 남에게 **혐오감**을 주는 행동을 해서는 안 된다.
외면당하다	to be ignored, to be shunned	동	그의 이론이 발표되었을 당시에는 사람들로부터 **외면을 당했다**.
멸종	extinction	명	**멸종** 위기에 처한 동물들을 구하기 위한 모금 운동이 진행됐다.
쏠리다	to be focused on, to be concentrated on	동	주말에 시작되는 올림픽 경기에 온 국민의 관심이 **쏠려** 있다.
편중되다	to be biased, to be lopsided	동	대부분의 문화 시설들은 도시에 **편중되어** 있다.
등장하다	to appear, to emerge	동	배우들이 무대에 **등장하자** 큰 박수가 터져 나왔다.
편견	prejudice, bias	명	**편견**에 사로잡히면 어떤 일이든지 제대로 판단하기 힘들어진다.
정밀하다	precise, accurate	형	이 시계는 아주 **정밀해서** 오차가 거의 없다.
실제	actual, real	명	그 사람은 **실제** 나이보다 젊게 보인다.

침입하다	to invade, to intrude	동	경찰이 빈집에 **침입하려던** 도둑을 잡았다.
건축물	building, structure	명	현대의 **건축물**은 실용성과 함께 미적 감각을 만족시켜야 한다.
재현하다	to reproduce, to recreate	동	이 박물관에는 고대인들의 생활 모습을 **재현해** 놓은 모형이 있다.
기밀	confidential, secret	명	그 회의는 중요한 **기밀**이 많이 논의되므로 비공개로 진행될 것이다.
추정되다	to be presumed, to be estimated	동	이 작품은 조선 후기의 것으로 **추정되고** 있다.

응용문제 39-41

닿다	to reach, to touch	동	산책을 하면서 발에 **닿는** 흙이 아주 부드럽게 느껴졌다.
상처	wound, injury	명	아이가 넘어져 무릎에 **상처**를 입었다.
고혈압	high blood pressure	명	아버지는 **고혈압** 환자라서 혈압이 높아지지 않도록 해야 한다.
삼가다	to refrain from, to abstain from	동	학교에는 외부인의 출입을 **삼가는** 것이 좋다.
반신욕	half-body bath	명	나는 매일 저녁 **반신욕**을 통해 불면증을 완화하는 데 효과를 보았다.
원활하다	smooth, unobstructed	형	기업을 잘 경영하려면 **원활한** 소통이 필수적이다.
체력	physical strength, stamina	명	그 선수는 **체력**이 다 떨어졌지만 정신력으로 버텨 끝까지 달렸다.

연습문제 39-41

문학	literature	명	나는 시나 소설 같은 **문학** 작품을 자주 읽는다.
타인	others, another person	명	그는 자기 자신에게는 엄격하지만 **타인**에게는 관대한 사람이다.
되돌아보다	to look back on, to reflect on	동	보통 연말이 되면 지나온 한 해를 **되돌아보게** 된다.
각박하다	harsh, heartless	형	경제가 어려워지면서 사람들이 인심도 **각박해졌다**.
비현실적	unrealistic	명	그 친구는 사회 경험이 없어서 그런지 생각이 좀 **비현실적이다**.

해답	answer, solution	명	이 문제의 **해답**을 찾으려면 많은 사람들의 아이디어가 필요하다.
위로	comfort, consolation	명	시험에 떨어졌을 때 부모님의 말씀이 큰 **위로**가 되었다.
질서	order	명	사람들이 많은 장소에서는 특히 더 **질서**를 잘 지켜야 한다.
깨닫다	to realize, to become aware of	동	범인은 자신의 잘못을 **깨닫고** 진심으로 용서를 빌었다.
문명	civilization	명	이곳은 찬란한 고대 **문명**을 꽃피운 중심지였다.
사주	fortune telling, four pillars of destiny	명	사람이 태어난 연, 월, 일, 시를 **사주**라고 한다.
관상	physiognomy, face reading	명	**관상**을 보고 운명이나 성격 등을 판단하는 것은 믿기가 힘들다.
충동	impulse, urge	명	여름에 바다에 가면 뛰어들고 싶은 **충동**을 느낀다.
노화	aging	명	자꾸 뭔가를 잊어버리는 것도 **노화**의 대표적인 증상이라고 한다.
질병	disease, illness	명	나는 사람들의 **질병**을 치료하는 의사가 되고 싶다.
돌보다	to take care of, to look after	동	그 사람은 편찮으신 어머니를 **돌보기** 위해 휴직을 신청했다.

📖✏️ 문법

✓ A/V-(으)나

앞 문장과 반대되는 내용이나 또는 앞의 행위에 뒤따르는 결과로서 일반적이지 않은 내용이 올 때 사용합니다.

This is used when the following content is the opposite of the preceding content, or when an unusual result follows the preceding action.

예 형은 키가 **크나** 나는 키가 작다.

어제 오랜만에 친구를 **만났으나** 차만 한 잔 마시고 헤어졌다.

✓ V-도록

앞의 내용이 뒤에 나오는 행위에 대한 목적이나 기준이 됨을 나타냅니다.

This is used to indicate that the preceding content is the purpose or standard for the action that follows.

예 사람들이 **지나가도록** 우리는 길 옆으로 비켜섰다.

호텔 직원들은 손님들이 편히 쉴 수 **있도록** 최선을 다했다.

✓ N(이)니 N(이)니

한 부류로 묶을 수 있거나 서술어와 연관된 여러 사물들을 같은 자격으로 이어 주면서 나열할 때 사용합니다.

This is used to list several things that can be grouped together or are related to the predicate, connecting them with equal status.

예 냉장고에 **사과니 포도니** 과일들이 가득 들어있다.

이사를 갈 때 **책상이니 옷장이니** 가구들을 모두 바꾸려고 한다.

📖 **[39~41]**

☑️ 문학 | 타인 | 되돌아보다 | 각박하다 | 비현실적이다 | 해답 | 위로 | 질서 | 깨닫다 | 문명 | 사주 | 관상 |
충동 | 노화 | 질병 | 돌보다

39. ②

주어진 문장에서는 현대인들이 문학과 점점 멀어져 가고 있는 이유에 대해 설명하고 있으며, '그러나'로 시작되는 ㉡의 뒤 문장에서 오히려 문학을 가까이 하다 보면 현대인들이 안고 있는 문제들에 대한 해답도 얻을 수 있다고 말하고 있으므로 여기에 들어가는 것이 적절합니다.

In the given sentence, it explains why modern people are becoming increasingly distant from literature, and since the sentence after ㉡, which starts with 'however', says that on the contrary, by getting closer to literature, one can also find answers to the problems modern people face, it is appropriate to insert it there.

40. ①

주어진 문장은 사람들이 점을 보러 가는 이유에 대한 설명이므로 이유가 무엇인지를 묻고 있는 첫 번째 문장 뒤에 들어가는 것이 적절합니다. 또한 ㉠의 뒤 문장에서 '그럴 때'라고 해서 주어진 문장에서 말하고 있는 '깨달을 때'를 받고 있으므로 주어진 문장은 여기에 들어가야 합니다.

The given sentence explains the reason why people go to see fortune tellers, so it is appropriate to put it after ㉠, which asks what the reason is. Also, since the following sentence of ㉠ says 'at that time', referring to 'when you realize' in the given sentence, the given sentence should be placed there.

41. ②

주어진 문장은 노인들의 질병 예방 및 치료와 관련된 분야의 중요성이 강조되고 있는 이유에 대해 설명하고 있으며 ㉡의 앞 문장에서 그 중요성이 강조되고 있다고 말하고 있으므로 여기에 들어가는 것이 적절합니다.

The given sentence explains why the field related to disease prevention and treatment for the elderly is being emphasized, and since the sentence before ㉡ says that its importance is being emphasized, it is appropriate to put it there.

This is a question that is solved by reading a part of an essay or short story. Considering the characteristics of literary works, it is important to understand the story and situation presented in the text as a whole, rather than grasping the literal meaning of the vocabulary. In particular, literary expressions can be somewhat difficult, so it is necessary to infer the meaning through the context of the writing.

수필이나 단편 소설의 일부분을 읽고 푸는 문제입니다. 문학 작품이라는 글의 특성을 고려하여 어휘 그대로의 의미를 파악하기 보다는 글에 제시된 이야기와 상황을 전체적으로 이해하는 것이 중요합니다. 특히 문학적 표현들이 다소 어렵게 느껴질 수 있는데 글의 맥락을 통해 의미를 추론해 내는 것이 필요합니다.

42

Choose the appropriate emotion of the character shown in the underlined part

This is a question about choosing the feeling of 'I' or the character that can be understood from the underlined part. To solve this problem, it is important to first understand the situation of the character in the story, because the character's feelings are expressed metaphorically in the underlined part.

☆ **Refer to the [Emotional Vocabulary] in the Type 23 Analysis.**

42 밑줄 친 부분에 나타난 인물의 심정으로 알맞은 것 고르기

밑줄 친 부분에서 알 수 있는 '나' 혹은 등장 인물의 심정이 무엇인지 고르는 문제입니다. 이 문제를 풀기 위해서는 먼저 이야기 속에 나타나 있는 인물의 상황을 파악하는 것이 중요한데, 여기에서 인물이 느끼는 심정이 밑줄 친 부분에 비유적으로 표현되어 있기 때문입니다.

☆ 23번 유형 분석의 [감정 어휘] 참고

42

Choose the information that can be inferred from the content of the text

It's important to read the entire content carefully and grasp the central story. Considering this is a literary work, avoid fixating on the literal meaning of words and instead understand the overall flow by focusing on the background, situation, and characters' thoughts within the story. Also, identifying facts revealed through the characters' actions and dialogue will be helpful in solving the problem.

43 글의 내용으로 알 수 있는 것 고르기

전체 내용을 잘 읽고 중심 이야기를 파악하는 것이 중요합니다. 문학 작품임을 고려할 때 단어의 실제적인 의미에 집착하지 말고 이야기 속 배경과 상황, 등장 인물의 생각을 중심으로 전체적인 흐름을 이해해야 합니다. 또한 인물의 행동이나 대화를 통해 알 수 있는 사실이 무엇인지 확인하는 것이 문제를 푸는 데 도움이 됩니다.

기출문제 Q

※ [42~43] 다음을 읽고 물음에 답하십시오. (각 2점)

> 올해 서른 두 살인 준은 어렸을 때부터 특출나게 뛰어난 재능이 없
> 다는 점이 큰 불만이었다. 공부도 그럭저럭, 외모도 그럭저럭이었다.
> (중략) 특이한 재능이 있긴 했다. 준은 본능적으로 동서남북을 감지
> 할 수 있었다. 어느 장소에 가든지 북쪽과 동쪽이 어디인지 본능적으
> 로 느낄 수 있는 감각이었다. 이게 남들은 못하는 특이한 재능이란 걸
> 알게 된 건 가족들과 3박 4일 일정으로 포항에 놀러갔던 중학생 때였
> 다. 부모님은 유명하다는 포항 바닷가의 해돋이를 꼭 보고 싶어했다.
> (중략)
> "여보, 이쪽으로 걸어가면 되겠지? 동쪽이 저쪽인가?"
> "아냐, 자기야. 호텔 지배인이 선착장으로 가라고 했잖아. 그러니까
> 저기가 동쪽이지!"
> "아냐, 엄마. 동쪽은 이쪽이잖아."
> 준은 후드 주머니에 꼼지락거리고 있던 손을 꺼내 반대편으로 가려는
> 부모를 잡았다. 준이 심드렁한 표정으로 반대쪽을 턱짓으로 가리키자
> 부모님은 고개를 갸웃했다.
> "네가 그걸 어떻게 알아?"
> "이 방향이 북쪽이잖아. 그러니까 동쪽이 이쪽이지." (중략)
> 처음에 부모님은 반신반의했지만, 준이 물어볼 때마다 오차 없이 정확
> 히 맞추는 걸 확인하고는 자기들이 천재를 낳았다며 즐거워했다.

42. 밑줄 친 부분에 나타난 '부모님'의 심정으로 가장 알맞은 것을 고르십시오.

① 후회스럽다   ② 의심스럽다

③ 실망스럽다   ④ 짜증스럽다

📖 ‥ 83회 읽기 42~43번

☑ 특출나다
☑ 그럭저럭
☑ 특이하다
☑ 감지하다
☑ 본능적
☑ 꼼지락거리다
☑ 심드렁하다
☑ 갸웃하다
☑ 반신반의하다

42.
부모들이 방향을 찾는 것을 어려
워하고 있는데 아들이 너무 쉽게
옳은 방향을 알려주자 쉽게 믿지
못하는 상황입니다. 앞 문장의
'고개를 갸웃했다'와 뒤 문장의
'반신반의하다'라는 표현으로 부
모가 아들의 말을 의심스러워한
다는 것을 알 수 있습니다.

The parents are having trouble
finding their way, but their son
tells them the right direction
so easily that they can't readily
believe him. The phrase 'tilted
their heads' in the preceding
sentence and 'half-believing,
half-doubting' in the following
sentence show that the
parents are suspicious of their
son's words.

정답 42. ②

43.

② 준은 남들이 못하는 특이한 재능을 가지고 있습니다.

③ 준은 공부를 그럭저럭 했습니다.

④ 부모님은 준의 능력을 알고 천재를 낳았다며 즐거워했습니다.

② Joon has a unique talent that others don't have.

③ Joon did okay in his studies.

④ The parents were aware of Joon's ability and were delighted to have given birth to a genius.

43. 윗글의 내용으로 알 수 있는 것을 고르십시오.

① 준은 여행지에서 해 뜨는 방향을 한 번에 찾았다.

② 준의 부모님은 아들과 같은 능력을 가지고 있었다.

③ 준은 공부를 잘해서 학교에서 모르는 사람이 없었다.

④ 준의 부모님은 아들의 재능을 발견한 후 걱정하기 시작했다.

정답 43. ①

응용문제 Q

※ [42~43] 다음을 읽고 물음에 답하십시오. (각 2점)

> "왜 밥을 그렇게 조금 먹어? 어디 아프니?"
>
> "아니…"
>
> 민우는 밥을 먹는 둥 마는 둥 하더니 엄마가 몇 마디 건네자 별 대꾸도 없이 자기 방으로 들어가 버렸다. 찌개가 매웠는지 물을 한 컵 들이켜고 있는 민희에게 엄마는 속삭이듯 물었다.
>
> "여자친구랑 놀러 간다고 좋아할 때는 언제고. 네가 가서 좀 물어봐. 무슨 일 있나."
>
> 여자친구와 강릉으로 바다를 보러 간다고 꼭두새벽부터 집을 나섰는데 점심이 채 지나기도 전에 집으로 돌아와서 민희도 무슨 일인가 싶었다. 설거지를 끝내 놓고 민희는 커피를 내려 민우 방으로 들어갔다.
>
> "지연이랑 싸웠니? 그래서 강릉 안 갔어?"
>
> "싸운 거 아냐. 집에 갑자기 급한 일이 생겨서 못 간대."
>
> "그래? 얼마나 급한 일이길래… 그나저나 생일인데 여행도 못 가게 돼서 어쩌니. 지연이도 엄청 미안하겠다"
>
> 민우는 풀 죽은 목소리로 말했다. "걘 내 생일인지도 모를 걸"

42. 밑줄 친 부분에 나타난 '민우'의 심정으로 가장 알맞은 것을 고르십시오.

① 부끄럽다   ② 곤란하다

③ 서운하다   ④ 신기하다

☑ 건네다
☑ 대꾸
☑ 들이켜다
☑ 속삭이다
☑ 꼭두새벽
☑ 풀(이) 죽다

42.
민우는 여자친구가 자신의 생일도 모를 거라면서 서운함을 나타내고 있습니다.

Minwoo is expressing his disappointment that his girlfriend doesn't even seem to know his birthday.

정답 42. ③

43.

① 여자친구에게 일이 생겨서 못 갔습니다.

② 민우는 아프지 않다고 대답했습니다.

③ 민우의 생일입니다.

① Something came up for his girlfriend, so she couldn't go.

② Minwoo replied that he wasn't sick.

③ It's Minwoo's birthday.

43. 윗글의 내용으로 알 수 있는 것을 고르십시오.

① 민우는 아파서 여행을 못 갔다.

② 민우의 엄마는 아픈 민우를 걱정하고 있다.

③ 민우는 여자친구의 생일 기념으로 강릉에 가려고 했다.

④ 민우의 누나는 민우가 여행을 못 간 이유를 궁금해했다.

정답 43. ④

연습 문제

※ [42~43] 다음을 읽고 물음에 답하십시오. (각 2점)

지연은 면접장 앞 복도 의자에 앉아 손바닥을 마주 비볐다. 아침에 엄마가 건네준 두유가 가방 속에서 묵직하게 느껴졌다.

"우리 딸, 이번에는 꼭 될 거야. 엄마가 새벽부터 성당 가서 기도했어."

"날도 추운데 성당은 왜 갔어. 감기라도 들면 어쩌려구."

출발하기 전 괜히 퉁명스럽게 대꾸했던 게 마음에 걸렸다. 엄마의 지난 두 번의 새벽 기도도 헛되게 만들었는데⋯아빠는 말없이 어깨를 두드려주었지만 그 손길이 무겁게 느껴졌다.

그때 맞은편 의자에 앉은 지원자가 문득 눈에 들어왔다. 어디서 본 듯한 얼굴이었다. 잠시 생각하다 지난달 S전자 면접장에서 마주쳤던 사람이라는 걸 깨달았다. 그때 그 사람의 당당하고 자신감 넘치던 모습이 떠올랐다.

'저 사람도 떨어졌구나.' 자신의 처지와 겹쳐 보이는 순간이었다.

복도 끝에서 누군가 이름을 부를 때마다 심장이 쿵쾅거리고 서류 가방을 꼭 쥔 손마디가 하얗게 변했다.

"안지연 님."

드디어 자신의 이름이 불리자 지연은 벌떡 일어섰다. 다리가 후들거렸지만 엄마의 기도와 아빠의 묵묵한 응원을 떠올리며 깊게 숨을 들이마셨다.

---

42. 밑줄 친 부분에 나타난 '지연'의 심정으로 가장 알맞은 것을 고르십시오.

① 미안하다　　　　　　　② 긴장되다

③ 짜증스럽다　　　　　　④ 실망스럽다

43. 윗글의 내용으로 알 수 있는 것을 고르십시오.

① 지연은 면접 대기실에서 친구를 만났다.

② 지연은 엄마와 성당에 가서 기도를 했다.

③ 지연은 지난 두 번의 면접에서 불합격했다.

④ 지연의 엄마는 새벽 기도를 갔다가 감기에 걸렸다.

📖 어휘

특출나다	exceptional	형	남보다 **특출난** 건 없지만 그렇다고 크게 모자란 것도 없는 것 같아요.
그럭저럭	okay	부	처음 여는 행사라 걱정이 많았는데 **그럭저럭** 잘 치룬 것 같아 다행이다.
특이하다	unique	형	이번 검사에서 다소 **특이한** 점이 발견되어
감지하다	to sense	동	이상이 **감지되어** 비상벨이 울렸다.
본능적	instinctive	명	동물들은 자신에게 위협이 되는 존재를 **본능적으로** 알 수 있다고 한다.
꼼지락거리다	to fidget	동	아침에 일어나기가 싫어서 이불 속에 몇 십분째 **꼼지락거리고** 있다.
심드렁하다	indifferent	형	오랜만에 여행을 가자고 하니 남편이 **심드렁하게** 반응해서 기분이 별로 좋지 않았다.
갸웃하다	to tilt one's head	동	처음 보는 이메일이 와서 **갸웃하며** 발신자를 확인했다
반신반의하다	to be half in doubt	동	오래 전에 돈을 빌려간 친구가 갑자기 돈을 갚는다며 만나자고 해서 **반신반의했다**.

응용문제 42-43

건네다	to hand over	동	경기에 패한 선수에게 위로의 말을 **건넸다**.
대꾸	a reply	명	그는 기자들의 쏟아지는 질문에 아무 **대꾸**도 없었다.
들이켜다	to gulp down	동	그는 목이 말랐는지 물을 한 컵을 단숨에 **들이켰다**.
속삭이다	to whisper	동	아기가 깰까 봐 남편에게 **속삭이듯** 말했다.
꼭두새벽	dawn	명	아침에 일찍 출발하려면 **꼭두새벽**에 일어나서 준비해야 한다.
풀죽다	to be discouraged	동	시험 성적을 받아든 아이는 **풀죽은** 모습으로 집에 돌아왔다.

연습문제 42-43

묵직하다	heavy	형	가방 안에 책을 너무 많이 넣어서 **묵직하다**.

퉁명스럽다	blunt	형	피곤했던 탓인지 직원이 **퉁명스럽게** 대답했다.
대꾸하다	to reply	동	여러 번 불렀는데도 전혀 **대꾸하지** 않았다.
헛되다	futile	형	아무리 노력해도 성과가 없어 **헛된** 시간을 보낸 것 같았다.
처지	situation	명	그의 **처지**를 이해하면서도 도와줄 수 없어 마음이 아팠다.
쥐다	to grip	동	떨리는 손으로 펜을 **쥐고** 시험지를 풀기 시작했다.
후들거리다	to tremble	동	높은 곳에서 아래를 내려다보니 다리가 **후들거렸다**.
묵묵하다	silent	형	할아버지는 **묵묵히** 정원의 잡초를 뽑으셨다.

문법

✓ V-기는 하다

어떤 사실을 일단 인정은 하지만 그것이 충분하지 않거나 뒤에 부정적인 내용이 이어질 것을 나타낼 때 사용합니다. 또한 완전히 긍정하는 것이 아니라 어쩔 수 없이 인정하는 의미로도 사용할 수 있습니다.

This is used to indicate that while a certain fact is acknowledged, it is not sufficient or will be followed by something negative. It can also be used to mean that something is accepted not because it is completely agreeable, but because there is no other choice.

예 공부를 하기는 하는데 성적이 오르지 않아요.

맛있기는 한데 너무 비싸요

✓ V-자

선행절의 행위가 끝난 후 바로 후행절의 행위가 일어날 때 사용합니다. 주로 선행 동작이 전제 조건이 되어 후행 동작이 이루어졌음을 나타내며 두 행위 사이에는 서로 연관성이 있습니다.

This is used when the action in the latter clause occurs immediately after the action in the former clause is completed. It usually indicates that the preceding action serves as a precondition for the subsequent action, and there is a correlation between the two actions.

예 차 문을 열자 갑자기 큰 강아지가 뛰어내렸다.

내가 그 일에 대해 이야기를 꺼내자 그는 무척 당황스러워했다.

✓ V-더니

말하는 사람이 어떤 대상을 관찰하거나 어떤 대상과의 경험을 말하면서 그 대상이 과거와 달라진 상태를 나타낼 때 사용합니다.

This is used when the speaker observes an object or talks about an experience with an object, indicating that the object is in a different state than it was in the past.

예 친구가 메시지를 확인하더니 갑자기 울기 시작했다.

동생은 어렸을 때부터 운동에 잘하더니 결국 축구 선수가 되었다.

☑ **A/V-(으)ㄹ걸요**

어떤 사실을 잘 모르거나 확신할 수 없는 일을 나타낼 때 사용합니다.
보통 억양을 올리며 말합니다.

This is used to express something that is unknown or uncertain. It is usually said with a rising intonation.

예 지연이는 바빠서 내일 못 올걸.

그렇게 입고 나가면 **추울걸요**.

📖 **[42 ~ 43]**

☑ 묵직하다 | 퉁명스럽다 | 대꾸하다 | 헛되다 | 처지 | 쥐다 | 후들거리다 | 묵묵하다

42. ① 괜히 퉁명스럽게 대답한 것을 후회했는데 두 번이나 엄마가 새벽에 성당을 다녀오셨는데도 면접에서 떨어져 미안한 마음이 들었기 때문입니다.

He regretted answering bluntly for no reason, because he felt sorry that his mother had failed the interview twice even though she had gone to church at dawn.

43. ③ ① 다른 면접장에서 본 지원자였습니다.
② 엄마 혼자 성당에 다녀오셨습니다.
④ 지연은 엄마가 감기에 걸릴까 봐 걱정했습니다.

① She was an applicant he saw at another interview site.
② His mother went to church alone.
④ Jiyeon was worried that her mother would catch a cold.

메모

유형 분석 16(44~45번)

This type of question presents a passage of 6-7 sentences and asks you to understand the context and choose the appropriate word for the blank or infer the main point. Although the topics and subjects covered in this type are diverse, based on recently released test questions, it can be seen that topics related to tradition or history, such as 'Confucian etiquette,' 'historical discoveries,' and 'stories related to the founding myths,' are frequently appearing.

6~7개 정도의 문장으로 구성된 글을 읽고 글의 문맥을 파악하여 빈칸에 알맞은 말을 고르는 문제와 중심 내용을 추론하는 문제가 제시됩니다. 이 유형에서 다루고 있는 소재나 주제는 다양하지만, 최근 공개된 시험 문항들을 기준으로 보면 '유교 예법'이나 '역사적 발견', '건국 신화에 얽힌 이야기' 등 전통이나 역사와 관련된 소재들이 자주 출제되고 있는 것을 알 수 있습니다.

44
Choosing the right word for the blank

Question 44 is a question that asks you to read the text while understanding the context and choose the most appropriate word to fill in the blank. Usually, the blank is presented at the beginning of the text, and since the blank is in the middle of a sentence, the choices are given in the form of modifiers or connections such as '-(으)ㄴ/는, -고, -기,' etc. Also, since new vocabulary not used in the text may appear in the choices, it will be helpful to familiarize yourself with vocabulary related to the history field in advance to solve the problem.

44 빈칸에 알맞은 말 고르기

44번은 문맥을 파악하며 글을 읽고 빈칸에 들어갈 말로 가장 알맞은 말을 고르는 문제입니다. 보통 글의 앞 부분에 빈칸이 제시되고 있으며, 한 문장의 가운데에 빈칸이 있기 때문에 선택지는 '-(으)ㄴ/는, -고, -기' 등과 같은 수식이나 연결 형태로 주어집니다. 또한 선택지에는 글에서 사용하지 않은 새로운 어휘들이 등장하기도 해서 미리 역사 분야와 관련된 어휘들을 잘 익혀 두면 문제를 푸는 데 도움이 될 것입니다.

45 글의 주제로 알맞은 것 고르기

45번은 글을 읽고 주제로서 가장 알맞은 것을 고르는 문제입니다. 텍스트를 자세히 읽고 전체적인 내용을 이해한 후에 주제를 고를 수 있기 때문에, 글을 모두 읽고 나서 정답을 고르는 것이 좋습니다. 또한 글 속의 문장을 선택지에 그대로 옮겨 쓰지 않고 그것을 요약하거나 다른 압축적인 말로 바꿔서 표현하는 경우가 많기 때문에 높은 수준의 어휘력을 요구하는 문항이라고 할 수 있습니다. 따라서 이 문제를 잘 풀기 위해서는 44번 문항과 마찬가지로 평소 역사적인 이야기를 소재나 주제로 하는 글들을 꾸준히 접하고 또 관련된 어휘와 표현들을 충실히 학습해 두는 것이 중요합니다. 물론 최근의 경향에만 집중하지 말고 이 유형의 소재가 될 수 있는 다른 여러 사회 분야의 글을 읽고 어휘 등을 학습하는 노력도 필요합니다.

45

Choosing the right theme for the text

Question 45 is a question that asks you to read the text and choose the most appropriate theme. Since you can choose the theme after carefully reading the text and understanding the overall content, it is recommended to choose the answer after reading the entire text. In addition, since sentences in the text are often not copied directly into the choices but are summarized or rephrased in other concise words, this question requires a high level of vocabulary. Therefore, to solve this problem well, it is important to consistently read texts with historical stories as topics or subjects, as in question 44, and to faithfully learn related vocabulary and expressions. Of course, it is also necessary to make efforts to read texts in various other social fields that can be the subject of this type and learn vocabulary, etc., without focusing only on recent trends.

📖 ·· 91회 읽기 44~45번

☑ 신화
☑ 탄생하다
☑ 건국
☑ 깨다
☑ 강력하다
☑ 부여하다
☑ 통합하다

44.

( ) 앞에 수로가 제일 먼저 알을 깨고 나와 첫 번째 왕이 되었다는 말이 있으므로 뒤에 오는 다섯 아이를 수식하는 말로는 '수로에 이어 알에서 태어난'이라는 말이 적절합니다.

Since it's said that Suro was the first to hatch from an egg and become the first king, preceding "( )", the most appropriate phrase to modify the five children who followed would be "born from an egg after Suro."

기출문제 🔍

※ **[44~45] 다음을 읽고 물음에 답하십시오.** (각 2점)

> '수로왕 신화'는 왕이 알에서 탄생하는 여느 건국 신화와 유사하다. 고대에 아직 나라가 없던 낙동강 하류에 황금알 여섯 개가 하늘에서 내려왔다. 그중 맨 먼저 알을 깨고 나온 아이를 '수로'라 하였고 하늘의 뜻에 따라 수로는 지상의 첫 번째 왕이 되었다. ( ) 다섯 아이 역시 각각 왕이 되었다. 수로왕 신화는 이렇게 한꺼번에 여섯 개 알이 나타나 거기서 태어난 이가 모두 왕이 된다는 점에서 다른 건국 신화와 큰 차이가 있다. 당시 세워진 여섯 나라는 강력한 왕권 국가가 아니었다. 황금알은 하늘로부터 부여받은 절대적 권위를 상징하는데 수로가 알에서 최초로 탄생했다는 부분은 수로왕이 중심이 되어 여섯 나라를 하나의 강력한 국가 '가야'로 통합하려 했다는 것을 말해 준다.

44. ( )에 들어갈 말로 가장 알맞은 것을 고르십시오.

① 알을 가지고 내려온
② 기존의 왕을 물리치고
③ 수로에 이어 알에서 태어난
④ 탄생을 축하하며 몹시 기뻐하던

정답 44. ③

45. 윗글의 주제로 가장 알맞은 것을 고르십시오.

① 이 신화는 전형적인 건국 신화의 특성을 지니고 있다.

② 이 신화는 낙동강 일대의 유용한 지리적 정보를 담고 있다.

③ 이 신화는 고대의 문학 작품으로서 훌륭한 가치를 지니고 있다.

④ 이 신화는 강력한 왕권 국가를 이루려고 한 통합 의식을 반영한다.

45.

① 왕이 알에서 탄생한다는 점에서는 여느 건국 신화와 유사하지만, 태어난 이가 모두 왕이 된다는 점에서 다른 건국 신화와 큰 차이가 있다고 했으므로 주제가 될 수 없습니다.

② 낙동강 일대에 대한 지리적 정보는 담고 있지 않습니다.

③ 신화가 갖는 문학 작품으로서의 가치는 위 글에서 언급되지 않았습니다.

① It cannot be the theme because it is similar to other founding myths in that the king is born from an egg, but it is very different from other founding myths in that all those born become kings.

② It does not contain geographical information about the Nakdong River area.

③ The value of myth as a literary work is not mentioned in the above text.

정답 45. ④

응용 문제

44.

착륙 과정에서 문제가 발생했다는 내용이 있고 그것에 대해 '신속하게 파악하고'라는 말과 괄호가 연결되고 있으므로 '해결책을 제시한 덕분에'라는 말이 들어가는 것이 맞습니다.

There is a statement that a problem occurred during the landing process, and it is connected to the phrase 'quickly grasp' and perenthesis, so it is appropriate to include the phrase 'thanks to suggesting a solution.'

응용문제 🔍

※ **[44~45] 다음을 읽고 물음에 답하십시오.** (각 2점)

1969년 7월 20일은 인류 역사상 최초로 닐 암스트롱이 달에 착륙한 날이다. 하지만 이 역사적인 순간은 단순히 운이나 우연의 결과가 아니었다. 달 착륙 과정은 생각보다 순탄하지 않았다. 우주 비행사 세 명을 태운 아폴로 11호가 착륙을 시도하던 중 컴퓨터 오작동으로 인해 계획된 착륙 지점을 변경해야 했고 연료도 부족했다. 그러나 이 사업의 통제 센터 기술자들이 오류의 원인을 신속하게 파악하고 (   ) 암스트롱이 무사히 착륙할 수 있었다. 또한 여성 컴퓨터 과학자 마거릿 해밀턴이 이끌었던 팀이 작성한 소프트웨어는 아폴로 11호가 안전하게 달에 착륙하고 다시 지구로 귀환하는 데 결정적인 역할을 했다. 만약 이 보이지 않는 영웅들의 끈기와 지식, 창의력이 없었다면 아폴로 11호의 성공은 불가능했을 것이다.

---

44. (   )에 들어갈 말로 가장 알맞은 것을 고르십시오..

① 과학자들을 모은 덕분에

② 적절한 해결책을 제시한 덕분에

③ 컴퓨터를 미리 점검했기 때문에

④ 다시 지구로 돌아오도록 했기 때문에

정답 44. ②

45. 윗글의 주제로 가장 알맞은 것을 고르십시오.

① 달 착륙은 인류 역사상 가장 위대한 업적이다.

② 달 착륙은 여러 번의 시도 끝에 성공할 수 있었다.

③ 달 착륙을 시도하기 위해 우주 비행사들은 아주 오랫동안 훈련을 받았다.

④ 달 착륙의 성공은 여러 분야의 전문가들이 공통의 목표를 위해 노력한 결과이다.

45.

① 달 착륙이 인류의 가장 위대한 업적이라는 의미의 내용은 글에 나오지 않습니다.

② 착륙 과정에서 문제가 발생했다는 내용으로 여러 번 착륙 시도를 했음을 짐작할 수 있지만 이것이 주제가 되지는 않습니다.

③ 글에 나오지 않는 내용입니다.

① The text does not mention that the moon landing is humanity's greatest achievement.

② It can be assumed from the content that a problem occurred during the landing process that several landing attempts were made, but this is not the theme.

③ This is not mentioned in the text.

정답 45. ④

※ [44~45] 다음을 읽고 물음에 답하십시오. (각 2점)

> 피그말리온은 그리스 신화 속에 등장하는 뛰어난 조각가로서 현실에서 자신의 이상적인 여성상을 찾지 못해 결국 그런 모습의 조각품을 만들게 되었다. 그는 하얀 코끼리의 뼈로 매우 정교한 조각품을 만들었으며 그 조각품에 갈라테이아라는 이름도 지어 주었다. 그리고 피그말리온은 사랑의 여신인 아프로디테에게 그 아름다운 조각상을 사람으로 만들어 자신의 아내가 되도록 해 달라고 매일 빌었다. 아프로디테는 어느 날 그의 (   ) 그 조각상을 사람으로 만들어 주었다. 심리학에서 말하고 있는 피그말리온 효과가 바로 여기에서 온 것이다. 피그말리온의 이야기는 우리가 자신이나 타인에 대해 가지고 있는 믿음과 기대가 행동과 성과에 영향을 미칠 수 있음을 시사한다. 즉 높은 기대와 긍정적인 믿음이 일의 성과를 향상시킬 수 있다는 것이다.

44. (   )에 들어갈 말로 가장 알맞은 것을 고르십시오.

① 소원을 들어 주어
② 이상형을 찾아 내어
③ 생각대로 작품을 만들어
④ 정교한 조각품에서 영향을 받아

45. 윗글의 주제로 가장 알맞은 것을 고르십시오.

① 이 신화 속 이야기는 인간의 심리가 얼마나 복잡한지 보여 준다.
② 이 신화 속 이야기를 통해 뛰어난 예술가의 조건에 대해 알 수 있다.
③ 이 신화 속 이야기는 믿음과 기대가 가지는 효과에 대해 말하고 있다.
④ 이 신화 속 이야기처럼 모든 일을 긍정적으로 생각하는 것이 중요하다.

어휘

기출문제 44-45

신화	myth	명	우리는 **신화**를 통해 그 시대의 사회 현실을 읽을 수 있다.
탄생하다	to be born	동	예쁜 아가가 **탄생**하고 나서 집안 분위기가 좋아졌다.
건국	founding (of a nation)	명	그분은 대한민국의 **건국**을 위해 많은 노력을 기울였다
깨다	to break	동	아이들이 공을 던져서 유리창을 **깼다**.
강력하다	strong	형	**강력한** 태풍이 온다는 기상청의 예보에 농민들의 걱정이 많아졌다.
부여하다	to grant	동	나는 이번 여행에 특별한 의미를 **부여하고** 싶다.
통합하다	to unify	동	본사에서는 작은 규모의 계열사들을 **통합하려는** 움직임이 있다.

응용문제 44-45

인류	humanity	명	그 영화는 핵전쟁으로 인해 **인류**가 멸망하는 모습을 그리고 있다.
착륙하다	to land	동	비행기는 한 시간 만에 제주 공항에 **착륙했다**.
운	luck	명	**운**이 없는 사람은 뒤로 넘어져도 코가 깨진다는 말이 있다.
우연	coincidence	명	그날 공항에서 그 사람과 마주친 건 정말 **우연**이었다.
순탄하다	smooth	형	착하고 성실한 사람이니만큼 그 사람의 앞날은 **순탄할** 것이다.
오작동	malfunction	명	기계가 **오작동**을 일으켜 하마터면 손을 다칠 뻔했다.
연료	fuel	명	기차가 오랜 시간 달리려면 **연료**를 충분히 채워 놓아야 한다
오류	error	명	교사들이 시험 문제에 **오류**가 없는지 검토하고 있다.
신속하다	rapid	형	소방대원들은 화재 진압을 위하여 **신속하게** 움직였다.
이끌다	to lead	동	그 선수는 주장으로서 최선을 다해 팀을 우승으로 **이끌었다**.

귀환하다	to return	동	그 병사는 작전을 마치고 부대로 무사히 **귀환하였다**.
결정적	decisive	명	그 사람이 인이라는 **결정적** 증거를 발견하였다.
끈기	perseverance	명	포기하지 않고 **끈기** 있게 도전하면 뭐든지 할 수 있다.
창의력	creativity	명	학생들이 **창의력**을 발휘할 수 있는 교육 환경을 조성해야 한다.

연습문제 44-45

뛰어나다	outstanding	형	이 세제는 세척 효과가 아주 **뛰어나다**.
조각	sculpture	명	이 학생은 회화보다는 **조각**에 소질이 있어 보인다.
빌다	to pray	동	매일같이 아들의 대학 합격을 **빌고** 있다.
기대	expectation	명	**기대**가 크면 실망도 큰 법이다.
시사하다	to suggest	동	그 보도는 우리나라의 척박한 교육 현실을 **시사하고** 있다.
향상시키다	to improve	동	정부는 국민의 생활 수준을 **향상시키기** 위해 힘써야 한다.

📖 문법

☑ A/V-던

명사를 수식하며 과거의 행위와 상태를 다시 떠올리거나 그것이 완료되지 않고 중단되었다는 미완의 의미를 나타냅니다.

This modifies a noun and indicates the recollection of a past action or state, or that it was unfinished and interrupted.

예 10전만 해도 **조용하던** 마을이 이제 완전히 관광지로 바뀌어 버렸다.

그 사람이 **떠나던** 날에도 이렇게 눈이 내렸다.

☑ A/V-았/었던

미완의 뜻을 나타내는 '-던'에 비해 '-았/었던'은 현재의 시점에서 볼 때 과거의 그 일이 어느 시점에서 완료되어 현재까지 지속되지 않고 있음을 더 나타냅니다.

Compared to '-던', which indicates an unfinished meaning, '-았/었던' further indicates that from the current point of view, the past event was completed at some point in the past and is not continuing to the present.

예 고등 학생 때 자주 **어울렸던** 친구를 어제 우연히 만났다.

어렸을 때는 키가 **작았던** 동생이 이제는 나보다 훨씬 더 키가 크다.

📖 [44~45]

☑ 뛰어나다 | 조각 | 빌다 | 기대 | 시사하다 | 향상시키다

44. ① 앞 문장에 피그말리온이 조각상을 사람으로 만들어 자신의 아내가 되도록 해 달라고 매일 빌었다는 내용이 있고 (　) 뒤에 조각상을 사람으로 만들어 주었다는 말이 있으므로 '소원을 들어 주어'라는 말이 들어가는 것이 적절합니다.

The previous sentence states that Pygmalion prayed every day for the statue to be made into a human and become his wife, and after (　) it says that the statue was made into a human, so it is appropriate to include the phrase 'granted his wish'.

45. ③ ① 이 글을 통해 알 수 없는 내용입니다.
② 피그말리온이 뛰어난 조각가였다는 내용은 있지만, 그것을 통해 뛰어난 예술가의 조건을 알 수는 없습니다.
④ 모든 일을 긍정적으로 생각하는 게 중요하다는 것이 아니라, 어떤 일의 결과에 대해 기대와 믿음을 가지는 것이 중요하다는 것입니다.

① This is not something you can know through this text.
② It is mentioned that Pygmalion was an outstanding sculptor, but you cannot know the conditions of an outstanding artist through that.
④ It's not that it's important to think positively about everything, but that it's important to have expectations and faith about the outcome of something.

메모

This is a problem that is solved by reading texts related to various fields such as politics, economics, and science. It is good to know the latest important vocabulary for each field, as it usually introduces objectively about socially interesting issues or the latest technologies.

정치, 경제, 과학 등 다양한 분야와 관련된 글을 읽고 푸는 문제입니다. 주로 사회적으로 관심을 끄는 사안이나 최신 기술에 대해 객관적으로 소개하는 내용이 나오기 때문에 영역별로 최근 중요하게 사용되는 어휘들을 알아 두는 것이 좋습니다.

46

Choosing the most appropriate attitude of the author

This is a question to choose the author's thoughts or attitude on the issue that is the subject of the article. In general, it introduces the issue and points out problems related to it, necessary items, etc., and also expresses the author's positive or negative position on a specific issue.

46 필자의 태도로 가장 알맞은 것 고르기

글의 소재가 되는 사안에 대한 필자의 생각이나 태도를 고르는 문제입니다. 대체로 사안에 대해 소개하고 그와 관련된 문제점, 필요한 사항 등을 지적하기도 하고 특정 이슈에 대해 긍정적, 혹은 부정적인 필자의 입장을 나타내기도 합니다.

☆ 태도를 나타내는 표현

1. 제안, 필요, 촉구	~아/어야 한다. ~(으)ㄹ 필요가 있다. ~는 것이 중요하다 ~이/가 시급하다 ~이/가 부족하다
2. 설명, 분석	~에 대해 고민하다 ~을/를 예측할 수 있다
3. 걱정, 우려, 문제점 지적	~(으)ㄹ지 의문이다 ~(으)ㄹ 수도 있다 ~는 한 ~을 수 없다 ~는 것이 바람직하다
4. 환영	~(으)ㄹ 것으로 기대하다 ~다는 점에서 고무적이다

47 글의 내용과 같은 것 고르기

글을 순서대로 읽어 내려가면서 글의 내용과 선택지를 비교하여 맞는 내용을 골라야 합니다. 이때 선택지에서는 지문에 나온 표현을 그대로 사용하지 않기 때문에 비슷한 어휘를 알고 있어야 하며, 비슷한 표현이라고 해도 그 의미가 지문의 내용과 정확하게 일치해야 정답이 될 수 있으므로 답을 고를 때 주의해야 합니다.

47

Choosing the same as the content of the text

You must read the text in order and compare the content of the text with the choices to choose the correct content. At this time, since the choices do not use the same expressions as in the text, you need to know similar vocabulary, and even if they are similar expressions, their meaning must exactly match the content of the text to be the correct answer. You should be careful when choosing an answer.

기출 문제

··· 91회 읽기 46~47번

☑ 주가 조작
☑ 공금 횡령
☑ 상해
☑ 흉악 범죄
☑ 수법
☑ 막심하다
☑ 직결되다
☑ 관대하다
☑ 경제 사범
☑ 엄벌하다
☑ 한탕
☑ 때우다
☑ 만연하다
☑ 미진하다
☑ 부당 이익 환수

46.
경제 범죄가 개인뿐만 아니라 국가 경제에 미치는 영향이 크기 때문에 '경제 사범을 엄벌할 필요가 있다'고 말하고 있습니다.

It is said that 'economic criminals need to be severely punished' because economic crimes have a great impact not only on individuals but also on the national economy.

기출문제 🔍

※ **[46~47] 다음을 읽고 물음에 답하십시오.** (각 2점)

주가 조작이나 공금 횡령 등의 경제 범죄는 사람에게 직접적인 상해를 가하는 흉악 범죄보다 범죄 정도가 낮다고 생각하기 쉽다. 그러나 경제 범죄의 수법이 날이 갈수록 다양해지고 지능화되어 사회에 미치는 충격과 피해가 막심하다. 최근 증권사 직원의 주가 조작으로 고객들이 천억 넘게 손해 본 사건만 해도 그렇다. 이러한 경제 범죄는 개인의 손해를 넘어 국가 경제와도 직결될 수 있다. 따라서 이를 가벼이 여겨서는 안 되며 관대하게 처벌해서도 안 된다. 건전한 경제 질서를 확립하기 위해 경제 사범을 엄벌할 필요가 있다. '한탕 크게 해 먹고 몸으로 때우면 된다'는 한탕주의가 만연하지 않도록 처벌 수준을 더 높여야 한다. 지금까지 미진했던 부당 이익 환수도 앞으로 잘 이루어져 경제 범죄가 재발되지 않도록 해야 할 것이다.

46. 윗글에 나타난 필자의 태도로 가장 알맞은 것을 고르십시오.

① 경제 범죄가 사회에 미치는 영향을 부정하고 있다.
② 경제 사범에 대한 처벌을 강화하도록 촉구하고 있다.
③ 경제 사범의 처벌로 생길 결과에 대해 우려하고 있다.
④ 경제 범죄의 다양한 수법을 객관적으로 분석하고 있다.

정답 46. ②

47. 윗글의 내용과 같은 것을 고르십시오.

① 경제 범죄로 생긴 부당 이익을 문제없이 잘 환수해 왔다.

② 공금을 불법으로 가로채는 범죄는 경제 범죄에 포함된다.

③ 개인이 저지른 주가 조작 범죄는 국가 경제와 큰 관련이 없다.

④ 경제 범죄 수법이 교묘해졌지만 사회에 미치는 충격은 크지 않다.

47.

① 지금까지 부당 이익 환수가 미진했습니다.

③ 증권사 직원의 주가 조작이 국가 경제와 직결될 수 있습니다.

④ 경제 범조의 수법이 다양해지고 지능화되어 사회에 미치는 충격과 피해가 막심합니다.

① So far, the recovery of unjust profits has been insufficient.

③ Stockbrokers' stock price manipulation can be directly linked to the national economy.

④ The methods of economic crime are becoming more diverse and sophisticated, and the impact and damage on society are enormous.

정답 47. ②

응용 문제

응용문제 🔍

※ [46~47] 다음을 읽고 물음에 답하십시오. (각 2점)

어린이 보호구역 내 30km/h 속도 제한은 어린이의 안전을 위해 도입된 정책이다. 이는 학교 주변 300m 이내 구역에서 차량 속도를 제한하여 교통사고 위험을 줄이는 것을 목적으로 한다. 어린이 보호구역에서 속도를 제한하는 것은 교통 정체 유발, 운전자 스트레스 증가, 주변 도로로의 우회 증가 등의 부작용을 초래할 수 있고 현실적으로 준수하기 어려워 상시적인 법규 위반으로 이어지고 있다는 우려도 있다. 그럼에도 불구하고 이 정책은 반드시 유지되어야 한다. 어린이의 생명과 안전은 그 어떤 가치보다 우선되어야 하기 때문이다. 통계상 30km/h 이하 주행 시 보행자 사망률이 현저히 낮아진다는 점에서 이 정책은 실질적인 생명 보호 효과도 있다. 부작용의 최소화를 위해 시간대별 탄력 운영과 안전 시설 확충 등을 고려할 수 있으나 어린이 안전을 위한 속도 제한은 양보할 수 없다.

46.
스쿨존 내 속도 제한 정책의 필요성과 함께 부작용에 대해서도 언급하고 있으나 '그럼에도 불구하고 이 정책은 반드시 추진되어야 한다'라고 자신의 의견을 명확히 밝히고 있습니다.

Along with the need for a speed limit policy within school zones, side effects are also mentioned, but he clearly states his opinion that 'Nevertheless, this policy must be promoted'.

46. 윗글에 나타난 필자의 태도로 가장 알맞은 것을 고르십시오.

① 어린이 보호구역 내 속도 제한 정책을 지지하고 있다.

② 어린이 보호구역 내 속도 제한 정책의 대안 마련을 촉구하고 있다.

③ 어린이 보호구역 내 속도 제한 정책의 효과에 대해 의심하고 있다.

④ 어린이 보호구역 내 속도 제한 정책의 부작용에 대해 우려하고 있다.

47.
① 통계상 30km/h 이하 주행 시 보행자 사망률이 낮아졌습니다.
③ 시간대별 탄력 운영은 대안으로 제시되었습니다.
④ 여러 우려에도 불구하고 반드시 유지되어야 합니다.

① Statistically, the pedestrian fatality rate has decreased when driving below 30km/h.
③ Flexible operation by time zone was suggested as an alternative.
④ Despite various concerns, it must be maintained.

47. 윗글의 내용과 같은 것을 고르십시오.

① 30km/h 이하 주행은 실질적인 안전 예방 효과가 없다.

② 어린이 보호구역 내 30km/h 속도 제한을 위반하는 경우가 흔하다.

③ 어린이 보호구역 내 30km/h 속도 제한은 정해진 시간에만 시행된다.

④ 교통 정체로 어린이 보호구역 내 30km/h 속도 제한을 폐지할 예정이다.

정답 46. ①   47. ②

연습 문제

※ [46~47] 다음을 읽고 물음에 답하십시오. (각 2점)

전 세계의 여러 기업들이 2050년까지 사용 전력의 100%를 재생에너지로 충당하겠다고 선언하였다. 이 제도는 기후변화 대응과 지속 가능한 발전을 위해 시작되었으며 현재 400여 개 기업이 참여하고 있다. 한국에서도 대기업을 중심으로 참여가 늘고 있으나 아직 초기 단계이며, 정부는 시행을 위한 지원을 확대하고 있다. 그러나 이에 대한 부정적 시각도 존재한다. 재생에너지 전환에 따른 비용 증가와 전력 공급 안정성 등이 지적되고 있고, 특히 중소기업이나 개발도상국 및 신흥국의 제조업체는 참여가 어렵다는 점을 들어 선진국 위주의 제도라는 비판을 받고 있다. 하지만 이러한 우려에도 불구하고 제도의 시행은 필수적이다. 기후위기 대응은 더 이상 미룰 수 없는 과제인 상황에서 이 제도가 효과적인 수단이 될 수 있기 때문이다. 또한 글로벌 시장에서의 경쟁력 확보와 새로운 성장 동력 창출을 위해서도 반드시 참여가 필요하다. 다만 정부의 적극적인 지원과 기업 간 협력을 통해 전환 과정의 부담을 완화하고 중소기업도 참여할 수 있는 방안을 모색해야 할 것이다.

46. 윗글에 나타난 필자의 태도로 가장 알맞은 것을 고르십시오.

① 제도의 시행 효과에 대해 회의적이다.
② 제도가 불공정한 점을 들어 비판하고 있다.
③ 제도의 시행에 따른 경제적 이익을 기대하고 있다.
④ 제도에 대한 비판적 시각에도 시행을 지지하고 있다.

47. 윗글의 내용과 같은 것을 고르십시오.

① 이 제도는 선진국과 대기업을 위해 시작되었다.
② 한국은 대부분의 기업들이 이 제도에 참여하고 있다.
③ 이 제도는 에너지 절약으로 기업의 비용을 감소하는 것이 목적이다.
④ 글로벌 시장에서 경쟁력을 갖기 위해서는 이 제도에 참여해야 한다.

기출문제 46-47

조작	manipulation	명	이번 경기에서 승부 **조작**이 있었다는 사실이 드러났다.
공금	public funds	명	**공금**을 개인 용도로 사용하는 것은 엄격히 금지되어 있다.
횡령	embezzlement	명	회사 자금 **횡령**으로 직원이 구속되었다.
상해	injury	명	폭행으로 인한 **상해** 사건이 경찰에 신고되었다.
흉악 범죄	heinous crime	명	최근 **흉악 범죄**가 잇따라 발생하여 시민들의 불안감이 커지고 있다.
수법	method	명	이번 사기 사건은 기존과는 다른 새로운 **수법**이었다.
막심하다	enormous	형	태풍으로 인한 피해가 **막심하여** 복구에 많은 시간이 걸릴 것으로 보인다.
직결되다	to be directly connected	동	이 문제는 회사의 생존과 **직결되는** 중요한 사안이다.
관대하다	lenient	형	처음 한 실수이므로 **관대하게** 처리하기로 했다
경제 사범	economic criminal	명	검찰은 주가 조작과 횡령 혐의로 기소된 **경제 사범**에 대해 구속 수사를 진행하고 있다
엄벌하다	to punish severely	동	법원은 미성년자를 상대로 범죄를 저지른 사람을 **엄벌했다**.
한탕	a big score	명	**한탕**을 노리고 시작한 투자는 대부분 실패로 끝난다
때우다	to fill	동	요즘 시간이 부족해서 김밥으로 끼니를 **때우기** 일쑤다.
만연하다	widespread	형	직장 내 괴롭힘이 여전히 **만연한** 것으로 조사되었다.
미진하다	insufficient	형	안전 대책이 아직 **미진하여** 보완이 필요하다.
환수	recovery	명	부당하게 지급된 보조금을 **환수**하는 절차가 진행 중이다.

응용문제 46-47

정체	stagnation	명	출근 시간대는 도로의 **정체**가 심해 평소보다 시간이 더 걸린다.
유발	inducement	명	과도한 스트레스는 여러 질병의 **유발**로 이어질 수 있다.

우회	bypass	명	공사 중이라 **우회**를 해서 갈 수밖에 없다.
준수하다	to comply with	동	모든 직원은 회사의 안전 수칙을 **준수해야** 한다.
상시적	constant	명	이 시설은 **상시적**으로 안전 점검을 실시하고 있다.
위반	violation	명	신호 **위반**으로 벌점을 받았다.
현저히	remarkably	부	올해는 작년에 비해 실적이 **현저히** 개선되었다.
탄력	flexibility	명	올해부터 부서에 따라 **탄력** 근무제를 실시하기로 했다.
확충	expansion	명	회사 내 보육 시설의 **확충**이 필요하다.

연습문제 46-47

전력	one's full power	명	마지막 경기에서 **전력**을 다해 우승을 차지했다.
충당하다	to cover	동	대출금으로 등록금을 **충당할** 수밖에 없었다.
대응	response	명	시민들의 신속한 **대응**으로 큰 사고를 막을 수 있었다.
이행	implementation	명	대통령은 선거 공약의 **이행**을 약속했다.
동력	driving force	명	경제 성장의 새로운 **동력**을 발굴하는 것이 시급하다.
협력	cooperation	명	두 회사가 신제품 개발을 위해 **협력**하기로 했다.
모색하다	to seek	동	정부는 청년 실업 문제의 해결책을 **모색하고** 있다.

문법

✓ A/V-(으)면 A/V-(으)ㄹ수록

행동이 반복되거나 정도가 심해지면 그에 따라 관계된 상황도 변함을 나타낼 때 사용합니다.

This is used to indicate that when an action is repeated or its degree intensifies, the related situation changes accordingly.

예 날씨가 **추울수록** 거리에 사람이 없어요.

한국어는 **배우면 배울수록** 재미있네요.

✓ N만 해도

여러 가지 중에서 하나를 예로 들어서 설명할 때 사용합니다.

This is used when explaining something by giving one example out of many.

예 생활비가 생각보다 많이 드네요. **교통비만 해도** 한 달에 20만원이나 들어요.

이번 달만 해도 지각을 벌써 세 번이나 했어요.

연습 문제 정답 및 해설

📖 **[46~47]**

☑ 전력 | 충당하다 | 대응 | 이행 | 동력 | 협력 | 모색하다

46. ④

재생에너지 관련 제도에 대한 글입니다. 이에 대한 부정적 시각도 존재하나 그럼에도 불구하고 시행이 필수적이라고 주장하고 있습니다.

This is an article about Renewable energy policies. While there are negative views on Renewable energy policies, it argues that implementation is essential nonetheless.

47. ④

① 대기업을 중심으로 참여가 늘고 있는 상황이나 아직 초기 단계입니다.
② 기후변화 대응과 지속 가능한 발전을 위해 시작되었습니다.
③ 재생에너지로 전환하는 것으로 오히려 비용이 증가할 수 있습니다.

① While participation is increasing, mainly among large corporations, it is still in its early stages.
② It was started for climate change response and sustainable development.
③ Switching to renewable energy can actually increase costs.

In this type, an argumentative essay is presented on the topic of a socially controversial policy or system, introducing it and criticizing problematic points or suggesting improvements. Since you have to solve the problem after reading a long text of about 10 sentences, it will be helpful to understand the text by first checking the questions below before reading and thinking in advance about where to focus.

이 유형에서는 사회적으로 이슈가 된 정책이나 제도 등을 소재로 그것을 소개하고 문제가 되는 점을 비판하거나 개선점 등을 제안하는 내용의 논설문이 제시됩니다. 보통 10개 정도의 문장으로 구성된 긴 글을 읽고 문제를 풀어야 하기 때문에, 글을 읽기 전에 아래에 있는 문제들을 먼저 확인하고 어디에 초점을 두고 읽어야 하는지 미리 생각해 두는 것도 글을 이해하는 데 도움이 될 것입니다.

48

Choosing the purpose of writing

Question 48 is one of the questions in the type that evaluates learners' inferential comprehension ability, and it asks you to choose the purpose for which the author wrote the text. You must infer the author's intention or purpose based on your understanding of the overall content and context of the given text. To do this, it is good to look carefully at the beginning and end of the text. This is because the author first introduces the subject of the problem at the beginning of the text, and then summarizes and emphasizes his/her argument about the subject at the end. In addition, to properly understand the purpose of the text, it is also important to know vocabulary such as 'demand, refute, present, support'.

48 글을 쓴 목적 고르기

48번은 학습자들의 추론적 이해 능력을 평가하는 유형 중 한 문항으로 필자가 글을 쓴 목적을 고르는 문제입니다. 주어진 텍스트의 전체적인 내용과 맥락에 대한 이해를 바탕으로 필자가 글을 쓴 의도나 목적을 유추해야 합니다. 그렇게 하기 위해서는 글의 처음 부분과 마지막 부분을 잘 살펴보는 것이 좋습니다. 필자는 우선 글의 앞 부분에서 문제 제기를 할 대상을 소개한 뒤, 마지막 부분에 가서 그 대상에 대한 자신의 주장을 요약하고 다시 한 번 강조해서 말하게 되기 때문입니다. 또한 글의 목적을 제대로 파악하기 위해서는 '요구하다, 반박하다, 제시하다, 지지하다'와 같은 어휘들을 알아 두는 것도 중요합니다.

49 빈칸에 알맞은 말 고르기

49번은 논설문의 문맥을 파악하여 괄호에 들어갈 적절한 말을 고르는 문제입니다. 동일한 유형의 다른 문제들을 풀 때와 마찬가지로 접속 부사 등의 연결어가 주는 정보들을 잘 파악하여 정답을 고를 수 있도록 합니다. 다만 이 문항의 경우에는 정보를 제공해 주는 지시어나 접속 부사가 빈칸이 있는 문장과 앞뒤로 좀 떨어져 있는 경우도 있기 때문에 전체적인 문맥을 잘 따라가며 답을 찾아야 합니다.

50 일치하는 내용 고르기

50번은 글의 세부 내용을 제대로 파악했는지 묻는 문항입니다. 긴 글의 내용과 동일한 내용의 선택지를 고르는 것이기 때문에, 글을 전체적으로 꼼꼼히 읽으면서 맞지 않는 선택지를 하나씩 골라 내는 것이 좋습니다.

49

Choosing the right word for the blank

Question 49 is a question that asks you to understand the context of an argumentative essay and choose the appropriate word to fill in the parentheses. As with solving other problems of the same type, make sure to understand the information provided by conjunctions such as conjunctive adverbs and choose the correct answer. However, in the case of this question, the pronoun or conjunctive adverb that provides information may be a little away from the sentence with the blank before and after, so you must follow the overall context and find the answer.

50

Choosing the matching content

Question 50 is a question that asks whether you have properly understood the details of the text. Since you have to choose the choice with the same content as the long text, it is recommended to read the entire text carefully and pick out the wrong choices one by one.

🔍 기출 문제

📖 ·· 83회 읽기 48~50번

☑ 조건
☑ 요인
☑ 태도
☑ 유한
☑ 무한
☑ 위협적
☑ 증대되다

48.
이 글은 행복이 유한하다고 믿는 사람들의 관점을 무한하다는 쪽으로 변화시키기 위해 쓴 글입니다.

This article is written to change the perspective of those who believe that happiness is finite to that of infinity.

기출문제 🔍

※ **[48~50] 다음을 읽고 물음에 답하십시오.** (각 2점)

> 많은 사람들은 결혼, 수입 등의 객관적 조건이 행복을 결정하는 요인이라고 생각한다. 그러나 이런 요인들로는 행복의 이유를 10% 정도밖에 설명할 수 없다고 한다. 그렇다면 행복을 결정하는 요인은 무엇일까? 그것은 행복에 대해 가지는 믿음과 태도이다. 행복에 대한 태도는 행복의 유한성과 무한성 중 어느 한쪽을 선택함으로써 결정된다. 이 세상에 존재하는 행복의 (   ) 믿는 사람들은 항상 타인이 행복한 정도를 예의 주시하는 특징이 관찰되었다. 남이 행복하면 내 행복이 줄어든다고 생각하는 사람에게는 타인의 행복이 자신의 행복에 위협적인 요소가 되기 때문이다. 반면 행복의 무한성을 믿는 사람들은 타인의 행복에 그다지 관심을 가지지 않는다. 따라서 행복하려면 행복이 무한한 것이라는 믿음을 가질 필요가 있다. 이러한 생각만으로도 행복감은 증대될 수 있으며 자신이 어떻게 할 때 행복해지는지에 집중할 수 있게 되기 때문이다.

48. 윗글을 쓴 목적으로 가장 알맞은 것을 고르십시오.

① 행복의 사회적 특성을 파악하려고
② 행복을 측정하는 방법을 소개하려고
③ 행복에 대한 관점의 변화를 유도하려고
④ 행복이 인간에게 미치는 영향을 분석하려고

정답 48. ③

49. ( )에 들어갈 말로 가장 알맞은 것을 고르십시오.

① 개인차가 크지 않다고   ② 총량이 정해져 있다고

③ 양상이 매우 다양하다고   ④ 크기가 계속 증가한다고

50. 윗글의 내용과 같은 것을 고르십시오.

① 행복에 대한 사람들의 태도는 대체로 유사하다.

② 행복은 결혼 여부나 수입 정도의 영향을 많이 받는다.

③ 행복의 양이 유한하다고 믿는 사람들은 더 많이 행복할 수 있다.

④ 행복이 무한하다고 믿는 사람들은 자신을 남과 잘 비교하지 않는다.

49.
( ) 뒤에 이것을 믿는 사람들은 타인의 행복을 예의 주시한다는 말이 있으므로 문맥상 '총량이 정해져 있다'라는 말이 들어가는 것이 적절합니다.

Since the sentence after ( ) states that people who believe this keep an eye on the happiness of others, it is appropriate to include the phrase 'the total amount is fixed' in the context.

50.
① 행복에 대한 태도는 행복의 유한성과 무한성 중 어느 한쪽을 선택함으로써 다르게 결정됩니다.
② 이런 요인들로는 행복의 이유를 10% 정도밖에 설명할 수 없다고 합니다.
③ 이런 사람들은 남이 행복하면 내 행복이 줄어든다고 생각하기 때문에 행복감이 떨어질 수 있습니다.

① Attitudes toward happiness are determined differently by choosing either finiteness or infinity of happiness.
② It is said that these factors can only explain about 10% of the reason for happiness.
③ These people may feel less happy because they think that if others are happy, their happiness will decrease.

정답 49. ②   50. ④

응용 문제

48.
이 글은 영상물 등급제가 청소년들을 유해한 영상물로부터 보호하는 데 도움이 되기 때문에 필요하다는 주장을 전달하기 위해 쓴 글입니다.

This article is written to convey the argument that the video rating system is necessary because it helps protect young people from harmful videos.

응용문제 🔍

※ [48~50] 다음을 읽고 물음에 답하십시오. (각 2점)

영상물 등급제는 주로 폭력적이거나 선정적인 영상물로부터 청소년들을 보호하기 위한 제도이다. 최근 인터넷 기술의 발달 등으로 청소년들이 쉽게 다양한 영상물을 접하게 되면서 유해 환경에 노출될 가능성도 높아졌기 때문이다. 일부에서는 이러한 제도의 시행을 비판하기도 한다. 영상물 등급제가 실효성도 없으며 (   ) 것이라는 이유에서이다. 그러나 영상물에 대한 편집이나 삭제 등이 이루어지는 것이 아니라 등급만을 매기는 것이기 때문에 작품의 창의성과 자율성을 침해한다고 할 수는 없다. 무엇보다 영상물 등급제는 청소년의 건전한 성장과 발달을 돕기 위해 꼭 필요한 제도이다. 영상물 등급제가 있는 것과 없는 것의 차이는 확연히 드러날 수밖에 없다. 등급제와 같은 규제가 있다면 청소년들이 유해한 영상물을 접하게 되더라도 그것이 유해하다는 것을 인식하고 영상물을 보기 전에 다시 한 번 도덕적 기준에 맞춰 생각해 볼 수도 있을 것이다. 그러나 이러한 규제가 없다면 청소년들은 올바른 도덕적 기준도 세우지 못한 채 잘못된 인식을 가지고 성장할 가능성이 높다.

48. 윗글을 쓴 목적으로 가장 알맞은 것을 고르십시오.

① 영상물 등급의 종류를 소개하기 위해서
② 영상물의 심사 절차를 설명하기 위해서
③ 영상물 등급제의 필요성을 주장하기 위해서
④ 영상물이 청소년들에게 미치는 영향을 알려주기 위해서

정답 48. ③

49. ( )에 들어갈 말로 가장 알맞은 것을 고르십시오.

① 아직 잘 알려지지 않은
② 창작의 자유를 제한하는
③ 도덕적 기준과 맞지 않는
④ 청소년들의 성장을 저해하는

50. 윗글의 내용과 같은 것을 고르십시오.

① 영상물 등급제는 인터넷의 발달과 함께 생겨난 것이다.
② 청소년들은 영상물 등급제 시행에 대해 잘 모르고 있다.
③ 영상물의 등급을 매기는 과정에서 편집이나 삭제가 이루어진다.
④ 청소년들의 잘못된 인식 때문에 영상물 등급제의 시행이 어려워졌다.

연습 문제

※ [48~50] 다음을 읽고 물음에 답하십시오. (각 2점)

매일같이 쏟아져 나오는 수많은 책들 중에는 한 번 읽고 나면 그만인 책이 있고 다시 읽고 싶은 책이 있다. 다시 읽고 싶은 책은 대체로 감동을 주거나 유용한 지식을 제공해 주는 것들이다. 또 그저 재미가 있다면 시간이 지난 뒤에도 그 책을 다시 꺼내 들게 되기도 한다. 그런데 정말 좋은 책이란 읽는 사람의 인생에 (   ) 책이다. 그 책을 읽은 누군가에게 삶의 방향을 더 긍정적으로 바꾸거나 혹은 새로운 출구를 찾거나 하는 계기를 만들어 주었다면 주저 없이 좋은 책으로 꼽을 수 있다. 그런데 이렇게 인생의 전환점이 되어 줄 책들은 책을 읽는 사람의 연령대에 따라 달라질 수 있다. 10대에 읽는 책은 가벼운 역사 이야기나 짧은 문학 작품 정도라도 좋은 책으로서 족하다. 그리고 20대와 30대에는 좀 더 실제적인 근현대사 이야기나 우리 사회의 다양한 모습이 반영된 무게 있는 소설 등이 좋은 책의 자리에 어울린다. 하지만 40대 이후에는 독서를 통해 다시 한 번 내면에 있는 새로움과 도전 가능한 과제들을 발견할 수 있게 해 주는 자기 계발서나 철학 분야의 도서들이 좋은 책이 되는 경우가 많다.

48. 윗글을 쓴 목적으로 가장 알맞은 것을 고르십시오.

① 좋은 책의 조건과 특성을 소개하려고
② 좋은 책을 고르는 어려움을 토로하려고
③ 다양한 분야의 책을 읽도록 유도하려고
④ 책을 잘 고르는 사람들의 특성을 분석하려고

49. (   )에 들어갈 말로 가장 알맞은 것을 고르십시오.

① 큰 문제를 던지는   ② 새로운 기회를 제공하는
③ 놀라운 행복한 느끼게 하는   ④ 유의미한 변화를 가져다 주는

50. 윗글의 내용과 같은 것을 고르십시오.

① 재미가 없는 책은 다시 읽게 되는 일이 거의 없다.

② 어떤 책이든 한 번 읽고 나서 감동을 느끼기는 힘들다.

③ 40대에는 새로운 자신을 발견할 수 있는 책들을 읽는 게 좋다.

④ 20대 독자라면 30대보다는 좀 더 가벼운 작품들을 읽어야 한다.

📝 어휘

기출문제 48-50

조건	condition	명	농산물은 기후적 **조건**에 따라 생산량이 큰 영향을 받는다.
요인	factor	명	그 사람의 성공 **요인**은 성실한 생활 태도이다.
태도	attitude	명	선생님의 열정적인 강의에 학생들은 진지한 **태도**를 보였다.
유한	finite	명	인간의 삶은 **유한**할 수밖에 없다.
무한	infinite	명	근대 이후 과학은 우주의 크기가 **무한**하다는 사실을 밝혀 냈다.
위협적	threatening	명	환경 파괴는 인간의 생존에 **위협적** 존재이다.
증대되다	to increase	동	오늘날에는 정보 산업의 중요성이 크게 **증대되고** 있다.

응용문제 48-50

영상물	video	명	최근 한국의 전통 문화를 알리는 **영상물**이 많이 제작되고 있다.
등급	rating	명	우리 식당은 **등급**이 높은 고기만 사용한다.
폭력적	violent	명	**폭력적**인 시위는 아무리 그 의도가 좋아도 용인될 수 없다.
선정적	sexual	명	그 영화는 **선정적**인 장면이 많아서 청소년 관람 불가이다.
보호하다	to protect	동	문화유산을 **보호하기** 위한 새로운 정책이 발표되었다.
노출되다	to be exposed	동	건설 현장에서 일하는 근로자들은 항상 위험에 **노출되어** 있다.
실효성	effectiveness	명	그 후보가 내세운 공약은 **실효성**이 별로 없어 보인다.
편집	editing	명	그분은 이 책의 기획과 **편집**을 도맡아 하고 있다.
삭제	deletion	명	서류에서 잘못된 부분을 찾아 **삭제**해야 한다.
매기다	to rate	동	우리 회사 제품도 타사 제품과 가격을 동등하게 **매기려고** 한다.
건전하다	sound, healthy	형	그 친구는 정말 **건전한** 가치관을 가진 사람이다.
도덕적	moral	명	이번 뇌물 수수 사건은 우리 사회의 **도덕적** 해이에 경종을 울렸다.

규제	regulation	명	이 제품을 수입하는 데 있어서는 법적인 **규제**가 따른다.

연습문제 48-50

유용하다	useful	형	책의 목차는 필요한 내용을 빨리 찾는 데 **유용하다**.
제공하다	to provide	동	그 단체는 난민촌에 식량과 물을 **제공하고** 있다.
계기	opportunity	명	올림픽을 **계기**로 해서 사회 체육에 대한 관심이 높아지고 있다.
주저하다	to hesitate	동	우리 형은 결심한 일이 있으며 **주저하지** 않고 실행에 옮긴다.
전환점	turning point	명	남편의 실직은 내 인생에 큰 **전환점**이 되었다.
족하다	sufficient	형	30만 원이면 한 달 용돈으로 **족한** 것 같다.
실제적	practical	명	결정은 위에서 내리지만 **실제적**인 일은 실무자인 우리가 맡아서 한다.
반영되다	to be reflected	동	민화에는 서민들의 의식이 **반영되어** 있다.
유의미하다	meaningful	형	구성원이 다른 두 반의 시험 결과에는 **유의미한** 차이가 있다.

📖✏️ 문법

☑ **V-(으)ㅁ으로써**	앞의 행위가 뒤에 오는 일 또는 결과의 수단이나 방법이 됨을 나타냅니다. This indicates that the preceding action serves as a means or method for the following event or result. 예 최선을 **다함으로써** 팬들의 기대에 보답하겠다. 이번 대회에서 큰 상을 **받음으로써** 그의 실력이 증명되었다.
☑ **A/V-(으)ㄹ 수밖에 없다**	그것 말고 다른 방법이나 가능성이 없다는 의미로서 특히 부정적인 내용을 전달할 때는 어쩔 수 없이 그런 행위를 하거나 상태에 놓이게 됨을 나타냅니다. This means that there is no other way or possibility, and especially when conveying negative content, it indicates that one is forced to do such an act or be placed in such a state. 예 그렇게 정성을 들이면 음식이 **맛있을 수밖에 없다**. 수업 시간에 계속 딴짓을 하고 있는데 **혼이 날 수밖에 없다**.

연습 문제 정답 및 해설

📖 [48~50]

☑ 유용하다 ┃ 제공하다 ┃ 계기 ┃ 주저하다 ┃ 전환점 ┃ 족하다 ┃ 실제적 ┃ 반영되다 ┃ 유의미하다

48. ① 이 글은 좋은 책이라면 독자의 인생에 어떤 변화를 가져올 수 있어야 한다는 조건을 소개하고 연령대별로 어떤 특성을 가진 책이 좋은 책이 될 수 있는지 소개하기 위해 쓴 글입니다.

This article is written to introduce the condition that a good book should be able to bring about some change in the reader's life, and to explain what characteristics a good book can have for each age group.

49. ④ 뒤에 삶의 방향을 더 긍정적으로 바꾸거나 혹은 새로운 출구를 찾거나 하는 계기를 만들어 주었다면 좋은 책이 될 수 있다는 말이 있으므로, '유의미한 변화를 가져다 주는'이라는 말이 들어가는 것이 적절합니다.

The phrase 'to bring about a meaningful change' is appropriate because it is followed by the statement that a good book can provide an opportunity to change the direction of life more positively or to find a new way out.

50. ③
① 이러한 설명은 구체적으로 제시되어 있지 않습니다.
② 문맥상 책에 따라 한 번만 읽어도 감동을 주는 책이 있습니다.
④ 20대와 30대 독자들은 10대에 비해 좀 더 무게가 있는 소설 등을 읽는 것이 좋습니다.

① This explanation is not presented in detail.
② In context, there are books that can move readers even after just one reading.
④ Readers in their 20s and 30s are encouraged to read more seriou novels compared to those in their teens.

Test of Proficiency in Korean Actual Mock test

한국어능력시험
실전 모의고사

TOPIK II

듣기, 쓰기
(Listening, Writing)

수험번호(Registration No.)		
이 름 (Name)	한국어(Korean)	
	영 어(English)	

유 의 사 항
Information

1. 시험 시작 지시가 있을 때까지 문제를 풀지 마십시오.

   Do not open the booklet until you are allowed to start.

2. 수험번호와 이름을 정확하게 적어 주십시오.

   Write your name and registration number on the answer sheet.

3. 답안지를 구기거나 훼손하지 마십시오.

   Do not fold the answer sheet; keep it clean.

4. 답안지의 이름, 수험번호 및 정답의 기입은 배부된 펜을 사용하여 주십시오.

   Use the given pen only.

5. 정답은 답안지에 정확하게 표시하여 주십시오.

   Mark your answer accurately and clearly on the answer sheet.

   marking example   ① ● ③ ④

6. 문제를 읽을 때에는 소리가 나지 않도록 하십시오.

   Keep quiet while answering the questions.

7. 질문이 있을 때에는 손을 들고 감독관이 올 때까지 기다려 주십시오.

   When you have any questions, please raise your hand.

TOPIK Ⅱ 듣기 (1번~50번)

※ [1~3] 다음을 듣고 가장 알맞은 그림 또는 그래프를 고르십시오. (각 2점)

1.
①
②
③
④

2.
①
②
③
④

3.

①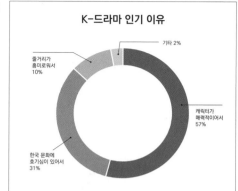

K-드라마 인기 이유

기타 2%

줄거리가
흥미로워서
10%

캐릭터가
매력적이어서
57%

한국 문화에
호기심이 있어서
31%

②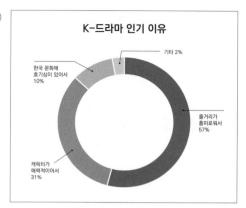

K-드라마 인기 이유

기타 2%

한국 문화에
호기심이 있어서
10%

줄거리가
흥미로워서
57%

캐릭터가
매력적이어서
31%

③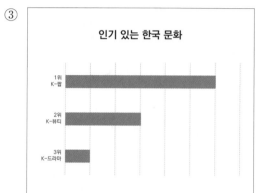

인기 있는 한국 문화

1위
K-팝

2위
K-뷰티

3위
K-드라마

④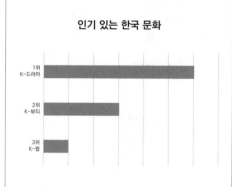

인기 있는 한국 문화

1위
K-드라마

2위
K-뷰티

3위
K-팝

※ **[4~8] 다음을 듣고 이어질 수 있는 말로 가장 알맞은 것을 고르십시오. (각 2점)**

4. ① 배가 아파서 고생이 많았군요.

② 메뉴가 다양해서 고르기 힘들지요.

③ 고추가 들어간 건 빼고 주문할게요.

④ 음식을 골고루 먹어야 건강에 좋아요.

5. ① 준비할 시간이 많이 부족했겠어요.

② 연습한 대로 하면 잘할 수 있을 거예요.

③ 급한 일 때문에 발표를 못해서 아쉽겠네요.

④ 여러 사람 앞에서 발표하는 건 처음이거든요.

6. ① 축하해요. 사귀는 사람이 있는지 몰랐어요.

② 이 친구 성격이 수미 씨와 잘 맞을 것 같아요.

③ 그래요? 그럼 그 사람에게 고백해 보는 게 어때요?

④ 세 번은 만나 본 후에 결정하는 게 좋지 않을까요?

7. ① 충분히 쉬어야 체력을 회복할 수 있어요.

② 날씨가 더울 때는 쉽게 피곤해지지 않나요?

③ 아침마다 운동을 하다니 정말 부지런하네요.

④ 말이 나온 김에 이따가 같이 운동하러 갈까요?

8. ① 휴대폰을 놓고 가서 다시 왔나 보네요.

② 문을 닫아서 공부도 못하고 그냥 왔군요.

③ 시험 기간이라 공부하러 온 학생들이 많지요.

④ 오늘은 생각보다 공부할 게 많지 않았나 봐요.

9. ① 먼저 식당으로 간다.   ② 서점에 간다.
    ③ 민수에게 문자를 보낸다.   ④ 식당에 전화한다.

10. ① 계산을 한다.   ② 물건을 정리한다.
    ③ 쓰레기를 청소한다.   ④ 유통기한을 확인한다.

11. ① 볼링화를 찾는다.   ② 직원을 기다린다.
    ③ 게임을 하러 간다.   ④ 볼링공을 고른다.

12. ① 회의에 참석하러 간다.   ② 식당과 차량을 예약한다.
    ③ 워크숍 장소를 확인한다.   ④ 프로그램 내용을 수정한다.

※ [13~16] 다음을 듣고 들은 내용과 같은 것을 고르십시오. (각 2점)

13. ① 남자는 화분과 휴지를 선물 받았다.

② 휴지와 세제는 실용적인 집들이 선물이다.

③ 두 사람은 집들이 선물을 사러 백화점에 갔다.

④ 여자는 요즘 집에서 반려 식물을 키우고 있다.

14. ① 음식 부스는 이용 시간이 정해져 있다.

② 다양한 세계 음식을 무료로 맛볼 수 있다.

③ 각국의 전통 의상은 직접 입어볼 수 없다.

④ 참가비를 내야 전통 놀이에 참여할 수 있다.

15. ① 8세 아이가 차에 깔려서 크게 다쳤다.

② 운전자는 아이가 넘어진 것을 보지 못했다.

③ 어른들은 아이가 걱정돼서 병원에 데려갔다.

④ 사고는 오후 8시경 어두운 골목길에서 났다.

16. ① 성인들도 그림책을 보며 감동과 위로를 받는다.

② 그림책은 글씨를 못 읽는 아이들만 보는 책이다.

③ 아이들은 그림책을 보며 삶의 방향을 찾을 수 있다.

④ 그림책이 늘면서 그림책 읽기 모임이 인기를 얻고 있다.

※ [17~20] 다음을 듣고 <u>남자</u>의 중심 생각으로 가장 알맞은 것을 고르십시오. (각 2점)

17. ① 영상 매체는 빨리 접할수록 좋다.

② 아이들을 위한 교육 영상이 많아져야 한다.

③ 영상 매체의 장점을 잘 활용할 필요가 있다.

④ 영상 매체는 아이들의 집중력을 떨어뜨린다.

18. ① 휴가는 혼자 조용히 보내는 것이 좋다.

② 여름철에 바다에 가면 제대로 놀기 힘들다.

③ 올해는 새로운 곳에 가서 휴가를 보내고 싶다.

④ 여러 명이 함께 가기에는 호텔보다 바다가 낫다.

19. ① 로봇 청소기는 편리하고 효율적이다.

② 요즘 기계는 기능이 좋아져서 믿을 만하다.

③ 기계보다 사람이 청소하는 것이 더 깨끗하다.

④ 로봇 청소기는 관리하는 데 시간이 많이 걸린다.

20. ① 올바른 자세로 달리는 것이 중요하다.

② 마라톤은 나이에 상관없이 누구나 할 수 있다.

③ 좋은 기록을 내기 위해서는 꾸준한 연습이 필요하다.

④ 부상 후에도 치료를 잘 받으면 마라톤을 계속할 수 있다.

※ **[21~22] 다음을 듣고 물음에 답하십시오. (각 2점)**

21. 남자의 중심 생각으로 가장 알맞은 것을 고르십시오.

① 홍보는 대상자의 눈에 잘 띄게 해야 한다.

② 대학가는 제품을 홍보하는 데 어울리지 않는다.

③ 거리 홍보는 제품을 알리는 데 중요한 역할을 한다.

④ 인터넷으로 제품을 홍보하는 것이 가장 효과적이다.

22. 들은 내용과 같은 것을 고르십시오.

① 여자는 대학 축제 홍보를 계획하고 있다.

② 남자는 홍보 방법을 한 가지로 정하고 싶어 한다.

③ 여자는 이벤트 참여자에게 줄 선물을 고르고 있다.

④ 20대 여성을 대상으로 한 새로운 화장품이 나왔다.

※ **[23~24] 다음을 듣고 물음에 답하십시오. (각 2점)**

23. 남자가 무엇을 하고 있는지 고르십시오.

① 주방의 선반을 밝은 색으로 교체하고 있다.

② 여자에게 주방의 특징을 소개해 주고 있다.

③ 주방 공사의 내용과 가격을 상담하고 있다.

④ 전화로 변경된 공사 내용을 문의하고 있다.

24. 들은 내용과 같은 것을 고르십시오.

① 남자는 주방 선반을 하얀색으로 바꿨다.

② 여자는 남자에게 공사를 취소할 것을 제안했다.

③ 남자는 주방 사용이 불편해서 공사를 하려고 한다.

④ 두 사람은 주방 공사에 대해 이야기를 나눈 적이 있다.

25. 남자의 중심 생각으로 가장 알맞은 것을 고르십시오.

① 운동하는 사람에게는 재능이 가장 중요하다.

② 가정 형편이 어려우면 운동을 잘하기 어렵다.

③ 후배가 돈 때문에 운동을 포기하지 않게 도와야 한다.

④ 걱정은 운동에 집중하는 것을 방해하므로 피해야 한다.

26. 들은 내용과 같은 것을 고르십시오.

① 남자는 한 달에 한 번씩 장학금을 지원하고 있다.

② 남자는 가정 형편 때문에 배구를 포기하려고 했다.

③ 남자는 선수 생활을 마치고 후배들을 가르치고 있다.

④ 남자는 후배들의 걱정을 덜어 주기 위해 상담을 해 준다.

※ [27~28] 다음을 듣고 물음에 답하십시오. (각 2점)

27. 남자가 말하는 의도로 알맞은 것을 고르십시오.

① 새로 나온 샴푸를 홍보하려고

② 수질 오염의 심각성을 지적하려고

③ 일반 샴푸의 문제점을 알려 주려고

④ 환경에 좋은 제품의 사용을 권하려고

28. 들은 내용과 같은 것을 고르십시오.

① 고체 샴푸를 쓰면 쓰레기를 줄일 수 있다.

② 고체 샴푸는 일반 샴푸와 큰 차이가 없다.

③ 남자는 샴푸를 선물하기 위해 여러 개 샀다.

④ 여자는 고체 샴푸에 대해 들어 본 적이 있다.

※ **[29~30] 다음을 듣고 물음에 답하십시오. (각 2점)**

29. 남자가 누구인지 고르십시오.

  ① 팀의 외부와 소통을 담당하는 사람

  ② 팀의 창의적인 아이디어를 개발하는 사람

  ③ 팀의 진행 상황을 점검하고 지원하는 사람

  ④ 팀의 성과를 평가하고 보고서를 작성하는 사람

30. 들은 내용과 같은 것을 고르십시오.

  ① 남자는 팀원들을 대신해 업무를 처리한다.

  ② 남자는 문제가 생길 때 해결 방법을 제시한다.

  ③ 남자는 계획에 없는 일을 팀원들에게 시키고 있다.

  ④ 남자는 팀원들이 문제를 스스로 해결하도록 방치한다.

※ **[31~32] 다음을 듣고 물음에 답하십시오. (각 2점)**

31. 남자의 중심 생각으로 가장 알맞은 것을 고르십시오.

  ① 소비자들이 변화에 쉽게 적응할 것이다.

  ② 기존 소재를 사용하는 것이 더 유리하다.

  ③ 가격 인상이 매출에 큰 영향을 줄 것이다.

  ④ 친환경 소재 사용은 장기적인 이점이 있다.

32. 남자의 태도로 가장 알맞은 것을 고르십시오.

  ① 상대방의 의견을 전적으로 수용하고 있다.

  ② 해결책을 구체적 사례를 들어 설명하고 있다.

  ③ 상대방의 걱정을 무시하고 자신의 생각만 고집한다.

  ④ 상대방의 의견을 인정하면서 자신의 의견을 제시한다.

33. 무엇에 대한 내용인지 알맞은 것을 고르십시오.

    ① 메타버스의 기술적 발전 방향

    ② 메타버스의 긍정적인 면과 주의점

    ③ 메타버스 이용 시 발생하는 법적 문제

    ④ 메타버스를 통한 경제적 이익 창출 방법

34. 들은 내용과 같은 것을 고르십시오.

    ① 메타버스는 개인정보 유출의 위험이 거의 없다.

    ② 메타버스는 모든 사람들에게 유익한 경험을 제공한다.

    ③ 메타버스를 자주 사용하면 사회적 고립을 예방할 수 있다.

    ④ 메타버스를 잘 활용하면 새로운 소통 방식을 만들 수 있다.

※ [35~36] 다음을 듣고 물음에 답하십시오. (각 2점)

35. 남자는 무엇을 하고 있는지 고르십시오.

    ① 축제의 행사를 알리며 홍보하고 있다.

    ② 축제에 대한 연구 결과를 보고하고 있다.

    ③ 축제를 위한 예산 계획을 발표하고 있다.

    ④ 축제의 유래와 상징적인 의미를 설명하고 있다.

36. 들은 내용과 같은 것을 고르십시오.

    ① 축제는 지역 주민들만 참여할 수 있다.

    ② 축제에서는 주로 현대적인 공연이 진행된다.

    ③ 축제는 외국인 관광객들에게 큰 인기를 얻고 있다.

    ④ 축제는 지역 경제에 부정적인 영향을 미치기도 한다.

※ **[37~38] 다음을 듣고 물음에 답하십시오. (각 2점)**

37. 여자의 중심 생각으로 가장 알맞은 것을 고르십시오.

① 문학은 예술적 가치 외에는 별 의미가 없다.

② 문학은 역사적 사건에 대한 기록으로 존재한다.

③ 문학은 사회 변화를 주도할 수 있는 힘을 가지고 있다.

④ 문학은 개인의 성찰보다 오락적 요소에 집중해야 한다.

38. 들은 내용과 같은 것을 고르십시오.

① 문학은 사회적 문제와는 무관한 분야이다.

② 소설과 시는 역사적 사건을 다루지 않는다.

③ 문학은 다양한 관점을 제공하는 데 도움이 된다.

④ 문학은 사회적 공감대 형성에는 큰 역할을 하지 않는다.

※ **[39~40] 다음을 듣고 물음에 답하십시오. (각 2점)**

39. 이 대화 전의 내용으로 가장 알맞은 것을 고르십시오.

① 기후 변화로 여러 규제가 강화되었다.

② 식량 공급에 대한 새로운 기술이 발표되었다.

③ 최근 해수면 상승으로 여러 나라가 협력하고 있다.

④ 기후 변화로 인해 일어난 문제들이 심각해지고 있다.

40. 들은 내용과 같은 것을 고르십시오.

① 국제 협약은 법적 구속력이 약하다.

② 기후 변화는 경제에 영향을 미치지 않는다.

③ 해수면 상승은 앞으로 일어날 가능성이 낮다.

④ 친환경 기술은 기후 변화 문제 해결과 무관하다.

41. 이 강연의 중심 내용으로 가장 알맞은 것을 고르십시오.

① 전기차 판매는 충전소 이용과는 무관하다.

② 전기차 시장에서 품질이 가장 중요한 요소이다.

③ 충전 인프라는 정부의 지원이 있어야만 구축할 수 있다.

④ 제조업체들은 전기차 판매 외에 다양한 서비스를 제공하고 있다.

42. 들은 내용과 같은 것을 고르십시오.

① 이 회사는 충전소 이용료로 추가 수익을 얻고 있다.

② 충전 서비스는 전기차 판매에 영향을 미치지 않는다.

③ 전기차 시장은 성장 가능성이 낮다고 평가받고 있다.

④ 이 회사는 충전 네트워크 구축에 어려움을 겪고 있다.

※ **[43~44] 다음을 듣고 물음에 답하십시오. (각 2점)**

43. 무엇에 대한 내용인지 알맞은 것을 고르십시오.

① 경복궁의 설립 목적

② 경복궁의 관리 방법

③ 근정전의 건축적 특징

④ 근정전에서 열린 역사적 사건

44. 근정전에 대한 설명으로 맞는 것을 고르십시오.

① 근정전의 지붕은 기와로 덮여 있다.

② 근정전은 왕의 개인 거처로 사용되었다.

③ 근정전은 단청 없이 소박하게 지어졌다.

④ 근정전은 규모가 작아 행사를 열기 어려웠다.

45. 들은 내용과 같은 것을 고르십시오.

① 심장은 폐로 산소를 공급하는 기관이다.

② 심장은 호르몬 분비와 혈압 조절에도 관여한다.

③ 심장은 호르몬 분비를 통해 폐 기능을 향상시킨다.

④ 심장은 혈액 순환을 위한 기능 외에 별다른 기능이 없다.

46. 남자가 말하는 방식으로 알맞은 것을 고르십시오.

① 심장과 관련된 여러 질병을 비교하여 설명하고 있다.

② 심장 건강을 유지하기 위한 생활 습관을 제시하고 있다.

③ 새로운 발견을 바탕으로 심장 질환의 원인을 분석하고 있다.

④ 심장이 가진 다양한 기능에 대해 밝혀진 사실을 설명하고 있다.

※ **[47~48] 다음을 듣고 물음에 답하십시오. (각 2점)**

47. 들은 내용과 같은 것을 고르십시오.

① 인공지능 기술 도입은 기업 비용을 증가시킨다.

② 인공지능 기술은 기업 경영에 불필요한 요소다.

③ 인공지능 기술은 맞춤형 서비스 제공에 유용하다.

④ 인공지능 기술 도입에는 윤리적 문제가 거의 없다.

48. 남자의 태도로 알맞은 것을 고르십시오.

① 기술에 대한 도입을 강하게 반대하고 있다.

② 기술 도입의 경제적 효과를 낮게 평가하고 있다.

③ 기술의 도입이 기업에 부정적 영향을 미칠 것이라 본다.

④ 기술의 이점을 설명하면서 유의점도 함께 강조하고 있다.

49. 들은 내용과 같은 것을 고르십시오.

① 이 이론은 개인의 자유를 절대적으로 보장한다고 본다.

② 깨진 유리창 이론은 작은 문제를 무시해야 한다고 본다.

③ 이 이론은 사회 질서 유지에 규칙 준수가 필수적이라고 주장한다.

④ 이 이론은 작은 문제를 해결하면 더 큰 문제를 유발한다고 주장한다.

50. 남자의 태도로 알맞은 것을 고르십시오.

① 개인의 자유를 절대적으로 강조하고 있다.

② 이론의 사회적 영향을 과소평가하고 있다.

③ 깨진 유리창 이론의 중요성을 부정하고 있다.

④ 이론에 대해 반박하면서 다른 주장을 하고 있다.

51.

> 👥 **한강 가구 고객 만족도 조사** 👥
>
> 안녕하세요. 한강 가구 고객센터입니다.
> 한강 제품을 (㉠) 다시 한 번 감사드립니다.
> 저희 한강 가구에서는 고객님들께 더 나은 서비스를 (㉡)
> 최근 구매하신 한강 가구 제품에 대한 고객 만족도 조사를 진행하고 있습니다.
> 바쁘시겠지만 설문 조사에 많은 참여 바랍니다. 감사합니다.

㉠ _____

㉡ _____

52.

> 사춘기는 몸과 마음이 어른이 되어 가는 시기라고 할 수 있습니다. 신체적으로 많은 변화가 생길 뿐만 아니라 (㉠). 그래서 이해할 수 없는 행동들을 하기도 하는데 시간이 지나고 어른이 되면 (㉡). 하지만 아무리 부끄러워도 그때의 경험은 지금의 나를 있게 해 준 소중한 추억입니다.

㉠ _____

㉡ _____

53. 다음은 '스포츠용품 구매율 변화'에 대한 자료이다. 이 내용을 200~300자의 글로 쓰시오. 단, 글의 제목은 쓰지 마시오. (30점)

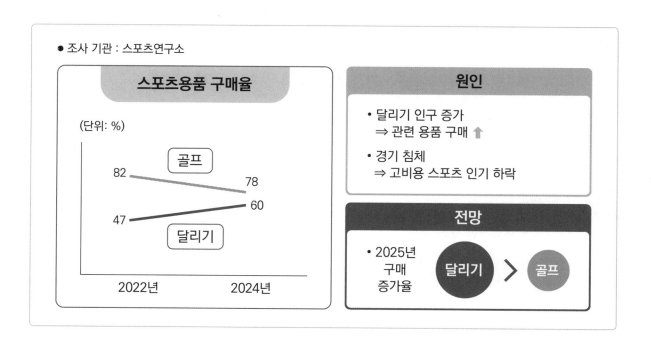

54. 다음을 참고하여 600~700자로 글을 쓰시오. 단, 문제를 그대로 옮겨 쓰지 마시오. (50점)

> 요즘 청소년들은 다양한 디지털 기기를 사용하며 성장해 왔다. 그런데 스마트폰이나 태블릿으로 짧은 영상을 보는 데 익숙해지며 글을 읽고 이해하는 능력인 문해력이 낮아지는 청소년들이 늘고 있다. 아래의 내용을 중심으로 '문해력 저하 현상과 그 해결 방안'에 대한 자신의 생각을 쓰라.

- 청소년의 문해력이 낮아지게 된 사회적 배경은 무엇인가?
- 청소년의 문해력이 낮아지면 어떤 문제가 생길 수 있는가?
- 이런 문제들을 해결하기 위해서 어떤 방안이 필요한가?

* 원고지 쓰기의 예

	오	늘	은		하	늘	이		맑	고		바	람	도		시	원	해	서		산	책	하	기
에		정	말		좋	은		날	씨	예	요	.												

Test of Proficiency in Korean Actual Mock test

한국어능력시험
실전 모의고사

TOPIK II

읽기
(Reading)

수험번호(Registration No.)		
이 름 (Name)	한국어(Korean)	
	영 어(English)	

유 의 사 항
Information

1. 시험 시작 지시가 있을 때까지 문제를 풀지 마십시오.

   Do not open the booklet until you are allowed to start.

2. 수험번호와 이름을 정확하게 적어 주십시오.

   Write your name and registration number on the answer sheet.

3. 답안지를 구기거나 훼손하지 마십시오.

   Do not fold the answer sheet; keep it clean.

4. 답안지의 이름, 수험번호 및 정답의 기입은 배부된 펜을 사용하여 주십시오.

   Use the given pen only.

5. 정답은 답안지에 정확하게 표시하여 주십시오.

   Mark your answer accurately and clearly on the answer sheet.

   marking example ① ● ③ ④

6. 문제를 읽을 때에는 소리가 나지 않도록 하십시오.

   Keep quiet while answering the questions.

7. 질문이 있을 때에는 손을 들고 감독관이 올 때까지 기다려 주십시오.

   When you have any questions, please raise your hand.

TOPIK Ⅱ 읽기 (1번~50번)

※　[1~2] (   )에 들어갈 말로 가장 알맞은 말을 고르십시오. (각 2점)

1.　감기에 (   ) 옷을 따뜻하게 입었다.

　　① 걸릴수록　　　　　　　　　② 걸릴 정도로

　　③ 걸릴까 봐　　　　　　　　　④ 걸려야 할 텐데

2.　역에 늦게 도착하는 바람에 기차를 (   ).

　　① 놓칠 뻔했다　　　　　　　　② 놓치곤 했다

　　③ 놓칠 걸 그랬다　　　　　　　④ 놓칠 리가 없다

※　**[3~4] 밑줄 친 부분과 의미가 가장 비슷한 것을 고르십시오. (각 2점)**

3.　집에 <u>오는 길에</u> 편의점에 들러 우유를 사 왔다.

　　① 올 테니까　　　　　　　　　② 오는 대신에

　　③ 오는 도중에　　　　　　　　④ 오기 위해서

4.　포기하지 않고 끝까지 도전한 것이 <u>잘했다 싶다</u>.

　　① 잘한 듯하다　　　　　　　　② 잘했으면 좋겠다

　　③ 잘하기 십상이다　　　　　　④ 잘할지 모르겠다

5.

하루의 피로가 싹 풀리는 편안함
안락하고 푹신한 우리집 휴식 공간

① 소파　　　　② 식탁　　　　③ 책상　　　　④ 옷장

6.

건강하고 아름다운 나를 위한 첫걸음
최신 운동 기구 완비

① 수영장　　　② 헬스장　　　③ 사우나　　　④ 미용실

7.

깨끗이 비운 그릇
지구를 위한 작은 노력

① 에너지 절약　② 청결 위생　③ 식사 예절　④ 환경 보호

8.

① 직사광선을 피해 서늘한 곳에 두세요.
② 개봉 후에는 빠른 시간 내에 드시고 반드시 냉장고에 넣으세요.

① 섭취 방법　　② 보관 방법　　③ 이용 방법　　④ 구입 방법

※ **[9~12] 다음 글 또는 그래프의 내용과 같은 것을 고르십시오. (각 2점)**

9.

직장인들을 위한 와인 교실 안내

- 일시 : 매월 넷째 주 금요일, 19시 ~ 20시
- 인원 : 20명 (선착순 모집)
- 회비 : 회당 30,000원
- 장소 : 시청역 1번 출구 앞 '와인의 집'

※ 신청은 당일 오전만 가능합니다.

① 직장인이라면 무료로 참가할 수 있다.

② 참가하려면 목요일까지 신청해야 한다.

③ 신청하는 순서에 따라 참가가 결정된다.

④ 와인에 대해서 잘 모르면 신청할 수 없다.

10.

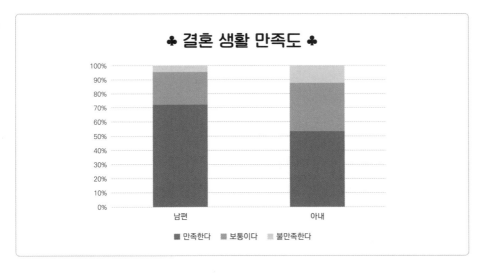

① 남편들에 비해 아내들의 만족도가 높은 편이다.

② 아내들은 만족스럽다고 느끼는 비율이 매우 낮다.

③ 결혼 생활에 만족하지 못하는 비율은 남녀가 비슷하다.

④ 남편들은 결혼 생활에 대해 절반 이상이 만족하고 있다.

11.

　　지난 8일 오후 2시부터 광고문화회관에서 관계자 300여명이 참석한 가운데 '디지털 광고 대상' 시상식이 열렸다. 이번 행사는 빠르게 변화하는 디지털 환경에서 광고 산업의 경쟁력을 키우기 위해 그동안 따로따로 개최해 온 '온라인 광고 대상'과 '디지털 광고 대상'을 하나로 만든 것이다. 지난 10월 한 달간 출품작 신청을 받았으며 올해부터 시상 분야도 확대되어 총 17개의 광고 작품이 상을 받게 되었다.

① 시상은 두 번에 걸쳐 개최되었다.

② 일반 시민들이 시상식에 많이 참가했다.

③ 지난 10개월 동안 출품작의 접수를 받았다.

④ 지난해보다 더 많은 작품이 상을 받게 되었다.

12.

　　서울시에서는 빈집을 수리해서 형편이 어려운 노인이나 대학생들에게 빌려 주는 사업을 진행하고 있다. 6개월 이상 사람이 살지 않고 비어 있는 집들을 찾아내서 서울시가 집 주인과 계약을 한 뒤 다시 싼 값에 빌려 주는 것이다. 이러한 서울시의 빈집 활용 사업은 주택 문제 해결에도 도움이 될 뿐만 아니라 주거 환경을 개선하는 데에도 도움이 된다. 또한 최근에는 이러한 사업이 다른 지역으로도 확대되어 부산이나 제주 등에서도 빈집이 다양한 용도로 활용되고 있다.

① 빈집을 수리하는 데에 6개월 정도의 시간이 걸린다.

② 빈집은 주거용뿐만 아니라 다양한 용도로 활용되고 있다.

③ 주택 문제를 해결하기 위해서는 빈집이 많이 생기도록 해야 한다.

④ 빈집 활용 사업을 통해 노인이나 학생들에게 빈집을 싸게 팔고 있다.

※ **[13~15] 다음을 순서에 맞게 배열한 것을 고르십시오. (각 2점)**

13.

> (가) 그러나 자신의 경험과 느낌만으로 판단해서는 안 된다.
>
> (나) 진로 선택은 인생의 방향을 결정짓는 중요한 과정이다.
>
> (다) 올바른 선택을 위해서는 우선 자신의 흥미와 적성을 파악해야 한다.
>
> (라) 진로 심리 검사와 같은 객관적인 정보를 참고해서 선택하는 것이 좋다.

① (다)-(가)-(나)-(라) 　　　② (나)-(다)-(가)-(라)

③ (다)-(나)-(가)-(라) 　　　④ (나)-(라)-(가)-(다)

14.

> (가) 음식을 섭취하면 소화 과정에서 혈당이 상승하게 된다.
>
> (나) 따라서 식사 시 천천히 먹고 영양의 균형을 맞추는 것이 중요하다.
>
> (다) 이처럼 식후 혈당이 급격히 상승하는 현상을 혈당 스파이크라고 한다.
>
> (라) 그런데 탄수화물이나 당이 많은 음식을 빠르게 섭취하면 혈당이 급격히 올라간다.

① (다)-(가)-(라)-(나) 　　　② (가)-(다)-(나)-(라)

③ (다)-(나)-(가)-(라) 　　　④ (가)-(라)-(다)-(나)

15.

> (가) 고기를 바삭하게 두 번 튀겨 겉은 바삭하고 속은 부드러운 식감을 만든다.
>
> (나) 한국식 치킨은 독특한 조리법과 양념으로 전 세계적으로 인기를 끌고 있다.
>
> (다) 거기에 간장, 고추장, 마늘 등으로 만든 달콤하고 매콤한 양념으로 풍부한 맛을 더한다.
>
> (라) 이처럼 한국식 치킨은 다양한 맛과 스타일로 한국의 대표적인 음식 중 하나로 자리 잡았다.

① (가)-(다)-(라)-(나) 　　　② (나)-(라)-(가)-(다)

③ (가)-(라)-(나)-(다) 　　　④ (나)-(가)-(다)-(라)

16.

> 붉은싸리버섯은 늦여름부터 가을까지 무리를 지어 자라난다. 식용버섯인 싸리버섯과 많이 닮았지만 독버섯이다. 전체적으로 붉은색을 띠었다가 자라면서 점차 붉은색이 옅어진다. 그러나 물에 삶으면 독성이 없어진다는 (   ) 섭취하는 사람들도 있는데 삶은 후에도 일정량의 독이 남아 있기 때문에 조심해야 한다.

① 새로운 내용을 깨닫고   ② 반가운 소식을 접하고

③ 잘못된 정보를 가지고   ④ 전문가의 의견을 듣고

17.

> 가상 현실이란 컴퓨터 시스템을 이용하여 실제가 아닌 어떤 환경이나 상황을 실제와 똑같이 느낄 수 있도록 만든 것이다. 가상 현실은 사용자에게 실제와 유사한 공간적, 시간적 체험을 하게 하고 그 속에 구현된 것들과 상호작용이 가능하도록 만들어진다. 가상 현실이라는 단어가 대중화되기 시작한 40여년 전만 해도 가상 현실에 대해 회의적인 사람들이 많았다. 그러나 스마트한 각종 기기들을 통해 가상 현실이 상품화되고 있는 지금 (   ) 사람은 없을 듯하다.

① 실제와 가상 현실을 착각하는   ② 가상 현실의 미래를 의심하는

③ 컴퓨터 시스템의 발전을 기대하는   ④ 스마트한 기기들을 사용할 줄 모르는

18.

> 남성과 여성의 차이는 옷에 대한 생각에서도 나타난다. 여성들은 옷장에 옷이 많이 있어도 (   ) 생각하는 반면에 남성들은 옷이 몇 벌만 있어도 사계절 입기에 충분하다고 생각한다. 이것은 옷을 입을 때 고려하거나 의식하는 점이 다르기 때문이다. 여성들은 보통 자신의 멋을 표현할 수 있는 옷을 선택하지만 남성들은 간단하고 편리하게 입을 수 있는 옷을 선택하는 경향이 많다고 할 수 있다.

① 입을 옷이 별로 없다고   ② 남성들의 옷과 다르다고

③ 계절마다 차이가 있다고   ④ 다른 사람에게 줄 수 없다고

촉법소년이란 형사 책임 능력이 없는 만 14세 미만의 범죄를 저지른 청소년을 의미한다. 최근 이들의 강력범죄가 심각한 사회문제로 떠오른 가운데 현행 14세 기준의 적절성에 대해 검토가 필요하다는 목소리가 높아지고 있다. 10대 초반 청소년들의 범죄 수법이 갈수록 지능화되고 있으며 피해 규모도 증가하는 추세다. (   ) 인터넷과 미디어의 영향으로 범죄 의식이 조기에 형성되는 현실을 고려할 때 빠른 시일 내에 논의가 이루어져야 할 것이다.

19. (   )에 들어갈 말로 가장 알맞은 것을 고르십시오.

① 또한   ② 물론   ③ 다만   ④ 그런데

20. 윗글의 주제로 가장 알맞은 것을 고르십시오.

① 청소년들의 범죄를 낮출 수 있는 방안을 마련해야 한다.

② 만 14세 미만의 청소년은 죄를 지어도 처벌하면 안 된다.

③ 최근의 상황을 고려하면 촉법소년의 기준 나이는 적절하다.

④ 촉법소년의 기준 나이가 적절한지에 대해 논의가 필요하다.

'욜로'란 한 번뿐인 인생이니까 후회 없이 사랑하고 즐기며 살자는 뜻의 말이다. 이러한 욜로 열풍이 불면서 사람들은 모두가 비슷한 결과의 성공만을 꿈꾸며 (　　　　　　) 살아 왔던 모습에서 벗어나 자신만의 가치와 행복을 찾기 시작했다. 여행을 떠나기 위해 직장을 그만두기도 하고 정말 갖고 싶은 것이 있으면 무리를 해서 구입하기도 한다. 그러나 현실을 생각하지 않고 대책 없이 하고 싶은 것만을 하다 보면 지나친 소비 등으로 인생을 망치게 될 수도 있다. 한 번뿐인 인생이니까 오히려 현재 못지않게 미래도 준비하면서 살아야 할 것이다.

21. (　　　　)에 들어갈 말로 가장 알맞은 것을 고르십시오.

① 가랑비에 옷 젖듯

② 다람쥐 쳇바퀴 돌듯

③ 구렁이 담 넘어가듯

④ 비 온 뒤에 땅이 굳어지듯

22. 윗글의 내용과 같은 것을 고르십시오.

① 욜로를 꿈꾸는 사람들은 미래를 준비하는 삶을 산다.

② 직장 생활을 하는 동안에는 욜로의 꿈을 실현할 수 없다.

③ 욜로의 꿈을 이루기 위해서는 최대한 절약하며 살아야 한다.

④ 욜로 이전에 사람들이 생각하는 성공은 모두 비슷한 모습이었다.

병실 앞에 쓰여 있는 환자 이름을 확인한 후 조용히 안으로 들어가니 창가 쪽 침대에 친구가 앉아 있었다. 일주일 전만 해도 카페에서 앉아 웃으며 떠들었는데. 환자복을 입고 있는 친구를 보니 갑자기 목이 메어 인사 한 마디 나오지 않았다. "어휴, 회사 일 많다고 죽는 소리 하더니 쉬려고 작정을 했구나." 이렇게 너스레라도 떨면서 웃고 나와야지 했는데… 눈도 제대로 못 맞춘 채 손끝만 만지작거리는 나에게 오히려 친구가 농담을 건네며 위로를 하는 상황이 되고 말았다. 잘 치료 받을 테니 걱정하지 말라고, 너나 건강에 신경 좀 쓰라고 씩씩하게 말하는 친구의 모습에 조금이나마 안심이 되었다.

23. 밑줄 친 부분에 나타난 '나'의 심정으로 가장 알맞은 것을 고르십시오.

① 놀랍고 짜증스럽다

② 슬프고 걱정스럽다

③ 서운하고 불만스럽다

④ 우울하고 고민스럽다

24. 윗글의 내용과 같은 것을 고르십시오.

① 나는 친구와 오랜만에 만났다.

② 친구는 쉬고 싶어서 회사에 휴가를 냈다.

③ 친구는 입원을 해서 치료를 받는 중이다.

④ 나는 병문안을 가서 친구를 즐겁게 해 주었다.

25.

> 환절기 건강, 휴식과 숙면이 열쇠!

① 환절기에 건강을 지킬 수 있는 방법을 찾아야 한다.

② 환절기에는 충분히 쉬고 잠을 잘 자야 건강을 지킬 수 있다.

③ 건강이 안 좋은 사람은 특히 환절기에 잠을 자기가 쉽지 않다.

④ 환절기에는 자기 전에 집안의 문이 잘 닫혔는지 확인해야 한다.

26.

> 김수미 작가의 수상으로 출판업계도 활기... "밤새 인쇄기 돌려야죠."

① 김수미 작가가 상을 받은 후 출판사에 인쇄기를 선물했다.

② 출판사들은 김수미 작가의 책을 출판하기 위해 경쟁을 벌이고 있다.

③ 김수미 작가는 상을 받은 후 여러 출판사에서 자신의 책을 출판하도록 했다.

④ 상을 받은 김수미 작가 덕분에 책을 인쇄하는 출판사들의 일거리도 많아졌다.

27.

> 편의점에서 화장품을? 주머니 가벼운 10대 모시기!

① 요즘 10대들은 주로 화장품을 구입하기 위해 편의점을 찾는다.

② 편의점에서 판매하는 화장품은 주머니에 들어갈 만큼 크기가 작다.

③ 편의점에서 10대들을 주요 소비자로 하는 저렴한 화장품을 판매하고 있다.

④ 용돈이 부족한 10대들은 편의점에 가면 무료로 화장품을 사용해 볼 수 있다.

28.

테니스가 신사의 스포츠로 불리는 것은 이 경기가 가진 (　　　　　　　) 때문이다. 선수들은 상대방을 존중하며 심판의 판정에 절대적으로 승복하고 때로는 자신에게 유리한 판정이라도 스스로 오심을 인정하는 모습을 보인다. 또한 경기 중 감정을 절제하고 매너를 중시하는 문화가 깊이 뿌리내려 있다. 이러한 페어플레이 정신과 품격 있는 태도가 테니스를 신사의 스포츠로 만들었다고 할 수 있다.

① 엄격한 심판 권한

② 고유한 예절 문화

③ 독특한 경기 규칙

④ 특별한 참가 자격

29.

조선 시대 달 항아리는 백자 중에서도 가장 (　　　　　　　)을 보여주는 작품이다. 둥근 형태가 보름달을 연상시켜 이름 붙여졌으며 단순하고 소박한 형태이지만 완벽한 대칭을 보여주기 보다는 자연스러운 곡선과 은은한 백색의 유약이 어우러져 한국적 미의 정수를 보여 준다. 상하부를 따로 제작해 접합하는 기법을 사용하였는데 그 이음새의 흔적 또한 자연스러운 아름다움을 더해 준다.

① 순수하고 절제된 아름다움

② 세련되고 정교한 아름다움

③ 화려하고 웅장한 아름다움

④ 고급스럽고 신비한 아름다움

30.

　쓰레기 분리수거는 자원 재활용을 통한 환경보호와 폐기물 처리 비용 절감을 주요 목적으로 한다. 그러나 일부에서는 시민들의 분리수거 노력에 비해 실제 재활용률이 낮고 가정에서 분류해도 수거 과정에서 혼합되거나 재활용 처리 비용이 높다는 점을 들어 실효성에 의문을 제기하고 있다. 하지만 이는 (　　　　　　　　)을 보여주는 것이지 분리수거 자체의 가치를 부정하는 것은 아니다.

① 분리수거의 편리성

② 제도 폐지의 타당성

③ 시스템 개선의 필요성

④ 재활용과 환경보호의 상관성

31.

　숏폼 중독은 짧은 영상을 끊임없이 시청하며 시간을 보내는 것을 말한다. 이는 빠른 사회적 속도와 즉각적 만족을 추구하는 현대인의 성향, 디지털 기기의 보편화, 그리고 비대면 문화의 확산이 맞물린 결과로 볼 수 있다. 또한 알고리즘 기반의 맞춤형 콘텐츠 제공으로 사용자들의 (　　　　　　　　) 플랫폼의 전략도 주요 원인으로 지목된다.

① 지갑을 열게 하는

② 관심 분야를 넓혀주는

③ 정서 안정에 도움을 주는

④ 지속적인 몰입을 유도하는

32.

> 　동양화는 일반적으로 한국, 중국, 일본 등에서 전해져 내려오는 전통적인 화풍의 그림을 말한다. 동양화는 크게 수묵화와 채색화라는 두 가지 양식으로 구분되는데 수묵화에서는 단순하게 대상을 묘사하는 것뿐만 아니라 그림에 어떤 사상을 담아서 표현하는 것이 특징이다. 한국의 동양화는 보통 한지 위에 먹을 이용하여 그림을 그리고 거기에 약간의 채색을 더하는 방식으로 그려진다. 이때 먹의 농도를 조절하여 거리감이나 여백의 미를 표현하게 된다. 따라서 동양화는 어떤 그림을 그리느냐에 따라서 종이와 먹을 적절하게 다룰 줄 알아야 한다.

① 이제는 동양화 그리는 사람을 찾아보기가 힘들어졌다.

② 동양화는 그림의 빈 곳에 여러 가지 색을 칠해 넣는다.

③ 수묵화의 화가들은 그림을 통해 자신의 생각을 전달한다.

④ 한국에서 그린 동양화는 그림에 따라서 종이의 종류가 다르다.

33.

> 　정부는 개인 맞춤형 의료 서비스를 제공하기 위해 '정밀의료 사업'을 추진하고 있다. 정밀의료는 4차 산업혁명의 기술과 개인의 유전자 및 생활 습관 정보 등을 활용해 맞춤형 의료서비스를 제공하는 것이다. 이 사업이 진행되면 각 개인에게 맞는 암 검진 시기를 정하는 것도 가능해질 전망이다. 정밀의료를 현실화하기 위해서는 대규모의 정보를 구축하는 것이 중요하다. 개인의 생활 습관이나 유전자 등의 정보가 모여야 이것을 분석해 질병이 생기는 원인 등을 파악할 수 있기 때문이다.

① 정밀의료에는 개인의 유전자 정보가 활용된다.

② 정부는 정밀의료 사업을 4년째 계속해서 추진하고 있다.

③ 정밀의료의 실현을 위해서는 모두가 올바른 생활습관을 가져야 한다.

④ 정밀의료 사업을 통해 누구나 같은 시기에 암 검진을 받을 수 있게 될 것이다.

34.

세상에서 가장 비싼 커피는 사향고양이의 배설물에서 추출한 '루왁 커피'이다. 커피 열매 중에서도 가장 잘 익은 것만 골라 먹는 사향고양이는 밤새 열매를 따 먹고 배설을 해 놓는다. 그러면 사람들이 해가 뜨기 전 그 배설물을 모두 수거해 원두만 모으게 된다. 사향고양이가 먹은 커피 열매의 과육은 소화가 되고 씨만 배설되는데 소화 과정에서 사향고양이 몸속에만 있는 효소를 통해 발효된 상태로 나오게 된다. 이때 루왁 커피 특유의 맛과 향이 생기는 것이다.

① 사향고양이는 아침 식사로 커피 열매를 먹는다.

② 커피 열매의 과육은 배설물의 상태로 나오지 않는다.

③ 사람들은 사향고양이의 배설물을 발효시켜서 보관한다.

④ 루왁 커피의 특유의 맛과 향은 가공 작업을 통해 만들어진 것이다.

※   **[35~38] 다음을 읽고 글의 주제로 가장 알맞은 것을 고르십시오. (각 2점)**

35.

최근 다이어트 방법으로 주목받고 있는 간헐적 단식은 일정 시간 동안 음식 섭취를 제한하는 식사 방법으로 단식 중에는 인슐린 분비가 감소하고 지방 분해가 촉진되어 체중 감량에 도움이 된다고 알려져 있다. 하지만 이러한 효과는 개인의 체질과 생활 패턴에 따라 크게 다를 수 있으며 무리한 실천은 오히려 건강을 해칠 수 있다. 또 일부에서는 폭식이나 영양 불균형 같은 부작용이 나타날 수 있기 때문에 건강한 사람이라도 자신의 신체 상태와 생활 습관을 고려해 신중하게 접근해야 한다. 단순히 유행을 따르기 보다는 전문가와의 상담 후 자신에게 맞는 건강한 식사 방법을 찾는 것이 중요하다.

① 간헐적 단식은 체중 감량과 건강에 도움이 되므로 가급적 실천해야 한다.

② 간헐적 단식은 개인에 따라 효과와 부작용이 다를 수 있으므로 주의가 필요하다.

③ 간헐적 단식은 건강한 식사법이 아니라 부작용이 많은 다이어트 방법 중 하나이다.

④ 간헐적 단식 중에는 몸에 이로운 작용이 일어나기 때문에 체질 개선에 도움이 된다.

36.

금융투자소득세는 주식, 채권 등 금융 상품 투자로 얻은 수익에 대해 부과되는 세금으로 이에 대한 찬반 의견이 팽팽하게 대립하고 있다. 찬성 측에서는 고소득층의 불로소득에 대한 적절한 과세를 통해 조세 형평성을 제고할 수 있고 부동산과 금융 소득 간의 과세 형평성도 확보할 수 있다고 주장하는 반면 반대 측에서는 주식 시장 침체와 투자 위축을 우려하고 개인 투자자들의 세금 부담이 과도하게 증가할 수 있다는 점을 지적하고 있다. 그러나 양극화 해소와 공정한 과세 체계 구축을 위해서는 금융 투자 소득에 대한 적절한 과세가 필요하므로 장기적 관점에서 볼 때 금융투자소득세 도입은 불가피한 선택으로 보인다.

① 금융투자소득세에 대한 반대 의견이 많아 시행에 어려움을 겪고 있다.

② 금융투자소득에 대한 적절한 과세는 필요하므로 금융투자소득세는 도입되어야 한다.

③ 금융투자소득세를 도입하면 주식 시장이 활성화 되어 개인투자자들에게 이익이 된다.

④ 공정한 과세 체계 구축을 위해서는 금융투자소득세와는 다른 새로운 제도가 필요하다.

37.

도시 비둘기는 강한 적응력과 높은 번식력을 가지고 있어 도시 생태계의 대표적인 생물이 되었다. 주로 사람들이 던져 주는 음식물에 크게 의존하고 있는데 인공적인 먹이 공급으로 생존하는 경우가 많다. 하지만 무분별한 먹이 주기는 비둘기 개체 수의 급격한 증가를 초래하여 여러 문제를 야기한다. 예를 들어 과다 증식한 비둘기의 배설물은 건물과 시설물을 부식시키고 악취와 함께 보행 환경을 해친다. 또한 비둘기는 조류 인플루엔자 등 여러 질병의 매개체가 될 수 있어 공중 보건에도 위협이 되기 때문에 도시 비둘기에게 먹이를 주는 행위는 자제해야 한다.

① 도시 비둘기는 질병에 강해서 개체수가 잘 줄어들지 않는다.

② 도시 비둘기는 도시 생태계의 대표적인 생물로 보호해야 한다.

③ 도시 비둘기는 인공적인 먹이 공급으로 생존하기 때문에 번식력이 높다.

④ 도시 비둘기의 급격한 증가는 문제가 되므로 함부로 먹이를 주면 안 된다.

38.

전 세계적으로 의류 소비가 급증하면서 의류 쓰레기 문제가 심각해지고 있다. 특히 합성 섬유로 만든 의류는 분해되는 데 수백 년이 걸리기 때문에 중대한 환경 오염 문제로 이어지고 있다. 의류 쓰레기 문제를 줄이기 위해서는 먼저 충동구매를 자제하고 꼭 필요한 옷만 구매하는 습관이 필요하다. 또한 옷을 오래 입을 수 있도록 적절한 관리와 수선을 하고 더 이상 입지 않는 옷은 중고 거래나 기부를 통해 재활용하는 것이 좋다. 친환경 소재의 의류를 선택하거나 의류 대여 서비스를 이용하는 것도 하나의 대안이 될 수 있다.

① 합성 섬유로 만든 의류는 오래 입을 수 있어서 좋다.

② 의류 쓰레기 문제를 해결하려면 옷 소비를 줄여야 한다.

③ 매년 의류 쓰레기가 증가하고 있으므로 더 이상 옷을 버리면 안 된다.

④ 개인의 건강과 지구 환경을 위해 친환경 소재의 의류를 구입해야 한다.

※ **[39~41] 주어진 문장이 들어갈 곳으로 가장 알맞은 것을 고르십시오. (각 2점)**

39.

> 요즘은 휴가를 즐기러 가도 가족들이 각자 자신의 휴대 전화에만 빠져 있는 경우가 흔하다.

> 　그동안 휴가철이 되면 유명한 관광지를 찾는 가족들이 많았다. (㉠) 그러나 이제는 복잡한 관광지보다 한가로운 농촌을 찾아 자연을 느끼고 추억을 쌓는 체험 여행이 주목을 받고 있다. (㉡) 농촌 체험 여행은 온 가족이 함께 할 수 있는 데다 유명 관광지에 비해 비용도 저렴하다는 점이 인기 요인으로 분석되고 있다. (㉢) 이런 상황에서 농촌 체험 여행은 가족들이 휴대 전화도 놓아 버리고 함께 즐기며 휴가를 보낼 수 있는 새로운 형태의 휴가로 자리를 잡게 될 것이다. (㉣)

① ㉠　　　　　② ㉡　　　　　③ ㉢　　　　　④ ㉣

40.

> 슬럼프에 빠지는 원인은 신체적, 환경적, 정신적 요인 등 여러 가지가 있을 수 있는데 입스는 그런 요인 중 하나가 될 수 있다.

> 　입스(yips)란 주로 운동 시합과 같이 불안감이 높아지는 상황에서 근육이 경직되면서 평소에는 잘 하던 동작을 제대로 하지 못하게 되는 현상을 말한다. (㉠) 원래 골프 종목에서 유명해진 용어이지만 최근에는 야구와 같은 다른 스포츠에서도 자주 쓰인다. (㉡) 또한 피아니스트와 같은 음악가들도 손가락이 순간적으로 움직이지 않아 연주를 이어갈 수 없는 등의 입스를 겪는다고 한다. (㉢) 입스는 우리가 슬럼프라고 표현하는 것과는 차이가 있는데 슬럼프는 어떠한 이유로든 '성적이 제대로 안 나오는 상태'를 가리키는 것이라면 입스는 그보다 좀 부차적인 것이다. (㉣)

① ㉠　　　　　② ㉡　　　　　③ ㉢　　　　　④ ㉣

41.

만약 이러한 화석들이 소중하게 보존되지 않으면 우리 과거에 대한 천연의 기록들이 사라질 위험이 있다.

공룡 화석은 지구의 오랜 역사와 생명의 비밀을 풀어주는 중요한 단서이다. (㉠) 따라서 공룡 화석 연구에서 효과적인 보존 기술은 필수적인 요소로 자리잡고 있다. (㉡) 공룡 화석은 온도와 습도의 변동에 민감하기 때문에 보존을 위해서는 일정한 환경을 유지해야 한다. (㉢) 온도는 18~22도, 습도는 40~60%가 가장 적합한데 이러한 조건을 유지하기 위해서는 보존 공간의 온도와 습도를 정기적으로 점검하고 필요한 경우 조절 장치를 설치해야 한다. (㉣)

① ㉠   ② ㉡   ③ ㉢   ④ ㉣

오늘따라 재윤이의 울음 소리는 컸다. 처음에는 입술을 삐죽삐죽 거리기만 하더니 엄마 목소리가 들리자 마치 누구 들으라는 듯이 큰 소리로 울기 시작했다.

"우리 재윤이 왜 울어? 누가 그랬어?"

엄마는 우는 재윤이를 안아 들고 등을 다독이면서 재윤을 달래기에 바빴다.

"뚝, 그만 울어. 엄마가 형아 맴매 해 줄게."

재민 때문인 것이 기정사실인 양, 엄마는 형아를 혼내 주겠다는 말로 재윤을 어르고 달랬고 졸지에 가해자가 된 재민은 찢어진 공책을 손에 들고 말없이 서 있기만 했다.

"동생 좀 잘 보지 왜 울리고 그래. 하라는 숙제는 안 하고 동생이랑 싸운 거야?"

"숙제하고 있었는데 재윤이가…"

재민이는 말을 다 끝맺지도 못하고 고개를 숙인 채 눈물 방울을 뚝뚝 흘리기 시작했다.

"아니, 넌 또 왜 울어? 엄마가 뭐라고 그랬다고"

"재윤이가 내 숙제 공책에다가 자꾸 낙서를 했단 말이야. 그래서 내가…"

엄마는 알지도 못하면서 맨날 재윤이 편만 든다고. 재윤이한테 다른 공책을 주면서 여기에다 그림을 그리라고 자기는 말했다고, 그런데 재윤이가 굳이 숙제 공책을 뺏으려고 했다고, 그래서 숙제 공책은 찢어지고 나는 화가 났다고. 이런 이야기가 마음 속 한 가득인데 말은 목구멍에서 나오지 않고 대신 눈물만 쉴 새 없이 흘렀다. 어느새 울음을 그친 재윤이가 엄마 품에 안겨서 그런 형을 뚫어지게 보다가 말했다.

"형아, 울지 마. 이제 그림 안 그릴게"

"아구, 우리 재윤이 착하네. 그래, 형아도 이제 울지 마. 동생도 안 우는데 형아가 울면 어떡해."

42. 밑줄 친 부분에 나타난 '재민'의 심정으로 가장 알맞은 것을 고르십시오.

① 억울하다　　　② 미안하다
③ 부끄럽다　　　④ 걱정되다

43. 윗글의 내용으로 알 수 있는 것을 고르십시오.

① 재민은 동생을 때렸다.
② 재윤이 형의 공책을 찢었다.
③ 엄마는 재민이의 말을 믿지 않았다.
④ 형제는 싸웠다는 이유로 엄마한테 혼이 났다.

갈릴레오 갈릴레이는 '천문학의 아버지'라고 불리는 과학자로서 1609년 망원경을 사용하여 천체를 관측한 최초의 사람 중 하나였다. 그의 발견은 지구가 태양 주위를 돈다는 '지동설'을 뒷받침하는 것이었기 때문에 당시의 교회가 주장했던 천동설과 대립하게 되었다. 갈릴레오의 주요 발견에는 목성의 4대 위성, 태양의 흑점, 달의 산맥과 분화구 등이 포함된다. 이러한 발견들은 우주에 대한 우리의 (   ) 과학적 방법의 중요성을 깨닫게 만들었다. 그는 자연 현상을 설명하기 위해 실험과 수학을 적극적으로 사용함으로써 과학적 방법의 중요성을 강조하였다. 또한 관찰과 가설 설정, 실험 그리고 결론 도출이라는 과학적 방법론의 실천을 통해 현대 과학의 발전에 큰 기여를 하게 되었다. 갈릴레오의 업적은 당시 종교적 권위와 대립하여 많은 논란을 불러일으켰지만 그의 과학적 발견과 방법론은 현대 과학의 기초를 형성하는 데 결정적인 역할을 했다.

44. ( )에 들어갈 말로 가장 알맞은 것을 고르십시오.

① 역할을 확대시켰으며

② 호기심을 불러 일으켰으며

③ 지식을 다양하게 적용했으며

④ 인식을 새롭게 바꿔 놓았으며

45. 윗글의 주제로 가장 알맞은 것을 고르십시오.

① 갈릴레오의 연구를 통해 과학적 방법의 중요성이 널리 알려졌다.

② 갈릴레오의 업적은 현대 과학의 힘으로도 따라갈 수 없는 것이다.

③ 갈릴레오의 실험과 발견은 오늘날 과학이 발전하는 데 기초가 되었다.

④ 갈릴레오의 과학적 발견은 당시의 이론과 대립하여 많은 논란이 되었다.

※ **[46~47] 다음을 읽고 물음에 답하십시오. (각 2점)**

> 님비(NIMBY, Not In My Backyard)와 핌피(PIMFY, Please In My Front Yard) 현상은 지역 이기주의를 보여주는 대표적인 사례로 지역의 공공 이익과 개인적 이익 간의 갈등을 나타낸다. 예를 들어, 쓰레기 처리장, 교도소, 정신병원 같은 시설이 특정 지역에 들어설 경우 해당 지역 주민들은 시설의 필요성을 인정하면서도 그 지역에 설치되는 것에 반대하기 쉬운데 필요한 공공 시설이 지역 내 갈등으로 인해 적절히 설치되지 못해 전체 사회의 공익을 해칠 수 있다.
>
> 반면 경제적 이익을 기대할 수 있는 산업 단지, 기업 본사, 문화센터 등을 자신의 지역에 유치하려는 현상은 이러한 시설들이 지역 경제 발전과 고용 창출에 긍정적인 영향을 미칠 수 있다는 기대에서 비롯된다. 하지만 이 역시 공공의 이익보다는 특정 지역에 집중된 이익을 우선시하기 때문에 지역 간 불균형을 심화 시키고 사회적 형평성을 저해할 위험이 있다.
>
> 이 두 현상은 개인과 지역의 이익에 대한 과도한 집착이 전체 사회의 공익을 저해하는 지역 이기주의의 일면을 보여준다. 더불어 사는 공동체를 위해서는 지역의 이익과 전체의 이익이 조화를 이루어야 하며, 이를 위한 시민들의 성숙한 인식이 절실히 요구된다.

46. 윗글에 나타난 필자의 태도로 가장 알맞은 것을 고르십시오.

① 님비 현상이 일어날 수밖에 없는 상황을 이해하고 있다.

② 님비와 핌피는 자연스러운 사회 현상으로 받아들이고 있다.

③ 지역 경제에 좋은 영향을 미치는 핌피 현상에 대해 호의적이다.

④ 님비와 핌피 현상의 극복을 위해 시민들의 인식 변화를 기대하고 있다.

47. 윗글의 내용과 같은 것을 고르십시오.

① 핌피 현상의 결과 지역간 불균형이 해소될 수 있다.

② 개인이나 특정 지역의 이익보다는 공공의 이익이 중요하다.

③ 님비와 핌피 모두 지역 이기주의 때문에 나타나는 현상이다.

④ 쓰레기 처리장은 필요한 시설이기 때문에 설치를 반대하지 않는다.

도시재생이란 상대적으로 낙후되어 있는 기존 도시를 새롭게 디자인하거나 재정비하여 새로운 기능과 주거 환경을 갖추도록 하는 것을 말한다. 도시재생 사업은 기존 동네를 전면 철거하는 재개발이나 재건축 사업과는 차이가 있다. 도시재생 사업은 다른 도시 사업들과는 달리 그 동네의 기존 모양과 도로 등을 유지하면서 주거 환경을 개선하고자 한다는 특징이 있다. 이러한 도시재생 사업은 주민들의 주거 환경과 동네의 이미지 개선은 물론 그 동네의 가치를 높일 수 있다는 점에서 긍정적으로 평가받고 있다. 하지만 최근 대규모의 도시재생 사업이 이어지면서 그에 대한 우려도 발생하고 있는데 대표적인 것이 바로 (   ). 특히 그 동네가 '벽화 마을'과 같이 어떤 주제를 가지고 재정비되면 벽화를 보기 위해 그 동네를 찾는 관광객들로부터 주민들의 주거 공간이나 생활 모습 등이 보호 받지 못하는 상황이 생길 수밖에 없다. 따라서 이제는 지역 가치의 상승이라는 목표에서 한 발 더 나아가 주민들이 권리를 보호 받고 정서적 안정을 유지할 수 있도록 하는 도시재생의 질적인 면에 좀 더 관심을 기울여야 한다.

48. 윗글을 쓴 목적으로 가장 알맞은 것을 고르십시오.

① 도시재생 사업의 의의를 소개하려고

② 도시재생 사업 절차에 대해 설명하려고

③ 도시재생 사업 진행의 어려움을 토로하려고

④ 도시재생 사업에서 고려해야 할 점을 강조하려고

49. (   )에 들어갈 말로 가장 알맞은 것을 고르십시오.

① 주민들에 대한 사생활 침해이다

② 그 동네의 이미지를 떨어트리는 것이다

③ 관광객들의 요구를 반영하지 못하는 것이다

④ 주거 환경 개선에 대한 주민들의 무관심이다

50. 윗글의 내용과 같은 것을 고르십시오.

① 도시재생 사업은 재개발이나 재건축과 비슷하게 진행된다.

② 도시재생 사업이 진행되면 그 동네 도로 위치에 변화가 생긴다.

③ 도시재생 사업을 통해 그 동네의 생활 여건을 개선시킬 수 있다.

④ 도시재생 사업을 진행할 때 특정한 주제를 정하지 않는 것이 바람직하다.

듣기 (1번~50번)

1 ③	2 ②	3 ②	4 ③	5 ②
6 ③	7 ④	8 ②	9 ④	10 ③
11 ②	12 ①	13 ②	14 ①	15 ②
16 ①	17 ④	18 ④	19 ③	20 ①
21 ①	22 ④	23 ③	24 ④	25 ③
26 ①	27 ④	28 ①	29 ③	30 ②
31 ④	32 ④	33 ②	34 ④	35 ①
36 ③	37 ③	38 ③	39 ④	40 ①
41 ④	42 ①	43 ③	44 ①	45 ②
46 ④	47 ③	48 ④	49 ③	50 ④

듣기 1번~3번

1. ③

> 여자: 실례지만 좌석 번호 좀 확인해 주시겠어요?
> 남자: 3A 창가 좌석인데요. 왜 그러시죠?
> 여자: 앞자리가 3A고 여기는 4A인데 자리 좀 옮겨 주시겠어요?

두 사람이 기차표를 보며 좌석을 확인하는 상황입니다. 여자는 '3A는 앞자리'이고 남자가 앉아 있는 자리는 '4A'이므로 '자리를 옮겨' 달라고 말합니다. 즉, 두 사람 모두 열차 안에 있으며 남자는 앉아 있고, 여자는 그 옆에 서서 남자의 기차표를 확인하고 있는 상황입니다.

This is a situation where two people are checking their seats while looking at train tickets. The woman says that '3A is the front seat' and the man's seat is '4A', so she asks him to 'change seats'. In other words, both of them are on the train, the man is sitting down, and the woman is standing next to him, checking his train ticket.

2. ②

> 남자: 주말에 영화 보면서 쉬려고 했는데 할 일이 많네요.
> 여자: 그래도 같이 하면 빨리 끝날 거예요. 빨래는 제가 할게요.
> 남자: 그럼 저는 설거지부터 해야겠어요.

여자는 '빨래는 제가 할게요.'라고 말했고 남자는 '저는 설거지부터 해야겠어요.'라고 했습니다. 할 일이 많아서 영화를 보면서 쉬려고 한 주말 계획을 못 지키게 된 상황으로 여자와 남자가 각각 무슨 일을 하기로 했는지 들으면 쉽게 답을 찾을 수 있습니다.

The woman said, 'I'll do the laundry,' and the man said, 'I'll do the dishes first.' This is a situation where they can't keep their weekend plan of watching a movie and relaxing because they have a lot to do. You can easily find the answer if you listen to what chores the woman and the man decided to do.

3. ②

> 남자: 외국인에게 가장 인기 있는 한국 문화는 '드라마'이며 'K-팝'과 'K-뷰티'가 그 뒤를 이었습니다. 'K-드라마'의 인기 이유로는 '줄거리가 흥미로워서'가 57%로 가장 많았고, '캐릭터가 매력적이어서'가 31%, '한국 문화에 호기심이 있어서'가 10%로 나타났습니다.

인기 있는 한국 문화는 'K-드라마, K-팝, K-뷰티' 순이므로 ③, ④는 순위가 맞지 않습니다. 'K-드라마 인기 이유'는 '흥미로운 줄거리, 매력적인 캐릭터, 한국 문화에 대한 호기심' 순으로 높은 비율을 차지하고 있습니다.

The order of popularity for Korean culture is 'K-drama, K-pop, K-beauty', so ③ and ④ have the wrong order. The reasons for the popularity of 'K-drama' are, in order of highest percentage, 'interesting plot, attractive characters, curiosity about Korean culture'.

듣기 4번~8번

4. ③

> 남자: 음식이 다 맛있어 보이네요. 뭘 시킬까요?
> 여자: 안 매운 게 좋겠어요. 매운 걸 먹으면 배탈이 나서요.
> 남자: _____

남자와 여자가 식당에서 메뉴를 주문하려고 하는 상황입니다. 여자는 매운 음식을 먹으면 배탈이 난다고 했으므로 주문할 때 이 사항을 고려해야 합니다. 따라서 이어질 남자의 말에는 고추가 들어간 매운 음식은 제외해야겠다는 내용이 들어갈 것입니다.

This is a situation where a man and a woman are trying to order food at a restaurant. The woman said she gets an upset stomach when she eats spicy food, so this should be taken into consideration when ordering. Therefore, the man's following words should include the content that spicy food with chili peppers should be excluded.

5. ②

> 여자: 오늘 발표하는 날이죠? 준비는 잘 했어요?
> 남자: 사정이 생겨서 내일로 미뤄졌어요. 준비는 했는데 너무 긴장이 되네요.
> 여자: _____

발표를 앞둔 남자가 긴장하고 있는 상황입니다. 남자의 말을 통해 발표 준비는 마쳤지만 사정이 생겨서 발표가 하루 미뤄진 것을 알 수 있습니다. 따라서 준비 시간이 부족하거나 발표가 취소된 상황은 아닙니다.

남자가 긴장하고 있으므로 여자가 이어서 할 수 있는 말은 남자를 응원하는 내용이 될 것입니다.

This is a situation where a man is nervous before a presentation. From the man's words, you can understand that he has finished preparing for the presentation but it has been postponed for a day due to unforeseen circumstances. Therefore, it is not a situation where there is not enough preparation time or the presentation is canceled. Since the man is nervous, the next thing the woman can say would be words of encouragement.

6. ③

> 남자: 수미 씨, 제 친구 중에 성격 좋고 괜찮은 친구가 있는데 한번 만나 볼래요?
>
> 여자: 고마워요. 그런데 사실은 지금 짝사랑 중인 사람이 있어서 안 될 것 같아요.
>
> 남자: ＿＿＿＿＿＿＿＿＿＿＿＿＿＿＿

남자가 여자에게 자신의 친구와 만나 보라고 권하는 상황입니다. 그런데 여자는 사귀는 사이는 아니지만 짝사랑하는 사람이 있어서 남자의 소개팅 제안을 거절했습니다. 따라서 남자가 여자의 사랑을 응원하는 말을 이어서 하는 것이 자연스럽습니다.

This is a situation where the man is recommending that the woman meet his friend. However, the woman refuses the man's blind date offer because she has someone she has a crush on, although they are not in a relationship. Therefore, it is natural for the man to follow up with words supporting the woman's love.

7. ④

> 여자: 운동을 오래 안 했더니 체력이 많이 떨어진 것 같아요.
>
> 남자: 저도 아침마다 달리기를 하다가 요즘은 너무 더워서 못했더니 전보다 빨리 피곤해지는 것 같아요.
>
> 여자: ＿＿＿＿＿＿＿＿＿＿＿＿＿＿＿

여자와 남자가 체력이 떨어진 것에 대해 대화하고 있습니다. 여자는 오랫동안 운동을 안 했고 남자도 더운 날씨 탓에 아침마다 하던 달리기를 못하고 있습니다. 두 사람 모두 운동을 못하고 있는 것이 문제라고 생각하므로 함께 운동할 것을 제안하는 말을 이어서 하는 것이 자연스럽습니다.

The woman and the man are talking about their decreased stamina. The woman hasn't exercised for a long time, and the man hasn't been able to do his morning jogs because of the hot weather. Since both of them think that not being able to exercise is a problem, it is natural to follow up with a suggestion to exercise together.

8. ②

> 남자: 벌써 도서관에 다녀온 거예요?
>
> 여자: 아, 가 보니까 오늘이 정기 휴관일이더라고요.
>
> 남자: ＿＿＿＿＿＿＿＿＿＿＿＿＿＿＿

여자가 도서관에 갔지만 정기 휴관일이라서 일찍 돌아온 상황입니다. 생각보다 빨리 도서관에 다녀온 여자를 보고 의아해하는 남자에게 여자는 오늘이 '정기 휴관일'이었다는 사실을 말해 줍니다. 도서관이 쉬는 날이라는 '휴관일'의 뜻을 이해하면 이어질 남자의 말을 바로 찾을 수 있습니다.

This is a situation where the woman went to the library but came back early because it was a regular closing day. The woman tells the man, who is puzzled to see her back from the library so soon, that today was a 'regular closing day'. If you understand the meaning of 'closing day', which is a day when the library is closed, you can immediately find the man's following words.

듣기 9번~12번

9. ④

> 여자: 민수가 좀 늦는다는데 우리 먼저 식당에 가 있을까?
>
> 남자: 그래? 바로 옆에 서점이 있던데 거기서 책 좀 보다가 같이 가는 건 어때?
>
> 여자: 그럼 우선 식당에 전화해서 예약 시간을 늦출 수 있는지 물어볼게.
>
> 남자: 응. 난 민수한테 몇 시까지 올 수 있냐고 문자 보내 볼게.

남자는 여자에게 서점에서 늦게 오는 친구를 기다리자고 제안합니다. 여자는 남자의 제안을 받아들여 식당에 전화해서 예약 시간 변경이 가능한지 알아보겠다고 했습니다. 그러므로 여자는 식당에 전화를 할 것입니다.

The man suggests to the woman that they wait for their friend who is late at the bookstore. The woman accepts the man's suggestion and says she will call the restaurant to see if it is possible to change the reservation time. Therefore, the woman will call the restaurant.

10. ③

> 여자: 점장님, 지금은 계산대가 바쁘지 않으니까 창고에 가서 물건 정리 좀 하고 올까요?
>
> 남자: 그것보다 유통 기한 지난 냉장 식품이 없는지부터 확인해 줄래요?
>
> 여자: 네. 그런데 저쪽에 쓰레기가 떨어져 있네요. 청소부터 빨리 하고 바로 확인할게요.
>
> 남자: 네. 그렇게 하세요.

남자는 창고에서 물건 정리를 하겠다는 여자에게 냉장 식품의 유통 기한을 먼저 확인해 달라고 요청합니다. 남자의 요청에 따르려고 했으나 쓰레기를 발견한 여자는 청소를 먼저 하겠다고 합니다. 남자도 그렇게 하라고 대답했으므로 여자는 청소를 먼저 할 것입니다.

The man asks the woman, who is about to organize things in the warehouse, to check the expiration dates of the refrigerated food first. The woman was going to follow the man's request, but after discovering the trash, she says she will clean first. The man also agrees, so the woman will clean first.

11. ②

> 여자: 여기 볼링장 정말 인기가 많나 봐요. 이른 시간인데도 게임 중인 사람들이 많네요.
>
> 남자: 주말이라 더 붐비는 것 같아요. 우리도 시작해 볼까요? 우선 저쪽에서 공부터 고릅시다.
>
> 여자: 네. 그런데 저는 아직 볼링화를 못 받았어요. 직원이 치수를 찾아보고 있으니 여기서 기다리는 게 좋겠어요.
>
> 남자: 그럼 볼링화 받고 공 있는 쪽으로 오세요.

남자가 볼링공을 고르러 가자고 제안했으나 여자는 아직 직원에게 볼링화를 받지 못한 상태입니다. 직원이 여자에게 맞는 볼링화를 찾고 있으므로 여자는 기다리겠다고 말하고, 남자는 혼자 먼저 이동하겠다고 합니다. 그러므로 여자가 이어서 할 행동은 직원을 기다리는 것입니다.

The man suggests that they go choose bowling balls, but the woman has not yet received her bowling shoes from the staff. Since the staff is looking for bowling shoes that fit the woman, the woman says she will wait, and the man says he will go alone first. Therefore, the next thing the woman will do is wait for the staff.

12. ①

> 남자: 팀장님, 하반기 워크숍 장소와 프로그램 내용 확인 부탁드립니다.
>
> 여자: 수고 많았네요. 식당과 차량 예약도 끝난 건가요?
>
> 남자: 장소가 확정되면 다른 건 이번 주 안으로 예약할 계획입니다.
>
> 여자: 인원이 많아서 차량 예약이 어려울 수 있으니까 서둘러 주세요. 저는 지금 회의가 있어서 자세한 건 회의 마치고 확인할게요.

남자가 여자에게 워크숍 관련 사항을 확인해 달라고 요청했습니다. 여자는 남자에게 식당과 차량 예약 일정에 대해 간단히 물은 뒤 본인은 회의에 들어가야 하니 자세한 것은 회의 후에 확인하겠다고 대답합니다. 따라서 여자가 대화를 마치고 바로 할 행동은 회의에 참석하는 것입니다.

The man asks the woman to check the details of the workshop. The woman briefly asks the man about the restaurant and vehicle reservation schedule, and then replies that she has to go to a meeting, so she will check the details after the meeting. Therefore, the first thing the woman will do after the conversation is attend the meeting.

듣기 13번~16번

13. ②

> 여자: 내일 민수 씨 집들이에 화분을 사 갈까요?
>
> 남자: 집들이 선물로는 역시 실용적인 휴지랑 세제가 좋지 않을까요?
>
> 여자: 그렇긴 하지만 요즘은 혼자 사는 사람들이 반려 식물을 많이 키운다고 하더라고요.
>
> 남자: 그럼 작은 화분 하나랑 휴지 하나씩 선물합시다.

남자는 휴지와 세제가 실용적이라고 생각해 집들이 선물로 제안합니다. 반려 식물 선물을 제안한 여자의 의견을 듣고 남자는 화분과 휴지를 사자고 합니다.
① 남자는 선물을 받은 것이 아니고 하려고 합니다.
③ 선물을 고르기 위해 대화할 뿐 백화점에 선물을 사러 갔다는 이야기는 없습니다.
④ 여자가 아니고 요즘 혼자 사는 사람들이 반려 식물을 많이 키운다고 했습니다.

The man suggests tissues and detergent as housewarming gifts because he thinks they are practical. After hearing the woman's suggestion of gifting a companion plant, the man says they should buy a potted plant and tissues.
① The man is not receiving a gift, but giving one.
③ They are only talking to choose a gift; there is no mention of going to the department store to buy one.
④ It was mentioned that single people these days often raise companion plants, not the woman.

14. ①

> 남자: (딩동댕) 다문화 축제에 참석하신 여러분께 안내 드립니다. 음식 부스는 12시부터 2시까지 운영됩니다. 저렴한 가격에 다양한 세계 음식을 맛볼 수 있는 기회를 놓치지 마시기 바랍니다. 또한 무료로 각국의 전통 의상 및 전통 놀이를 직접 체험하실 수 있으니 많은 관심 부탁드립니다. (댕동딩).

다문화 축제에 대한 안내를 하고 있습니다. 음식 부스는 12시부터 2시까지 운영된다고 했으므로 이용 시간이 정해져 있습니다.
② 저렴한 가격에 다양한 세계 음식을 맛볼 수 있습니다.
③ 각국의 전통 의상을 직접 입어볼 수 있습니다.
④ 전통 놀이 체험은 무료로 할 수 있습니다.

This is an announcement about a multicultural festival. It says that the food booths are open from 12 to 2 o'clock, so there are set hours of operation.
② You can taste a variety of world cuisines at affordable prices.
③ You can try on traditional costumes from each country.
④ Traditional game experiences are free.

15. ②

> 여자: 오늘 오전 8시경 8세 아이가 골목길에서 차에 깔리는 사고가 발생했습니다. 운전자가 도로에 넘어진 아이를 발견하지 못하고 지나가는 바람에 아이가 차 아래에 깔리게 된 것입니다. 이를 본 주변 어른들 10여명이 차를 들어 아이를 구조했습니다. 이후 구조대원에 의해 병원으로 옮겨진 아이는 크게 다치지 않은 것으로 전해졌습니다.

차에 깔린 아이를 어른들이 구조한 상황입니다. 이와 같은 사고는 운전자가 도로에 넘어진 아이를 발견하지 못해서 생겼다고 했습니다.
① 아이는 크게 다치지 않은 것으로 전해졌습니다.
③ 아이를 병원으로 데려간 것은 구조대원입니다.
④ 사고는 오전 8시경에 발생했습니다.

This is a situation where adults rescued a child who was run over by a car. It was said that this kind of accident happened because the driver did not see the child who had fallen on the road.
① It was reported that the child was not seriously injured.
③ It was the rescue workers who took the child to the hospital.
④ The accident occurred around 8 am.

16. ①

> 남자: 도서관에서 하는 '어른들의 그림책 읽기' 모임이 인기인 이유가 뭐라고 생각하십니까?
>
> 여자: 예전에는 그림책은 아이들만 보는 책으로 여겨졌지만 요즘은 생각이 많이 바뀌었죠. 그림책은 짧은 시간에 가볍게 읽을 수 있고, 동시에 깊은 감동과 교훈도 주기 때문에 위로를 받고 삶의 방향을 찾고 싶어 하는 어른들도 많이 읽고 있습니다. 이런 그림책의 매력을 알아보는 사람들이 늘었기 때문이 아닐까요?

그림책을 읽으며 감동과 위로를 받는 성인들이 늘어서 '어른들의 그림책 읽기' 모임이 인기를 끌고 있다고 했습니다.
② 그림책을 아이들만 보는 것으로 여기던 생각이 바뀌었습니다.
③ 삶의 방향을 찾고자 그림책을 읽는 이는 어른들입니다.
④ 그림책의 매력을 알아보는 사람들이 늘어서 모임이 인기를 얻고 있습니다.

It was mentioned that the number of adults who are touched and comforted by reading picture books has increased, so 'adults reading picture books' gatherings are gaining popularity.
② The perception that only children read picture books has changed.
③ It is adults who read picture books to find direction in life.
④ The gatherings are gaining popularity because more people are discovering the charm of picture books.

17. ④

> 남자: 아이들이 영상 매체를 접하는 나이가 점점 빨라져서 걱정이야.
>
> 여자: 영상 매체의 장점도 큰 것 같은데? 좋은 교육 영상들도 늘고 있고.
>
> 남자: 하지만 영상을 많이 볼수록 집중력이 떨어진다는 연구 결과도 많잖아.

남자는 아이들이 영상 매체를 접하는 시기가 빨라지는 것을 우려하고 있습니다. 이에 대해 여자가 장점이 있다고 이야기하자 영상을 많이 볼수록 집중력이 떨어진다는 연구 결과를 들며 자신의 입장을 다시 한 번 이야기합니다.

The man is concerned about children being exposed to video media at an increasingly early age. When the woman says that there are also advantages, he reiterates his position by citing research results that show that the more you watch videos, the more your concentration decreases.

18. ④

> 남자: 다음 주에 친구들이랑 다 같이 바다에 다녀올까요?
>
> 여자: 지금 가면 사람도 많고 복잡해서 놀기 힘들 텐데요. 차라리 호텔 수영장은 어때요?
>
> 남자: 그래도 여름 휴가인데 바다에 한 번은 가야죠. 여럿이 놀기에는 호텔보다 바다가 좋기도 하고요.

친구들과 함께 바다에 가자는 남자의 말에 여자는 복잡한 바다보다 호텔 수영장이 좋지 않겠냐고 제안합니다. 이에 대해 남자는 여럿이 놀기에는 호텔보다 바다가 좋다고 대답합니다.

In response to the man's suggestion to go to the beach with friends, the woman suggests that a hotel pool might be better than a crowded beach. To this, the man replies that the beach is better than a hotel for a group of people.

19. ③

> 여자: 요즘 기능이 좋은 로봇 청소기가 많다던데 우리도 하나 사 볼까요?
>
> 남자: 아무리 기능이 좋아도 기계로 하는 게 얼마나 깨끗하겠어요.
>
> 여자: 친구들 이야기 들어 보니 알아서 걸레 청소까지 해 주니 정말 편하대요. 시간도 절약되고요.
>
> 남자: 직접 눈으로 깨끗해지는 걸 확인해야 청소하는 보람이 있지 않을까요?

여자가 로봇 청소기의 장점을 들어가며 하나 살 것을 권하지만 남자는 이에 대해 부정적인 입장입니다. 아무리 기능이 좋아도 기계로 하는 것은 사람이 직접 청소하는 것보다 깨끗하지 않다고 생각하고 있습니다.

The woman recommends buying a robot vacuum cleaner, citing its advantages, but the man has a negative view on this. He believes that no matter how good the functions are, cleaning with a machine is not as clean as when a person cleans directly.

20. ①

> 여자: 선생님, 오늘도 마라톤 완주에 성공하셨는데요. 60대가 되어서도 꾸준히 달릴 수 있는 비결은 무엇입니까?
>
> 남자: 저는 40대에 마라톤을 시작했는데요. 그때는 좋은 기록을 내고 싶어서 빨리 뛰다가 부상도 많이 입었죠. 하지만 마라톤은 빨리 뛰는 것보다 자기 속도로 꾸준히 달리는 것이 더 중요해요. 특히 올바른 자세로 달려야 오래 잘 달릴 수 있기 때문에 자세에 신경을 많이 쓰고 있어요.

60대의 나이에도 꾸준히 달려서 마라톤을 완주한 남자에게 여자가 비결을 물었습니다. 남자는 자신의 경험을 이야기하며 마지막에 올바른 자세로 달려야 오래 잘 달릴 수 있으므로 자세에 신경을 많이 쓴다고 대답했습니다.

When the woman asks the man, who completed a marathon despite being in his 60s, about his secret, the man talks about his experience and replies that you can run well for a long time only if you run with the correct posture, so he pays a lot of attention to his posture.

> 여자: 부장님, 이번 신제품 홍보는 대학 축제 기간에 맞춰 대학가에서 진행해 볼까 하는데요.
>
> 남자: 사람이 많이 모이는 곳에서 하는 건 좋은데 거리 홍보는 점점 효과가 떨어지는 것 같아요. 추가적인 홍보 방법은 없을까요?
>
> 여자: 인터넷에서 사용자들의 후기를 뽑아 작은 선물을 주는 이벤트도 계획하고 있습니다.
>
> 남자: 좋네요. 20대 여성을 대상으로 한 화장품이니까 젊은 여성들 눈에 잘 띄게 홍보해 주세요.

21. ①

여자와 남자가 신제품 홍보 방법에 대해 이야기를 나누고 있습니다. 남자는 마지막에 20대 여성을 대상으로 한 화장품이니까 젊은 여성들 눈에 잘 띄게 홍보해 달라고 했습니다. 이를 통해 남자는 대상자의 눈에 잘 띄게 홍보하는 것을 중요하게 생각한다는 것을 알 수 있습니다.

The woman and the man are discussing ways to promote a new product. At the end, the man says that since it is a cosmetic product targeting women in their 20s, they should promote it so that it catches the attention of young women. This shows that the man considers it important to promote in a way that is noticeable to the target audience.

22. ④

① 대학 축제가 아닌 신제품을 홍보할 계획을 하고 있습니다.
② 남자는 거리 홍보 외에 또 다른 홍보 방법을 원하고 있습니다.
③ 이벤트는 계획하고 있지만 선물을 고른다는 내용은 없습니다.

① They are planning to promote a new product, not a university festival.
② The man wants another promotional method in addition to street promotion.
③ They are planning an event, but there is no mention of choosing gifts.

> 남자: 보시는 것처럼 주방이 너무 어두워서 싱크대와 선반을 하얀색으로 교체하려는 건데 생각보다 가격이 비싸네요.
>
> 여자: 선반은 위아래 모두 바꾼다고 하셨고. 싱크대 사이즈는 말씀해 주신 것보다 커서 전화로 상담 드린 것보다 비용이 더 들겠는데요.
>
> 남자: 비용을 줄일 방법이 없을까요? 지금도 주방을 사용하는 데는 문제가 없지만 색상만 좀 밝게 바꾸고 싶은 거라서요.
>
> 여자: 그러시면 선반 내부는 그대로 두고 겉에 보이는 문만 교체하시는 건 어떠세요?

23. ③

남자는 여자에게 주방이 어두워서 싱크대와 선반을 하얀색으로 교체하고 싶지만 비용이 비싸다는 이야기를 하고 있습니다. 공사 내용을 확인하고 비용을 줄일 방법을 묻고 있으니 주방 공사와 관련해 상담하고 있다는 것을 알 수 있습니다.

The man tells the woman that he wants to replace the sink and shelves with white ones because the kitchen is dark, but the cost is expensive. Since he is checking the construction details and asking about ways to reduce costs, it can be seen that he is consulting about kitchen remodeling.

24. ④

① 아직 주방 공사를 시작하지 않았습니다.
② 여자는 취소가 아니라 공사의 규모를 줄여 볼 것을 제안했습니다.
③ 남자는 지금도 주방 사용에는 문제가 없다고 했습니다.

① He has not yet started the kitchen remodeling.
② The woman suggested reducing the scale of the construction, not canceling it.
③ The man said that there is no problem with using the kitchen as it is now.

여자: 벌써 5년째 매달 배구 꿈나무들에게 장학금을 지원하고 계신데요. 이렇게 꾸준히 장학금을 지원하시게 된 계기는 무엇인가요?

남자: 경제적인 이유로 재능 있는 어린 친구들이 운동을 포기하려는 것을 보고 장학금을 지원하게 됐습니다. 후배들이 다른 걱정 없이 운동에 집중할 수 있게 돕는 것이 선배가 해야 할 일이기도 하고요. 어려운 환경에서도 열심히 운동하는 후배들을 보면 우리 배구의 미래가 참 밝다는 생각이 듭니다. 앞으로도 팬들의 사랑에 보답하기 위해 꿈나무 지원뿐 아니라 경기장에서도 좋은 모습 많이 보여 드리겠습니다.

25. ③

장학금을 지원하게 된 계기를 묻는 여자에게 남자는 '경제적인 이유로 재능 있는 어린 친구들이 운동을 포기하려는 것을 보고 지원하게 됐다'고 대답했습니다.

When the woman asks about the motivation behind supporting scholarships, the man replies that he 'started supporting them after seeing talented young friends giving up sports due to financial reasons'.

26. ①

② 남자의 가정 형편에 대한 이야기는 나오지 않았습니다.
③ 팬들의 사랑에 보답하기 위해 경기장에서 좋은 모습을 보여 드리겠다고 했으므로 남자는 선수 생활을 마치지 않았습니다.
④ 남자는 후배들에게 장학금을 지원하고 있지만 상담을 해 준다는 내용은 없었습니다.

② There is no mention of the man's family circumstances.
③ He said that he will show a good performance at the stadium to repay the fans' love, so the man has not retired from being an athlete.
④ The man is supporting scholarships for his juniors, but there is no mention of him providing counseling.

남자: 집에 샴푸가 떨어져서 새로 샀는데 할인 행사를 하길래 몇 개 더 샀어. 너도 고체 샴푸 한번 써 보지 않을래?

여자: 이게 비누가 아니고 샴푸라고? 샴푸는 향도 중요한데 이건 향이 거의 없는데? 이걸로 머리 감아도 괜찮아?

남자: 응. 일반 샴푸보다 향도 덜 나고 감고 나서 부드러운 느낌도 덜하지만 환경을 생각해서 고체 샴푸만 쓰고 있어. 너도 한번 써 봐. 플라스틱 쓰레기도 안 생기고, 물도 절약되거든.

여자: 샴푸 거품 때문에 물을 많이 쓰긴 하지. 고마워. 나도 한번 써 볼게.

27. ④

남자는 여자에게 고체 샴푸를 '한번 써 봐'라고 했습니다. 본인은 '환경을 생각해서 고체 샴푸만 쓴다'고 했으므로 남자는 여자에게 환경에 좋은 제품의 사용을 권하고 있음을 알 수 있습니다.

The man told the woman to "try using" a solid shampoo. He said that he "only uses solid shampoo for the sake of the environment," so you can tell that the man is recommending the use of environmentally friendly products to the woman.

28. ①

② 고체 샴푸는 일반 샴푸와 달리 향이 덜 나고 사용 후 부드러운 느낌도 적다고 했습니다.
③ 남자는 할인 행사 때문에 샴푸를 몇 개 더 샀습니다.
④ 여자는 고체 샴푸를 비누로 오해한데다 그에 대한 정보도 없었으므로 들어 본 적이 있다고 할 수 없습니다.

② It was mentioned that solid shampoo, unlike regular shampoo, has less fragrance and leaves hair feeling less soft after use.
③ The man bought a few more shampoos because of a sale.
④ The woman misunderstood the solid shampoo as soap and had no information about it, so it cannot be said that she has heard of it.

여자: 이번에 새롭게 진행하는 프로젝트에 참여하고 계신다고 들었어요. 구체적으로 어떤 역할을 하고 계신가요?

남자: 네, 저는 팀의 진행 상황을 관리하고, 팀원들이 계획에 맞춰 일을 진행할 수 있도록 돕고 있습니다. 또한 문제가 발생할 때 해결 방안을 제시하며, 목표를 달성할 수 있도록 지원하는 역할을 맡고 있죠.

여자: 팀의 원활한 운영을 위해 중요한 역할을 하시네요.

남자: 네, 특히 팀원들이 어려움을 겪지 않도록 미리 조언하고, 필요한 경우 적절한 지원을 제공하는 것이 저의 주된 업무입니다.

29. ③

남자는 팀의 진행 상황을 관리하고, 목표를 달성할 수 있도록 지원하는 역할을 맡고 있다고 했습니다.

The man said that he is in charge of managing the team's progress and supporting them to achieve their goals.

30. ②

① 남자는 팀원들을 대신해 일을 처리하는 게 아니라 돕고 있다고 했습니다.
③ 남자는 계획에 맞춰 일을 하도록 돕는다고 했습니다.
④ 팀원들이 필요한 경우 적절한 지원을 제공한다고 했으므로 방치한다는 말은 맞지 않습니다.

① The man said that he helps the team members, not does the work for them.
③ The man said that he helps them work according to the plan.
④ It was mentioned that he provides appropriate support when the team members need it, so it is not correct to say that he neglects them.

듣기 31번~32번

여자: 이번 제품 개발 과정에서 친환경 소재를 사용하는 방안을 검토하고 있다고 들었어요. 기존 소재와 비교했을 때 차이점이 많을 것 같은데요.

남자: 맞아요. 기존 소재보다 비용이 조금 더 들긴 하지만, 친환경 소재를 사용하면 장기적으로 브랜드 이미지 향상과 소비자 신뢰 구축에 큰 도움이 될 겁니다.

여자: 하지만 생산비가 올라가면 가격도 높아질 수 있어서 걱정이에요. 소비자들이 그 변화를 받아들일지 확신이 서지 않네요.

남자: 맞습니다. 소비자들이 처음엔 반응이 엇갈릴 수도 있겠죠. 그러나 충분한 홍보와 교육을 병행하면 친환경 제품에 대한 수요가 증가할 거라고 생각합니다. 이 변화가 기업의 지속 가능한 성장을 위한 중요한 발판이 될 겁니다.

31. ④

남자는 친환경 소재를 사용하면 장기적으로 브랜드 이미지가 향상되고 소비자 신뢰 구축에 큰 도움이 될 거라고 했습니다.

The man said that using eco-friendly materials will improve the brand image in the long run and be of great help in building consumer trust.

32. ④

남자는 여자의 우려에 대해 맞다고 인정하면서 여자와 다른 자신의 의견을 이야기하고 있습니다.

The man acknowledges the woman's concerns but presents his own different opinion.

듣기 33번~34번

여자: 최근 메타버스가 다양한 산업 분야에서 주목받고 있습니다. 메타버스는 가상공간에서 현실과 유사한 경험을 제공하며, 사람들은 이를 통해 게임, 쇼핑, 교육 등 다양한 활동에 참여할 수 있습니다. 특히 비대면 소통이 중요한 시대에 메타버스는 새로운 소통의 수단으로 활용될 수 있다는 장점이 있습니다. 하지만 단점도 있습니다. 현실과 가상의 경계가 흐려지면서 사회적 고립을 초래하거나, 개인정보 유출과 같은 문제가 발생할 가능성도 있습니다. 따라서 메타버스를 유익하게 활용하기 위해서는 개인 정보 보호와 건강한 사용 습관을 유지하는 것이 중요합니다.

33. ②

여자는 메타버스의 장점을 말하면서 단점도 있으므로 주의해야 하는 것이 있다고 말하고 있습니다.

The woman talks about the advantages of the metaverse but says that there are also disadvantages, so there are things to be careful about.

34. ④

① 메타버스는 개인정보 유출과 같은 문제가 발생할 가능성이 있다고 했습니다.
② 메타버스는 주의해서 사용해야 유익하게 활용할 수 있다고 했습니다.
③ 메타버스는 사회적 고립을 초래할 수도 있다고 했습니다.

① It was mentioned that problems such as personal information leakage can occur in the metaverse.
② It was mentioned that the metaverse must be used carefully to be utilized beneficially.
③ It was mentioned that the metaverse can also lead to social isolation.

남자: 오늘은 우리 고장에서 열리는 대표 축제가 시작된 날입니다. 이 축제는 오래된 전통을 이어오며 지역의 문화를 알리는 중요한 행사인데 특히 외국인 관광객들에게 폭발적으로 인기를 끌고 있습니다. 축제에서는 전통 공연과 퍼레이드가 펼쳐지고, 지역 농산물과 특산품을 판매하는 장터도 운영됩니다. 방문객들은 전통 놀이에 참여하거나 공예품 만들기 체험도 즐길 수 있습니다. 특히 이번 축제에서는 환경 보호를 위해 일회용품 사용을 줄이고 재활용이 가능한 용품을 사용하는 것을 강조하고 있습니다. 이러한 축제가 지속되기 위해서는 지역 주민과 참가자들의 협력이 필요합니다. 앞으로도 이 축제가 지역 경제와 문화를 발전시키는 데 큰 역할을 할 것으로 기대됩니다.

35. ①

남자는 고장의 대표 축제에서 어떤 행사가 진행되는지 설명하면서 축제의 이점에 대해 이야기하고 있습니다.

The man is explaining what events are held at the region's representative festival and talking about the benefits of the festival.

36. ③

① 축제에 외국인 관광객, 방문객들도 오고 있다고 했습니다.
② 축제에서는 전통 공연과 다른 행사들도 진행되고 있다고 했습니다.
④ 축제는 지역 경제를 발전시키는 데 큰 역할을 할 것으로 기대된다고 했습니다.

① It was mentioned that foreign tourists and visitors are also coming to the festival.
② It was mentioned that traditional performances and other events are also held at the festival.
④ It was mentioned that the festival is expected to play a major role in developing the local economy.

남자: 교수님, 문학이 우리 삶에 미치는 영향에 대해 궁금합니다.

여자: 문학은 단순한 예술적 표현을 넘어 사람들의 생각과 감정을 반영하며, 사회적 변화를 이끄는 힘을 가지고 있습니다. 특히 소설과 시는 독자들에게 다양한 관점을 제공하고, 타인의 삶을 이해하는 데 도움을 줍니다. 또한, 문학은 역사적 사실과 사회적 문제를 다루면서 사람들의 인식을 변화시키는 역할을 합니다. 이처럼 문학은 사회와 끊임없이 상호작용하며, 개인의 성찰과 사회적 공감대를 형성하는 데 중요한 역할을 합니다. 앞으로도 문학이 우리 삶에서 중요한 가치를 지니기 위해서는 꾸준한 관심과 지원이 필요합니다.

37. ③

여자는 문학이 사회적 변화를 이끄는 힘을 가지고 있다고 말했습니다.

The woman said that literature has the power to lead social change.

38. ③

① 문학이 사회적 문제를 다룬다고 했습니다.
② 소설과 시 같은 문학이 역사적 사실을 다룬다고 했습니다.
④ 문학이 사회적 공감대를 형성하는 데 중요한 역할을 한다고 했습니다.

① It was mentioned that literature deals with social issues.
② It was mentioned that literature such as novels and poetry deals with historical facts.
④ It was mentioned that literature plays an important role in forming social consensus.

여자: 박사님, 최근 기후 변화에 따른 문제들이 더욱 심해지고 있다고 들었습니다. 앞으로 기후 변화가 계속되면 어떤 문제가 생길까요?

남자: 네, 기후 변화가 지속되면 해수면 상승과 같은 환경적인 문제가 더 심각해질 겁니다. 해안 지역이 침수될 위험이 커지고, 이상 기후가 더 자주 발생할 가능성도 높아집니다. 이러한 문제들은 단순히 환경에 그치지 않고 식량 공급과 경제에도 큰 영향을 미칠 수 있습니다. 그래서 국제 사회가 협력하여 기후 변화를 막기 위한 규제를 강화하고, 친환경 기술 개발을 지원해야 합니다. 하지만 현재 마련된 국제 협약들은 확실한 법적 구속력을 발휘하지 못해 실질적 효과를 내기 어려운 상황입니다. 보다 구체적이고 강제적인 기후 협약이 필요합니다.

39. ④

여자는 처음에 시작하는 말로 '최근 기후 변화에 따른 문제가 심해지고 있다고 들었습니다.'라고 말하고 있으므로 기후 변화로 인한 심각한 문제들에 대해 이야기했음을 추측할 수 있습니다.

The woman starts her speech by saying, "I've heard that the problems caused by climate change have recently become serious," so it can be inferred that they talked about serious problems caused by climate change.

40. ①

② 기후 변화는 경제에도 큰 영향을 미칠 수 있다고 했습니다.
③ 해수면 상승과 같은 문제가 더 심각해질 거라고 했습니다.
④ 친환경 기술이 기후 변화를 막기 위한 것이라고 말했습니다.

② It was mentioned that climate change can also have a significant impact on the economy.
③ It was mentioned that problems such as rising sea levels will become more serious.
④ It was mentioned that eco-friendly technology is for preventing climate change.

듣기 41번~42번

여자: 최근 자동차 산업에서는 전기차 시장이 빠르게 성장하고 있습니다. 많은 제조업체들이 전기차 생산에 집중하는 한편, 충전 인프라 구축에도 투자를 확대하고 있는데요. 한 자동차 회사를 예로 들어 볼까요? 이 회사는 전기차 판매뿐만 아니라 고객에게 충전소 위치와 충전 상태를 실시간으로 안내하는 서비스를 제공하고 있습니다. 초기에는 정부의 지원이 없어 충전 네트워크 구축에 많은 비용이 들었지만, 이 서비스 덕분에 전기차 판매가 늘고, 충전소 이용료를 통해 추가 수익을 창출하고 있습니다. 이처럼 전기차 시장의 성장과 함께 관련 서비스 산업도 점점 더 중요해지고 있습니다.

41. ④

여자는 마지막에 전기차 시장의 성장과 함께 서비스 산업도 중요해지고 있다고 말하고 있습니다.

At the end, the woman says that along with the growth of the electric vehicle market, the service industry is also becoming important.

42. ①

② 충전 서비스 덕분에 전기차 판매가 늘었다고 했습니다.
③ 전기차 시장이 빠르게 성장하고 있다고 했습니다.
④ 충전 네트워크 구축은 이미 했고, 많은 비용이 들었다고 말했습니다.

② It was mentioned that thanks to the charging service, sales of electric vehicles have increased.
③ It was mentioned that the electric vehicle market is growing rapidly.
④ It was mentioned that the charging network has already been built, and it cost a lot of money.

듣기 43번~44번

남자: 경복궁은 조선 시대의 대표적인 궁궐로, 왕과 왕비가 거처하며 나랏일을 돌보던 공간입니다. 이 궁궐의 중심부에 있는 근정전은 왕이 공식 행사를 진행하던 곳으로, 그 규모와 웅장함에 감탄하게 됩니다. 근정전의 지붕은 곧게 뻗은 기와로 덮여 있으며, 건물 전체가 화려한 단청으로 장식되어 있습니다. 내부는 섬세한 목조 구조물로 이루어져 있어 조선 시대의 건축 기술을 잘 보여 줍니다. 특히 근정전의 넓은 마당은 신하들이 공식 행사에 참석할 때 질서 있게 줄을 서도록 설계되었습니다. 이처럼 경복궁 안에 있는 근정전은 단순한 거주 공간을 넘어 왕권의 상징으로서 중요한 의미를 지니고 있습니다.

43. ③

남자는 경복궁 안에 있는 근정전의 지붕, 단청, 내부 구조물 등에 대해 설명하며 건축적 특징을 설명하고 있습니다.

The man is explaining the architectural features of Geunjeongjeon, which is located inside Gyeongbokgung Palace, by describing its roof, dancheong, and internal structure.

44. ①

② 근정전은 왕의 거처가 아니라 왕이 공식 행사를 진행하던 곳이라고 했습니다.
③ 근정전은 화려한 단청으로 장식되어 있다고 했습니다.
④ 넓은 마당이 있다고 했으므로 작다고 말할 수 없습니다.

② It was mentioned that Geunjeongjeon was not the king's residence, but the place where the king held official events.
③ It was mentioned that Geunjeongjeon is decorated with colorful dancheong.
④ It was mentioned that it has a large yard, so it cannot be said to be small.

듣기 45번~46번

남자: 심장은 우리 몸의 혈액을 순환시키는 중요한 기관입니다. 주로 산소와 영양분을 실은 혈액을 온몸으로 보내고, 이산화탄소를 실은 혈액을 폐로 되돌리는 역할을 합니다. 하지만 심장이 단순히 펌프 기능만 하는 것은 아닙니다. 최근 연구에 따르면, 심장은 체내 호르몬 분비에도 관여하며, 혈압 조절에 중요한 역할을 한다는 사실이 밝혀졌습니다. 예를 들어, 심장에서 분비되는 특정 호르몬은 혈관을 확장시켜 혈압을 낮추는 효과를 냅니다. 이러한 기능 덕분에 심장 건강은 단순히 순환계뿐만 아니라 전반적인 신체 건강에도 큰 영향을 미칩니다.

45. ②

① 심장은 폐로 산소가 아니라 혈액을 되돌리는 역할은 한다고 했습니다.
③ 심장의 역할 중에서 호르몬 분비와 폐 기능에 대한 언급은 없습니다.
④ 심장은 혈액 순환 기능 외에도 호르몬 분비 등의 기능이 있다고 말했습니다.

① It was mentioned that the heart returns blood, not oxygen, to the lungs.
③ There was no mention of hormone secretion or lung function among the roles of the heart.
④ It was mentioned that in addition to blood circulation, the heart has other functions such as hormone secretion.

46. ④

남자는 최근 연구에서 심장의 여러 기능에 대해 밝혀진 사실을 이야기하고 있습니다.

The man is talking about facts that have been revealed about the various functions of the heart in recent research.

여자: 요즘 많은 기업들이 인공지능(AI) 기술을 경영에 도입하고 있습니다.

남자: 네, 인공지능 기술은 이제 기업 경쟁력의 중요한 요소로 자리 잡았습니다. 인공지능(AI)은 방대한 데이터를 신속하게 분석해 경영 전략 수립에 도움을 줍니다. 특히 소비자 행동을 예측하거나 맞춤형 서비스를 제공하는 데 많은 도움을 주고 있습니다. 이 기술을 도입하면 업무 효율이 높아지고 비용 절감 효과도 기대할 수 있습니다. 그러나 인공지능(AI)의 활용에는 윤리적 문제도 따르기 때문에, 기술의 발전과 함께 반드시 책임감 있는 운영이 필요합니다.

47. ③

① 인공지능 기술 도입은 비용 절감 효과를 기대할 수 있다고 했습니다.
② 인공지능 기술이 기업 경쟁력의 중요한 요소로 자리 잡았다고 했습니다.
④ 인공지능 기술 도입에는 윤리적 문제가 따른다고 말했습니다.
① It was mentioned that the introduction of artificial intelligence technology can be expected to reduce costs.
② It was mentioned that artificial intelligence technology has become an important element of corporate competitiveness.
④ It was mentioned that the introduction of artificial intelligence technology is accompanied by ethical issues.

48. ④

남자는 인공지능 기술의 이점을 말하면서 윤리적 문제가 따르기 때문에 책임감 있는 운영이 필요하다는 점도 이야기하고 있습니다.

The man talks about the advantages of artificial intelligence technology and also mentions that responsible operation is necessary because it is accompanied by ethical issues.

남자: 한 사회학자는 규칙과 질서를 지키는 것이 사회를 유지하는 핵심 요소라고 주장했습니다. 예를 들어, 작은 규칙 위반도 용인되기 시작하면 더 큰 규칙 위반으로 이어져 결국 사회 질서가 무너질 수 있다는 것입니다. 이를 '깨진 유리창 이론'이라고 부르기도 하죠. 이 이론은 작은 문제라도 즉시 해결해야 더 큰 문제를 예방할 수 있다는 점을 강조합니다. 하지만 일부 사람들은 이 이론이 지나치게 엄격한 사회를 조장할 위험이 있다고 비판하기도 합니다. 그러므로 규칙 준수만 강조할 게 아니라, 사회적 질서와 개인의 자유 사이에 균형을 유지하는 것이 중요합니다.

49. ③

① 이 이론은 개인의 자유가 아니라 사회적 질서를 강조하는 것입니다.
② 깨진 유리창 이론은 작은 규칙 위반도 용인되어서는 안된다는 이론입니다.
④ 이 이론은 작은 문제를 해결하는 것이 중요하다고 말하고 있습니다.

① This theory emphasizes social order, not individual freedom.
② The broken windows theory is a theory that even minor rule violations should not be tolerated.
④ This theory says that it is important to solve small problems.

50. ④

남자는 이 이론에서 말하는 규칙 준수만 강조할 게 아니라 사회적 질서와 개인의 자유 사이에 균형을 유지하는 것이 중요하다고 말하며 다른 주장을 펼치고 있습니다.

The man argues that it is important to maintain a balance between social order and individual freedom, rather than just emphasizing rule observance as this theory states, and presents a different argument.

쓰기 51번~54번

51.
- ㉠ 구매해 주셔서
- ㉡ 제공하기 위해

설문 조사 안내문입니다. (㉠)에는 고객에게 감사의 인사를 하는 이유가 올 수 있는데 아래 '최근 구매한 가구'라는 표현이 있으므로 제품 구매에 대한 감사가 적절합니다. 또한 (㉡)의 내용으로는 설문 조사를 하는 목적이 어울리며 '서비스'와 결합 가능한 동사로 '제공하다'를 사용할 수 있습니다.

This is a survey guide. In (㉠), the reason for thanking the customer can be stated, and since the expression 'recently purchased furniture' appears below, it is appropriate to express gratitude for the product purchase. Also, the purpose of conducting the survey is suitable for the content of (㉡), and the verb 'to provide' can be used in conjunction with 'service'.

52.
- ㉠ 정신적으로도 많은 변화를 겪습니다
- ㉡ 그때의 행동들을 부끄러워합니다

'몸과 마음이 어른이 되어 가는 시기'라고 하였으므로 '신체적인 변화'뿐만 아니라 '정신적인 변화'가 생긴다는 내용이 (㉠)에 올 수 있습니다. 또한 (㉡)의 뒤에 '아무리 부끄러워도'라는 표현이 있으므로 '어른이 되면 그때의 행동들을 부끄러워 한다'는 내용이 적절합니다.

Since it says 'the time when the body and mind become an adult', the content that 'not only physical changes but also mental changes occur' can be included in (㉠). Also, since the expression 'no matter how embarrassing' appears after (㉡), it is appropriate to include the content that 'when you become an adult, you become embarrassed by the actions of that time'.

53.

설문 조사한 내용과 함께 현재 상황의 원인과 앞으로의 전망을 쓰면 됩니다. 글을 시작할 때 먼저 어떤 기관에서 무슨 내용을 조사했는지 써야 합니다. 그래프를 보고 시간의 흐름에 따라 변화된 내용을 비교하여 씁니다. 자료를 참고해 변화가 생긴 원인을 서술하고 이를 바탕으로 앞으로 예측되는 내용을 쓰며 글을 마무리합니다.

You should write about the current situation's cause and future prospects along with the contents of the survey. When starting the writing, you should first write about which organization investigated what. Compare the changed content over time by looking at the graph. Describe the cause of the change by referring to the data, and based on this, write the expected future content and conclude the writing.

모범답안

> 스포츠연구소의 조사에 따르면 골프 용품의 구매율은 2022년에 82%였던 것이 2024년에 78%로 4% 떨어졌다. 그에 비해 달리기 용품 구매율은 2022년에 47%였던 것이 2024년에 60%로 13% 증가한 것을 알 수 있다. 이렇게 달리기 용품 구매율이 증가한 원인은 첫째, 달리기 인구가 증가하며 관련 용품 구매가 늘었고, 둘째, 경기 침체로 고비용 스포츠의 인기가 하락했기 때문이다. 이런 추세로 볼 때 2025년에도 골프보다 달리기 용품 구매율이 더 높을 것으로 전망된다.

According to a survey by the Sports Research Institute, the purchase rate of golf equipment decreased by 4% from 82% in 2022 to 78% in 2024. In comparison, the purchase rate of running equipment increased by 13% from 47% in 2022 to 60% in 2024. The reasons for this increase in the purchase rate of running equipment are, first, the increase in the number of runners, which led to an increase in the purchase of related equipment, and second, the decline in the popularity of high-cost sports due to the economic recession. Based on this trend, it is expected that the purchase rate of running equipment will be higher than that of golf equipment in 2025 as well. (271 characters)

54.

'문해력 저하와 해결 방안'이라는 주제에 대한 자신의 생각을 논리적인 글로 쓰는 문제입니다. 제시된 세 가지 과제에 대해 풍부한 내용으로 표현해야 합니다. '도입-전개-마무리'로 구성하며 내용이 바뀔 때에는 문단을 구분하여 쓰도록 합니다. 중고급 수준의 어휘와 문법을 사용하여 글의 형식과 격식에 맞게 씁니다.

도입에서는 청소년의 문해력 저하 현상이 나타나게 된 배경에 대해 간략히 설명합니다. 전개에서는 문해력 저하로 인해 발생할 수 있는 문제점을 지적하고 마무리에서는 그 문제를 해결하기 위해 실천해야 할 방안을 구체적으로 제시할 필요가 있습니다. 주제와 상관없는 내용이 들어가지 않도록 주의하며 자신의 논리를 조리 있게 전개하는 것이 좋습니다.

'This is a question about writing your thoughts on the topic of 'literacy decline and solutions' in a logical essay. You need to express rich content about the three given tasks. The composition should be structured as 'introduction-development-conclusion', and paragraphs should be separated when the content changes. Use intermediate to advanced vocabulary and grammar to write in a style appropriate to the format and formality of the essay.

In the introduction, briefly explain the background of the literacy decline among young people. In the development, point out the problems that can arise from literacy decline, and in the conclusion, it is necessary to present concrete measures that should be implemented to solve the problem. It is good to develop your logic coherently, being careful not to include content unrelated to the topic.

모범답안

디지털 기기의 발전과 대중화로 인해 청소년들은 어릴 때부터 스마트폰, 태플릿 등 다양한 기기를 사용하게 되었다. 디지털 기기를 통해 지식과 정보를 쉽게 습득하게 되었으나 한편으로는 소셜 미디어의 짧고 중독적인 영상에 과도하게 노출되며 문자로 된 책을 접할 기회는 줄어들게 되었다. 청소년들의 디지털 매체 사용이 늘고 독서 활동이 줄며 여러 문제가 생기고 있는데 문해력 저하가 그 대표적인 문제 중 하나이다.

문해력은 글을 읽고 이해하는 능력으로 모든 학습에 필요한 기초적인 능력이다. 청소년들의 문해력 부족은 교과 내용에 대한 이해 부족으로 이어져 학업 성취도를 떨어뜨릴 수 있다. 또한 청소년들은 정보를 정확하게 파악하고 분석하여 비판적인 사고를 하는 연습이 필요한데 낮은 문해력은 이러한 비판적인 사고력 향상에도 악영향을 준다. 나아가 상대의 의도를 이해하고 자신의 생각을 논리적으로 표현하는 의사소통 능력도 저하시킬 우려가 있다.

문해력을 향상시키기 위해서는 먼저 디지털 기기의 사용 시간을 제한하고 독서나 운동 등 다른 활동을 장려하여 청소년들의 디지털 기기에 대한 의존도를 낮춰야 한다. 또한 어휘력과 이해력을 높일 수 있도록 가정과 학교에서 독서 환경을 조성하는 데 힘쓸 필요가 있다. 나아가 교과 과정에 토론과 글쓰기를 적극적으로 포함하여 글을 비판적으로 이해하고 자신의 생각을 정확히 표현하도록 연습시키는 것도 좋은 방법일 것이다.

Due to the development and popularization of digital devices, young people have been using various devices such as smartphones and tablets from a young age. Although they have been able to easily acquire knowledge and information through digital devices, on the other hand, they are excessively exposed to short, addictive videos on social media, and opportunities to access books in text form have decreased. As the use of digital media among young people increases and reading activities decrease, various problems are arising, and the decline in literacy is one of the representative problems.

Literacy is the ability to read and understand text, and it is a basic ability necessary for all learning. A lack of literacy among young people can lead to a lack of understanding of the subject matter, which can lower academic achievement. In addition, young people need to practice accurately grasping and analyzing information to engage in critical thinking, but low literacy also has a negative impact on improving this critical thinking ability. Furthermore, there are concerns that it may also degrade communication skills, including understanding the other person's intentions and expressing one's thoughts logically.

To improve literacy, first, the use of digital devices should be restricted, and other activities such as reading and exercising should be encouraged to reduce young people's dependence on digital devices. Also, efforts should be made to create a reading environment at home and school to improve vocabulary and comprehension.

Furthermore, actively including discussion and writing in the curriculum to allow students to practice critically understanding texts and accurately expressing their thoughts would also be a good method. (695 characters)

TOPIK II | 모의고사 읽기 답안지

1 ③	2 ①	3 ③	4 ①	5 ①
6 ②	7 ④	8 ②	9 ③	10 ④
11 ④	12 ②	13 ②	14 ④	15 ④
16 ③	17 ②	18 ①	19 ①	20 ④
21 ②	22 ④	23 ②	24 ③	25 ②
26 ④	27 ③	28 ②	29 ①	30 ②
31 ④	32 ③	33 ①	34 ②	35 ②
36 ②	37 ④	38 ②	39 ③	40 ④
41 ①	42 ①	43 ②	44 ④	45 ③
46 ④	47 ③	48 ④	49 ①	50 ③

읽기 1번~2번

1. ③

'옷을 따뜻하게 입었다'의 이유나 목적에 해당하는 내용이 와야 합니다. 따라서 원하지 않는 상황을 걱정하는 내용의 'A/V−(으)까 봐'를 사용할 수 있습니다.

The reason or purpose for 'wearing warm clothes' should come. Therefore, 'A/V−(으)까 봐', which expresses concern about an unwanted situation, can be used.

2. ①

역에 늦게 도착해서 생긴 결과에 대한 내용이 와야 합니다. 따라서 실제 일어나지는 않았지만 그랬을 가능성이 높았다는 'V−(으)ㄹ 뻔하다'를 사용할 수 있습니다.

The result of arriving late at the station should come. Therefore, 'V−(으)ㄹ 뻔하다' can be used, which means that although it did not actually happen, it was highly likely.

읽기 3번~4번

3. ③

V−는 길에, V−는 도중에 : 목표(지점)를 향해 이동하는 과정에서 뒤의 행동이 이루어짐을 나타냅니다.

V−는 길에, V−는 도중에: Indicates that the following action occurs in the process of moving toward a goal (point).

4. ①

A−다 싶다, V−ㄴ/는다 싶다 : 사실에 근거로 한 어떤 느낌이나 생각을 나타냅니다. 보통 단정적인 느낌보다는 '아마 그런 것으로 생각된다'와 같은 의미로 사용합니다.

A−다 싶다, V−ㄴ/는다 싶다: Expresses a certain feeling or thought based on facts. It is usually used with a meaning like 'I think it is probably so' rather than a definitive feeling.

읽기 5번~8번

5. ①

'피로가 풀리다', '푹신하다', '휴식'이 주요 어휘이므로 소파가 알맞습니다.

'Relieving fatigue', 'soft', and 'rest' are the main keywords, so a sofa is appropriate.

6. ②

'건강'과 '운동 기구'가 주요 어휘이므로 헬스장이 알맞습니다.

'Health' and 'exercise equipment' are the main keywords, so a gym is appropriate.

7. ④

'음식을 남기지 말자'는 '지구를 위한 노력' 중 하나이므로 환경 보호를 의미합니다.

"Not leaving food behind" is one of the efforts for the Earth, so it signifies environmental protection.

8. ②

'서늘한 곳에 두고 개봉 후에는 냉장고에 넣어야 한다'고 했으므로 제품의 보관 방법에 대한 설명입니다.

It is an explanation of the product storage method because it says 'Keep in a cool place and refrigerate after opening'.

읽기 9번~12번

9. ③

① 30,000원의 회비를 내야 합니다.
② 참가 신청은 금요일 오전에만 할 수 있습니다.
④ 글에 나오지 않는 내용입니다.

① You have to pay a fee of 30,000 won.
② Applications can only be made on Friday mornings.
④ This is not mentioned in the text.

10. ④

① 남편들의 만족도가 72.2%로 53.7%인 아내들보다 만족도가 높습니다.
② 아내들 중 만족스럽다고 답한 비율은 53.7%로 나타났습니다.
③ 결혼 생활에 만족하지 못하는 비율은 여자가 남자보다 높습니다.

① Husbands' satisfaction is 72.2%, which is higher than wives' satisfaction at 53.7%.
② The percentage of wives who answered that they are satisfied was 53.7%.
③ The percentage of those dissatisfied with marriage is higher for women than men.

11. ④

① 이번 시상식은 과거 따로따로 개최되던 두 개의 시상식을 하나로 만든 것입니다.
② 광고 관계자들 200여 명이 시상식에 참가했습니다.
③ 지난 10월 한 달 동안 출품작의 접수를 받았습니다.

② This awards ceremony is a combination of two awards ceremonies that were previously held separately.
② About 200 advertising officials participated in the awards ceremony.
③ Entries were accepted for one month last October.

12. ②

① 6개월 이상 비어 있는 집이 빈집 활용 사업의 대상이 됩니다.
③ 빈집 활용 사업이 주택 문제 해결에도 도움이 되고 있습니다.
④ 빈집 활용 사업은 빈집을 싸게 빌려 주는 것입니다.

① Houses that have been vacant for more than 6 months are eligible for the vacant house utilization project.
③ The vacant house utilization project is also helping to solve housing problems.
④ The vacant house utilization project involves renting out vacant homes at low prices.

읽기 13번~15번

13. ②

(나)와 (다) 중에서 (다)는 '올바른 선택'이라는 표현이 구체적이지 않으므로 첫 문장으로는 (나)가 알맞습니다. 두 번째 문장으로는 '올바른 (진로) 선택을 위해서는'으로 해석될 수 있는 (다)가 알맞으며 '흥미와 적성'을 '자신의 경험과 느낌만으로 판단하면 안 된다'로 연결하는 것이 자연스러우므로 다음 문장으로는 (가)가 알맞습니다.

Between (나) and (다), (다) is not specific as it uses the expression 'correct choice', so (나) is suitable as the first sentence. The second sentence should be () which can be interpreted as 'To make the right (career) choice', and it is natural to connect 'interests and aptitudes' with 'should not be judged solely on one's own experience and feelings', so (가) is suitable as the next sentence.

14. ④

(가)와 (다) 중에서 (다)는 혈당이 오르는 상황을 설명하는 (가) 뒤에 오는 것이 자연스러우므로 (가)가 첫 문장에 알맞습니다. 다음으로는 혈당이 급격히 오르는 조건을 설명하는 (라), 그것을 정의하는 (다)의 순서이며 '따라서'로 시작되는 (나)가 마지막 문장에 알맞습니다.

Between (가) and (다), (다) comes after (가) which explains the situation of blood sugar rising, so (가) is suitable for the first sentence. Next is (라) which explains the conditions for a rapid rise in blood sugar, then (다) which defines it, and (나) which starts with 'therefore' is suitable for the last sentence.

15. ④

(가)와 (나) 중에서 한 문장으로 내용이 완결되어 주제문이 될 수 있는 (나)가 첫 문장에 알맞습니다. 뒤이어 조리법과 양념의 설명에 해당되는 (가)와 (다)가 오며 마지막 문장으로 '이처럼'으로 시작하며 주제문을 다시 한번 정리한 (라)가 알맞습니다.

Between (가) and (나), (나) is suitable as the first sentence because its content is complete in one sentence and can be the topic sentence. Following this are (가) and (다) which describe the cooking method and seasoning, and lastly, (라), which starts with 'like this' and summarizes the topic sentence once again, is suitable.

읽기 16번~18번

16. ③

물에 삶으면 독이 없어진다는 사실은 빈칸 뒤에 오는 내용. 삶은 후에도 일정량의 독이 남아 있다는 말을 통해 틀린 정보라는 것을 알 수 있습니다. 따라서 '잘못된 정보를 가지고'라는 말이 들어가야 합니다.

The fact that the poison disappears when boiled in water can be seen as false information through the following content, which says that a certain amount of poison remains even after boiling. Therefore, the phrase 'with wrong information' should be included.

17. ②

앞 문장에서 40여 년 전 당시에는 가상 현실에 대해 회의적인 사람들이 많았다고 기술하고 있고, 뒤 문장이 '그러나'로 연결되어 현재 상황을 기술하고 있습니다. 따라서 가상 현실의 미래를 의심하는 사람은 없다는 말과 연결될 수 있습니다.

The previous sentence describes that 40 years ago, there were many people who were skeptical about virtual reality, and the following sentence is connected with 'but' and describes the current situation. Therefore, it can be connected with the statement that no one doubts the future of virtual reality.

18. ①

'남성들은 옷이 몇 벌만 있어도 사계절 입기에 충분하다'는 뒤 문장과 '-는 반면에'라는 말로 연결되어 있으므로 그와 상반되는 말이 오는 것이 적절합니다.

Since the following sentence 'men have enough clothes to wear for all four seasons with just a few pieces' is connected with the phrase '—는 반면에', it is appropriate to have a contrasting statement before it.

19. ①

촉법소년의 기준 나이에 대한 논의가 필요하다는 내용입니다. (   ) 의 앞뒤로 그 근거에 대한 내용이 나오고 있으므로 '또한'이 답이 됩니다.

This is about the need for discussion on the age limit for juvenile delinquents. Since the content before and after ( ) is about the basis for this, '또한' (also) is the answer.

20. ④

현재 촉법소년의 기준 나이에 대해 검토가 필요하다는 목소리가 높아지고 있으며, 이를 뒷받침하는 근거를 바탕으로 빠른 시일 내에 논의가 이루어져야 한다고 하였습니다.

There are growing voices that the current age limit for juvenile delinquents needs to be reviewed, and it is said that discussion should be held as soon as possible based on the supporting evidence.

21. ②

모두 비슷한 목표와 꿈을 가지고 살다 보니 별다른 변화나 발전 없이 매일같이 비슷한 생활만 반복했다는 이야기가 있어야 하므로 '다람쥐 쳇바퀴 돌 듯'이라는 말이 들어가는 게 적절하다.

Since the story should be about how they lived with similar goals and dreams, repeating similar lives every day without much change or development, it is appropriate to include the expression 'like a squirrel running on a wheel'.

① 가랑비에 옷 젖듯 : '가랑비에 옷 젖는 줄 모른다'라는 속담에 사용되는 말입니다. 가늘게 내리는 비는 조금씩 젖어들기 때문에 옷이 젖는 줄을 깨닫지 못한다는 뜻으로서 아무리 사소한 것이라도 그것이 반복되면 무시하지 못할 정도로 크게 됨을 비유적으로 이르는 말입니다.

③ 구렁이 담 넘어가듯 : 일을 분명하고 깔끔하게 처리하지 않고 슬쩍 넘어가려 한다는 것을 비유적으로 이르는 말입니다.

④ 비 온 뒤에 땅이 굳어지듯 : 비에 젖어 질척거리던 흙도 마르면서 단단하게 굳어진다는 뜻으로 어떤 시련을 겪은 뒤에 더 강해짐을 비유적으로 이르는 말입니다.

① 가랑비에 옷 젖듯 : This is used in the proverb 'You don't realize your clothes are getting wet in a drizzle'. It means that even the smallest things can become significant if they are repeated, just as a light rain gradually soaks your clothes without you realizing it.

③ 구렁이 담 넘어가듯 : This metaphorically refers to trying to sneak past something without dealing with it clearly and cleanly.

④ 비 온 뒤에 땅이 굳어지듯: This metaphorically refers to becoming stronger after going through some hardship, just as muddy soil dries and hardens after rain.

22. ④

① 욜로를 꿈꾸는 사람들은 현재의 즐거움과 행복을 중요하게 생각합니다.

② 욜로의 사례로서 여행을 가기 위해 직장을 그만두는 경우를 제시하고 있습니다.

③ 욜로의 실현을 위해 사고 싶은 것이 있으면 무리를 해서 구입하기도 합니다.

① People who dream of YOLO consider present joy and happiness important.

② As an example of YOLO, the text presents the case of quitting a job to go on a trip.

③ To realize YOLO, they sometimes make excessive purchases if there is something they want to buy.

23. ②

'목이 메는' 것은 어떤 감정 때문에 목소리가 잘 나오지 않는 상황으로 얼마 전까지 건강하던 친구가 환자복을 입고 있는 모습을 보고 느낄 수 있는 감정은 '슬프고 걱정스럽다'가 알맞습니다.

Having a lump in one's throat' refers to a situation where one's voice does not come out properly due to some emotion, and the appropriate feeling to have when seeing a friend who was healthy until recently wearing a hospital gown is 'sad and worried'.

24. ③

① 친구와 일주일 전에 만났습니다.

② 친구를 웃게 해주려고 하려던 말입니다.

④ 친구를 웃게 해 주려고 했지만 오히려 친구가 나에게 농담을 하며 위로했습니다.

① I met my friend a week ago.

② It's what I was going to say to make my friend laugh.

④ I tried to make my friend laugh, but instead, my friend comforted me by making a joke.

25. ②

'휴식'과 '숙면'은 각각 '하던 일을 멈추고 쉬다'와 '잠이 깊게 들다'라는 뜻입니다. 그리고 이 신문 기사의 제목에서 '열쇠'라는 말은 환절기의 건강 문제를 해결하는 중요한 방법이라는 의미로 사용되었으므로 '환절기에는 충분히 쉬고 잠을 잘 자야 건강을 지킬 수 있다'는 의미의 제목입니다.

'Rest' and 'deep sleep' mean 'to stop what you are doing and rest' and 'to fall into a deep sleep', respectively. And in the title of this newspaper article, the word 'key' is used to mean an important way to solve health problems in the changing seasons, so the title means 'You need to rest sufficiently and sleep well to stay healthy during the changing seasons'.

26. ④

'활기'라는 말은 '활동력과 활발함이 느껴지는 분위기'라는 뜻의 말이고 신문 기사의 제목에서 '밤새 인쇄기를 돌린다'는 말은 '밤 시간에도 계속 책을 인쇄해서 만들어 낸다.'라는 뜻입니다. 따라서 '김수미 작가의 수상으로 출판사들의 일거리도 많아졌다'는 의미의 제목입니다.

The word 'vitality' means 'an atmosphere that feels energetic and lively', and in the title of the newspaper article, 'running the printing press all night' means 'continuously printing and producing books even at night'. Therefore, the title means 'With Kim Soo-mi's award, publishers have become busier'.

27. ③

'주머니가 가볍다'는 말은 '가지고 있는 돈이 적다'는 뜻이고 '10대 모시기'는 '10대들을 주요 고객, 소비자로 한다'는 뜻입니다. 따라서 '편의점에서 돈이 많지 않은 10대들을 주요 소비자로 하는 저렴한 화장품을 판매하고 있다'는 의미의 제목입니다.

'Light pockets' means 'having little money', and 'courting the 10s' means 'targeting teenagers as main customers and consumers'. Therefore, the title means 'Convenience stores are selling cheap cosmetics targeting teenagers who don't have much money'.

읽기 28번~31번

28. ②

여러 예를 들어 설명한 '페어플레이 정신과 품격 있는 태도'를 나타낼 수 있는 표현으로 '고유한 예절 문화'가 알맞습니다.

The expression 'unique etiquette culture' is suitable to represent 'fair play spirit and classy attitude' which is explained with various examples.

29. ①

달 항아리의 특징인 '단순하고 소박한 형태', '자연스러운 곡선과 은은한 백색 유약'은 '순수하고 절제된 아름다움'을 표현하고 있습니다.

The characteristics of the moon jar, 'simple and rustic form', 'natural curves and subtle white glaze', express 'pure and restrained beauty'.

30. ③

'노력에 비해 실제 재활용률이 낮고 가정에서 분류해도 수거 과정에서 혼합되거나 재활용 처리 비용이 높다'는 지적은 시스템의 개선이 필요하다는 내용으로 볼 수 있습니다. 또한 뒤의 내용으로 '분리수거의 가치를 부정하는 것은 아니다'라는 내용이 나오기 때문에 제도의 폐지를 주장하는 것은 아닙니다.

The point that 'the actual recycling rate is low compared to the effort, and even if separated at home, it is mixed in the collection process or the recycling processing cost is high' can be seen as a need for system improvement. Also, it does not advocate for the abolition of the system, as the following content states that 'it does not deny the value of recycling'.

31. ④

숏폼 중독은 '짧은 영상을 끊임없이 시청하며 시간을 보내는 것'으로 알고리즘을 통해 사용자가 관심있는 콘텐츠를 제공하여 계속 시청하도록 유도한다는 내용이 알맞습니다.

Short-form addiction is 'spending time constantly watching short videos', and it is appropriate to include the content that it induces continuous viewing by providing content that the user is interested in through algorithms.

읽기 32번~34번

32. ③

① 이러한 내용은 글에 나오지 않습니다.
② 동양화에서는 먹의 농도를 조절하여 여백의 미를 표현하게 됩니다.
③ 한국의 동양화는 보통 한지 위에 그림을 그립니다.
① This content is not mentioned in the text.
② In traditional East Asian painting, the beauty of blank space is expressed by adjusting the ink's intensity.
③ Korean traditional East Asian paintings are usually drawn on hanji.

33. ②

② 정밀의료 사업의 추진 기간에 대해서는 나오지 않습니다.
③ 정밀의료 사업의 실현을 위해서는 대규모의 정보를 구축하는 것이 중요합니다.
④ 각 개인에게 맞는 암 검진 시기를 정하는 것이 가능해집니다.
② The duration of the precision medicine project is not mentioned.
③ To realize precision medicine, it is important to build a large-scale database.
④ It will become possible to determine the optimal cancer screening time for each individual.

34. ②

① 사향고양이는 아침 식사로 커피 열매를 먹는다.
③ 사람들은 사향고양이의 배설물을 발효시켜서 보관한다.
④ 루왁 커피가 특유의 맛과 향은 가공 작업을 통해 만들어진 것이다.
① Civet cats eat coffee berries for breakfast.
③ People ferment and store the civet cat's excrement.
④ The unique taste and aroma of Kopi Luwak is created through processing.

35. ②

① 무리한 실천은 건강을 해칠 수 있으며 자신의 상태에 따라 신중하게 접근해야 합니다.
③ 간헐적 단식이 건강에 미치는 긍정적인 영향을 설명하고 있습니다.
④ 단식을 하면 몸에 이로운 효과가 있으나 체질 개선이 된다는 설명은 없습니다.

① Excessive practice can harm your health and you should approach it carefully according to your condition.
③ It explains the positive effects of intermittent fasting on health.
④ Fasting has beneficial effects on the body, but there is no explanation that it improves the body's constitution.

36. ②

① 찬반 의견이 팽팽합니다.
③ 주식시장 침체를 우려하고 있으며 개인 투자자들의 세금 부담이 증가할 수 있습니다.
④ 공정한 과세 체계 구축을 위해 금융투자소득세가 필요합니다.

① There are conflicting opinions.
③ There are concerns about the stock market downturn and the tax burden on individual investors may increase.
④ Financial investment income tax is necessary to establish a fair taxation system.

37. ④

① 도시 생태계의 대표적인 생물은 맞으나 보호해야 한다는 내용은 없습니다.
② 개체수의 증가는 강한 적응력과 높은 번식력 때문입니다.
③ 둘 사이의 관계에 대한 설명은 없습니다.

① While it is true that they are representative creatures of the urban ecosystem, there is no mention of the need to protect them.
② The increase in population is due to strong adaptability and high reproductive capacity.
③ There is no explanation about the relationship between the two.

38. ②

① 합성섬유로 만든 의류에 대한 문제점을 지적하고 있습니다.
③ 옷을 버리면 안 된다는 이야기는 없습니다.
④ 지구 환경을 위해 친환경 소재의 의류를 구입하는 것은 좋지만 글의 주제는 아닙니다.

① It points out the problems of clothing made of synthetic fibers.
③ There is no mention of not throwing away clothes.
④ While it is good to buy clothes made of eco-friendly materials for the global environment, it is not the subject of the text.

39. ③

주어진 문장에서는 휴가를 즐기러 가도 가족들이 각자 휴대 전화에만 빠져 있기 때문에 함께 즐기지 못한다는 말을 하고 있습니다. 따라서 농촌 체험 활동을 하면 휴대 전화를 놓고 가족들이 함께 할 수 있다는 내용의 문장이 뒤에 오는 ⓒ의 자리에 들어가는 것이 적절합니다.

In the given sentence, it says that even when going on vacation, families cannot enjoy themselves together because everyone is absorbed in their cell phones. Therefore, it is appropriate for the sentence about how families can put down their cell phones and do things together during rural experiential activities to come after, in the position of ⓒ.

40. ④

주어진 문장에서는 입스가 슬럼프의 한 원인이 될 수 있다는 말을 하고 있습니다. 따라서 입스가 슬럼프의 부차적인 것이라고 설명하고 있는 문장 뒤, ⓔ의 자리에 들어가는 것이 적절합니다.

The given sentence says that yips can be a cause of slump. Therefore, it is appropriate for it to come after the sentence explaining that yips are secondary to slump, in the position of ⓔ.

41. ①

주어진 문장에서는 화석들을 잘 보존하는 것이 중요하다는 말을 하고 있습니다. 문맥상 '따라서'로 시작되면서 공룡 화석 연구에서 효과적인 보존 기술이 필수적이라고 말하고 있는 문장 앞, ⓐ의 자리에 들어가는 것이 적절합니다.

The given sentence says that it is important to preserve fossils well. Contextually, it is appropriate for it to come before the sentence that starts with 'therefore' and says that effective preservation techniques are essential in dinosaur fossil research, in the position of ⓐ.

42. ①

대화의 아래 내용을 보면 동생의 잘못으로 공책이 찢어져 일이 생겼는데도 엄마는 동생이 우는 것이 자신의 탓이라고 말해 억울한 마음입니다.

Looking at the rest of the conversation, even though the notebook was torn due to the younger sibling's fault, the mother says that the younger sibling crying is her fault, which makes her feel frustrated.

43. ②

① 없는 내용입니다.
③ 재민은 엄마에게 말도 못하고 울기만 했습니다.
④ 엄마는 재민이만 혼냈습니다.

① This content is not present.
③ Jaemin only cried without being able to speak to his mother.
④ The mother only scolded Jaemin.

읽기 44번~45번

44. ④

갈릴레오가 당시 교회에서 주장하던 '천동설'에 대립되는 '지동설'의 근거를 천체 관측을 통해 밝혀 냈다는 내용이 앞에 있으므로 우주에 대한 우리의 인식을 새롭게 바꿔 놓았다는 말이 들어가는 것이 적절합니다.

Since the preceding content is about Galileo discovering evidence for heliocentrism through astronomical observation, which contradicted the 'geocentric theory' claimed by the church at that time, it is appropriate to include the statement that it revolutionized our understanding of the universe.

45. ③

① 갈릴레오의 연구를 통해 과학적 방법의 중요성이 널리 알려졌다는 내용이 글에 나오지만 주제는 아닙니다. 이러한 내용도 주제를 뒷받침하는 근거 중에 하나가 됩니다.
② 갈릴레오의 업적이 현대 과학의 기초가 되었다고 말하고 있습니다.
④ 갈릴레오의 과학적 발견이 당시 교회의 이론과 대립하여 논란이 되었다는 내용이 글에 나오지만 주제는 아닙니다.

① Although the text mentions that the importance of scientific methods became widely known through Galileo's research, it is not the main topic. This content also serves as one of the supporting arguments for the main topic.
② It says that Galileo's achievements laid the foundation for modern science.
④ Although the text mentions that Galileo's scientific discovery conflicted with the church's theory at the time and caused controversy, it is not the main topic.

읽기 46번~47번

46. ④

님비와 핌피 현상에 대해 비판적이며, 이를 극복하기 위해서는 시민들의 성숙한 인식이 절실히 요구된다고 했습니다.

It criticizes the NIMBY and PIMFY phenomena, and states that a mature awareness of citizens is desperately needed to overcome them.

47. ③

① 지역간 불균형을 심화 시킵니다.
② 지역의 이익과 전체의 이익이 조화를 이루어야 한다고 했습니다.
④ 시설의 필요성은 인정하지만 설치는 반대한다고 했습니다.

① It exacerbates regional imbalances.
② It says that regional interests and overall interests must be harmonized.
④ It acknowledges the need for the facility but opposes its installation.

읽기 48번~50번

48. ④

이 글은 도시재생 사업의 진행 과정에서 주민들이 권리를 보호 받고 정서적 안정을 유지할 수 있도록 더 관심을 기울여야 한다는 것을 강조하기 위해 쓴 글입니다.

This article is written to emphasize that more attention should be paid to protecting the rights and maintaining the emotional stability of residents during the urban regeneration project.

49. ①

'벽화 마을'과 같이 어떤 주제를 가지고 동네가 재정비되면 그곳을 찾는 관광객들로부터 주민들의 주거 공간이나 생활 모습 등이 보호 받지 못하는 상황이 생길 수밖에 없다는 내용이 뒤에 있으므로, '주민들에 대한 사생활 침해이다'라는 말이 들어가는 것이 적절합니다.

Since the following content is about how, when a neighborhood is redeveloped with a specific theme like a 'mural village', situations inevitably arise where residents' privacy and daily lives are not protected from tourists visiting the area, it is appropriate to include the phrase 'invasion of privacy for residents'.

50. ③

① 도시재생 사업은 재개발이나 재건축 등 다른 도시 사업들과는 달리 그 동네의 기존 모양과 도로 등을 유지하면서 주거 환경을 개선하고자 한다는 특징이 있습니다.
② 도시재생 사업은 동네의 기존 모양과 도로 등을 유지하면서 주거 환경을 개선하고자 하는 것입니다.
④ 어떤 특정한 주제를 가지고 재정비되면 주민들이 피해를 입을 수 있다는 내용은 있지만, 이것이 주제를 정하지 않는 것이 바람직하다는 말은 아닙니다.

① Urban regeneration projects, unlike other urban projects such as redevelopment or reconstruction, have the characteristic of seeking to improve the living environment while maintaining the existing shape, roads, etc., of the neighborhood.
② Urban regeneration projects aim to improve the living environment while maintaining the existing shape, roads, etc., of the neighborhood.
④ Although there is content about how residents may suffer damage if the neighborhood is redeveloped with a specific theme, this does not mean that it is desirable not to set a theme.

어휘 인덱스

어휘	번역	유형
1인 미디어	personal media, one-person media	듣기 12
가계	household	듣기 18
가금류	poultry	읽기 11
가설	hypothesis	듣기 12
가열되다	to be heated	듣기 18
가전제품	home appliance	읽기 04
가치	value, worth	듣기 10
가치관	values	읽기 05, 쓰기 03
가하다	to inflict, to impose	듣기 17
각광받다	to be in the spotlight, to be popular	읽기 11
각박하다	harsh, heartless	읽기 14
각양각색	various, diverse	읽기 10
간과하다	to overlook, to neglect	읽기 13
간판	signboard, billboard	읽기 10
갈등	conflict	읽기 05
감내하다	to endure, to bear	듣기 19
감동	impression, touch	읽기 04
감량	weight loss	읽기 13
감면	reduction, exemption	듣기 19
감성	sensibility, emotions	듣기 14
감소하다	to decrease, to reduce	듣기 01
감수하다	to bear, to endure	듣기 11
감지하다	to sense	읽기 15

어휘	번역	유형
건설하다	to construct, to build	듣기 11
건전하다	sound, healthy	읽기 18
건지다	to save, to rescue	읽기 10
건축물	building, structure	듣기 10, 읽기 14
건축미	architectural beauty	듣기 17
걸핏하면	easily, readily	듣기 18
검증	verification, validation	읽기 13
검토하다	to review, to examine	듣기 10
격려하다	to encourage	듣기 07
견과류	nuts	읽기 11
견디다	to endure, to withstand	듣기 04, 읽기 07
견해	view, opinion	듣기 20
결정적	decisive, critical	듣기 12, 읽기 16
결합	combination, union	읽기 08
겹겹이	in layers	읽기 07
겹치다	to overlap	쓰기 01
경계하다	to be wary of, to be cautious about	듣기 19
경기	business condition, economic climate	듣기 16
경쟁하다	to compete	읽기 12
경제 사범	economic criminal	읽기 17
경제적	economic, financial	듣기 05
경향	tendency, trend	듣기 18
계곡	valley, gorge	듣기 02
계기	opportunity, chance	듣기 04, 읽기 18

어휘	번역	유형
관련	related, connected	듣기 06
관상	physiognomy, face reading	읽기 14
관여하다	to be involved in, to participate in	듣기 18
광물	mineral	읽기 13
교체하다	to replace, to change	듣기 10, 읽기 03
구간	section, part	듣기 04
구도	composition (in art)	읽기 11
구매하다	to purchase	듣기 04
구분되다	to be divided, to be separated	읽기 12
구사하다	to speak, to use	듣기 17
구역	section, zone, area	읽기 03
구역	zone, area, section	듣기 11
구입하다	to purchase, to buy	읽기 03
구조	structure, framework	듣기 10
구조물	structure	듣기 14
구체적	concrete, specific	듣기 10
구축	construction, establishment	듣기 16
국내산	domestic (product)	듣기 04
국회	National Assembly, parliament	듣기 20
굳이	without a good reason, unnecessarily	듣기 06
권리	right, entitlement	읽기 07
권위	authority	읽기 13
권유하다	to recommend, to advise	듣기 09
권하다	to recommend, to advise	듣기 07

어휘	번역	유형
귀환하다	to return	읽기 16
규제	regulation	읽기 18
규칙적	regular	듣기 05
균형 잡히다	to be balanced	읽기 11
그럭저럭	okay	읽기 15
그립다	to miss, to long for	읽기 03
그만두다	to quit, to stop	읽기 05
그치다	to stop, to cease	듣기 16
극단적	extreme, drastic	읽기 13
근거	evidence, grounds	읽기 05
근무	work, duty	듣기 05
근육	muscle	읽기 06
금리	interest rate	듣기 18
금융	finance, financial	듣기 06
급감하다	to plummet, to decrease sharply	듣기 19
급격하다	rapid, sudden, drastic	쓰기 03
급급하다	to be engrossed in, to be preoccupied with	읽기 08
급증하다	to increase rapidly, to surge	읽기 08
기대	expectation	읽기 16
기대감	expectation	듣기 05
기둥	pillar, column	듣기 17
기록되다	to be recorded	듣기 13, 읽기 12
기밀	confidential, secret	읽기 14
기반	foundation, basis	듣기 20

어휘	번역	유형
기법	technique, method	듣기 20, 읽기 11
기술	technology	쓰기 03
기술적	technical	듣기 10
기업	company, enterprise	읽기 10
기여하다	to contribute, to play a part	듣기 11, 읽기 07
기체	gas	듣기 18
기타	other, miscellaneous	읽기 04
기획하다	to plan, to organize	듣기 06
기후	climate	쓰기 01
긴밀하다	close, intimate	듣기 20
까다롭다	strict, demanding, picky	듣기 10
깨다	to break	읽기 16
깨닫다	to realize, to become aware of	읽기 14
깨지다	to be broken	읽기 01
꺼내다	to take out, to pull out	듣기 01
꼭두새벽	dawn	읽기 15
꼭지	stalk, stem	읽기 12
꼼지락거리다	to fidget	읽기 15
꾸준히	steadily, consistently	듣기 04
꼭	tightly, firmly	읽기 05
끈기	perseverance	읽기 16
끼	meal	읽기 03
끼치다	to cause, to exert	듣기 12
나아가다	to move forward, to advance	듣기 10

어휘	번역	유형
난로	heater, stove	읽기 04
남극	Antarctica	읽기 07
납부	payment	듣기 19
낭독	recitation	쓰기 01
낭비	waste	읽기 06
낭비되다	to be wasted	듣기 06
낯설다	to be unfamiliar, strange	듣기 02
낳다	to give birth to, to produce	듣기 08
냉각되다	to be cooled, to be refrigerated	듣기 18
냉각시키다	to cool down	듣기 14
노리다	to aim at, to target	듣기 17
노출되다	to be exposed	읽기 18
노화	aging	듣기 12, 읽기 14
녹지	greenery, green space	듣기 11
놓치다	to miss	듣기 05
뇌	brain	쓰기 01
눈을 감다	pass away	듣기 13
늘어나다	to increase, to grow	읽기 05
다각적	multifaceted, diverse	듣기 19
다듬다	to trim	듣기 03
다만	however, but	듣기 19
단기간	short-term	듣기 11
단식	fasting	듣기 05
단아하다	simple and elegant	듣기 17

어휘	번역	유형
단연	without a doubt, by far	듣기 17
단원	member (of a group)	듣기 08
단점	disadvantage, drawback	듣기 04
달다	to attach, to stick	읽기 06
달리기	running	읽기 05, 쓰기 02
달리다	be hung, be hooked	듣기 07
담다	to put in, to pack	듣기 03, 읽기 03
담당하다	to be in charge of to be responsible for	듣기 10
담장	wall, fence	듣기 17
답변	answer, reply	듣기 03
당시	at that time, then	듣기 13
당위성	validity, legitimacy	듣기 20
닿다	to reach, to touch	읽기 14
대기권	atmosphere	듣기 15
대기실	waiting room	듣기 04
대기질	air quality	듣기 14
대꾸	a reply	읽기 15
대꾸하다	to reply	읽기 15
대대적	large-scale, huge	듣기 11
대상	target, object	읽기 04
대응	response	읽기 17
대응하다	to respond, to react	듣기 11, 읽기 13
대장	large intestine	듣기 18
대중	the public	듣기 05, 쓰기 03

어휘	번역	유형
대책	countermeasure, solution	읽기 08
대처	response, countermeasure	읽기 13
대출	loan	듣기 06
대칭	symmetry	듣기 17
대형	large-scale	듣기 06, 쓰기 02
더디다	slow, sluggish	듣기 20
데뷔하다	to debut	듣기 13
데우다	to warm up, to heat	읽기 07
데이트앱	dating app	듣기 09
도덕적	moral	듣기 20, 읽기 18
도모하다	to seek, to pursue	듣기 16
도서	book	읽기 04
도심	urban center, downtown	읽기 13
도입하다	to introduce, to adopt	쓰기 03, 읽기 13
도전하다	to challenge, to attempt	듣기 09
독성	toxicity	읽기 12
돈벌이	making money, earning a living	읽기 08
돌보다	to take care of, to look after	읽기 14
동력	driving force	읽기 17
동료	colleague, coworker	듣기 01
동시	simultaneity	쓰기 01
동일하다	identical, same	듣기 12, 읽기 04
동작	movement, action	듣기 05
동적	dynamic	읽기 11

어휘	번역	유형
동정심	sympathy, compassion	듣기 20
동화	fairy tale, children's story	읽기 04
되돌아보다	to look back on, to reflect on	듣기 20, 읽기 14
되찾다	to recover, to retrieve	읽기 04
두근거리다	to pound, to throb	읽기 09
두려움	fear	읽기 06
둥지	nest	읽기 12
뒷받침되다	to be supported (by evidence, etc.)	듣기 14
드물다	rare, uncommon	듣기 09
득점	scoring, goal	읽기 14
든든하다	reliable, reassuring	읽기 03
들이다	to spend (time, money, effort)	듣기 09
들이켜다	to gulp down	읽기 15
들판	field	듣기 08
등급	rating	읽기 18
등록	registration	쓰기 01
등산	hiking, mountain climbing	읽기 01
등장	appearance, emergence	쓰기 03
등장하다	to appear, to emerge	읽기 14
등재되다	to be registered, to be listed	읽기 11
따르다	to follow	쓰기 01
때우다	to fill	읽기 17
떠오르다	to come to mind, to recall	듣기 01
(눈이) 떠지다	to open, to (become) awake	읽기 05

어휘	번역	유형
매출	sales	듣기 11
매출액	sales	쓰기 02
맴돌다	to linger, to hover	읽기 09
맹신	blind faith	듣기 19
맹장	appendix	듣기 18
먹잇감	prey	듣기 17
면	side, aspect	듣기 12
면역	immune	듣기 18
멸종	extinction	읽기 14
명명되다	to be named, to be called	읽기 12
명확하다	clear, definite	듣기 11
명확히	clearly	읽기 07
모금	fundraising	듣기 16
모색하다	to seek, to explore	듣기 20, 읽기 17
목숨	life	읽기 10
목이 메이다	to have a lump in one's throat	읽기 09
몰다	to drive, to corner	듣기 17
몰두하다	to be absorbed in, to be engrossed in	읽기 12
몰리다	to flock, to swarm	듣기 04, 읽기 02
몸살	aches and pains, troubles	읽기 10
묘하다	(peculiar) strange, weird	듣기 14
무기질	minerals	읽기 05
무덥다	hot and humid, sultry	읽기 03
무리	group, herd, pack	듣기 17, 읽기 07

어휘	번역	유형
무리하다	to overdo, to strain oneself	읽기 03
무분별하다	indiscriminate, reckless	읽기 07
무상	free of charge, complimentary	읽기 11
무인	unmanned	듣기 03
무지출 챌린지	no-spend challenge	듣기 09
무한	infinite	읽기 18
무해하다	harmless, innocuous	듣기 15
묵독	reading silently	쓰기 01
묵묵하다	silent	읽기 15
묵직하다	heavy	읽기 15
문명	civilization	읽기 14
문학	literature	읽기 14
물가	price	읽기 02
물감	paint	듣기 03
물기	moisture, dampness	읽기 06
물질	material, substance	듣기 19
뮤지컬	musical	읽기 06
미끄럽다	slippery	읽기 05
미디어	media	읽기 04
미련	lingering attachment, reluctance	읽기 12
미비하다	insufficient, lacking	듣기 19
미생물	microorganism	듣기 18
미세	fine, tiny	듣기 15
미신	superstition	읽기 05

어휘	번역	유형
미진하다	insufficient	읽기 17
미치다	to affect, to influence, to have an effect on	쓰기 03
미흡	inadequate, insufficient	읽기 10
바람을 가르다	to cut through the wind	읽기 09
바래다주다	to see someone off, to escort	듣기 02
바퀴	wheel	읽기 10
박스	box	듣기 03
반면	on the other hand, in contrast	읽기 06
반발	opposition, backlash	듣기 11
반복하다	to repeat	읽기 06
반신반의하다	to be half in doubt	읽기 15
반신욕	half-body bath	읽기 14
반영되다	to be reflected	읽기 18
반영하다	to reflect	듣기 05
반응	reaction, response	읽기 08
반응하다	to react	쓰기 01
반칙	foul	읽기 14
반포하다	to promulgate, to announce	듣기 17
발견하다	to discover, to find	읽기 04
발길	footsteps, tracks	듣기 08
발달 장애	developmental disability	듣기 08
발명되다	to be invented	듣기 12
발생하다	to occur, to happen, to take place	듣기 04
발표	presentation	듣기 06

어휘	번역	유형
발효	fermentation	읽기 05
발휘하다	to demonstrate, to exhibit, to display	듣기 12
방문하다	to visit	듣기 01
방어	defense	듣기 17
방출하다	to release, to emit	듣기 18
방침	policy, guideline	읽기 07
배설물	excrement, droppings	읽기 12
배수	drainage	읽기 11
배열되다	to be arranged, to be lined up	듣기 18
배웅하다	to see someone off	듣기 02
배제하다	to exclude, to eliminate	듣기 20
배출	emission, discharge	쓰기 02
배치되다	to be placed, to be arranged	읽기 11
백성	people, citizens	듣기 17
벌어지다	to happen, to occur, to take place	읽기 14
범위	range, scope	듣기 12
범죄	crime	읽기 07
법규	regulations, rules	듣기 15
법률	law, legislation	듣기 15
법적	legal	읽기 08
벽면	wall surface	듣기 14
변경	change	쓰기 01
병행하다	to do concurrently, to carry out simultaneously	듣기 16
보강하다	to reinforce, to strengthen	듣기 10

어휘	번역	유형
보관용	for storage	듣기 07
보관하다	to store, to keep to be listed	읽기 12
보상	compensation, reward	듣기 11
보수	repair, restoration	듣기 10
보안	security, safety	읽기 07
보완재	supplementary material	읽기 13
보완하다	to supplement, to complement	듣기 15
보장하다	to guarantee, to ensure	읽기 07
보편적	universal, general	듣기 20
보호	protection	읽기 08
보호하다	to protect	읽기 18
복사하다	to copy, to photocopy	듣기 06
복제품	replica, copy	읽기 08
복지	welfare	듣기 06
복합	composite, complex	듣기 15
복합적	complex, multiple	듣기 14
본능적	instinctive	읽기 15
본뜨다	to model after, to imitate	듣기 17
본질	essence, nature	읽기 13
봉사	volunteer	읽기 02
부담	burden, load	쓰기 02
부르다	to disappear	쓰기 01
부성애	paternal love	읽기 12
부여하다	to grant	읽기 16

어휘	번역	유형
비판하다	to criticize	듣기 19
비현실적	unrealistic	읽기 14
빌다	to pray	읽기 16
빠지다	to be omitted, to be left out	읽기 12
빼곡히	densely, closely	읽기 09
사각지대	blind spot	읽기 14
사기	fraud, scam	듣기 09, 읽기 10
사냥	hunting	듣기 17
사라지다	to disappear	쓰기 01
사업	business, project	읽기 05
사연	story, anecdote	읽기 04
사원	temple	읽기 11
사정	circumstances	듣기 05
사주	fortune telling, four pillars of destiny	읽기 14
사회	society	읽기 12
삭제	deletion	읽기 18
살리다	to emphasize, bring out	듣기 05
살림	household, housekeeping	읽기 12
삼가다	to refrain from, to abstain from	읽기 14
상승	rise, increase	쓰기 02
상시적	constant	읽기 17
상업적	commercial	듣기 20
상용화	commercialization	듣기 15
상처	wound, injury	읽기 14

어휘	번역	유형
설득하다	to persuade, to convince	듣기 11
설치	installation	읽기 07
설치되다	to be installed	듣기 07
섭취	intake, ingestion	읽기 05
성과	achievement	듣기 19, 읽기 13
성능	performance, capability	읽기 06
성별	gender	듣기 05
성인	adult	읽기 04
세대	generation	쓰기 02
세부적	detailed, specific	듣기 10
세포	cell	읽기 13
소각되다	to be incinerated	듣기 15
소비	consumption, spending	듣기 09
소비자	consumer	읽기 04
소음	noise	읽기 03
소음 방지벽	noise barrier	듣기 11
소장하다	to possess, to own, to collect	듣기 13
소재	material	읽기 06
소재로 삼다	to use as a subject	듣기 04
소통	communication	읽기 05, 쓰기 03
소통하다	to communicate	듣기 12
소포장	small packaging	쓰기 02
소행성	asteroid	읽기 13
속삭이다	to whisper	읽기 15

어휘	번역	유형
손상되다	to be damaged, to be broken	듣기 10
손실	loss, damage	듣기 08
손해	loss, damage	듣기 09
수강료	tuition fee	쓰기 01
수단	means, method	읽기 04
수명	lifespan	듣기 12
수법	method	읽기 17
수분	moisture, hydration	읽기 06
수상하다	to win an award, to be awarded (a prize)	듣기 13
수요	demand	듣기 09, 읽기 08, 쓰기 02
수용하다	to accept, to adopt	듣기 11
수월하다	easy, smooth	듣기 14
수입산	imported (product)	듣기 04
수입원	source of income, revenue	듣기 16
수정하다	to revise, to correct	듣기 03, 읽기 12
수증기	steam, vapor	듣기 18
수집하다	to collect, to gather	읽기 13
수컷	male	읽기 12
수행하다	to perform, to carry out	읽기 12, 쓰기 03
수혜자	beneficiary, recipient	읽기 11
숙면	sound sleep, deep sleep	읽기 06
숙소	lodging, accommodation	듣기 02
순탄하다	smooth	읽기 16
습성	habit, instinct	듣기 17

어휘	번역	유형
승강장	platform	읽기 03
승객	passenger	듣기 04, 읽기 10
시급하다	urgent, pressing	읽기 08
시도	attempt, try	읽기 05
시료	sample, specimen	읽기 13
시민 단체	civic group	듣기 08
시범	pilot, trial	읽기 13
시사하다	to suggest	읽기 16
시상식	awards ceremony	읽기 04
시설	facilities	듣기 08
식물	plant	읽기 12
식습관	eating habits	듣기 05
신간	new publication	듣기 04
신고	report	듣기 04
신나다	to be excited, to be thrilled	읽기 10
신뢰	trust, confidence	듣기 19, 읽기 06
신선하다	fresh	읽기 03
신성하다	sacred, holy	듣기 17
신속하다	rapid	읽기 16
신용카드	credit card	읽기 04
신체	physical	듣기 04
신혼	newlywed	듣기 05
신화	myth	읽기 16
실력	skill, ability	듣기 08

어휘	번역	유형
실제	actual(ity), real(ity)	읽기 14
실제로	actually, in reality	듣기 09
실제적	practical	읽기 18
실질적	actual, real, substantial	듣기 19
실험	experiment	읽기 12
실효성	effectiveness	읽기 18
심드렁하다	indifferent	읽기 15
심판	referee, umpire	읽기 14
심혈관	cardiovascular	읽기 11
싹쓸이	clean sweep, taking everything	읽기 10
쏘다	to launch, to shoot	듣기 15
쏜살같이	like an arrow, very quickly	읽기 09
쏟다	to pour, to devote (effort)	읽기 08
쏠리다	to be focused on, to be concentrated on	읽기 14
쓸모없다	useless, worthless	듣기 09
씀씀이	spending habits	듣기 09
씌우다	to cover, to put over	읽기 06
씨앗	seed	읽기 12
아담하다	small and cozy	읽기 12
아동	child	읽기 04
아쉽다	to be a pity, to be regrettable	읽기 05
아스팔트	asphalt	듣기 14
아역	child actor	듣기 13
악천후	severe weather, inclement weather	읽기 13

어휘	번역	유형
악화되다	to get worse, to deteriorate	듣기 11
안무	choreography	듣기 02
안무가	choreographer	듣기 05
안무를 짜다	to choreograph	듣기 05
안방	main bedroom, master bedroom	읽기 03
안전벨트	seat belt	읽기 10
안정감	sense of stability, security	듣기 14
암	cancer	읽기 05
암컷	female	읽기 12
압도되다	to be overwhelmed, to be awestruck	듣기 17
압력	pressure	듣기 18
압박하다	to pressure	듣기 11
앞두다	to have something ahead, to be about to	듣기 04
앞서	ahead, previously	듣기 15
애정	affection, love	읽기 06
액체	liquid	듣기 18
야구	baseball	읽기 13
약물	medicine, drug	듣기 16
약재	medicinal herbs, medicinal ingredients	듣기 13
약품	chemicals	듣기 14
약화되다	to be weakened	듣기 15
양념치킨	Korean fried chicken with spicy sauce	듣기 01
양립	compatibility, coexistence	듣기 14
양면성	two-sidedness, duality	읽기 07

어휘	번역	유형
양성하다	to train, to foster	듣기 15
양해	understanding, consideration	읽기 03
어차피	anyway, in any case	듣기 06
어휘력	vocabulary ability	듣기 05
억제하다	to suppress, to restrain	듣기 16
언급되다	to be mentioned, to be referred to	듣기 19
언론	media, press	읽기 04
엄벌하다	to punish severely	읽기 17
업계	industry	듣기 15
업무	task, duty, work	듣기 04, 쓰기 03
업적	achievement, accomplishment	듣기 13
엔진	engine	듣기 16
역대	all-time, historical	듣기 17
역할	role	읽기 06
연구하다	to research, to study	듣기 05, 읽기 12
연기	acting, performance	읽기 06
연대감	sense of solidarity	읽기 11
연령	age	쓰기 03
연료	fuel	읽기 16
연민	pity, sympathy	듣기 20
연안	coast	읽기 11
연주하다	to perform (music)	듣기 08
열대야	tropical night(a hot and humid night)	읽기 06
열섬	heat island	듣기 14

어휘	번역	유형
염색	dyeing (hair)	듣기 02
영상물	video	읽기 18
영수증	receipt	읽기 03
영역	area, field, domain	듣기 16
영향을 주다 (미치다)	to influence, to affect (to have an effect on, to exert influence)	듣기 10
예보	forecast	듣기 04
예선	preliminary round	듣기 04
예정	plan, schedule	듣기 07
예체능	arts and physical education	듣기 05
예측	prediction	읽기 13
옛말	old saying, proverb	듣기 05
오류	error, bug	듣기 10, 읽기 16
오염되다	to be polluted, to be contaminated	듣기 08
오작동	malfunction	읽기 16
오케스트라	orchestra	듣기 08
오히려	rather, on the contrary	듣기 05, 읽기 06
온실가스	greenhouse gas	쓰기 02
올바르다	correct, right, proper	읽기 05
옮기다	to move, to transfer	듣기 03
완료되다	to be completed, to be finished	읽기 12
완성도	degree of completion, completeness	듣기 10
완성하다	to complete, to finish	듣기 10
완수하다	to complete, to accomplish	듣기 17

어휘	번역	유형
완화	relief, mitigation	읽기 12
완화하다	to alleviate, to ease	듣기 14
왈칵	suddenly, all at once	읽기 09
외면당하다	to be ignored, to be shunned	읽기 14
외면하다	to ignore, to turn a blind eye	듣기 20
외부	external, outside	읽기 06
외식	eating out	듣기 09
요가	yoga	듣기 02
요리법	recipe	듣기 03
요소	element	읽기 13
요양보호사	caregiver	듣기 04
요인	factor, cause	듣기 14, 읽기 18
우려하다	to be concerned, to worry	듣기 11, 읽기 08
우연	coincidence	읽기 16
우주	space	듣기 15
우회	bypass	읽기 17
운	luck	읽기 16
운송	transportation	듣기 15
운행	operation	듣기 04
원동력	driving force, impetus	듣기 19
원본	original copy	듣기 14
원인을 밝히다	to identify the cause	듣기 09
원인이 밝혀지다	the cause is revealed	듣기 04
원활하다	smooth, unobstructed	읽기 14, 쓰기 03

어휘	번역	유형
위로	comfort, consolation	읽기 14
위로하다	to comfort, console	듣기 05
위반	violation	읽기 17
위엄	dignity, majesty	듣기 17
위축되다	to shrink, to contract	듣기 19
위협적	threatening	읽기 18
위협하다	to threaten, to endanger	읽기 07
유기견	abandoned dog	듣기 04
유도하다	to induce, to guide, to lead	듣기 16
유발	inducement	읽기 17
유발하다	to induce, to cause	듣기 11
유사하다	similar, alike	듣기 18
유산균	lactic acid bacteria	읽기 05
유언	will, testament	읽기 13
유연하다	flexible	듣기 11
유용하다	useful	읽기 18
유의미하다	meaningful	읽기 18
유익하다	beneficial, useful	듣기 18, 읽기 13
유추하다	to infer, to deduce	듣기 18
유통	distribution, circulation	쓰기 03
유한	finite	읽기 18
유해	harmful, hazardous	듣기 15
음운	phoneme, sound	듣기 17
음향 효과	sound effect	듣기 10

어휘	번역	유형
응답하다	to respond, to answer	읽기 04
응모하다	to apply	듣기 04
응원	support, cheering	읽기 04
의도	intention, purpose	듣기 05
의료	medical	읽기 10
의사소통	communication	읽기 12
의존하다	to depend on, to rely on	듣기 20, 읽기 13
의학서	medical book	듣기 13
이견	different opinion, disagreement	듣기 20
이끌다	to lead, to attract	듣기 08, 읽기 16
이동	movement, transportation	읽기 04
이득	profit, gain, benefit	듣기 11
이따가	later, in a while	읽기 01
이산화탄소	carbon dioxide	쓰기 02
이상기후	abnormal climate, extreme weather	듣기 06
이용객	customer, user	듣기 04
이행	implementation	읽기 17
익숙하다	to be familiar with, to be used to	듣기 07
인건비	labor costs	듣기 19
인격	personality, character	쓰기 03
인공	artificiality	듣기 14, 읽기 11
인공 지능	artificial intelligence	읽기 08
인공위성	satellite	듣기 15
인구	population	듣기 04

어휘	번역	유형
인권	human rights	읽기 07
인력	manpower, workforce	듣기 15
인류	humanity	읽기 16
인명	human life	듣기 04
인생	life	읽기 02
인식	awareness, perception	듣기 08, 읽기 07
인지	cognition, recognition	듣기 12, 읽기 08
인프라	infrastructure	듣기 11
인플레이션	inflation	듣기 18
인화하다	to develop, to print (photos)	듣기 14
일반적	general, usual	쓰기 01
일상	everyday life, daily life	듣기 08
일석이조	killing two birds with one stone	듣기 08
일정을 잡다	to schedule	듣기 03
일정하다	constant, fixed	듣기 18
일직선	straight line	듣기 17
일회성	one-time, one-off	듣기 10
입맛	taste, appetite	읽기 10
입장료	entrance fee	읽기 04
입장하다	to enter	듣기 01
입증되다	to be proven, to be verified	듣기 19
잇다	to connect, to link, to continue, to follow	듣기 06
자격시험	qualification exam	듣기 04
자극적	stimulating, provocative	듣기 12

어휘	번역	유형
재능 기부	talent donation	읽기 11
재배	cultivation, farming	읽기 12
재산	property	듣기 04, 읽기 06
재유행하다	to become trendy again, to make a comeback	듣기 14
재질	material	듣기 15
재택근무	working from home, telecommuting	쓰기 03
재해석하다	to reinterpret	듣기 10
재현하다	to reproduce, to recreate	듣기 10, 읽기 14
저렴하다	cheap, inexpensive	듣기 04
저작권	copyright	읽기 08
저절로	automatically, by itself	읽기 05
저출산	low birth rate	듣기 14
저하	decline, deterioration	듣기 12, 읽기 08
적다	to write	읽기 09
전구	light bulb	듣기 12
전국	nationwide, all over the country	듣기 08
전기차	electric car	듣기 04
전략	strategy	듣기 11
전력	one's full power	읽기 17
전력	electric power	듣기 12, 읽기 06
전망	prospect, outlook	쓰기 02
전문성	professionalism	듣기 04
전반	overall, general	듣기 14
전시회	exhibition	듣기 02

어휘	번역	유형
정서적	emotional	듣기 04
정성	sincerity, devotion	읽기 03
정육	meat	듣기 04
정전	power outage	듣기 04
정전	main hall	듣기 17
정체	stagnation	읽기 17
제공하다	to provide, to offer	듣기 06, 읽기 18
제기하다	to raise (an issue), to bring up	듣기 20
제대로	properly, correctly	듣기 05
제사	ancestral rites, memorial service	듣기 17
제정하다	to enact, to establish	듣기 15, 읽기 13
제조업체	manufacturer	듣기 16
제출	submission	읽기 04
제품	product	듣기 03
제한	restriction, limitation	읽기 03
조각	piece	읽기 16
조각	sculpture	읽기 11
조건	condition	읽기 18
조리법	recipe, cooking method	읽기 12
조선	Joseon (dynasty)	듣기 13
조선업계	shipbuilding industry	듣기 16
조성하다	to create, to establish	듣기 11
조약	treaty	듣기 15
조언하다	to advise	듣기 07

어휘	번역	유형
중단하다	to stop, to suspend, to discontinue	듣기 04
중독되다	to be poisoned	쓰기 01
중립적	neutral	듣기 20
중점	focus, emphasis	듣기 16
쥐다	to grip	읽기 15
즉흥성	improvisation, spontaneity	읽기 13
증가하다	to increase	듣기 01
증대되다	to increase	읽기 18
증상	symptom	읽기 07
증진	promotion, enhancement	읽기 13
지구온난화	global warming	듣기 06
지니다	to possess, to have	읽기 07
지명	place name	듣기 05
지문	text, passage	듣기 05
지속되다	to continue, to last	읽기 07
지속적	continuous, ongoing	듣기 08
지원책	support measures, policies	듣기 19
지원하다	to support, to assist	듣기 04
지적하다	to point out, to indicate	읽기 08
지정되다	to be designated	듣기 13
지지	support	듣기 13
지팡이를 짚다	wakl with a stick(cane)	읽기 09
지표	indicator, index	듣기 19
지혜	wisdom	읽기 13

어휘	번역	유형
창출	creation, generation	듣기 16
창출하다	to create, to generate	읽기 11
채권자	creditor	듣기 20
채취하다	to collect, to gather	읽기 13
채택되다	to be adopted	듣기 17
처리	processing, treatment	듣기 14
처지	situation	읽기 15
처하다	to be in (a situation), to be placed (in a position)	읽기 05
천문학적	astronomical	읽기 13
천장	ceiling	읽기 11
철저히	thoroughly, completely	듣기 10
철학자	philosopher	듣기 20
체계적	systematic, organized	듣기 11, 읽기 13
체력	physical strength, stamina	읽기 14
체온	body temperature	읽기 06
초래하다	to bring about, to result in	듣기 11, 읽기 07
초청	invitation	듣기 08
촉구하다	to urge, to call for	듣기 18
촬영	filming	듣기 04
최소화하다	to minimize	읽기 07
추가	additional	쓰기 02
추구하다	to pursue, to seek	듣기 16
추락	fall, crash	읽기 10
추정되다	to be presumed, to be estimated	읽기 14

어휘	번역	유형
추천하다	to recommend	듣기 05
추측되다	to be presumed, to be guessed	듣기 04
축산업	livestock industry	읽기 13
축적하다	to accumulate	읽기 13
축제	festival	듣기 08
출간	publication	듣기 04
출시하다	to release, to launch	듣기 10
출연하다	to appear, to perform	읽기 06
출입문	door	읽기 03
출입문	door	읽기 03
출장	business trip	듣기 03
충당하다	to cover	읽기 17
충돌	collision	듣기 15
충돌하다	to collide, to clash	읽기 05
충동	impulse, urge	읽기 14
충동구매	impulse buying	듣기 09
충분히	sufficiently, enough	읽기 12
충수	appendix	듣기 18
충전	charging	듣기 04
충전기	charger	듣기 01
취지	purpose, aim, intent	듣기 13
취향	preference	읽기 10
측면	aspect, side	듣기 20
측정하다	to measure	듣기 19

어휘	번역	유형
치료법	treatment, cure	듣기 13
치밀하다	detailed, meticulous	듣기 20
침입하다	to invade, to intrude	읽기 14
침체	stagnation, slump	듣기 19
침해	infringement, violation	읽기 08
침해하다	to infringe, to violate	읽기 07
캠핑	camping	듣기 07
콘텐츠	content	듣기 12
키오스크	kiosk	듣기 01
타인	others, another person	읽기 14
탄력	flexibility	읽기 17
탄생하다	to be born	읽기 16
탄소	carbon	듣기 12
탈이 나다	to have a problem, to go wrong	듣기 18
탐사	exploration, survey	듣기 15, 읽기 13
태도	attitude	읽기 18
태양계	solar system	읽기 13
태양열	solar heat	듣기 14
텅스텐	tungsten	듣기 12
토로하다	to express, to vent	읽기 09
통계적	statistical	읽기 13
통과하다	to pass (an exam)	듣기 04
통신	telecommunications	쓰기 03
통제되다	to be controlled	듣기 18

어휘	번역	유형
펼치다	to spread, to unfold	읽기 09
평균기온	average temperature	쓰기 02
평론가	critic	듣기 20
평범하다	ordinary, average, commonplace	듣기 04
평원	plain, grassland	듣기 17
폐기물	waste	듣기 11
포장하다	to pack, to wrap	읽기 01
포착하다	to capture, to grasp	읽기 11
포함	included	듣기 02
포함되다	to be included	읽기 04
포화 지방	saturated fat	읽기 11
폭력적	violent	읽기 18
폭발	explosion	듣기 15
폭우	heavy rain, torrential rain	듣기 04
표현	expression	듣기 05
풀죽다	to be discouraged	읽기 15
품절	out of stock, sold out	듣기 09
품종	breed, variety	읽기 12
풍경	scenery, landscape	읽기 11
프로젝트	project	듣기 11
플랫폼	platform	듣기 12
피부과	dermatology clinic	쓰기 01
피해	damage, harm	듣기 04, 읽기 04
피해자	victim	듣기 09

어휘	번역	유형
현상하다	to develop (film)	듣기 14
현수막	banner	듣기 07
현저히	remarkably	읽기 17
현행	current, existing	듣기 20
혈당	blood sugar	읽기 13
혐오감	disgust, aversion	읽기 14
협력	cooperation	읽기 17
협력하다	to cooperate, to collaborate	듣기 16
협조	cooperation	듣기 04
혜택	benefit, discount	듣기 04
호르몬	hormone	쓰기 01
혼란스럽다	confusing, chaotic	듣기 12
홈페이지	homepage	듣기 07
홍보하다	to publicize, to promote	듣기 08
화려하다	colorful, fancy, gorgeous	듣기 04
화면	screen	듣기 05, 읽기 03
화재	fire	듣기 04
화제	topic of conversation, hot issue	듣기 08
확대	expansion, enlargement	듣기 06
확대되다	to expand, to be enlarged	쓰기 03
확보하다	to secure, to obtain	읽기 13
확산	diffusion, spread	듣기 12
확인하다	to confirm, to check	듣기 07
확장하다	to expand, to broaden	듣기 16

어휘	번역	유형
확정되다	to be confirmed, to be finalized	듣기 11
확충	expansion, improvement	듣기 11, 읽기 17
환경	environment	듣기 08
환수	recovery	읽기 17
환원	reduction, restoration	읽기 13
활용하다	to utilize, to make use of	듣기 08
회원	member	쓰기 01
회원 가입	membership registration	듣기 07
횡령	embezzlement	읽기 17
효과적	effective	읽기 06
효력	effect, validity	듣기 15
효소	enzyme	읽기 12
후들거리다	to tremble	읽기 15
후원금	donation, contribution	듣기 16
훼손하다	to damage, to impair	듣기 10
휘다	area, field, domain	듣기 17
휴가철	vacation season	듣기 02
흉악 범죄	heinous crime	읽기 17
흔적	trace, mark, sign	읽기 09
흔하다	common, ordinary, frequent	듣기 04
흡수하다	to absorb	듣기 14, 읽기 06
희생	sacrifice	듣기 11
힘을 쓰다	to exert power, to make an effort	듣기 13

📖 문법 인덱스

읽기	유형
V-고자 하다	11
V-기 위한	4
V-기 위해	6
V-기는 하다	15
V-기로 하다	1
A/V-(ㄴ/는)다고 해도 과언이 아니다	13
V-는데도	9
V-다 보면	12
V-더니	15
V-도록	14
V-되	13
V-아/어 버리다	12
V-자	4, 15
누구나, 아무나, 무엇이나, 언제나, 어디나	4

쓰기	유형
A/V-(으)ㄴ/는 가운데	3
A/V-(으)ㄴ가/는가	3
N에 따르면	2

번호	답 란
1	① ② ③ ④
2	① ② ③ ④
3	① ② ③ ④
4	① ② ③ ④
5	① ② ③ ④
6	① ② ③ ④
7	① ② ③ ④
8	① ② ③ ④
9	① ② ③ ④
10	① ② ③ ④
11	① ② ③ ④
12	① ② ③ ④
13	① ② ③ ④
14	① ② ③ ④
15	① ② ③ ④
16	① ② ③ ④
17	① ② ③ ④
18	① ② ③ ④
19	① ② ③ ④
20	① ② ③ ④

번호	답 란
21	① ② ③ ④
22	① ② ③ ④
23	① ② ③ ④
24	① ② ③ ④
25	① ② ③ ④
26	① ② ③ ④
27	① ② ③ ④
28	① ② ③ ④
29	① ② ③ ④
30	① ② ③ ④
31	① ② ③ ④
32	① ② ③ ④
33	① ② ③ ④
34	① ② ③ ④
35	① ② ③ ④
36	① ② ③ ④
37	① ② ③ ④
38	① ② ③ ④
39	① ② ③ ④
40	① ② ③ ④

번호	답 란
41	① ② ③ ④
42	① ② ③ ④
43	① ② ③ ④
44	① ② ③ ④
45	① ② ③ ④
46	① ② ③ ④
47	① ② ③ ④
48	① ② ③ ④
49	① ② ③ ④
50	① ② ③ ④

번호	답			란
1	①	②	③	④
2	①	②	③	④
3	①	②	③	④
4	①	②	③	④
5	①	②	③	④
6	①	②	③	④
7	①	②	③	④
8	①	②	③	④
9	①	②	③	④
10	①	②	③	④
11	①	②	③	④
12	①	②	③	④
13	①	②	③	④
14	①	②	③	④
15	①	②	③	④
16	①	②	③	④
17	①	②	③	④
18	①	②	③	④
19	①	②	③	④
20	①	②	③	④

번호	답			란
21	①	②	③	④
22	①	②	③	④
23	①	②	③	④
24	①	②	③	④
25	①	②	③	④
26	①	②	③	④
27	①	②	③	④
28	①	②	③	④
29	①	②	③	④
30	①	②	③	④
31	①	②	③	④
32	①	②	③	④
33	①	②	③	④
34	①	②	③	④
35	①	②	③	④
36	①	②	③	④
37	①	②	③	④
38	①	②	③	④
39	①	②	③	④
40	①	②	③	④

번호	답			란
41	①	②	③	④
42	①	②	③	④
43	①	②	③	④
44	①	②	③	④
45	①	②	③	④
46	①	②	③	④
47	①	②	③	④
48	①	②	③	④
49	①	②	③	④
50	①	②	③	④

수 험 번 호

⓪ ① ② ③ ④ ⑤ ⑥ ⑦ ⑧ ⑨

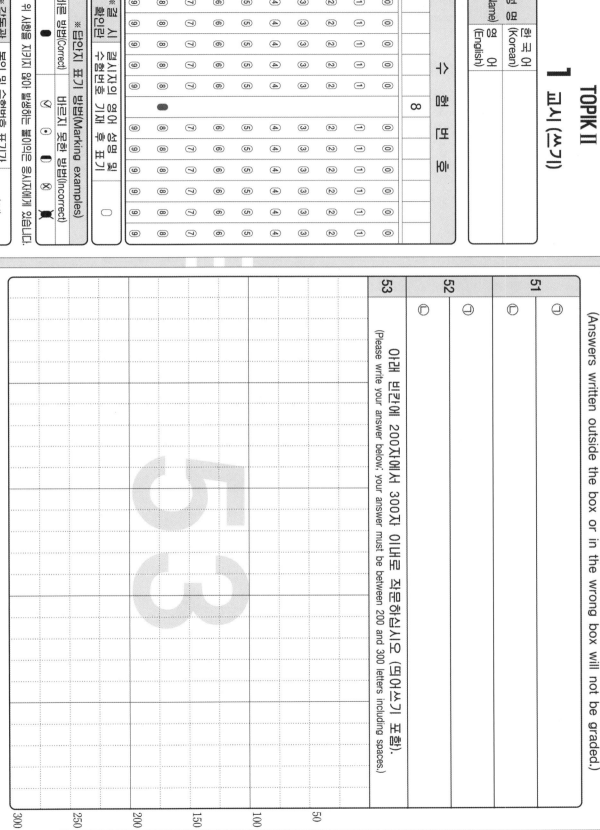

한국어능력시험
TOPIK II
1 교시 (쓰기)

성명 (Name)	한 국 어 (Korean)	
	영 어 (English)	

수 험 번 호												

8

※ 결 시 확인란: 결시자의 영어 성명 및 수험번호 기재 후 표기

결 시 확인란 ○

※ 답안지 표기 방법(Marking examples)

바른 방법(Correct) ●

틀린 방법(Incorrect) ⊙ ⊘ ◐ ⊗ ▨

※ 위 사항을 지키지 않아 발생하는 불이익은 응시자에게 있습니다.

감독관 확인	본인 및 수험번호 표기가 정확한지 확인	(인)

주관식 답안은 정해진 답란을 벗어나거나 답란을 바꿔서 쓸 경우 점수를 받을 수 없습니다.
(Answers written outside the box or in the wrong box will not be graded.)

51 ㉠
㉡

52 ㉠
㉡

53 ㉠
㉡

아래 빈칸에 200자에서 300자 이내로 작문하십시오 (띄어쓰기 포함).
(Please write your answer below; your answer must be between 200 and 300 letters including spaces.)

50
100
150
200
250
300

※ 54번은 뒷면에 작성하십시오. (Please write your answer for question number 54 at the back)

주 관 식 답 란 (Answer sheet for composition)

아래 빈칸에 600자에서 700자 이내로 작문하십시오 (띄어쓰기 포함).
(Please write your answer below; your answer must be between 600 and 700 letters including spaces.)

50

100

150

200

250

300

350

400

450

500

550

600

650

700

※ 주어진 답란의 방향을 바꿔서 답안을 쓰면 '0'점 처리됩니다.
   (Please do not turn the answer sheet horizontally. No points will be given.)

 **메모**

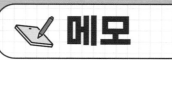

메모

메모

한국어능력시험
일단 합격
TOPIK
종합서 II

초판 1쇄 인쇄 | 2025년 6월 1일
초판 1쇄 발행 | 2025년 6월 10일

지은이 | 김지수, 이현숙, 정은화, 함윤희
발행인 | 김태웅
기획 편집 | 최채은
디자인 | 남은혜, 김지혜
마케팅 총괄 | 김철영
온라인 마케팅 | 신아연
제   작 | 현대순

발행처 | (주)동양북스
등   록 | 제 2014-000055호
주   소 | 서울시 마포구 동교로22길 14 (04030)
구입 문의 | 전화 (02)337-1737 팩스 (02)334-6624
내용 문의 | 전화 (02)337-1763 이메일 dymg98@naver.com

ISBN 979-11-7210-922-6 (13710)

한국어능력시험

일단 합격

TOPIK

종합서 II

핸드북

동양북스

차례

| **줄무늬** | stripes | 명 |

가로로 된 줄무늬 옷은 잘못 입으면 뚱뚱해 보일 수 있다.

| **꺼내다** | to take out, to pull out | 동 |

가방에서 책을 꺼내서 책상 위에 올려놓았다.

| **방문하다** | to visit | 동 |

방학 때 해외에 사는 친척을 방문하려고 한다.

| **동료** | colleague, coworker | 명 |

일을 마치고 직장 동료와 회사 근처에서 저녁을 먹었다.

| **입장하다** | to enter | 동 |

공연장에 입장하려는 사람들로 입구가 붐볐다.

| **한식** | Korean food | 명 |

한국에 대한 외국인들의 관심이 높아지며 한식이 인기를 끌고 있다.

| **양념치킨** | Korean fried chicken with spicy sauce | 명 |

이 집은 달면서도 매콤한 양념치킨이 특히 맛있다.

| **선호하다** | to prefer | 동 |

휴일이 짧아도 국내보다 해외여행을 선호하는 사람들이 많다

| **떠오르다** | to come to mind, to recall | 동 |

옛날에 살던 동네에 와 보니 어렸을 때 추억이 떠오른다.

| 키오스크 | kiosk | 명 |

키오스크로 음식을 주문하고 계산하는 식당이 늘어나고 있다.

| 충전기 | charger | 명 |

휴대폰 배터리가 없어서 충전해야 하는데 충전기를 못 찾고 있다.

| 감소하다 | to decrease, to reduce | 동 |

매년 빠르게 감소하는 출산율에 대한 정부의 대책이 필요하다.

| 증가하다 | to increase | 동 |

여름 휴가철에 해외여행객 수가 증가하여 공항이 매우 붐빈다.

기출문제 4-8

| 요가 | yoga | 명 |

요가는 특히 젊은 여성들에게 인기 있는 운동이다.

응용문제 4-8

| 염색 | dyeing (hair) | 명 |

여름에는 머리를 밝은 색으로 염색하는 게 좋은 것 같다.

| 파마 | perm | 명 |

파마를 한 뒤로 인상이 부드러워졌다는 소리를 많이 듣는다.

연습 문제 4-8

| 전시회 | exhibition | 명 |

지난 주말에 미술 전시회에서 본 작품이 아직도 생각난다.

| 숙소 | lodging, accommodation | 명 |

인터넷에서 여행 가서 묵을 숙소를 찾고 있다.

포함	included	명

호텔을 예약할 때 조식 포함을 선택하면 가격이 더 비싸다.

배웅하다	to see someone off	동

멀리서 오신 손님을 역까지 배웅해 드리고 돌아왔다.

낯설다	to be unfamiliar, strange	형

처음 유학을 왔을 때 모든 것이 낯설어서 적응하기 힘들었다.

바래다주다	to see someone off, to escort	동

시간이 늦어서 여자 친구를 집 앞까지 바래다줬다.

안무	choreography	명

댄스 동아리에서 매주 안무 연습을 하고 있다.

휴가철	vacation season	명

여름 휴가철에는 바다로 놀러 가는 사람들이 많다.

계곡	valley, gorge	명

계곡에 가서 시원한 물에 발을 담그고 쉬고 싶다.

기출문제 9-12

물감	paint	명

미술 시간에 물감으로 그림을 색칠했다.

제품	product	명

그 가게 제품은 가격이 비싸지만 질이 좋다.

응용문제 9-12

요리법	recipe	명

책에 나온 요리법을 보고 그대로 음식을 만들어 봤다.

다듬다	to trim	동

시장에서 사 온 야채를 요리하기 좋게 다듬었다.

| 차다 | to be full, to be filled | 동 |

식당에 자리가 차서 앉을 데가 없다.

| 옮기다 | to move, to transfer | 동 |

침대 위치를 바꾸고 싶은데 무거워서 혼자 옮길 수 없다.

| 박스 | box | 명 |

봄이 되어 안 입는 겨울옷을 박스에 넣어 정리했다.

| 무인 | unmanned | 명 |

직원 없이 물건을 판매하는 무인 가게가 늘고 있다.

| 담다 | to put in, to pack | 동 |

과일을 잘라서 접시에 담았다.

| 일정을 잡다 | to schedule | 표현 |

책 전시회 일정을 잡기 위해 직원들과 회의를 했다.

| 답변 | answer, reply | 명 |

그 배우는 기자들의 질문에 성실하게 답변을 했다.

| 출장 | business trip | 명 |

팀장님은 지방으로 출장을 가셔서 지금 회사에 안 계십니다.

| 수정하다 | to revise, to correct | 동 |

선배의 말을 듣고 처음에 세운 시험공부 계획을 수정했다.

| 개회식 | opening ceremony | 명 |

올림픽 개회식에 사람들의 관심이 쏠렸다.

| 대기실 | waiting room | 명 |

가수들은 무대 뒤에 있는 대기실에서 자기 차례를 기다리고 있다.

참가자	participant	명

대회 참가자 모두에게 기념품을 나눠 주었다.

예선	preliminary round	명

우리 팀 선수들은 예선을 통과해서 다음 경기를 할 수 있게 됐다.

촬영	filming	명

드라마 촬영을 하고 있어서 거리를 지나갈 수 없었다.

협조	cooperation	명

시민들의 협조로 행사가 안전하게 마무리 되었다.

정전	power outage	명

정전이 되는 바람에 보고 있던 텔레비전이 갑자기 꺼졌다.

발생하다	to occur, to happen, to take place	동

교통사고가 발생했지만 다행히 사람들이 다치지는 않았다.

운행	operation	명

지하철이 고장 나서 잠시 운행을 멈췄다.

중단하다	to stop, to suspend, to discontinue	동

비가 너무 많이 와서 축구 경기를 중단했다.

정밀 검사	precise inspection	명

문제의 원인을 찾기 위해 병원에서 정밀 검사를 받았다.

흔하다	common, ordinary, frequent	형

내 이름은 흔해서 같은 이름을 가진 사람들을 많이 봤다.

평범하다	ordinary, average, commonplace	형

그는 어디에서나 쉽게 볼 수 있는 평범한 옷차림을 하고 있었다.

화려하다	colorful, fancy, gorgeous	형

사람들은 그녀의 화려한 의상을 한 번씩 쳐다봤다.

소재로 삼다	to use as a subject	표현

그는 자신의 경험을 소재로 삼아 글을 쓰고 있다.

응용문제 13-16

예보	forecast	명

예보를 보니 비가 온다고 해서 우산을 가지고 나갔다.

출간	publication	명

출판사에서 김 작가의 책 출간을 기념하여 다양한 행사를 준비했다.

신간	new publication	명

서점에 갔다가 신간 코너에서 새로 나온 책들을 살펴봤다.

구매하다	to purchase	동

물건을 구매하기 전에 가격과 질을 꼼꼼히 따져 봐야 한다.

응모하다	to apply	동

그는 마트 행사에 응모해서 휴지를 선물로 받았다.

서가	bookshelf	명

서가에 새로 산 책을 꽂아 두었다.

진열되다	to be displayed	동

가게 안에 상품이 보기 좋게 진열되어 있다.

화재	fire	명

새벽에 아파트에 화재가 나서 사람들이 자다가 급히 밖으로 나왔다.

인명	human life	명

그는 운전하다가 인명 사고를 내서 면허가 취소되었다.

피해	damage, harm	명

이번 태풍으로 인해 인명 피해가 생겼다.

신고　　　　　　　　report　　　　　　　　　명

경찰은 주민의 신고를 받고 바로 사건 현장으로 출동했다.

재산　　　　　　　　property　　　　　　　　명

그는 죽기 전에 자신의 전 재산을 사회에 기부하고 떠났다.

충전　　　　　　　　charging　　　　　　　　명

휴대폰 배터리가 다 떨어지기 전에 충전을 했다.

전기차　　　　　　　electric car　　　　　　　명

전기차는 운전할 때 소음이 거의 없다.

추측되다　　　　　　to be presumed, to be guessed　　동

경찰은 범인으로 추측되는 사람의 소재를 파악하고 있다.

원인이 밝혀지다　　　the cause is revealed　　　표현

화재 사고의 원인이 밝혀지려면 시간이 더 걸릴 것으로 예상된다.

인구　　　　　　　　population　　　　　　　명

출산율이 낮아지면서 인구가 계속 감소하고 있다.

요양보호사　　　　　caregiver　　　　　　　　명

노인들을 돕는 요양보호사가 되기 위해 시험을 준비 중이다.

신체　　　　　　　　physical　　　　　　　　명

그는 매일 운동을 하며 신체를 튼튼하게 만들었다.

지원하다　　　　　　to support, to assist　　　동

그 기업은 형편이 어려운 학생들에게 등록금을 지원해 주었다.

전문성　　　　　　　professionalism　　　　　명

회사에서는 전문성을 갖춘 직원을 뽑고 싶어 한다.

자격시험　　　　　　qualification exam　　　　명

그 일을 하기 위해서는 먼저 자격시험을 봐야 한다.

9

통과하다	to pass (an exam)	동

그는 대학 졸업 시험을 우수한 성적으로 통과했다.

정서적	emotional	명 관

환자에게 가장 중요한 것은 정서적인 안정을 찾는 일이다.

업무	task, duty	명

업무가 많아서 주말에도 출근을 했다.

연습 문제 13-16

한옥	traditional Korean house	명

한국의 전통적인 분위기를 느낄 수 있는 한옥 마을이 인기이다.

견디다	to endure, to withstand	동

그는 외롭고 힘든 이민 생활을 견디지 못하고 고향으로 돌아왔다.

단점	disadvantage, drawback	명

이 집은 다 좋은데 역에서 멀다는 단점이 있다.

장점	advantage, merit	명

그는 사람을 만날 때 상대의 장점을 먼저 보려고 노력한다.

정육	meat	명

마트에 정육을 판매하는 곳이 따로 있어서 고기는 거기에서 산다.

국내산	domestic (product)	명

이 가게는 국내산 배추로 담근 김치만 판다.

판매하다	to sell	동

이곳은 항상 신선한 과일을 판매해서 단골손님이 많다.

저렴하다	cheap, inexpensive	형

저렴한 가격에 물건을 사서 기분이 좋다.

혜택	benefit, discount	명

물건을 살 때 학생증을 제시하면 할인 혜택을 받을 수 있다.

수입산	imported (product)	명

수입산 소고기를 한우로 속여서 파는 것은 범죄이다.

폭우	heavy rain, torrential rain	명

폭우로 인해 도로가 물에 잠겼다.

구간	section, part	명

이곳은 공사 구간이라 위험하니 돌아가세요.

승객	passenger	명

버스가 승객을 태우고 출발했다.

분주하다	busy, bustling	형

그는 연말에 여러 시상식에 참여하느라 분주한 나날을 보내고 있다.

몰리다	to flock, to swarm	동

한꺼번에 많은 관광객이 몰려서 사고의 위험이 높아졌다.

이용객	customer, user	명

해외로 여행을 가는 사람들이 많아지면서 공항 이용객이 증가했다.

유기견	abandoned dog	명

주인에게 버림받은 유기견이 거리를 떠돌고 있다.

계기	opportunity, chance	명

장애인 봉사 활동을 계기로 하여 사회 문제에 관심을 갖게 됐다.

꾸준히	steadily, consistently	부

무슨 일이든 꾸준히 하면 좋은 결과를 얻을 수 있다.

앞두다	to have something ahead, to be about to	동

중요한 시험을 앞두고 긴장한 탓에 배가 아팠다.

위로하다　　　　to comfort, console　　　　동

시험에 떨어져서 힘들어하는 친구를 위로해 주었다.

지명　　　　place name　　　　명

이곳의 지명이 어떻게 만들어졌는지 주민들에게 유래를 듣게 됐다.

표현　　　　expression　　　　명

가족들 간에도 말로 감정 표현을 자주 하는 것이 좋다.

곳곳　　　　everywhere　　　　명

젊었을 때 차를 타고 전국 곳곳을 돌아다녔다.

옛말　　　　old saying, proverb　　　　명

그는 사라진 옛말을 연구하여 다시 살려 쓰려고 노력하고 있다.

반영하다　　　　to reflect　　　　동

말은 그 사회의 문화를 반영한다.

예체능　　　　arts and physical education　　　　명

그는 예체능에 소질이 있어서 노래도 잘 부르고 체육도 잘한다.

성별　　　　gender　　　　명

두 사람은 쌍둥이지만 성별이 다르다.

안무가　　　　choreographer　　　　명

안무가가 되어 멋진 춤을 만드는 것이 나의 꿈이다.

기대감　　　　expectation　　　　명

사람들은 기대감을 가지고 국가 대표 경기를 지켜봤다.

동작　　　　movement, action　　　　명

춤을 출 때는 동작을 정확히 해야 한다.

살리다	to emphasize, bring out	동

그 배우는 인물의 특징을 잘 살려서 연기하는 것으로 유명하다.

연구하다	to research, to study	동

김 교수는 평생 언어학을 연구하며 대학에서 학생들을 가르쳤다.

안무를 짜다	to choreograph	표현

새로운 안무를 짜기 위해 안무가들이 모여 회의를 시작했다.

대중	the public	명

유명 연예인들은 어디에서나 대중의 관심을 받는다.

연습문제 17-20

단식	fasting	명

수술 받기 8시간 전부터 단식을 해야 한다.

식습관	eating habits	명

오랫동안 유지해 온 식습관을 바꾸는 것은 어렵다.

오히려	rather, on the contrary	부

잘못된 자세로 운동을 하면 오히려 건강을 해칠 수 있다.

추천하다	to recommend	동

친구가 추천해서 이 작가의 책을 읽게 됐다.

규칙적	regular	명 관

규칙적으로 운동하는 습관을 들이려고 노력하고 있다.

신혼	newlywed	명

두 사람은 결혼한 지 얼마 안 되어 신혼 생활에 적응 중이다.

주말부부	weekend couple	명

서로 직장이 멀리 떨어져 있어 주말부부로 지내게 됐다.

근무	work, duty	명

우리 회사는 근무 조건이 좋은 편이어서 일하기가 편하다.

놓치다	to miss	동

그는 고민하고 망설이다가 좋은 기회를 놓치고 말았다.

사정	circumstances	명

갑자기 집안 사정이 생겨서 휴가를 냈다.

마침	coincidentally, opportunely	부

버스 정류장에 도착하자 마침 타야 할 버스가 왔다.

개봉하다	to release, to open	동

새로 개봉한 영화가 인기를 끌고 있다.

집중	concentration	명

공부할 때는 도서관 같이 조용한 곳에 가야 집중이 잘 된다.

화면	screen	명

그 배우는 화면으로 보는 것보다 실제로 보는 것이 훨씬 멋있다.

경제적	economic, financial	명 관

자동차를 타는 것보다 대중교통을 이용하는 것이 더 경제적이다.

강의	lecture	명

대학에서 교수님의 강의를 듣고 삶에 대해 깊이 생각해 보게 됐다.

과목	subject	명

체육은 학생들이 좋아하는 과목 중 하나이다.

지문	text, passage	명

다음 지문을 읽고 물음에 답하십시오.

분석하다	to analyze	동

내용을 잘 이해하려면 작품을 분석하면서 읽는 태도가 필요하다.

의도	intention, purpose	명

질문자의 의도를 이해하지 못하고 엉뚱한 대답을 했다.

파악하다	to grasp, to understand	동

중심 내용을 파악하기 위해 밑줄을 치며 글을 읽었다.

제대로	properly, correctly	부

생각이 많아서 밤에 잠을 제대로 자지 못했다.

어휘력	vocabulary ability	명

책을 많이 읽으면 어휘력이 풍부해진다.

기출문제 21-22

발표	presentation	명

회사에서 중요한 발표를 맡아서 긴장이 된다.

자료	material, data	명

회의 자료를 만드느라 늦게까지 퇴근을 못했다.

복사하다	to copy, to photocopy	동

책의 중요한 부분을 복사해서 모아 두었다.

참고하다	to refer to	동

인터넷 기사를 참고해서 발표 자료를 만들었다.

참석자	participant, attendee	명

회의 참석자 명단을 만들어서 팀장님께 보고했다.

낭비되다	to be wasted	동

많은 음식이 낭비되는 것이 안타깝다.

대형	large-scale	명

영상을 대형 화면으로 보니 더 생생하게 느껴진다.

어차피	anyway, in any case	부

내가 말 안 해도 어차피 다 알게 될 거야.

굳이	without a good reason, unnecessarily	부

먹을 게 많으니까 굳이 더 안 사 와도 돼.

응용문제 21-22

복지	welfare	명

노인 복지를 위한 다양한 제도가 증가하고 있다.

만족도	satisfaction level, satisfaction rating	명

좋은 서비스를 제공해 고객 만족도를 높였다.

대출	loan	명

집을 살 때 부족한 돈은 은행에서 대출을 받았다.

제공하다	to provide, to offer	동

직원들을 위해 회사에서 출퇴근 버스를 제공하고 있다.

금융	finance, financial	명

금융 전문가들은 최근 경제 상황이 좋아졌다고 전했다.

확대	expansion, enlargement	명

기업의 고용 확대 없이 실업 문제가 해결되기는 힘들다.

연습문제 21-22

분야	field, area	명

자신의 관심 분야에 맞게 전공을 선택해야 한다.

지구온난화	global warming	명

환경 오염으로 인해 지구온난화가 점점 심각해지고 있다.

| **이상기후** | abnormal climate, extreme weather | 명 |

세계적으로 폭염, 폭설 등 이상기후 현상이 계속되고 있다.

| **관련** | related, connected | 명 |

과제를 하기 위해 도서관에서 관련 도서를 찾았다.

| **기획하다** | to plan, to organize | 동 |

많은 사람들이 즐길 수 있는 여름 축제를 기획했다.

| **잇다** | to continue, to follow | 동 |

학생들의 발표가 끝나고 이어서 선생님이 정리 말씀을 해 주셨다.

| **참여하다** | to participate | 동 |

봉사 활동에 참여하는 대학생이 늘고 있다.

기출문제 23-24

| **보관용** | for storage | 명 |

병원에서 환자 보관용 처방전을 받았다.

| **중고** | used, secondhand | 명 |

이사하면서 잘 타지 않던 자전거를 중고로 팔았다.

| **달리다** | be hung, be hooked | 동 |

문에 종이 달려서 열 때마다 소리가 난다.

| **설치되다** | to be installed | 동 |

사람들의 안전을 위해서 건물 곳곳에 CCTV가 설치됐다.

응용문제 23-24

| **캠핑** | camping | 명 |

그는 주말마다 산으로 캠핑을 하러 간다.

| **현수막** | banner | 명 |

거리에 마라톤 대회를 알리는 현수막이 걸렸다.

홈페이지	homepage	명

자세한 내용은 홈페이지 공지 사항을 참고하세요.

회원 가입	membership registration	명

서비스를 이용하려면 먼저 회원 가입을 해야 합니다.

확인하다	to confirm, to check	동

소문을 무조건 믿기보다 그것이 진짜인지 확인하는 것이 좋다.

예정	plan, schedule	명

합격자 발표는 다음 주 초에 나올 예정입니다.

연습문제 23-24

익숙하다	to be familiar with, to be used to	형

아직 운전에 익숙하지 않아서 운전할 때마다 긴장을 많이 한다.

헷갈리다	to be confused, to mix up	동

두 사람은 이름이 비슷해서 부를 때마다 헷갈린다.

틈틈이	in spare moments, from time to time	부

일하면서 틈틈이 영어 단어를 외워서 영어 실력이 많이 늘었다.

격려하다	to encourage	동

관중들은 큰 박수와 함성으로 선수들을 격려했다.

조언하다	to advise	동

선배가 조언하는 것을 듣고 공부 방법을 바꿨다.

맡다	to take charge of, to be responsible for	동

그는 맡은 일을 성실하게 잘해서 칭찬을 받았다.

권하다	to recommend, to advise	동

선생님은 학생들에게 평소에 책을 많이 읽을 것을 권했다.

주년　　　　　　　anniversary　　　　　　　명

두 사람은 결혼 10주년을 기념해서 여행을 떠났다.

맞다　　　　　　　to reach　　　　　　　　동

그 가수는 데뷔 5주년을 맞아 전국 콘서트를 하기로 했다.

해바라기　　　　　　sunflower　　　　　　　명

키가 큰 노란 해바라기 꽃을 배경으로 사진을 찍었다.

축제　　　　　　　festival　　　　　　　　명

봄이나 가을이 되면 각 지역에서 다문화 축제가 열린다.

들판　　　　　　　field　　　　　　　　　명

차창 밖으로 곡식이 익어가는 넓은 들판이 보였다.

특색　　　　　　　characteristic, feature　　명

그는 여행할 때 그 지역의 특색이 담긴 기념품을 잊지 않고 산다.

활용하다　　　　　to utilize, to make use of　동

학교의 빈 공간을 활용하여 텃밭을 만들었다.

발길　　　　　　　footsteps, tracks　　　명

날씨가 추워지며 구경 오는 사람들의 발길이 끊겼다.

이끌다　　　　　　to lead, to attract　　　동

여행객들의 관심을 이끌기 위해 다양한 상품을 개발하고 있다.

특산품　　　　　　local specialty, special product　명

다른 곳에서는 볼 수 없는 이 지역의 특산품을 만들어야 한다.

일상　　　　　　　everyday life, daily life　명

현대인들은 바쁜 일상을 살고 있다.

지속적	continuous, ongoing	명 관

통증이 지속적으로 나타나면 바로 병원에 가세요.

환경	environment	명

미래 세대를 위해 환경을 아름답게 가꿔야 한다.

오염되다	to be polluted, to be contaminated	동

대량의 쓰레기로 인해 자연 환경이 오염되고 있다.

손실	loss, damage	명

사장의 잘못된 판단으로 회사에 경제적인 손실이 생겼다.

해결하다	to solve, to resolve	동

전문가들이 모여서 문제를 해결할 방법을 찾고 있다.

일석이조	killing two birds with one stone	명

기업들은 환경을 보호하고 경제도 살리는 일석이조의 친환경 제품
개발에 관심을 두고 있다.

시민 단체	civic group	명

사회 문제를 해결하기 위해 다양한 시민 단체들이 생기고 있다.

홍보하다	to publicize, to promote	동

배우들이 새로 찍은 영화를 홍보하기 위해 방송에 나왔다.

낳다	to give birth to, to produce	동

선수들은 이번 경기에서 좋은 결과를 낳기 위해 노력하고 있다.

전국	nationwide, all over the country	명

내일은 전국이 대체로 맑겠습니다.

연습문제 25-26

창립	establishment, foundation	명

매년 회사 창립 기념일 행사를 갖고 있다.

| **오케스트라** | orchestra | 명 |

그는 세계적으로 유명한 오케스트라에서 바이올린을 연주한다.

| **화제** | topic of conversation, hot issue | 명 |

세계 수영 대회에서 우승한 한국인 선수가 화제가 되고 있다.

| **발달 장애** | developmental disability | 명 |

우리 기업에서는 발달 장애 청년의 자립을 돕는 활동을 하고 있다.

| **단원** | member (of a group) | 명 |

노래를 잘 부르는 수미가 합창단 단원으로 뽑혔다.

| **연주하다** | to perform (music) | 동 |

동생이 피아노를 연주하는 소리가 듣기 좋다.

| **로비** | lobby | 명 |

외국에서 온 손님과 호텔 로비에서 만나기로 약속했다.

| **시설** | facilities | 명 |

이 건물에는 장애인들을 위한 편의 시설이 잘 갖추어져 있다.

| **초청** | invitation | 명 |

그는 대학에서 초청을 받아 특별 강연을 하기로 했다.

| **실력** | skill, ability | 명 |

이 학생은 수학 실력이 뛰어나다.

| **자신감** | confidence, self-esteem | 명 |

무엇이든 할 수 있다는 그의 자신감 있는 태도가 보기 좋았다.

| **인식** | awareness, perception | 명 |

교육을 통해 사람들의 잘못된 인식을 바로잡아야 한다.

| **개선하다** | to improve, to make better | 동 |

불합리한 사회 구조를 개선하기 위해 애쓰는 사람이 많다.

편견	prejudice, bias	명

편견이 심하면 올바른 판단을 하기 힘들다.

기출문제 27-28

품절	out of stock, sold out	명

이 옷은 사려는 사람이 많아서 금방 품절이 된다.

작업하다	to work	동

요즘 일이 많아서 늦게까지 공장에 남아 작업하는 사람이 많다.

생산량	production output, production volume	명

기계를 사용하면서 공장의 제품 생산량이 크게 늘었다.

수요	demand	명

건강 식품에 대한 사람들의 수요가 꾸준히 증가하고 있다.

비용	cost, expense	명

여행 기간이 길어서 비용이 많이 들었다.

들이다	to spend (time, money, effort)	동

그는 많은 노력을 들여 사업에 성공했다.

쓸모없다	useless, worthless	형

쓸모없는 물건은 모아 두지 말고 그때그때 버리세요.

손해	loss, damage	명

투자를 잘못해서 돈을 벌기는커녕 손해만 보고 있다.

응용문제 27-28

소비	consumption, spending	명

월급이 줄어서 소비를 줄이려고 노력하고 있다.

외식	eating out	명

집에서 밥을 먹을 때보다 밖에서 외식을 할 때가 많다.

생활비	living expenses	명

지난달에 생활비가 많이 들었으니 이번 달에는 아껴 써야 한다.

씀씀이	spending habits	명

돈을 벌기 시작하면서 씀씀이가 커졌다.

도전하다	to challenge, to attempt	동

변화하고 싶다면 새로운 일에 도전해야 한다.

충동구매	impulse buying	명

사야 할 물건을 미리 적어 두면 충동구매를 막을 수 있다.

원인을 밝히다	to identify the cause	표현

경찰은 사고의 원인을 밝히기 위해 애쓰고 있다.

권유하다	to recommend, to advise	동

선생님께서 키가 큰 내게 농구를 해 보라고 권유하셨다.

무지출 챌린지	no-spend challenge	명

일정 기간 동안 소비를 하지 않는 무지출 챌린지를 하는 사람들이 늘고 있다.

연습문제 27-28

데이트앱	dating app	명

애인을 만들기 위해 데이트앱을 이용하는 사람들이 늘고 있다.

사기	fraud, scam	명

믿었던 사람에게 사기를 당해서 돈도 잃고 충격으로 병까지 생겼다.

피해자	victim	명

사고 피해자들이 겪는 정신적 고통을 줄여 주려는 노력이 필요하다.

실제로	actually, in reality	부

꿈꾸던 일이 실제로 이루어져서 너무 기쁘다.

드물다	rare, uncommon	형

회사에 일이 많아서 일찍 퇴근하는 날이 드물다.

기출문제 29-30

출시하다	to release, to launch	동

우리 회사는 내년에 새로운 스마트폰을 출시할 계획이다.

완성하다	to complete, to finish	동

그는 프로젝트를 기한 내에 완성해야 한다.

기술적	technical	명

이 문제는 기술적 오류로 인해 발생한 것이다.

오류	error, bug	명

시스템 오류로 인해 서비스가 일시적으로 중단되었습니다.

음향 효과	sound effect	명

영화의 음향 효과가 정말 인상 깊었다

완성도	degree of completion, completeness	명

그 작품은 완성도가 높다는 평가를 받았다.

영향을 주다 (미치다)	to influence, to affect(to have an effect on, to exert influence)	표현

환경 오염이 생태계에 큰 영향을 주고 있다.

담당하다	to be in charge of, to be responsible for	동

나는 이번 일의 기획을 담당하고 있다.

건축물   building, structure   명

이 도시는 아름다운 건축물로 유명하다.

보강하다   to reinforce, to strengthen   동

낡은 다리를 안전하게 보강해야 한다.

보수   repair, restoration   명

건물의 외벽을 보수하는 공사가 진행 중이다

자재   material   명

이 건축에는 친환경 자재를 사용했다

구조   structure, framework   명

이 건물은 독특한 구조로 설계되었다.

가치   value, worth   명

이 그림은 예술적 가치가 매우 높다

훼손하다   to damage, to impair   동

책을 영화로 만들 때 작가의 의도를 훼손하면 안된다.

까다롭다   strict, demanding, picky   형

그 고객은 요구 사항이 매우 까다롭다.

세부적   detailed, specific   명

계획을 세부적으로 검토해 보는 게 어때요?

재현하다   to reproduce, to recreate   동

그 영화는 19세기의 생활 모습을 잘 재현했다.

손상되다   to be damaged, to be broken   동

택배 박스가 운송 중에 손상되었다.

| 정기적 | regular, periodic | 명 |

정기적인 건강 검진을 받는 것이 중요하다.

| 점검 | inspection, check | 명 |

우리는 모든 장비를 점검한 후 작업을 시작했다.

| 철저히 | thoroughly, completely | 부 |

제품의 품질을 철저히 검사한 후 출고합니다.

| 일회성 | one-time, one-off | 명 |

이번 기부는 일회성으로 끝나지 않고 지속될 예정이다.

| 마무리되다 | to be finished, to be completed | 동 |

공사가 이번 주 내로 마무리될 예정이다.

| 재해석하다 | to reinterpret | 동 |

이 가수는 전통 가요를 현대적인 감성으로 재해석했다.

| 교체하다 | to replace, to change | 동 |

에어컨 필터를 매달 교체하는 것이 좋다.

연습문제 29-30

| 구체적 | concrete, specific | 명 |

구체적인 예산 계획을 세워야 한다.

| 검토하다 | to review, to examine | 동 |

계획을 검토한 후 결정을 하겠습니다.

| 나아가다 | to move forward, to advance | 동 |

팀은 목표를 향해 조금씩 나아가고 있다.

| 비판적 | critical | 명 |

그는 새로운 정책에 대해 비판적인 의견을 제시했다.

| **작성하다** | to write, to compose | 동 |

오늘 회의 내용을 정리하여 보고서를 작성해 주세요.

기출문제 31-32

| **폐기물** | waste | 명 |

공장에서 나오는 폐기물을 안전하게 처리해야 한다.

| **확정되다** | to be confirmed, to be finalized | 동 |

회사에서 새로운 규칙이 확정되었다고 한다.

| **반발** | opposition, backlash | 명 |

주민들은 공사 소식에 반발하며 시위를 벌였다.

| **거세다** | strong, intense | 형 |

반대의 목소리가 점점 더 거세지고 있다.

| **설명회** | briefing session | 명 |

재개발 계획과 관련해 주민들을 대상으로 한 설명회가 열릴 예정이다.

| **우려하다** | to be concerned, to worry | 동 |

전문가들은 물 부족 문제를 우려하고 있다.

| **보상** | compensation, reward | 명 |

열심히 일한 만큼 보상을 받고 싶다.

| **대대적** | large-scale, huge | 명 |

회사는 대대적으로 새 제품을 광고했다.

| **명확하다** | clear, definite | 형 |

문제의 원인을 명확하게 찾는 것이 중요하다.

| **객관적** | objective | 명 |

보고서는 객관적인 자료를 바탕으로 작성되었다.

프로젝트   project   명

우리 팀은 새로운 프로젝트를 시작했다.

마케팅   marketing   명

우리는 다양한 마케팅 방식을 시도하고 있다.

전략   strategy   명

회사는 판매 전략을 바꾸기로 했다.

유연하다   flexible   형

이 회사는 유연한 근무 시간을 제공한다.

대응하다   to respond, to react   동

그는 변화에 잘 대응하는 사람이다.

장기적   long-term   명

건강을 위해 장기적인 노력이 필요하다.

매출   sales   명

신제품이 나오면서 매출이 증가했다.

향상   improvement, enhancement   명

그 학생의 한국어 실력이 점점 향상되고 있다.

체계적   systematic   명

이 회사는 업무를 체계적으로 관리한다.

단기간   short-term   명

단기간에 몸무게를 줄이는 건 건강에 좋지 않다.

수용하다   to accept, to adopt   동

회사는 직원들의 의견을 수용했다.

28

| **고속도로** | highway, expressway | 명 |

고속도로에서 차가 빠르게 달렸다.

| **건설하다** | to construct, to build | 동 |

이 도시에 새로운 도서관을 건설할 계획이다.

| **불합리하다** | unreasonable, unfair | 형 |

불합리한 규정은 개선해야 한다.

| **소음 방지벽** | noise barrier | 명 |

고속도로 옆에 소음 방지벽을 설치했다.

| **악화되다** | to get worse, to deteriorate | 동 |

날씨가 악화되어 비행기가 취소되었다.

| **기여하다** | to contribute, to play a part | 동 |

나는 깨끗한 환경을 만드는 데 기여하고 싶다.

| **감수하다** | to bear, to endure | 동 |

실패를 감수하더라도 시도해 보겠다.

| **구역** | zone, area, section | 명 |

주차할 수 있는 구역이 정해져 있다.

| **녹지** | greenery, green space | 명 |

도시에 더 많은 녹지가 필요하다.

| **조성하다** | to create, to establish | 동 |

공원을 조성해 주민들이 쉴 수 있게 했다.

| **인프라** | infrastructure | 명 |

이 도시는 여러 인프라가 잘 갖추어져 있다.

확충	expansion, improvement	명

의료 시설의 확충을 통해 더 많은 환자를 돌볼 필요가 있다.

유발하다	to induce, to cause	동

그 약은 부작용을 유발할 수 있다.

초래하다	to bring about, to result in	동

무분별한 개발이 환경 파괴를 초래했다.

이득	profit, gain, benefit	명

이번 거래로 많은 이득을 얻었다.

희생	sacrifice	명

아버지는 가족을 위해 많은 희생을 했다.

고집하다	to insist on, to stick to	동

그는 끝까지 자신의 의견을 고집했다.

설득하다	to persuade, to convince	동

부모님을 설득해 새로운 강아지를 입양했다.

압박하다	to pressure	동

그는 상대 선수를 압박하기 위해 소리를 질렀다.

기출문제 33-34

노화	aging	명

노화로 인해 피부가 점점 탄력을 잃는다.

인지	cognition, recognition	명

이 연구는 인간의 인지 능력을 향상시키는 방법을 다룬다.

가설	hypothesis	명

이 가설이 맞는지 확인하기 위해 추가 연구가 필요하다.

| 통제하다 | to control | 동 |

경찰이 사고 현장을 통제하고 있다.

| 저하 | decline, deterioration | 명 |

나이가 들면서 체력의 저하를 느꼈다.

| 작용하다 | to act, to function, to work | 동 |

이 약은 몸에 빠르게 작용한다.

| 결정적 | decisive, critical | 명 |

그의 증언이 사건 해결에 결정적인 역할을 했다.

| 동일하다 | identical, same | 형 |

그 두 제품의 성능은 거의 동일하다.

응용문제 33-34

| 전구 | light bulb | 명 |

전구를 교체하지 않으면 방이 어두워진다.

| 발명되다 | to be invented | 동 |

전구는 19세기에 발명되었다.

| 수명 | lifespan | 명 |

이 전구는 수명이 길어서 오래 쓸 수 있다.

| 고르다 | even, uniform | 형 |

그는 항상 고른 속도로 달리기를 한다.

| 필라멘트 | filament | 명 |

전구 속 필라멘트가 끊어졌다.

| 탄소 | carbon | 명 |

탄소 배출을 줄이기 위한 정책이 필요하다.

| 텅스텐 | tungsten | 명 |

텅스텐은 높은 온도를 견딜 수 있는 금속이다.

| 전력 | electric power | 명 |

공장에서 사용하는 전력 소비가 높아졌다.

| 범위 | range, scope | 명 |

시험 범위를 미리 공지해 주세요.

연습문제 33-34

| 1인 미디어 | personal media, one-person media | 명 |

유튜브는 대표적인 1인 미디어 플랫폼이다.

| 플랫폼 | platform | 명 |

이 플랫폼에서는 누구나 방송할 수 있다.

| 콘텐츠 | content | 명 |

이 앱에서는 다양한 콘텐츠를 제공한다.

| 소통하다 | to communicate | 동 |

그 가수는 소셜 미디어를 통해 팬들과 소통하고 있다.

| 접근하다 | to approach, to access | 동 |

이 앱은 사용자가 쉽게 접근할 수 있도록 설계되었다.

| 면 | side, aspect | 명 |

그 사람은 다양한 면에 재능이 있다.

| 자극적 | stimulating, provocative | 명 |

자극적인 음식은 건강에 좋지 않다.

| 끼치다 | to cause, to exert | 동 |

미세먼지는 건강에 나쁜 영향을 끼친다.

| 혼란스럽다 | confusing, chaotic | 형 |

갑작스러운 일정 변경에 모두가 혼란스러워했다.

| 발휘하다 | to demonstrate, to exhibit, to display | 동 |

그는 어려운 상황에서 리더십을 발휘했다.

| 확산 | diffusion, spread | 명 |

정부는 전염병의 확산을 막기 위해 노력하고 있다.

기출문제 35-36

| 아역 | child actor | 명 |

아역 시절부터 연기를 시작한 배우들이 많다.

| 눈을 감다 | pass away | 표현 |

할머니께서 평화롭게 눈을 감으셨다.

| 특유 | unique, characteristic | 명 |

이 음식은 특유의 향이 강하다.

| 수상하다 | to be awarded (a prize) | 동 |

그녀는 영화제에서 최우수 연기상을 수상했다.

| 힘을 쓰다 | to exert power, to make an effort | 표현 |

회사는 매출을 올리기 위해 힘을 쓰고 있다.

| 업적 | achievement, accomplishment | 명 |

그의 역사적인 업적을 기념하는 전시회가 열렸다.

| 지지 | support | 명 |

많은 시민들이 환경 보호 운동에 지지를 보냈다.

| 활약하다 | to be active | 동 |

많은 청년들이 예술 분야에서 활약하고 있다.

| 데뷔하다 | to debut | 동 |

그는 20살에 가수로 데뷔했다.

응용문제 35-36

| 소장하다 | to possess, to own, to collect | 동 |

박물관은 다양한 유물을 소장 중이다.

| 지정되다 | to be designated | 동 |

그 지역이 개발 제한 구역으로 지정되었다.

| 조선 | Joseon (dynasty) | 명 |

조선 왕조는 약 500년 동안 이어졌다.

| 중기 | the middle (of a period) | 명 |

조선 중기에는 정치적 변화가 많이 일어났다.

| 의학서 | medical book | 명 |

다양한 치료법이 이 의학서에 기록되어 있다.

| 약재 | medicinal herbs, medicinal ingredients | 명 |

이 약재는 감기에 효과가 좋다고 알려져 있다.

| 치료법 | treatment, cure | 명 |

새로운 치료법이 환자들에게 큰 희망을 주고 있다.

| 한자 | Chinese character | 명 |

이 문서에는 한자가 많이 사용되었다.

| 기록되다 | to be recorded | 동 |

이 사건은 공식 문서에 기록되어 있다.

| 당시 | at that time, then | 부 |

그는 당시의 기억을 생생히 떠올렸다.

학문적	academic	명

이 책은 학문적으로 큰 가치가 있다.

집필하다	to write, to author	동

그는 5년 동안 이 책을 집필했다.

연습문제 35-36

개관식	opening ceremony	명

박물관 개관식에 많은 사람들이 참석했다.

선보이다	to unveil, to present, to showcase	동

그 디자이너는 새로운 컬렉션을 선보였다.

조화롭다	harmonious	형

여기는 자연과 도시가 조화롭게 어우러진 곳이다.

공존하다	to coexist	동

사람과 자연이 공존하는 사회를 꿈꾼다.

자긍심	pride, self-esteem	명

그는 자신의 일에 큰 자긍심을 느끼고 있다.

취지	purpose, aim, intent	명

이 행사는 환경을 보호하자는 취지로 열렸다.

계승	succession	명

역사는 문화 창조와 계승의 과정이라고 할 수 있다.

기출문제 37-38

감성	sensibility, emotions	명

이 영화는 관객의 감성을 자극하는 장면이 많다.

현상하다	to develop (film)	동

사진관에서 필름을 현상해 인화했다.

약품	chemicals	명

실험실에서는 다양한 화학 약품이 사용된다.

처리	processing, treatment	명

그 일의 처리를 위해 오랜 시간이 걸렸다.

묘하다	(peculiar) strange, weird	형

그 배우는 묘한 매력이 있다.

색감	color tone	명

이 그림의 색감이 매우 따뜻하다.

인화하다	to develop, to print (photos)	동

여행에서 찍은 사진을 인화해 앨범에 넣었다.

원본	original copy	명

사진 원본은 편집 없이 그대로 보존되었다.

자극하다	to stimulate, to provoke	동

매운 음식이 입맛을 자극했다.

수월하다	easy, smooth	형

이번 과제는 생각보다 수월하게 끝났다.

재유행하다	to become trendy again, to make a comeback	동

90년대 패션이 요즘 다시 재유행하고 있다.

응용문제 37-38

열섬	heat island	명

도심에서 열섬 현상으로 기온이 높아졌다.

인공	artificiality	명

인공 호수를 만들어 관광지로 개발했다.

| 구조물 | structure | 명 |

이 건축물은 현대적 구조물로 유명하다.

| 아스팔트 | asphalt | 명 |

여름에는 아스팔트가 뜨거워진다.

| 태양열 | solar heat | 명 |

이 건물에서는 태양열을 이용해 전기를 만든다.

| 흡수하다 | to absorb | 동 |

식물은 뿌리를 통해 영양분을 흡수한다.

| 완화하다 | to alleviate, to ease | 동 |

스트레스를 완화하기 위해 운동하는 것을 추천한다.

| 냉각시키다 | to cool down | 동 |

바람은 뜨거운 공기를 냉각시키는 데 도움이 된다.

| 벽면 | wall surface | 명 |

벽면에 그림을 걸어 방 분위기를 바꿨다.

| 대기질 | air quality | 명 |

오늘 대기질이 좋아서 야외 활동하기에 좋다.

연습문제 37-38

| 저출산 | low birth rate | 명 |

저출산 문제로 인구 감소가 우려되고 있다.

| 요인 | factor, cause | 명 |

스트레스는 질병의 주요 요인 중 하나다.

| 복합적 | complex, multiple | 명 |

복합적인 문제를 해결하려면 협력이 필요하다.

| 양립 | compatibility, coexistence | 명 |

가치관의 양립이 가능할까?

| 안정감 | sense of stability, security | 명 |

그의 목소리는 사람들에게 안정감을 준다.

| 전반 | overall, general | 명 |

경제 전반에 걸쳐 침체가 이어지고 있다.

| 종합적 | comprehensive, overall | 명 |

문제를 종합적으로 해결하는 방안이 필요하다.

| 뒷받침되다 | to be supported (by evidence, etc.) | 동 |

그의 주장은 명확한 증거로 뒷받침되었다.

기출문제 39-40

| 대기권 | atmosphere | 명 |

대기권 밖에서는 중력이 약해진다.

| 인공위성 | satellite | 명 |

인공위성이 지구를 돌며 날씨를 관측한다.

| 쏘다 | to launch, to shoot | 동 |

로켓이 인공위성을 우주로 쏘아 올렸다.

| 앞서 | ahead, previously | 부 |

회의에 앞서 간단한 공지가 있었다.

| 폭발 | explosion | 명 |

가스가 새어 폭발 사고가 발생했다.

| 충돌 | collision | 명 |

교차로에서 두 차량의 충돌 사고가 발생했다.

| 전파 | radio waves, electromagnetic wave | 명 |

이 지역에서는 라디오 전파가 잘 잡히지 않는다.

| 우주 | space | 명 |

그는 우주 탐사를 꿈꾸고 있다.

| 조약 | treaty | 명 |

두 나라가 평화 조약을 체결했다.

| 강제성 | enforceability | 명 |

이 법은 강제성이 있어 반드시 지켜야 한다.

| 개정하다 | to revise, to amend | 동 |

정부는 법을 개정해 시민들의 불편을 줄였다.

| 보완하다 | to supplement, to complement | 동 |

회사는 제품의 단점을 보완해 출시했다.

| 효력 | effect, validity | 명 |

이 계약서는 내일부터 효력이 발생한다.

| 제정하다 | to enact, to establish | 동 |

정부는 새로운 법을 제정했다.

| 탐사 | exploration, survey | 명 |

과학자들은 우주 탐사를 준비 중이다.

| 인력 | manpower, workforce | 명 |

이 프로젝트는 많은 인력이 필요하다.

| 양성하다 | to train, to foster | 동 |

정부는 기술 전문가를 양성하기 위한 프로그램을 운영하고 있다.

| **자율주행차** | self-driving car, autonomous vehicle | 명 |

자율주행차가 도로를 시험 주행하고 있다.

| **법률** | law, legislation | 명 |

새롭게 제정된 법률이 내일부터 시행된다.

| **판단하다** | to judge, to determine | 동 |

그는 자신의 경험을 바탕으로 상황을 판단했다.

| **상용화** | commercialization | 명 |

그 기술은 상용화가 되기까지 시간이 걸릴 것이다.

| **법규** | regulations, rules | 명 |

공공장소에서는 정해진 법규를 따라야 한다.

| **운송** | transportation | 명 |

이 회사는 해외 운송 서비스를 제공한다.

| **업계** | industry | 명 |

패션 업계는 트렌드에 민감하다.

| **절감** | reduction, saving | 명 |

새로운 시스템으로 비용 절감이 가능하다.

| **약화되다** | to be weakened | 동 |

면역력이 약화되면 쉽게 병에 걸릴 수 있다.

| **페트병** | PET bottle | 명 |

빈 페트병을 재활용함으로써 환경을 보호할 수 있다.

| **투명하다** | transparent | 형 |

이 병은 투명해서 내용물이 잘 보인다.

복합	composite, complex	명

이 문제는 복합적인 원인이 있다.

재질	material	명

이 옷은 부드러운 재질로 만들어졌다.

매립되다	to be buried, to be landfilled	동

쓰레기가 매립지에 매립되었다.

소각되다	to be incinerated	동

폐기물이 쓰레기장에서 소각되었다.

유해	harmful, hazardous	명

유해 물질이 공기 중에 퍼지고 있다.

미세	fine, tiny	명

공기 중에 미세 먼지가 많다.

주범	main culprit, primary cause	명

교통 혼잡의 주범은 불법 주차다.

무해하다	harmless, innocuous	형

이 제품은 인체에 무해하다.

기출문제 41-42

제조업체	manufacturer	명

이 제조업체는 최신 기술을 적용해 스마트폰을 생산합니다.

병행하다	to do concurrently, to carry out simultaneously	동

그는 공부와 운동을 병행하며 시간을 효율적으로 사용한다.

영역	area, field, domain	명

그녀는 디자인 영역에서 뛰어난 성과를 보였다.

| 확장하다 | to expand, to broaden | 동 |

우리 회사는 사업을 해외 시장으로 확장할 예정입니다.

| 도모하다 | to plan, to pursue | 동 |

기업은 변화를 도모하기 위해 다양한 프로그램을 도입했습니다.

| 선박 | ship, vessel | 명 |

항구에서 다양한 선박들을 볼 수 있었습니다.

| 엔진 | engine | 명 |

이 자동차는 친환경 엔진을 장착하고 있습니다.

| 조선업계 | shipbuilding industry | 명 |

조선업계는 최근 경제적으로 힘든 상황에 처해 있다.

| 경기 | business condition, economic climate | 명 |

경기가 회복되면서 소비자들의 지출이 늘고 있다.

| 구축 | construction, establishment | 명 |

회사는 보안을 강화하기 위한 시스템 구축을 계획하고 있다.

| 부품 | parts, components | 명 |

이 기계는 여러 부품으로 조립되었습니다.

| 수입원 | source of income, revenue | 명 |

관광업이 이 지역의 주요 수입원입니다.

| 진화하다 | to evolve, to develop | 동 |

인공지능 기술은 빠르게 진화하고 있습니다.

| 창출 | creation, generation | 명 |

정부는 일자리 창출을 위해 다양한 정책을 추진하고 있습니다.

| 영역 | area, field, domain | 명 |

이 과제는 여러 학문적 영역을 다룹니다.

비롯되다   to originate from, to stem from   동

그의 성공은 작은 도전에서 비롯되었습니다.

전환하다   to convert, to change, to switch   동

회사는 디지털 플랫폼으로 빠르게 전환했습니다.

중점   focus, emphasis   명

이번 회의의 중점은 예산을 절약하는 방안입니다.

거치다   to go through, to undergo   동

그 사람은 많은 어려움을 거쳐 지금의 위치에 올랐습니다.

억제하다   to suppress, to restrain   동

정부는 물가 상승을 억제하기 위해 정책을 시행했다.

장비   equipment, device   명

작업 현장에서는 안전 장비 착용이 필수입니다.

약물   medicine, drug   명

그 환자는 병 치료를 위해 약물 복용을 시작했습니다.

병행하다   to do concurrently, to carry out simultaneously   동

직장 생활과 육아를 병행하는 것은 쉽지 않습니다.

조절하다   to adjust, to control, to regulate   동

에어컨의 온도를 26도로 조절했습니다.

그치다   to stop, to cease   동

형식적인 인사에 그치지 않고 진심으로 감사하며 편지를 썼다.

| 협력하다 | to cooperate, to collaborate | 동 |

두 회사는 공동 프로젝트로 협력하고 있습니다.

| 주기적 | periodic, regular | 명 |

주기적으로 운동하는 게 건강에 좋습니다.

| 후원금 | donation, contribution | 명 |

이번 행사에 많은 후원금이 모였습니다.

| 모금 | fundraising | 명 |

자선 단체를 위한 모금이 활발히 진행되고 있다.

| 조치 | measure, action | 명 |

당국은 긴급 조치를 취했습니다.

| 개체 | individual, entity | 명 |

이 지역에는 다양한 동물 개체가 서식하고 있다.

| 유도하다 | to induce, to guide, to lead | 동 |

선생님은 학생들의 적극적인 참여를 유도했습니다.

| 자립적 | independent, self-reliant | 명 |

그 학생은 부모로부터 독립하여 자립적인 생활을 하고 있습니다.

| 추구하다 | to pursue, to seek | 동 |

그는 항상 새로운 목표를 추구한다.

기출문제 43-44

| 역대 | all-time, historical | 명 |

역대 왕들의 업적이 궁궐 전시관에 전시되고 있다.

| 제사 | ancestral rites, memorial service | 명 |

명절마다 가족들이 모여 조상을 위한 제사를 지낸다.

정전	main hall	명

이곳은 조선시대 왕이 정사를 돌보던 정전이다.

담장	wall, fence	명

아이들은 이웃집 담장 너머로 공을 던졌다.

마주하다	to face, to confront	동

현실의 어려움을 마주할 때마다 그는 더욱 강해졌다.

위엄	dignity, majesty	명

왕은 위엄 있는 목소리로 신하들에게 명령했다.

압도되다	to be overwhelmed, to be awestruck	동

산 위에 올라가 멋진 경치에 압도된 사람들은 말을 잃었다.

단연	without a doubt, by far	명

이 소설은 단연 올해 최고의 작품으로 평가받고 있다.

일직선	straight line	명

차도가 일직선으로 뻗어 있어 운전하기 편했다.

대칭	symmetry	명

대칭을 맞추기 위해 도안을 다시 수정했다.

절로	naturally, spontaneously	부

풍경이 너무 아름다워 감탄이 절로 나왔다.

단아하다	simple and elegant	형

단아한 인테리어가 집안 분위기를 살렸다.

기둥	pillar, column	명

건물의 기둥 하나가 부서져 보수 공사가 필요했다.

절묘하다	exquisite, ingenious	형

색상의 조합이 절묘하게 어우러진다.

신성하다	sacred, holy	형

이곳은 신성한 장소이므로 조용히 해야 한다.

장엄하다	grand, majestic	형

오케스트라의 연주는 장엄한 분위기를 자아냈다.

자아내다	to create (an atmosphere), to evoke	동

그의 연기는 깊은 감동을 자아냈다.

건축미	architectural beauty	명

건축미가 뛰어난 건물은 도시의 상징이 된다.

건립	construction, establishment	명

그는 도서관 건립을 위해 많은 돈을 기부했다.

곡선	curve	명

자연스러운 곡선이 디자인의 핵심이다.

휘다	to be curved, to be bent	동

나무가 바람에 휘어졌다.

응용문제 43-44

평원	plain, grassland	명

말들이 평원에서 자유롭게 뛰놀고 있다.

무리	group, herd, pack	명

새들이 무리를 지어 하늘을 날았다.

사냥	hunting	명

사자는 사냥을 통해 새끼들에게 먹이를 준다.

개별적	individual	명

개별적 요구에 맞춘 서비스가 제공된다.

구사하다	to speak, to use	동

그는 한국어를 유창하게 구사한다.

먹잇감	prey	명

독수리는 먹잇감을 발견하고 날아갔다.

몰다	to drive, to corner	동

그는 양떼를 우리로 몰았다.

가하다	to inflict, to impose	동

적군에게 집중적으로 공격을 가했다.

분담하다	to share, to divide	동

팀원들은 각자 역할을 분담했다.

완수하다	to complete, to accomplish	동

목표를 완수하기 위해 최선을 다했다.

노리다	to aim at, to target	동

포식자는 약한 동물을 노린다.

생존	survival	명

생존을 위해 물이 꼭 필요하다.

분배	distribution, division	명

이익의 공정한 분배가 중요하다.

공격	attack, offense	명

강한 공격으로 상대 팀의 수비를 뚫고 득점에 성공했다.

방어	defense	명

태권도 경기에서 상대의 공격에 대한 방어도 중요하다.

습성	habit, instinct	명

늑대는 무리를 지어 다니는 습성을 가지고 있다.

창제하다 to create, to invent 동

세종대왕은 오랜 연구 끝에 한글을 창제했다.

백성 people, citizens 명

왕은 백성들의 고충을 직접 듣고 해결하려 했다.

설계되다 to be designed 동

이 시스템은 효율적인 운영을 위해 설계되었다.

음운 phoneme, sound 명

한국어는 복잡한 음운 체계를 가진다.

본뜨다 to model after, to imitate 동

어린이는 부모의 행동을 본떠 따라 하는 경향이 있다.

반포하다 to promulgate, to announce 동

세종대왕은 한글을 창제하여 백성들에게 반포했다.

공용 public use 명

둘 이상의 언어가 공용으로 사용되는 나라가 있다.

해석 interpretation 명

이 그림에 대한 여러 가지 해석이 존재한다.

채택되다 to be adopted 동

그의 아이디어가 최종안으로 채택되었다.

대장 large intestine 명

대장은 몸속에서 노폐물을 배출하는 데 중요한 역할을 한다.

맹장 appendix 명

맹장은 진화 과정에서 기능이 축소된 기관으로 여겨진다.

| **충수** | appendix | 명 |

충수는 맹장의 끝부분에 위치한 기관이다.

| **관여하다** | to be involved in, to participate in | 동 |

그는 회사의 주요 결정에 깊이 관여했다.

| **걸핏하면** | easily, readily | 부 |

그녀는 걸핏하면 사소한 일로 화를 낸다.

| **면역** | immune | 명 |

면역 체계가 약해지면 질병에 쉽게 걸린다.

| **미생물** | microorganism | 명 |

유산균은 장에 유익한 미생물이다.

| **비축하다** | to store, to reserve | 동 |

우리는 비상식량을 충분히 비축했다.

| **탈이 나다** | to have a problem, to go wrong | 표현 |

어제 먹은 음식 때문에 탈이 나서 병원에 갔다.

| **유익하다** | beneficial, useful | 형 |

규칙적인 운동은 건강에 유익하다.

| **유사하다** | similar, alike | 형 |

이 두 제품은 기능이 유사하다.

| **유추하다** | to infer, to deduce | 동 |

결과를 통해 원인을 유추할 수 있다.

응용문제 45-46

| **고체** | solid | 명 |

얼음은 물의 고체 상태다.

| 액체 | liquid | 명 |

물은 대표적인 액체 물질이다.

| 기체 | gas | 명 |

산소는 공기 중에 있는 기체다.

| 압력 | pressure | 명 |

깊은 바다에서는 압력이 매우 높다.

| 냉각되다 | to be cooled, to be refrigerated | 동 |

뜨거운 커피가 서서히 냉각되었다.

| 가열되다 | to be heated | 동 |

물은 섭씨 100도까지 가열되기 전에는 끓지 않는다.

| 수증기 | steam, vapor | 명 |

뜨거운 물로 샤워 후 욕실에 수증기가 가득 찼다.

| 분자 | molecule | 명 |

물 분자는 H_2O로 구성된다.

| 배열되다 | to be arranged, to be lined up | 동 |

의자가 가지런히 배열되었다.

| 부피 | volume, size | 명 |

기체는 온도에 따라 부피가 변한다.

| 방출하다 | to release, to emit | 동 |

태양은 많은 에너지를 방출한다.

| 일정하다 | constant, fixed | 형 |

실내 온도를 일정하게 유지했다.

인플레이션 inflation 〔명〕

인플레이션으로 물가가 올랐다.

직면하다 to face, to confront 〔동〕

우리는 여러 가지 문제에 직면해 있다.

통제되다 to be controlled 〔동〕

출입이 엄격하게 통제되었다.

가계 household 〔명〕

가계 지출이 늘어 가정 경제가 어려워졌다.

금리 interest rate 〔명〕

은행은 금리 인상을 발표했다.

하락하다 to fall, to decline 〔동〕

집값이 계속 하락하고 있다.

경향 tendency, trend 〔명〕

요즘 사람들은 간편한 식사를 선호하는 경향이 있다.

촉구하다 to urge, to call for 〔동〕

환경 단체는 플라스틱 사용을 줄이라고 촉구했다.

기출문제 47-48

물질 material, substance 〔명〕

물질의 상태는 온도에 따라 고체, 액체, 기체로 변할 수 있다.

자본 capital 〔명〕

창업을 위해 자본을 충분히 확보해야 한다.

주되다 to be main, to be primary 〔동〕

이 프로그램의 주된 목표는 청소년 교육이다.

| **지표** | indicator, index | 명 |

경제 지표가 경기 회복을 암시하고 있다.

| **언급되다** | to be mentioned, to be referred to | 동 |

보고서에 그의 업적이 여러 번 언급되었다.

| **입증되다** | to be proven, to be verified | 동 |

이론이 실험을 통해 입증되었다.

| **신뢰** | trust, confidence | 명 |

고객의 신뢰를 얻기 위해 최선을 다해야 한다.

| **측정하다** | to measure | 동 |

혈압을 매일 측정하는 것이 건강 관리에 중요하다.

| **불신** | distrust, suspicion | 명 |

정치권에 대한 국민의 불신이 커지고 있다.

| **절차** | procedure, process | 명 |

모든 절차를 완료한 후 결과를 발표할 예정이다.

| **원동력** | driving force, impetus | 명 |

경제 발전의 원동력은 기술 혁신이다.

| **미비하다** | insufficient, lacking | 형 |

법적 규제가 아직 미비한 상태다.

| **맹신** | blind faith | 명 |

신기술에 대한 맹신은 위험한 것이다.

| **경계하다** | to be wary of, to be cautious about | 동 |

지나친 낙관주의를 경계하는 자세가 필요하다.

| 인건비 | labor costs | 명 |

인건비 상승으로 기업의 부담이 커지고 있다.

| 절감하다 | to reduce, to cut down | 동 |

예산을 절감하기 위해 다양한 방안을 찾고 있는 중이다.

| 다만 | however, but | 부 |

모든 조건이 만족스러웠다. 다만, 가격이 너무 비쌌다.

| 자금 | funds, capital | 명 |

프로젝트를 위한 자금이 부족하다.

| 실질적 | actual, real, substantial | 명 |

실질적인 도움을 주는 지원책이 필요하다.

| 지원책 | support measures, policies | 명 |

정부는 중소기업을 위한 지원책을 발표했다.

| 과소평가하다 | to underestimate | 동 |

이 문제의 심각성을 과소평가해서는 안 된다.

| 비관적 | pessimistic | 명 |

그는 미래에 대해 비관적인 태도를 보였다.

| 침체 | stagnation, slump | 명 |

경기 침체로 많은 기업이 어려움을 겪고 있다.

| 위축되다 | to shrink, to contract | 동 |

경기 불황으로 소비가 위축되었다.

| 자영업자 | self-employed person | 명 |

자영업자들은 매출 감소로 어려움을 겪고 있다.

| 다각적 | multifaceted, diverse | 명 |

문제 해결을 위해 다각적인 접근이 필요하다.

| 급감하다 | to plummet, to decrease sharply | 동 |

코로나로 인해 매출이 급감했다.

| 감면 | reduction, exemption | 명 |

정부는 세금 감면 정책을 시행했다.

| 납부 | payment | 명 |

세금 납부는 매년 정해진 기간에 이루어진다.

| 상환 | repayment | 명 |

대출 상환 기간이 연장되었다.

| 성과 | achievement, result, performance | 명 |

이번 프로젝트에서 큰 성과를 거두었다.

| 감내하다 | to endure, to bear | 동 |

목표를 이루기 위해 많은 고통을 감내해야 한다.

| 비판하다 | to criticize | 동 |

언론은 정부의 정책을 강하게 비판했다.

기출문제 49-50

| 철학자 | philosopher | 명 |

소크라테스는 '너 자신을 알라'고 말한 철학자다.

| 도덕적 | moral | 명 |

그는 어려운 상황에서도 도덕적인 결정을 내렸다.

| 보편적 | universal, general | 명 |

사랑과 희망은 보편적인 감정으로 여겨진다.

| **동정심** | sympathy, compassion | 명 |

그는 어려운 사람을 돕고자 하는 동정심이 강하다.

| **배제하다** | to exclude, to eliminate | 동 |

그는 불필요한 요소들을 배제하고 본질에 집중했다.

| **연민** | pity, sympathy | 명 |

그는 고통받는 사람들에게 연민을 느꼈다.

| **채권자** | creditor | 명 |

채권자는 대출 상환이 늦어지면 이자를 요구할 수 있다.

| **정당하다** | justified, legitimate, rightful | 형 |

정당한 절차 없이 처벌을 내릴 수 없다.

| **외면하다** | to ignore, to turn a blind eye | 동 |

현실을 외면하면 문제를 해결할 수 없다.

| **선하다** | good, virtuous | 형 |

선한 마음은 주변 사람들에게 긍정적인 영향을 준다.

| **견해** | view, opinion | 명 |

다른 사람의 견해를 존중하는 자세가 필요하다.

| **이견** | different opinion, disagreement | 명 |

이견이 많아 합의에 도달하는 데 시간이 걸렸다.

| **자제하다** | to refrain, to abstain | 동 |

감정적으로 대응하지 않고 자제하는 것이 중요하다.

| **당위성** | validity, legitimacy | 명 |

교육 개혁의 당위성이 강조되고 있다.

| **과대평가** | overestimation | 명 |

그는 자신의 능력을 과대평가했다.

섣부르다   hasty, premature   형

섣부른 결정을 내리지 않도록 신중해야 한다.

제기하다   to raise (an issue), to bring up   동

이론의 타당성에 의문을 제기했다.

응용문제 49-50

평론가   critic   명

이 영화는 평론가들로부터 좋은 평가를 받았다.

기법   technique, method   명

이 작품은 독특한 기법을 사용했다.

주관적   subjective   명

예술 작품에 대한 평가는 주관적이다.

의존하다   to depend on, to rely on   동

그는 부모에게 경제적으로 의존하고 있다.

조화   harmony, balance   명

전통과 현대의 조화가 돋보인다.

치밀하다   detailed, meticulous   형

그는 치밀하게 계획을 세웠다.

긴밀하다   close, intimate   형

협력 팀원들 간의 긴밀한 소통이 필요하다.

측면   aspect, side   명

이 문제를 여러 측면에서 검토해야 한다.

되돌아보다   to look back on, to reflect on   동

실수를 되돌아보고 교훈을 얻어야 한다.

| 상업적 | commercial | 명 |

상업적인 목적이 지나치면 본질이 훼손될 수 있다.

| 비례대표제 | proportional representation | 명 |

국회는 비례대표제 개혁을 논의 중이다.

| 정당 | political party | 명 |

정당은 국민의 목소리를 대변해야 한다.

| 국회 | National Assembly, parliament | 명 |

국회에서 예산안이 통과되었다.

| 더디다 | slow, sluggish | 형 |

회복 속도가 예상보다 더디다.

| 정국 | political situation | 명 |

정국이 불안정하면 정책 추진이 어렵다.

| 기반 | foundation, basis | 명 |

기술 발전이 경제 성장의 기반이 된다.

| 현행 | current, existing | 명 |

현행 제도는 많은 비판을 받고 있다.

| 모색하다 | to seek, to explore | 동 |

정부는 해결책을 모색하고 있다.

| 중립적 | neutral | 명 |

토론이 진행되는 동안 사회자는 중립적인 자세를 가져야 한다.

📝 쓰기

기출문제 51-52

피부과   dermatology clinic   명

여드름이 심해져서 오늘 피부과에 다녀왔다.

만약   if, in case   부

만약에 시험에 합격한다면 가족들과 축하 파티를 할 거예요.

변경   change   명

예약 시간 변경은 다음주부터 가능합니다.

뇌   brain   명

뇌에서 언어를 관장하는 부분은 좌반구에 위치한다.

호르몬   hormone   명

출산 후의 급격한 호르몬 변화도 일시적으로 감정의 변화를 가져올 수 있다.

중독되다   to be poisoned   동

그 사람은 하루 종일 커피를 마셔야 살 정도로 카페인에 중독되었다.

응용문제 51-52

따르다   to follow   동

내 동생은 어릴 때부터 나를 잘 따랐다.

반응하다   to react   동

그 아이의 이름을 부르자 바로 반응했다.

사라지다   to disappear   동

방금 전까지 있었던 휴대폰이 갑자기 사라졌다.

부르다	to call	동

선생님이 이름을 부를 때 바로 대답해야 합니다.

묵독	reading silently	명

최근 음독에서 묵독으로 독서의 방식이 전환되고 있다.

낭독	recitation	명

법정에서 판결문 낭독이 시작되자 모두 조용해졌다.

일반적	general, usual	명 관

일반적으로 큰 섬은 화산의 대폭발로 생겨난 것이 많다.

동시	simultaneity	명

우리 팀은 경기 시작과 동시에 한 골을 먹고 말았다.

연습문제 51-52

회원	member	명

학교의 동아리들은 보통 3월에 신입 회원을 모집한다.

등록	registration	명

수영을 배우고 싶어서 오늘 수영 교실에 등록을 했다.

수강료	tuition fee	명

물가가 많이 올라서 학원의 수강료도 계속 오르고 있다.

계좌	bank account	명

은행에서 내 명의로 신규 계좌를 개설했다.

기후	climate	명

지구 온난화로 인해 세계의 기후가 급격하게 변하고 있다.

겹치다	to overlap	동

같은 크기의 그릇들을 겹쳐 놓아야 깨끗해 보인다.

| 막다 | to block | 동 |

우리 집은 앞에 있는 큰 건물이 햇빛을 막고 있어 어둡다.

| 진하다 | thick, strong, concentrated | 형 |

졸릴 때 진한 커피를 한 잔 마시면 잠이 깬다.

기출문제 53

| 매출액 | sales | 명 |

백화점들의 매출액은 계절에 따라 차이가 있다.

| 대형 | large-scale | 명 |

요즘 대형 가전제품을 선호하는 소비자가 늘고 있다.

| 접근성 | accessibility | 명 |

그 동네에 지하철이 개통되면 접근성이 크게 개선될 것이다.

| 향상 | improvement | 명 |

체육 시간을 늘림으로써 학생들의 체력을 향상시킬 수 있다.

| 소포장 | small packaging | 명 |

마트에서도 채소나 과일의 소포장 제품이 인기를 얻고 있다.

| 수요 | demand | 명 |

판매에서는 수요와 공급 사이에 균형을 맞추는 것이 중요하다.

| 전망 | prospect, outlook | 명 |

앞으로 경기가 회복될 것이라는 전망이 나왔다.

응용문제 53

| 평균기온 | average temperature | 명 |

올해 여름의 평균기온이 작년보다 1℃ 높아졌다.

| 이산화탄소 | carbon dioxide | 명 |

공장에서 배출되는 이산화탄소가 온난화의 주요 원인이다.

| 온실가스 | greenhouse gas | 명 |

온실가스 배출을 줄이기 위한 정책이 전 세계적으로 필요하다.

| 배출 | emission, discharge | 명 |

이 자동차는 가스의 배출이 적어 친환경 차량으로 분류된다.

| 추가 | additional | 명 |

기온이 오르는 것을 막기 위해 추가 정책을 도입해야 한다.

| 상승 | rise, increase | 명 |

기름값의 상승으로 인해 생활비 부담이 커지고 있다.

연습문제 53

| 세대 | generation | 명 |

지금은 활자에 익숙한 세대와 영상에 익숙한 세대가 공존하고 있다.

| 달리기 | running | 명 |

형과 동생이 달리기 시합에서 나란히 1, 2위를 차지했다.

| 참가자 | participant | 명 |

이번 대회에서는 참가자 전원에게 기념품을 증정한다.

| 비율 | percentage, proportion | 명 |

중간시험에서는 주관식과 객관식이 같은 비율로 출제되었다.

| 부담 | burden, load | 명 |

해외여행은 경제적으로 꽤 부담이 된다.

기출문제 54

| 생산하다 | to produce | 동 |

이 공장에서는 자동차 부품을 생산하고 있다.

| 대중 | the public, the masses | 명 |

우리 도시는 대중을 위한 문화 시설이 부족한 편이다.

| 유통 | distribution, circulation | 명 |

최근 가짜 약이 유통되고 있어 주의가 요구된다.

| 집단 | group | 명 |

개인과 집단의 이익이 충돌하는 경우가 많다.

| 등장 | appearance, emergence | 명 |

AI의 등장으로 우리 사회는 큰 변화를 겪게 되었다.

| 미치다 | to affect, to influence, to have an effect on | 동 |

부모님의 기대에 미치지 못해 늘 죄송스럽다.

응용문제 54

| 급격하다 | rapid, sudden, drastic | 형 |

최근 국제 정세가 급격하게 변하고 있다.

| 연령 | age | 명 |

연령에 따라 박물관 입장료에는 차이가 있다.

| 인격 | personality, character | 명 |

부부 사이에는 서로의 인격을 존중하는 것이 매우 중요하다.

| 가치관 | values | 명 |

교사들은 학생들이 올바른 가치관을 형성할 수 있도록 해야 한다.

| 분분하다 | divided, varied | 형 |

언어의 기원에 대해서는 여러 의견이 분분하다.

연습문제 54

| 통신 | telecommunications | 명 |

통신이 발달해서 외국에 있는 친구들과도 쉽게 연락할 수 있다.

| 기술 | technology | 명 |

정비사의 기술이 좋아서 자동차를 금방 수리했다.

| 재택근무 | working from home, telecommuting | 명 |

나는 내일부터 출근하지 않고 재택근무를 하게 되었다.

| 확대되다 | to expand, to be enlarged | 동 |

저출산 문제를 해결하려면 정부의 지원이 확대되어야 한다.

| 도입하다 | to introduce, to adopt | 동 |

교육부는 새로운 교육제도를 도입하기로 했다.

| 원활하다 | smooth, seamless | 형 |

환경 문제로 물이 원활하게 공급되지 않는 지역이 늘고 있다.

| 업무 | task, duty, work | 명 |

김 과장은 요즘 과중한 업무에 시달리고 있다.

| 수행하다 | to carry out, to perform, to conduct | 동 |

경찰의 임무를 수행하다 보면 위험한 순간이 찾아오기도 한다.

| 소통 | communication | 명 |

팀원들끼리 소통이 잘 되어야 좋은 성과를 낼 수 있다.

| 부작용 | side effect | 명 |

그 약의 부작용인지 어제부터 두통이 계속되고 있다.

📖 읽기

등산   hiking, mountain climbing   명

등산을 가면 좋은 공기를 마실 수 있어서 좋아요.

포장하다   to pack, to wrap   동

선물할 수 있게 포장해 주세요.

깨지다   to be broken   동

컵이 깨져서 손을 다쳤어요.

이따가   later, in a while   부

지금은 바쁘니까 조금 이따가 전화할게요.

설거지   dishwashing   명

설거지는 밥을 먹자마자 해야 해요.

봉사   volunteer   명

봉사 활동은 힘이 드는 반면에 보람이 있다.

참여하다   to participate   동

친구들을 사귀기 위해 동아리 활동에 적극적으로 참여하고 있다.

몰리다   to flock, to swarm   동

이 길을 출퇴근 시간에 자동차들이 몰려서 아주 혼잡하다.

| **인생** | life | 명 |

나는 지금까지 행복한 인생을 살아 왔다고 생각한다.

연습문제 3-4

| **물가** | price | 명 |

물가는 오르는데 월급은 그대로여서 생활이 힘들어졌다.

| **절약하다** | to save, to economize | 동 |

어릴 때부터 용돈을 절약해서 쓰는 습관을 가지는 게 중요하다.

기출문제 5-8

| **정성** | sincerity, devotion | 명 |

비싸지 않아도 정성이 들어 있는 선물이면 좋겠어요.

| **담다** | to put in | 동 |

음식을 그릇에 예쁘게 담아 주세요.

| **신선하다** | fresh | 형 |

신선한 재료로 만들었으니까 맛있을 거예요.

| **승강장** | platform | 명 |

친구와 지하철 승강장에서 만나기로 했어요.

| **출입문** | door | 명 |

출입문이 열리자마자 어떤 사람이 뛰어나오더라고요.

| **무리하다** | to overdo, to strain oneself | 동 |

무리한 운동은 오히려 건강에 좋지 않아요.

응용문제 5-8

| **안방** | main bedroom, master bedroom | 명 |

아버지가 안방에서 주무세요.

선명하다	clear, vivid	형

사진이 선명하지 않아서 누군지 잘 모르겠어요.

생생하다	vivid, lively	형

어제 꾼 꿈이 생생하게 기억나요.

화면	screen	명

TV화면은 크면 클수록 좋아요.

현관	entrance, front door	명

택배는 현관 앞에다가 놓아 주세요.

출입문	door	명

한 승객이 급한 일이 있는지 출입문이 열리자마자 뛰어내렸다.

교체하다	to replace, to change	동

휴대폰 액정이 깨져서 교체해야 돼요.

작업	work, task, operation	명

생각보다 작업 시간이 길어져서 퇴근이 늦어졌어요.

소음	noise	명

에어컨 소음이 갑자기 심해진 걸 보니까 고장이 난 것 같아요.

양해	understanding, consideration	명

비로 인해 경기가 다소 늦게 시작되는 점 양해 바랍니다.

연습문제 5-8

무덥다	hot and humid, sultry	형

장마가 길어서 그런지 올해 여름은 특히 무더웠어요.

든든하다	reliable, reassuring	형

아침에 밥을 잘 챙겨 먹었더니 든든하네요.

끼	meal	명

요즘 바빠서 하루에 한 끼 먹기도 힘들어요.

그립다	to miss, to long for	형

고향을 떠난 지 오래돼서 고향이 그리워요.

구역	section, zone, area	명

여기는 금연 구역이므로 담배를 피우시면 안 됩니다.

제한	restriction, limitation	명

영화나 공연 관람에는 나이 제한이 있습니다.

구입하다	to purchase, to buy	동

날씨가 추워져서 새로 패딩을 구입했어요.

영수증	receipt	명

물건을 산 후에는 영수증을 꼭 받아 두세요.

기출문제 9-12

대상	target, object	명

요즘 1인 가구를 대상으로 하는 제품이 많이 개발되고 있다.

제출	submission	명

신청 서류는 이번 주까지 제출해야 한다.

이동	movement, transportation	명

여행 중 이동할 때는 버스를 이용하려고 한다.

수단	means, method	명

언어는 인간이 의사소통을 하는 수단이다.

응답하다	to respond, to answer	동

설문 조사에서 '휴가를 간다'고 응답한 사람이 절반을 넘었다.

| **비율** | percentage, proportion | 명 |

초등학교는 여학생의 비율이 남학생보다 높다.

| **소비자** | consumer | 명 |

광고는 물건을 살 소비자들에게 큰 영향을 미친다.

| **선정** | selection | 명 |

그 회사는 새 건물이 들어설 장소 선정을 마쳤다.

| **시상식** | awards ceremony | 명 |

올해 졸업식에서는 발표와 시상식도 함께 진행될 예정이다.

| **개최되다** | to be held | 동 |

4년 뒤에 이 도시에서 올림픽이 개최될 것이다.

| **투표** | vote | 명 |

내일은 선거가 있어서 투표하러 가야 한다.

| **포함되다** | to be included | 동 |

이 제품의 가격에는 세금이 포함되어 있다.

| **사연** | story, anecdote | 명 |

라디오에서는 청취자들이 보낸 사연을 소개하고 선물도 준다.

| **잔잔하다** | calm, peaceful | 형 |

오늘은 바다의 파도가 잔잔해서 수영하기에 좋을 것 같다.

| **감동** | impression, touch | 명 |

영화를 보고 감동을 받아서 눈물까지 흘렸다.

| **피해** | damage, harm | 명 |

이번 지진으로 인한 피해가 생각보다 적어서 다행이다.

| **망가지다** | to be broken, to be damaged | 동 |

바람이 너무 심하게 불어서 우산이 다 망가져 버렸다.

고객　　　　　　customer, client　　　　　　명

그 점원은 매장을 찾는 고객들을 아주 친절하게 대한다.

가전제품　　　　home appliance　　　　　명

오랫동안 써 온 가전제품들이 낡아서 새것으로 바꾸고 싶다.

입장료　　　　　entrance fee　　　　　　명

이 공연은 6세 미만의 아이들에게는 입장료를 받지 않는다.

성인　　　　　　adult　　　　　　　　명

보통 성인에게만 투표권이 주어진다.

아동　　　　　　child　　　　　　　　명

이번 대회는 유치원 아동들을 대상으로 개최된다.

난로　　　　　　heater, stove　　　　　명

바깥의 날씨가 추워서 난로를 켜도 방이 따뜻해지지 않는다.

미디어　　　　　media　　　　　　　명

오늘날 우리는 다양한 형태의 미디어를 통해 정보를 얻고 있다.

기타　　　　　　other, miscellaneous　　　명

공장 지역의 오염이 기타 지역보다 훨씬 심한 것으로 나타났다.

동일하다　　　　identical, same　　　　동

'의복'과 '옷'은 동일한 대상을 가리킨다.

도서　　　　　　book　　　　　　　　명

많은 도서 가운데 좋은 책을 고르는 것은 쉬운 일이 아니다.

응원　　　　　　support, cheering　　　　명

경기가 진행되는 동안 목이 아플 정도로 우리 팀을 응원했다.

| 동화 | fairy tale, children's story | 명 |

우리 아이는 꼭 자기 전에 동화를 읽어 달라고 한다.

| 신용카드 | credit card | 명 |

요즘은 신용카드보다 휴대폰으로 결제하는 경우 늘고 있다.

| 발견하다 | to discover, to find | 동 |

여행 중에 아주 맛있는 식당을 발견했다.

| 맡기다 | to leave (something with someone), to entrust | 동 |

옷이 더러워져서 세탁소에 맡기려고 한다.

| 되찾다 | to recover, to retrieve | 동 |

어릴 때 미아가 되었던 그 사람은 30년만에 이름을 되찾았다.

| 언론 | media, press | 명 |

그의 오랜 기부 활동은 언론 보도를 통해 세상에 알려졌다.

연습문제 9-12

| 강습 | training, intensive course | 명 |

한 달 동안 무료로 테니스 강습을 받을 수 있는 기회가 생겼다.

| 대체 | substitute, replacement | 명 |

요즘 고기의 대체 식품으로 콩이 주목 받고 있다.

| 직장인 | office worker | 명 |

직장인들은 매달 월급날만을 손꼽아 기다리는 것 같다.

| 긍정적 | positive | 명 |

운동은 정신 건강에도 긍정적인 영향을 미친다고 한다.

| 교포 | Korean expatriate, overseas Korean | 명 |

내 친구는 재미 교포와 결혼해서 미국에 자리를 잡을 예정이다.

| 강연 | lecture, speech | 명 |

그 작가는 강연을 끝낸 후에 청중들과 사진을 찍었다.

| 지원하다 | to support, to aid | 동 |

학교에서는 가정 형편이 어려운 학생들의 학비를 지원하고 있다.

| 달하다 | to reach, to amount to | 동 |

인터넷 사용 인구가 80%에 달한다.

| 폭우 | heavy rain, downpour | 명 |

기상 이변으로 폭우가 내리는 날이 더 많아지고 있다.

| 끊기다 | to be cut off, to be disconnected | 동 |

지하철이 12시 반에 끊기기 때문에 그 전에 돌아가야 한다.

| 잠기다 | to be submerged, to be flooded | 동 |

갑작스럽게 쏟아진 폭우로 일부 도로가 물에 잠겼다.

| 인명 | human life | 명 |

이번 사고에서 다행히 인명 피해는 없는 것으로 조사되었다.

| 복구 | restoration, recovery | 명 |

무너진 건물을 복구하는 데는 오랜 시간이 걸린다고 한다.

기출문제 13-15

| 사업 | business, project | 명 |

아버지 사업이 잘 안 돼서 요즘 경제적으로 어려워요.

| 시도 | attempt, try | 명 |

한 번만 더 시도를 해 보고 안 되면 포기하세요.

| 퇴사 | resignation, leaving a job | 명 |

건강이 안 좋아서 얼마 전에 퇴사를 하고 집에서 쉬고 있어요.

고려하다	to consider	동

시간을 고려하면 비행기를 타고 가는 게 오히려 더 싸요.

그만두다	to quit, to stop	동

꾸준히 해 오던 운동을 그만뒀더니 살이 찌기 시작하더라고요.

응용문제 13-15

달리기	running	명

요즘 달리기 열풍이 불면서 운동화 판매가 증가하고 있다.

꾹	tightly, firmly	부

버튼이 고장나서 꾹 눌러야 열려요.

참다	to endure, to bear	동

다른 건 다 괜찮은데 배고픈 건 못 참겠어요.

저절로	automatically, by itself	부

주차되었던 차가 갑자기 저절로 움직여서 깜짝 놀랐어요.

(눈이) 떠지다	to open, to (become) awake	동

너무 많이 울었더니 눈이 안 떠질 정도로 퉁퉁 부었어요.

아쉽다	to be a pity, to be regrettable	형

그 드라마를 너무 좋아했는데 벌써 마지막회라니 너무 아쉬워요.

연습문제 13-15

근거	evidence, grounds	명

근거 없는 소문은 믿지 않는 게 좋다.

미신	superstition	명

미신은 과학적으로는 설명되지 않지만 믿는 사람이 아직도 많다.

미끄럽다	slippery	형

눈이 많이 와서 길이 미끄러우니까 조심하세요.

| 올바르다 | correct, right, proper | 형 |

건강을 유지하기 위해서는 올바른 식습관이 필요합니다.

| 소통 | communication | 명 |

세대 간의 갈등은 소통이 원활하지 않아서 생기는 경우가 많다.

| 늘어나다 | to increase, to grow | 동 |

서구화된 식습관 때문에 비만 환자가 갈수록 늘어나고 있다.

| 갈등 | conflict | 명 |

사춘기 때 부모님과의 갈등이 심해서 많이 힘들었다.

| 충돌하다 | to collide, to clash | 동 |

택시와 배달 오토바이가 충돌해서 배달 기사가 크게 다쳤다.

| 처하다 | to be in (a situation), to be placed (in a position) | 동 |

친구가 요즘 안 좋은 상황에 처해 있어서 걱정이 된다.

| 가치관 | values | 명 |

아버지하고 가치관이 달라서 자주 싸우게 된다.

| 발효 | fermentation | 명 |

치즈는 대표적인 발효 식품이다.

| 유산균 | lactic acid bacteria | 명 |

김치에는 유산균이 많이 들어 있어서 건강에도 좋다.

| 무기질 | minerals | 명 |

몸에 무기질이 부족하면 뼈가 약해질 수 있다.

| 암 | cancer | 명 |

할머니가 암에 걸리셔서 얼마 전에 돌아가셨다.

| 섭취 | intake, ingestion | 명 |

한국 사람들은 국이나 찌개를 많이 먹어서 소금 섭취량이 많은 편이다.

| **투명하다** | transparent | 형 |

식탁 위에 투명한 컵이 몇 개 놓여 있다.

| **소재** | material | 명 |

이 드라마는 한국의 역사를 소재로 해서 만든 것이다.

| **달다** | to attach, to stick | 동 |

옷에 새 단추를 달았다.

| **막** | membrane, film | 명 |

우유를 오래 두었더니 컵 가장자리에 막이 생겼다.

| **씌우다** | to cover, to put over | 동 |

눈이 많이 올 것 같아서 자동차에 덮개를 씌워 두었다.

| **물기** | moisture, dampness | 명 |

머리를 감고 물기를 털어 냈다.

| **흡수하다** | to absorb | 동 |

꽃이 물을 잘 흡수할 수 있도록 뿌리를 닦아 주었다.

| **오히려** | rather, on the contrary | 부 |

약속 시간에 늦은 친구가 오히려 나에게 화를 냈다.

| **뮤지컬** | musical | 명 |

뮤지컬은 춤과 노래가 함께 하는 종합 예술이다.

| **역할** | role | 명 |

그 배우는 아무리 작은 역할이라도 최선을 다한다.

| **출연하다** | to appear, to perform | 동 |

내가 좋아하는 가수가 인기 있는 프로그램에 출연하게 되었다.

연기	acting, performance	명

배우한테 제일 중요한 것은 연기 실력이라고 생각한다.

색다르다	unique, different	형

외국 여행을 하다 보면 색다른 경험을 많이 할 수 있다.

반복하다	to repeat	동

이 단어는 어려우니까 반복해서 외우는 게 좋다.

관람하다	to watch, to see	동

어제는 직접 야구 경기장에 가서 경기를 관람했다.

개성	individuality, personality	명

저 사람은 개성이 강해서 다른 사람들과 비슷한 옷은 안 입는다.

응용문제 16-18

열대야	tropical night (a hot and humid night)	명

밤까지 이어지는 더위로 인해 열대야에 시달리는 사람이 많다

불면증	insomnia	명

불면증이 있는 사람은 저녁 시간에 커피를 안 마시는 게 좋다.

효과적	effective	명

외국어를 배울 때 두 가지를 같이 배우는 게 효과적이라고 한다.

근육	muscle	명

나이가 들면 근육이 빠지기 때문에 꾸준히 운동을 해야 한다.

체온	body temperature	명

사람 몸의 정상적인 체온은 36.5℃~37.8℃라고 한다.

숙면	sound sleep, deep sleep	명

요즘 시험에 대한 스트레스 때문에 숙면을 취하기가 힘들다.

애정　　　　　affection, love　　　　　　　명

우리 남편은 애정 표현에 아주 서툰 편이다.

신뢰　　　　　trust, confidence　　　　　　명

그 회사는 허위 광고로 소비자들에게 신뢰를 잃고 말았다.

반면　　　　　on the other hand, in contrast　명

새로 이사한 집은 거실은 넓은 반면 부엌은 아주 좁다.

공격적　　　　aggressive　　　　　　　　　명

공격적인 태도로 말하는 사람과는 대화가 이어질 수 없다.

두려움　　　　fear　　　　　　　　　　　　명

밤 늦게 혼자 어두운 길을 걷다 보면 두려움을 느낄 때가 있다.

분노　　　　　anger, rage　　　　　　　　　명

친구가 나를 또 속였다는 사실에 큰 분노를 느꼈다.

외부　　　　　external, outside　　　　　　명

건물 외부에 화장실이 있어서 좀 불편하다.

수분　　　　　moisture, hydration　　　　　명

겨울철 피부 건강을 위해서는 수분 유지가 매우 중요하다.

성능　　　　　performance, capability　　　명

이 청소기는 성능이 좋아서 작은 먼지까지 모두 흡수한다.

전력　　　　　electric power　　　　　　　명

여름철에는 에어컨 사용으로 전력 문제가 발생하기도 한다.

낭비　　　　　waste　　　　　　　　　　　명

이 일을 계속 하는 건 시간 낭비라는 생각이 들어서 그만두었다.

| 재산 | property, assets | 명 |

그분은 자신의 재산을 가난한 학생들을 돕는 데 내 놓았다.

기출문제 19-20

| 매섭다 | fierce, harsh, intense | 형 |

작품을 심사하는 선생님들의 눈초리가 몹시 매서웠다.

| 남극 | Antarctica | 명 |

기상 이변으로 남극이 빙하가 빠른 속도로 녹고 있다.

| 겹겹이 | in layers | 부 |

옷을 겹겹이 껴 입었는데도 추운 것은 어쩔 수 없었다.

| 견디다 | to endure, to withstand | 동 |

이 기간만 잘 참고 견디면 좋은 결과를 얻을 수 있을 것이다.

| 무리 | group, flock | 명 |

한 무리의 개들이 거리를 떠돌고 있어서 시민들이 공포에 떨었다.

| 데우다 | to warm up, to heat | 동 |

너무 찬 우유를 마시면 배탈이 날 수 있으니 좀 데워서 드세요.

| 떨다 | to shiver, to tremble | 동 |

추운 데서 오래 떨었더니 몸살이 난 것 같다.

| 줄곧 | continuously, all along | 부 |

그는 고등학교 때 줄곧 1등을 놓치지 않았다.

응용문제 19-20

| 지속되다 | to continue, to last | 동 |

아버지의 병은 나아지지 않고 좋지 않은 상태가 지속되고 있다.

진단되다	to be diagnosed	동

아이가 기침을 심하게 해서 걱정을 많이 했는데 가벼운 감기로
진단돼서 다행이었다.

초래하다	to cause, to bring about	동

그동안의 무관심이 이런 비극을 초래했다고 볼 수 있다.

인식	awareness, perception	명

수출 초기에 비해서 우리 제품에 대한 인식이 많이 좋아졌다.

증상	symptom	명

특별한 증상이 없어서 별 걱정을 안 했는데 암이라니요.

개선	improvement	명

이번 방학에 교실 환경 개선 공사가 진행될 예정입니다.

연습문제 19-20

설치	installation	명

주말에 쓰레기 소각장 설치에 반대하는 집회가 있을 예정입니다.

범죄	crime	명

이 동네에서 최근 범죄가 여러 건 발생했다.

기여하다	to contribute	동

우리 회사에서는 문화 예술 발전에 기여한 분들을 선정해서 상을
드리고 있습니다.

침해하다	to infringe, to violate	동

책을 함부로 복사해서 쓰는 것은 저작권을 침해하는 행위입니다.

양면성	two-sidedness, duality	명

누구나 동전의 앞뒷면처럼 선과 악의 양면성이 있을 수 있다.

지니다	to possess, to have	동

그는 매우 겸손하고 바른 성품을 지니고 있다.

| **무분별하다** | indiscriminate, reckless | 형 |

도시가 무분별하게 개발되고 있어서 우려하는 사람들이 많다.

| **인권** | human rights | 명 |

공공의 이익도 중요하지만 개인의 인권이 무시되면 안 된다.

| **위협하다** | to threaten, to endanger | 동 |

그는 크게 주목받지 못하는 선수였으나 최근 실력이 부쩍 늘면서
어느새 1위의 자리를 위협하는 존재가 되었다.

| **권리** | right, entitlement | 명 |

권리를 요구하기 전에 먼저 책임을 다 했는지를 생각해 봐야 한다.

| **한정하다** | to limit, to restrict | 동 |

도서관에서 책을 빌릴 수 있는 사람을 재학생으로 한정하였다.

| **최소화하다** | to minimize | 동 |

태풍의 피해를 최소화하기 위해 정부가 최선을 다하고 있다.

| **보안** | security, safety | 명 |

기업들은 기술 유출을 막기 위해 보안에 많은 신경을 쓰고 있다.

| **방침** | policy, guideline | 명 |

학교 방침에 따라 신입생은 수영을 필수로 배워야 한다.

| **명확히** | clearly | 부 |

제품을 판매할 때 교환이나 환불 기준을 명확히 알려 주세요.

| **주체** | main agent | 명 |

이번 행사는 학생들이 주체가 되어 진행하는 것이 좋겠다.

| **보장하다** | to guarantee, to ensure | 동 |

아이들의 안전을 보장하지 못하면 행사에 참가시키지 않겠다.

수요   demand   명

날씨가 더워지면서 에어컨의 수요가 크게 증가했다.

돈벌이   making money, earning a living   명

직업을 돈벌이의 수단으로만 생각하면 안 된다.

급급하다   engrossed in, preoccupied with   형

그는 거짓말이 밝혀지자 변명하기에 급급했다.

관계자   person concerned, stakeholder   명

이 곳은 행사 관계자만 출입할 수 있다.

복제품   replica, copy   명

명품의 가격이 크게 오르자 복제품 판매도 늘었다.

쏟다   to pour, to devote (effort)   동

그는 자리에 앉자마자 사장님에 대한 험담을 쏟아 냈다.

행태   behavior, conduct   명

다른 사람을 무시하는 듯한 행태는 즉시 바로잡아야 한다.

우려하다   to be concerned, to worry   동

전기 수요의 증가로 정부는 전기 부족 사태를 우려하고 있다.

생성   generation, creation   명

이 책에서는 우주의 생성 원리에 대해 설명하고 있다.

인공 지능   artificial intelligence   명

이 방에는 인공 지능 센서가 부착되어 있어 온도와 습도가 자동으로
조절된다.

결합	combination, union	명

물은 산소와 수소의 결합으로 이루어진다.

저작권	copyright	명

저작자가 사망한 뒤에도 저작권을 보호를 받을 수 있다.

침해	infringement, violation	명

연예인에 대한 대중 매체의 사생활 침해가 점점 심해지고 있다.

보호	protection	명

환경 보호는 미래의 후손을 위하여 아주 중요한 과제이다.

법적	legal	관

이번 사건은 최종적으로 법적 책임을 가려야 끝난다.

연습문제 21-22

급증하다	to increase rapidly, to surge	동

최근 기온이 급격히 떨어짐에 따라 감기 환자가 급증했다.

반응	reaction, response	명

이번 영화에 대한 관객들의 반응이 기대에 못 미친다.

저하	decline, deterioration	명

스마트폰 사용이 늘면서 학생들의 시력 저하가 심해졌다.

인지	cognitive	명

손을 이용한 놀이는 아이들의 인지 발달에도 도움이 된다.

대책	countermeasure, solution	명

비로 인한 피해를 줄이려면 보다 현실적인 대책이 필요하다.

마련하다	to prepare, to arrange, to come up with	동

집에 손님을 초대하면 음식 마련이 제일 걱정이다.

| **시급하다** | urgent, pressing | 형 |

일손이 부족할 때는 **시급한** 문제부터 해결해야 한다.

| **지적하다** | to point out, to indicate | 동 |

심사위원들은 원곡에 대한 이해가 부족한 점을 **지적했다**.

기출문제 23-24

| **창고** | storage room | 명 |

사 놓고 사용하지 않는 물건이 **창고**에 가득하다.

| **선반** | shelf | 명 |

지하철 **선반** 위에 가방을 놓아 두고 그냥 내렸다.

| **펼치다** | to spread, to unfold | 동 |

책을 사자마자 첫 페이지를 **펼쳐서** 작가 소개를 읽어 보았다.

| **왈칵** | suddenly, all at once | 부 |

오랜만에 엄마 얼굴을 보니까 나도 모르게 눈물이 **왈칵** 쏟아졌다.

| **두근거리다** | to pound, to throb | 동 |

곧 내 차례가 된다고 생각하니 가슴이 **두근거리고** 식은 땀이 나기
시작했다.

| **적다** | to write | 동 |

내가 방학동안 해야 할 일을 꼼꼼히 **적어** 놓았다.

| **빼곡히** | densely, closely | 부 |

수첩에는 그동안의 연습 과정이 **빼곡히** 쓰여 있었다.

| **흔적** | trace, mark, sign | 명 |

선수의 유니폼에는 치열했던 경기의 **흔적**이 고스란히 남아 있었다.

응용문제 23-24

| 맴돌다 | to linger, to hover | 동 |

시간이 많이 흘렀지만 살려 달라는 아이의 목소리가 계속 귓가에 맴돌았다.

| 찰나 | instant, moment | 명 |

현관문을 나서려는 찰나에 전화벨이 울렸다.

| 진심 어리다 | sincere, heartfelt | 표현 |

이번 사고로 가족을 잃은 사람들에게 진심 어린 위로를 전했다.

| 토로하다 | to express, to vent | 동 |

직원들은 회의가 시작되자 그동안 쌓였던 불만을 토로하기 시작했다.

| 쏜살같이 | like an arrow, very quickly | 부 |

먹이를 먹던 고양이는 사람이 나타나자 쏜살같이 달아났다.

| 생동감 | vividness, liveliness | 명 |

스피커가 좋아서 그런지 소리에 생동감이 넘친다.

연습문제 23-24

| 불안정하다 | unstable, unsteady | 형 |

지금 하는 일이 좋기는 하지만 불안정한 점이 마음에 걸린다.

| 바람을 가르다 | to cut through the wind | 표현 |

오토바이를 타고 바람을 가르며 달릴 때가 가장 짜릿하다.

| 지팡이를 짚다 | walk with a stick(cane) | 표현 |

교통사고로 다리를 다쳐서 한동안 지팡이를 짚고 다녀야 한다.

| 목이 메이다 | to have a lump in one's throat | 표현 |

어머니를 잃고 슬퍼하는 친구를 보니 목이 메여서 말을 할 수가 없었다.

추락   fall, crash   명

비행기 추락으로 많은 인명 피해가 발생했다.

안전벨트   seat belt   명

버스가 출발하기 전에 안전벨트를 매야 한다.

승객   passenger   명

새벽에 지하철을 타면 승객들이 없어서 빈 자리가 많다.

전원   all members, everyone   명

우리 반 학생 전원이 대학 입학 시험에 합격해서 아주 기뻤다.

목숨   life   명

그 소방관은 화재 현장에서 많은 사람들의 목숨을 구했다.

건지다   to save, to rescue   동

평소에 배워 둔 수영 실력 덕분에 목숨을 건질 수 있었다.

간판   signboard, billboard   명

요즘은 한국어로 된 간판을 찾아보기가 힘들다.

싹쓸이   clean sweep, taking everything   명

도둑이 들어와서 가게의 물건을 싹쓸이 해 갔다.

거래   transaction, deal   명

그 기업은 여러 은행과의 거래를 일시에 중단했다.

사기   fraud, scam   명

순진한 노인들을 상대로 사기를 친 범인이 붙잡혔다.

마련   preparation   명

아들의 대학 등록금을 마련하기 위해 적금을 해약하려고 한다.

| 미흡 | inadequate, insufficient | 명 |

이번 공연은 홍보 미흡으로 관객을 동원하는 데 실패했다.

응용문제 25-27

| 몸살 | aches and pains, troubles | 명 |

몸살이 났을 때는 약을 먹고 푹 쉬어야 한다.

연습문제 25-27

| 입맛 | taste, appetite | 명 |

감기를 앓고 났더니 입맛이 없어서 우유만 마셨다.

| 각양각색 | various, diverse | 명 |

백화점에 가면 각양각색의 상품들을 두루 구경할 수 있다.

| 취향 | preference | 명 |

거기에는 다양한 메뉴가 있어서 취향에 따라 골라 먹으면 된다.

| 전용 | exclusive, dedicated | 명 |

환자 전용 엘리베이터는 내부 공간이 더 크게 제작된다.

| 신나다 | to be excited, to be thrilled | 동 |

날씨가 좋을 때는 출근하지 말고 그냥 신나게 놀았으면 좋겠다.

| 바퀴 | wheel | 명 |

자전거 바퀴에 문제가 생겨서 수리 센터에 맡겨 두었다.

| 의료 | medical | 명 |

우리 동네에 최신 의료 기구가 갖춰진 병원이 들어선다고 한다.

| 기업 | company, enterprise | 명 |

그분은 작은 가게를 세계적인 기업으로 키워 냈다.

| 로봇 | robot | 명 |

요즘은 로봇들이 여러 분야에서 인간의 일을 대신하고 있다.

구도
composition (in art) 〔명〕

그림을 그릴 때는 먼저 구도를 잡는 것이 중요하다.

동적
dynamic 〔명〕

건강이 나아지면 지금보다는 좀 더 동적인 활동을 하고 싶다.

풍경
scenery, landscape 〔명〕

이 집에서 가장 마음에 드는 건 창밖으로 보이는 풍경이다.

배치되다
to be placed, to be arranged 〔동〕

집회가 커질 것을 우려해 경찰이 곳곳에 배치되었다.

균형 잡히다
to be balanced 〔표현〕

건강을 유지하려면 적당한 운동과 균형 잡힌 식단이 필요하다.

연안
coast 〔명〕

요즘 서해 연안에서 새우가 많이 잡힌다.

비롯되다
to originate from, to stem from 〔동〕

그 친구들의 싸움은 사소한 오해에서 비롯되었다.

견과류
nuts 〔명〕

하루에 견과류 몇 알씩을 먹으면 두뇌 건강에 도움이 됩니다.

가금류
poultry 〔명〕

조류 독감의 유행으로 가금류 농가의 피해가 예상된다.

포화 지방
saturated fat 〔명〕

포화 지방은 콜레스테롤 수치를 높일 수 있기 때문에 주의해야 한다.

함량
content 〔명〕

몸 관리를 위해 단백질 함량이 높은 음식을 먹고 있다.

심혈관   cardiovascular   명

추운 날씨에 운동을 하면 심혈관에 문제를 일으킬 수 있으므로
주의해야 합니다.

각광받다   to be in the spotlight, to be popular   동

달리기는 요즘 젊은이들 사이에 각광받고 있는 운동이다.

연습문제 28-31

재능 기부   talent donation   명

다양한 영역의 전문가들이 재능 기부에 참여해서 형편이 어려운
학생들에게 많은 도움을 주고 있다.

무상   free of charge, complimentary   명

행사 기간동안 물과 간식은 무상으로 제공됩니다.

창출하다   to create, to generate   동

지역에 큰 공장이 지어지면 많은 고용을 창출하는 효과가 생긴다.

자아실현   self-actualization, self-realization   동

사회에서의 성공보다 자아실현을 위해 과감히 직장을 그만두는
사람들이 늘고 있다.

수혜자   beneficiary, recipient   명

이 정책의 가장 큰 수혜자는 둘 이상의 자녀를 둔 맞벌이 부부이다.

향상되다   to be improved, to be enhanced   동

새로운 감독이 온 이후로 선수들의 기록이 많이 향상되었다.

연대감   sense of solidarity   명

이번 사고를 함께 겪고 이겨내면서 주민들 사이에 끈끈한 연대감이
자리잡았다.

기법   technique, method   명

작가만의 독특한 기법으로 사물을 생동감 있게 표현해 냈다.

| **포착하다** | to capture, to grasp | 동 |

오랜 시간을 기다린 끝에 꽃이 피는 순간을 포착해 낼 수 있었다.

| **주도하다** | to lead, to spearhead | 동 |

이번에 새로 적용될 규칙은 학생들이 주도해서 만들었다.

| **혁신적** | innovative | 명 |

우리 회사는 혁신적인 변화를 통해 제2의 전성기를 맞이하였습니다.

| **접근** | approach, access | 명 |

바닷물이 상승해서 사고 현장으로의 접근이 더욱 어려워졌다.

| **인공** | artificial | 명 |

눈이 건조해서 인공 눈물을 항상 가지고 다닌다.

| **사원** | temple | 명 |

사원에 입장할 때는 반바지나 슬리퍼를 신으면 안 된다.

| **정교하다** | sophisticated, elaborate, intricate | 형 |

명품 시계를 만들기 위해서는 매우 정교한 기술이 필요하다.

| **조각** | sculpture | 명 |

미술관 정원에 많은 조각 작품들이 전시되어 있다.

| **천장** | ceiling | 명 |

며칠동안 내린 폭우로 천장에서 비가 샌다.

| **배수** | drainage | 명 |

나뭇잎을 치우지 않으면 비가 올 때 하수구가 막혀서 배수에 문제가
생길 수 있다.

| **등재되다** | to be registered, to be listed | 동 |

내가 쓴 논문에 세계적인 학술지에 등재되었다.

분류하다　　　　to classify　　　　〔동〕

이 자료는 세 종류로 분류할 수 있다.

연구하다　　　　to research, to study　　　　〔동〕

우리 팀은 오랫동안 의료용 로봇을 연구해 왔다.

수정하다　　　　to revise, to correct　　　　〔동〕

날씨 때문에 여행 계획을 모두 수정하게 되었다.

종　　　　species　　　　〔명〕

이 책은 종의 기원에 대해 연구한 결과를 모아 놓은 것이다.

판단하다　　　　to judge, to determine　　　　〔동〕

경찰은 이번 사고가 부주의에 의한 것이라 판단했다.

명명되다　　　　to be named, to be called　　　　〔동〕

우리 회사에는 '만남의 광장'이라고 명명된 휴식 공간이 있다.

고유어　　　　native Korean word　　　　〔명〕

외래어의 사용이 늘면서 잊혀져 가는 고유어도 늘고 있다.

식물　　　　plant　　　　〔명〕

어머니는 정원에 다양한 종류의 식물을 심어 놓으셨다.

실험　　　　experiment　　　　〔명〕

약의 효능을 증명하기 위해서는 과학적인 실험이 필요하다.

빠지다　　　　to be omitted, to be left out　　　　〔동〕

책상 다리에서 못이 빠져서 책상이 흔들린다.

완료되다　　　　to be completed, to be finished　　　　〔동〕

늦어도 이번 주까지는 작업이 모두 완료되어야 한다.

곤충	insect	명

곤충 중에는 우리 생활에 이로운 것도 많이 있다.

씨앗	seed	명

내가 뿌려 놓은 씨앗에서 싹이 나기 시작했다.

분포하다	to be distributed, to be spread	동

우리나라는 서울에 인구가 집중적으로 분포한다.

독성	toxicity	명

이 약에는 독성이 있기 때문에 복용 시 주의해야 한다.

해독하다	to detoxify	동

고대 문자를 해독하는 데에는 많은 시간과 노력이 필요하다.

효소	enzyme	명

효소가 제일 많이 들어 있는 음식은 발효 식품들이다.

경쟁하다	to compete	동

우리 팀은 우승 후보 팀과 경쟁해서 승리를 했다.

충분히	sufficiently, enough	부

잠을 충분히 잤기 때문에 오늘은 몸이 아주 가벼운 것 같다.

새끼	baby, offspring	명

어미 소가 새끼에게 젖을 먹이고 있다.

배설물	excrement, droppings	명

공원에 있는 비둘기의 배설물이 호흡기 장애를 일으키기도 한다.

응용문제 32-34

개미	ant	명

아이가 먹다 남긴 과자에 개미들이 모여 들었다.

주먹	fish	명

그는 화를 참지 못하고 친구에게 주먹을 휘둘렀다.

집단	group	명

곤충들도 인간처럼 집단을 이루고 산다.

구분되다	to be divided, to be separated	동

기숙사에는 남녀가 사용할 수 있는 공간이 구분되어 있다.

사회	society	명

학교를 졸업하고 사회에 나온 지 아직 얼마 되지 않았다.

의사소통	communication	명

우리는 언어를 매개체로 하여 의사소통을 한다.

수행하다	to perform, to carry out	동

내가 맡은 책임을 성실하게 수행하려고 노력 중이다.

살림	household, housekeeping	명

엄마는 나를 낳은 뒤 직장을 그만두고 살림만 하고 계신다.

연습문제 32-34

아담하다	small and cozy	형

새로 이사한 집은 이전 집에 비해 아담한 편이다.

부성애	paternal love	명

나는 어려서부터 아버지의 부성애를 느껴 보고 싶었다.

둥지	nest	명

새끼 새는 날갯짓을 익히며 둥지를 떠날 준비를 하고 있다.

암컷	female	명

가시고기의 암컷은 알을 낳으면 둥지를 떠나 버린다.

| 미련 | lingering attachment, reluctance | 명 |

나는 그 일에 아직 미련이 남아 있다.

| 수컷 | male | 명 |

새들은 암컷보다 수컷이 더 예쁜 경우가 많다.

| 몰두하다 | to be absorbed in, to be engrossed in | 동 |

그 감독은 새 영화 제작에 몰두하고 있다.

| 전하다 | to convey, to deliver | 동 |

가족들에게 합격 소식을 전하기 위해 서둘러서 집에 돌아갔다.

| 개발하다 | to develop | 동 |

우리 지역의 발전을 위해서는 관광 자원을 더 개발해야 한다.

| 조리법 | recipe, cooking method | 명 |

같은 재료라도 조리법에 따라 완전히 다른 맛을 낼 수도 있다.

| 자세하다 | detailed, specific | 형 |

사장은 자세한 설명도 없이 사원들을 해고했다.

| 기록되다 | to be recorded | 동 |

그 사건은 역사에 기록되어 있다.

| 품종 | breed, variety | 명 |

우리 연구소에서는 병충해에 강한 품종을 개발하고 있다.

| 꼭지 | stalk, stem | 명 |

꼭지가 시든 걸 보니 이 수박은 맛이 없을 것 같다.

| 띠다 | to be tinged with | 동 |

붉은빛을 띤 장미들이 담장에 활짝 피어 있다.

| 완화 | relief, mitigation | 명 |

이 약은 통증을 빠른 속도로 완화시킬 수 있다고 한다.

개선하다   to improve   동

그 지역의 생활 환경을 개선하기 위해 전문가들이 나섰다.

특정하다   specify, identify   형

보고서는 특정한 형식에 맞춰 작성해야 한다.

재배   cultivation, farming   명

우리 할머니는 집안에서 상추를 재배하신다.

보관하다   to store, to keep   동

중요한 서류는 따로 보관하는 게 안전하다.

기출문제 35-38

태양계   solar system   명

태양계는 수많은 행성으로 이루어져 있다.

소행성   asteroid   명

소행성 충돌을 소재로 한 재난 영화가 인기를 끌고 있다.

천문학적   astronomical   명

오염된 바다를 정화하는 데는 천문학적인 비용이 든다.

광물   mineral   명

북쪽 지역에 광물 자원이 풍부하게 매장되어 있다.

시료   sample, specimen   명

바다의 오염도를 알기 위해 바닷물 시료를 검사했다.

채취하다   to collect, to gather   동

감염 여부를 알려면 뼈에서 골수를 채취해 검사를 해 봐야 합니다.

탐사   exploration, probe   명

신문사에 입사해서 탐사 취재 기자가 되려고 한다.

| 확보하다 | to secure, to obtain | 동 |

기술 경쟁에서 이기려면 우수 인재를 많이 확보해야 한다.

응용문제 35-38

| 야구 | baseball | 명 |

오늘은 1루 관객석에 앉아 야구 경기를 지켜보았다.

| 성과 | achievement, result | 명 |

지금까지의 성과에 만족하지 않고 더 열심히 노력하겠다.

| 분석하다 | to analyze | 동 |

이번 경기의 패인을 정확히 분석해야 다음 경기에서 이길 수 있다.

| 통계적 | statistical | 명 관 |

음주운전으로 인한 교통사고가 연말에 자주 발생한다는 것이 통계적 수치로 확인되었다.

| 향상 | improvement | 명 |

생활 수준의 향상으로 소비자의 욕구가 다양해지고 있다.

| 기여하다 | to contribute | 동 |

이 시스템은 생산 능률을 높이는 데 크게 기여했다.

| 의존하다 | to depend, to rely | 동 |

우리 경제는 수출에 크게 의존하고 있다.

| 요소 | element, factor | 명 |

인물, 사건, 배경을 보통 소설의 삼대 요소라고 한다.

| 즉흥성 | spontaneity, improvisation | 명 |

연주의 즉흥성은 재즈의 가장 큰 매력이라고 할 수 있다.

| 간과하다 | to overlook, to neglect | 동 |

준비를 철저히 했음에도 오늘과 같은 돌발 상황을 간과한 나머지 문제가 생기고 말았다.

| 예측 | prediction | 명 |

그 사람의 언행은 하도 유별나서 예측을 할 수 없다.

| 본질 | essence | 명 |

시대마다 형식은 달라져도 본질은 변하지 않는다.

| 지혜 | wisdom | 명 |

전통문화에는 우리 조상들의 지혜가 그대로 담겨 있다.

연습문제 35-38

| 감량 | weight loss | 명 |

건강 검진을 받았는데 의사가 체중 감량을 권고했다.

| 혈당 | blood sugar | 명 |

빈 속에 과일을 먹으면 혈당이 급격히 올라갈 수 있다.

| 극단적 | extreme, drastic | 명 |

굶어서 살을 빼는 극단적인 다이어트 방법은 부작용이 크다.

| 유익하다 | beneficial, helpful | 형 |

아이들에게 유익한 도서를 추천해 주세요.

| 세포 | cell | 명 |

우리의 몸은 수많은 세포로 이루어져 있다.

| 축산업 | livestock industry | 명 |

우유 소비가 크게 감소해서 축산업에 종사하시는 분들에게 큰 타격을 주고 있다.

| 절감 | reduction, decrease | 명 |

경제 불황이 이어지자 기업들도 비용 절감을 위해 노력하고 있다.

| 접하다 | to encounter, to come into contact with | 동 |

지방에 살면 수준 높은 문화 공연을 쉽게 접하기 어렵다.

| 검증 | verification, validation | 명 |

고위 공직자가 되려면 철저한 검증을 받아야 한다.

| 해소 | resolution, alleviation | 명 |

화재와 관련된 불안 요인이 해소되지 않아 전기차 구매를 망설이는 소비자가 늘고 있다.

| 향후 | in the future, from now on | 명 |

향후 10년안에 AI 기술이 전 산업을 지배할 것이다.

| 보완재 | supplementary material | 명 |

커피 소비가 증가하면서 보완재 중 하나인 설탕의 판매도 늘었다.

| 도심 | urban center, downtown | 명 |

학교가 도심 한복판에 위치하고 있어 소음이 심하다.

| 자율주행 | autonomous driving, self-driving | 명 |

자율주행 택시를 이용할 수 있는 날이 멀지 않았다.

| 시범 | pilot, trial | 명 |

그 선수가 학생들 앞에서 태권도 시범을 보였다.

| 대응하다 | to respond, to react | 동 |

구급 대원들은 위급한 상황에 대응할 수 있도록 교육을 받는다.

| 악천후 | severe weather, inclement weather | 명 |

악천후에도 많은 관중들이 경기장을 찾았다.

| 대처 | response, countermeasure | 명 |

사고가 났을 때 직원들의 대처가 조금 아쉬웠다.

| 체계적 | systematic, organized | 명 |

목표를 이루기 위해서는 체계적으로 계획을 세워야 한다.

| 수집하다 | to collect, to gather | 동 |

자료를 수집하여 체계적으로 정리했다.

강화   strengthening, reinforcement   명

최근 범죄가 잇따라 발생해 경찰은 순찰을 강화했다.

편의성   convenience, user-friendliness   명

이번에 출시된 제품은 사용의 편의성이 크게 향상되었다.

도입되다   to be introduced, to be adopted   동

올해부터 새로운 시험 제도가 도입되었다.

유언   will, testament   명

아버지는 갑자기 세상을 떠나시는 바람에 유언도 남기지 못하셨다.

제정하다   to enact, to establish   동

사회적 약자들을 보호하기 위해 이 법을 제정하였다.

권위   authority   명

교권이 약해지면서 선생님의 권위가 바닥에 떨어진 지 오래다.

축적하다   to accumulate   동

그동안의 노하우를 축적해서 만들어 낸 제품입니다.

증진   promotion, enhancement   명

정부는 국민들의 건강 증진을 위해 건강검진 제도의 보완에 나섰다.

죄책감   guilt   명

나 혼자만 여행을 가려니 괜히 죄책감이 든다.

환원   reduction, restoration   명

그동안 이룬 부와 성공을 어떻게 사회에 환원할지 고민 중이다.

기출문제 39-41

사각지대   blind spot   명

운전을 할 때는 사각지대에 늘 신경을 써야 한다.

| 득점 | scoring, goal | 명 |

양 팀 모두 득점 없이 경기가 끝나 버렸다.

| 반칙 | foul | 명 |

그 선수는 경기 중 세 번째 반칙으로 결국 퇴장을 당했다.

| 판정 | judgment, decision | 명 |

나는 신체검사에서 불합격 판정을 받았다.

| 심판 | referee, umpire | 명 |

심판의 판정에 불만을 품은 일부 선수들이 경기장을 나가 버렸다.

| 벌어지다 | to happen, to occur, to take place | 동 |

교실 안에서 싸움이 벌어져서 학생 한 명이 다치기도 했다.

| 판독 | interpretation, reading | 명 |

종이가 물에 젖는 바람에 글씨가 번져서 판독이 불가능하다.

| 객관적 | objective | 명 |

문화는 상대적인 것이기 때문에 객관적 기준을 적용할 수 없다.

| 혐오감 | disgust, aversion | 명 |

관광지에서 남에게 혐오감을 주는 행동을 해서는 안 된다.

| 외면당하다 | to be ignored, to be shunned | 동 |

그의 이론이 발표되었을 당시에는 사람들로부터 외면을 당했다.

| 멸종 | extinction | 명 |

멸종 위기에 처한 동물들을 구하기 위한 모금 운동이 진행됐다.

| 쏠리다 | to be focused on, to be concentrated on | 동 |

주말에 시작되는 올림픽 경기에 온 국민의 관심이 쏠려 있다.

| 편중되다 | to be biased, to be lopsided | 동 |

대부분의 문화 시설들은 도시에 편중되어 있다.

| **등장하다** | to appear, to emerge | 동 |

배우들이 무대에 등장하자 큰 박수가 터져 나왔다.

| **편견** | prejudice, bias | 명 |

편견에 사로잡히면 어떤 일이든지 제대로 판단하기 힘들어진다.

| **정밀하다** | precise, accurate | 형 |

이 시계는 아주 정밀해서 오차가 거의 없다.

| **실제** | actual, real | 명 |

그 사람은 실제 나이보다 젊게 보인다.

| **침입하다** | to invade, to intrude | 동 |

경찰이 빈집에 침입하려던 도둑을 잡았다.

| **건축물** | building, structure | 명 |

현대의 건축물은 실용성과 함께 미적 감각을 만족시켜야 한다.

| **재현하다** | to reproduce, to recreate | 동 |

이 박물관에는 고대인들의 생활 모습을 재현해 놓은 모형이 있다.

| **기밀** | confidential, secret | 명 |

그 회의는 중요한 기밀이 많이 논의되므로 비공개로 진행될 것이다.

| **추정되다** | to be presumed, to be estimated | 동 |

이 작품은 조선 후기의 것으로 추정되고 있다.

응용문제 39-41

| **닿다** | to reach, to touch | 동 |

산책을 하면서 발에 닿는 흙이 아주 부드럽게 느껴졌다.

| **상처** | wound, injury | 명 |

아이가 넘어져 무릎에 상처를 입었다.

| **고혈압** | high blood pressure | 명 |

아버지는 고혈압 환자라서 혈압이 높아지지 않도록 해야 한다.

| **삼가다** | to refrain from, to abstain from | 동 |

학교에는 외부인의 출입을 삼가는 것이 좋다.

| **반신욕** | half-body bath | 명 |

나는 매일 저녁 반신욕을 통해 불면증을 완화하는 데 효과를 보았다.

| **원활하다** | smooth, unobstructed | 형 |

기업을 잘 경영하려면 원활한 소통이 필수적이다.

| **체력** | physical strength, stamina | 명 |

그 선수는 체력이 다 떨어졌지만 정신력으로 버텨 끝까지 달렸다.

연습문제 39-41

| **문학** | literature | 명 |

나는 시나 소설 같은 문학 작품을 자주 읽는다.

| **타인** | others, another person | 명 |

그는 자기 자신에게는 엄격하지만 타인에게는 관대한 사람이다.

| **되돌아보다** | to look back on, to reflect on | 동 |

보통 연말이 되면 지나온 한 해를 되돌아보게 된다.

| **각박하다** | harsh, heartless | 형 |

경제가 어려워지면서 사람들이 인심도 각박해졌다.

| **비현실적** | unrealistic | 명 |

그 친구는 사회 경험이 없어서 그런지 생각이 좀 비현실적이다.

| **해답** | answer, solution | 명 |

이 문제의 해답을 찾으려면 많은 사람들의 아이디어가 필요하다.

| 위로 | comfort, consolation | 명 |

시험에 떨어졌을 때 부모님의 말씀이 큰 위로가 되었다.

| 질서 | order | 명 |

사람들이 많은 장소에서는 특히 더 질서를 잘 지켜야 한다.

| 깨닫다 | to realize, to become aware of | 동 |

범인은 자신의 잘못을 깨닫고 진심으로 용서를 빌었다.

| 문명 | civilization | 명 |

이곳은 찬란한 고대 문명을 꽃피운 중심지였다.

| 사주 | fortune telling, four pillars of destiny | 명 |

사람이 태어난 연, 월, 일, 시를 사주라고 한다.

| 관상 | physiognomy, face reading | 명 |

관상을 보고 운명이나 성격 등을 판단하는 것은 믿기가 힘들다.

| 충동 | impulse, urge | 명 |

여름에 바다에 가면 뛰어들고 싶은 충동을 느낀다.

| 노화 | aging | 명 |

자꾸 뭔가를 잊어버리는 것도 노화의 대표적인 증상이라고 한다.

| 질병 | disease, illness | 명 |

나는 사람들의 질병을 치료하는 의사가 되고 싶다.

| 돌보다 | to take care of, to look after | 동 |

그 사람은 편찮으신 어머니를 돌보기 위해 휴직을 신청했다.

기출문제 42-43

| 특출나다 | exceptional | 형 |

남보다 특출난 건 없지만 그렇다고 크게 모자란 것도 없는 것 같아요.

그럭저럭	okay	부

처음 여는 행사라 걱정이 많았는데 그럭저럭 잘 치른 것 같아 다행이다.

특이하다	unique	형

이번 검사에서 다소 특이한 점이 발견되어

감지하다	to sense	동

이상이 감지되어 비상벨이 울렸다.

본능적	instinctive	명

동물들은 자신에게 위협이 되는 존재를 본능적으로 알 수 있다고 한다.

꼼지락거리다	to fidget	동

아침에 일어나기가 싫어서 이불 속에 몇 십분째 꼼지락거리고 있다.

심드렁하다	indifferent	형

오랜만에 여행을 가자고 하니 남편이 심드렁하게 반응해서 기분이
별로 좋지 않았다.

갸웃하다	to tilt one's head	동

처음 보는 이메일이 와서 갸웃하며 발신자를 확인했다

반신반의하다	to be half in doubt	동

오래 전에 돈을 빌려간 친구가 갑자기 돈을 갚는다며 만나자고 해서
반신반의했다.

응용문제 42-43

건네다	to hand over	동

경기에 패한 선수에게 위로의 말을 건넸다.

대꾸	a reply	명

그는 기자들의 쏟아지는 질문에 아무 대꾸도 없었다.

들이켜다	to gulp down	동

그는 목이 말랐는지 물을 한 컵을 단숨에 들이켰다.

속삭이다	to whisper	동

아기가 깰까 봐 남편에게 속삭이듯 말했다.

꼭두새벽	dawn	명

아침에 일찍 출발하려면 꼭두새벽에 일어나서 준비해야 한다.

풀죽다	to be discouraged	동

시험 성적을 받아든 아이는 풀죽은 모습으로 집에 돌아왔다.

연습문제 42-43

묵직하다	heavy	형

가방 안에 책을 너무 많이 넣어서 묵직하다.

퉁명스럽다	blunt	형

피곤했던 탓인지 직원이 퉁명스럽게 대답했다.

대꾸하다	to reply	동

여러 번 불렀는데도 전혀 대꾸하지 않았다.

헛되다	futile	형

아무리 노력해도 성과가 없어 헛된 시간을 보낸 것 같았다.

처지	situation	명

그의 처지를 이해하면서도 도와줄 수 없어 마음이 아팠다.

쥐다	to grip	동

떨리는 손으로 펜을 쥐고 시험지를 풀기 시작했다.

후들거리다	to tremble	동

높은 곳에서 아래를 내려다보니 다리가 후들거렸다.

묵묵하다	silent	형

할아버지는 묵묵히 정원의 잡초를 뽑으셨다.

| 신화 | myth | 명 |

우리는 신화를 통해 그 시대의 사회 현실을 읽을 수 있다.

| 탄생하다 | to be born | 동 |

아가가 탄생하고 나서 집안 분위기가 좋아졌다.

| 건국 | founding (of a nation) | 명 |

그분은 대한민국의 건국을 위해 많은 노력을 기울였다

| 깨다 | to break | 동 |

아이들이 공을 던져서 유리창을 깼다.

| 강력하다 | strong | 형 |

강력한 태풍이 온다는 기상청의 예보에 농민들의 걱정이 많아졌다.

| 부여하다 | to grant | 동 |

나는 이번 여행에 특별한 의미를 부여하고 싶다.

| 통합하다 | to unify | 동 |

본사에서는 작은 규모의 계열사들을 통합하려는 움직임이 있다.

| 인류 | humanity | 명 |

그 영화는 핵전쟁으로 인해 인류가 멸망하는 모습을 그리고 있다.

| 착륙하다 | to land | 동 |

비행기는 한 시간 만에 제주 공항에 착륙했다.

| 운 | luck | 명 |

운이 없는 사람은 뒤로 넘어져도 코가 깨진다는 말이 있다.

| 우연 | coincidence | 명 |

그날 공항에서 그 사람과 마주친 건 정말 우연이었다.

| 순탄하다 | smooth | 형 |

착하고 성실한 사람이니만큼 그 사람의 앞날은 순탄할 것이다.

| 오작동 | malfunction | 명 |

기계가 오작동을 일으켜 하마터면 손을 다칠 뻔했다.

| 연료 | fuel | 명 |

기차가 오랜 시간 달리려면 연료를 충분히 채워 놓아야 한다

| 오류 | error | 명 |

교사들이 시험 문제에 오류가 없는지 검토하고 있다.

| 신속하다 | rapid | 형 |

소방대원들은 화재 진압을 위하여 신속하게 움직였다.

| 이끌다 | to lead | 동 |

그 선수는 주장으로서 최선을 다해 팀을 우승으로 이끌었다.

| 귀환하다 | to return | 동 |

그 병사는 작전을 마치고 부대로 무사히 귀환하였다.

| 결정적 | decisive | 명 |

그 사람이 인이라는 결정적 증거를 발견하였다.

| 끈기 | perseverance | 명 |

포기하지 않고 끈기 있게 도전하면 뭐든지 할 수 있다.

| 창의력 | creativity | 명 |

학생들이 창의력을 발휘할 수 있는 교육 환경을 조성해야 한다.

연습문제 44-45

| 뛰어나다 | outstanding | 형 |

이 세제는 세척 효과가 아주 뛰어나다.

| 조각 | sculpture | 명 |

이 학생은 회화보다는 조각에 소질이 있어 보인다.

| 빌다 | to pray | 동 |

매일같이 아들의 대학 합격을 빌고 있다.

| 기대 | expectation | 명 |

기대가 크면 실망도 큰 법이다.

| 시사하다 | to suggest | 동 |

그 보도는 우리나라의 척박한 교육 현실을 시사하고 있다.

| 향상시키다 | to improve | 동 |

정부는 국민의 생활 수준을 향상시키기 위해 힘써야 한다.

기출문제 46-47

| 조작 | manipulation | 명 |

이번 경기에서 승부 조작이 있었다는 사실이 드러났다.

| 공금 | public funds | 명 |

공금을 개인 용도로 사용하는 것은 엄격히 금지되어 있다.

| 횡령 | embezzlement | 명 |

회사 자금 횡령으로 직원이 구속되었다.

| 상해 | injury | 명 |

폭행으로 인한 상해 사건이 경찰에 신고되었다.

| 흉악 범죄 | heinous crime | 명 |

최근 흉악 범죄가 잇따라 발생하여 시민들의 불안감이 커지고 있다.

| 수법 | method | 명 |

이번 사기 사건은 기존과는 다른 새로운 수법이었다.

| **막심하다** | enormous | 형 |

태풍으로 인한 피해가 막심하여 복구에 많은 시간이 걸릴 것으로 보인다.

| **직결되다** | to be directly connected | 동 |

이 문제는 회사의 생존과 직결되는 중요한 사안이다.

| **관대하다** | lenient | 형 |

처음 한 실수이므로 관대하게 처리하기로 했다

| **경제 사범** | economic criminal | 명 |

검찰은 주가 조작과 횡령 혐의로 기소된 경제 사범에 대해 구속 수사를
진행하고 있다

| **엄벌하다** | to punish severely | 동 |

법원은 미성년자를 상대로 범죄를 저지른 사람을 엄벌했다.

| **한탕** | a big score | 명 |

한탕을 노리고 시작한 투자는 대부분 실패로 끝난다

| **때우다** | to fill | 동 |

요즘 시간이 부족해서 김밥으로 끼니를 때우기 일쑤다.

| **만연하다** | widespread | 형 |

직장 내 괴롭힘이 여전히 만연한 것으로 조사되었다.

| **미진하다** | insufficient | 형 |

안전 대책이 아직 미진하여 보완이 필요하다.

| **환수** | recovery | 명 |

부당하게 지급된 보조금을 환수하는 절차가 진행 중이다.

응용문제 46-47

| **정체** | stagnation | 명 |

출근 시간대는 도로의 정체가 심해 평소보다 시간이 더 걸린다.

유발	inducement	명

과도한 스트레스는 여러 질병의 유발로 이어질 수 있다.

우회	bypass	명

공사 중이라 우회를 해서 갈 수밖에 없다.

준수하다	to comply with	동

모든 직원은 회사의 안전 수칙을 준수해야 한다.

상시적	constant	명

이 시설은 상시적으로 안전 점검을 실시하고 있다.

위반	violation	명

신호 위반으로 벌점을 받았다.

현저히	remarkably	부

올해는 작년에 비해 실적이 현저히 개선되었다.

탄력	flexibility	명

올해부터 부서에 따라 탄력 근무제를 실시하기로 했다.

확충	expansion	명

회사 내 보육 시설의 확충이 필요하다.

연습문제 46-47

전력	one's full power	명

마지막 경기에서 전력을 다해 우승을 차지했다.

충당하다	to cover	동

대출금으로 등록금을 충당할 수밖에 없었다.

대응	response	명

시민들의 신속한 대응으로 큰 사고를 막을 수 있었다.

| 이행 | implementation | 명 |

대통령은 선거 공약의 이행을 약속했다.

| 동력 | driving force | 명 |

경제 성장의 새로운 동력을 발굴하는 것이 시급하다.

| 협력 | cooperation | 명 |

두 회사가 신제품 개발을 위해 협력하기로 했다.

| 모색하다 | to seek | 동 |

정부는 청년 실업 문제의 해결책을 모색하고 있다.

기출문제 48-50

| 조건 | condition | 명 |

농산물은 기후적 조건에 따라 생산량이 큰 영향을 받는다.

| 요인 | factor | 명 |

그 사람의 성공 요인은 성실한 생활 태도이다.

| 태도 | attitude | 명 |

선생님의 열정적인 강의에 학생들은 진지한 태도를 보였다.

| 유한 | finite | 명 |

인간의 삶은 유한할 수밖에 없다.

| 무한 | infinite | 명 |

근대 이후 과학은 우주의 크기가 무한하다는 사실을 밝혀 냈다.

| 위협적 | threatening | 명 |

환경 파괴는 인간의 생존에 위협적 존재이다.

| 증대되다 | to increase | 동 |

오늘날에는 정보 산업의 중요성이 크게 증대되고 있다.

영상물　　　　　video　　　　　명

최근 한국의 전통 문화를 알리는 영상물이 많이 제작되고 있다.

등급　　　　　rating　　　　　명

우리 식당은 등급이 높은 고기만 사용한다.

폭력적　　　　　violent　　　　　명

폭력적인 시위는 아무리 그 의도가 좋아도 용인될 수 없다.

선정적　　　　　sexual　　　　　명

그 영화는 선정적인 장면이 많아서 청소년 관람 불가이다.

보호하다　　　　　to protect　　　　　동

문화유산을 보호하기 위한 새로운 정책이 발표되었다.

노출되다　　　　　to be exposed　　　　　동

건설 현장에서 일하는 근로자들은 항상 위험에 노출되어 있다.

실효성　　　　　effectiveness　　　　　명

그 후보가 내세운 공약은 실효성이 별로 없어 보인다.

편집　　　　　editing　　　　　명

그분은 이 책의 기획과 편집을 도맡아 하고 있다.

삭제　　　　　deletion　　　　　명

서류에서 잘못된 부분을 찾아 삭제해야 한다.

매기다　　　　　to rate　　　　　동

우리 회사 제품도 타사 제품과 가격을 동등하게 매기려고 한다.

건전하다　　　　　sound, healthy　　　　　형

그 친구는 정말 건전한 가치관을 가진 사람이다.

도덕적	moral	명

이번 뇌물 수수 사건은 우리 사회의 도덕적 해이에 경종을 울렸다.

규제	regulation	명

이 제품을 수입하는 데 있어서는 법적인 규제가 따른다.

연습문제 48-50

유용하다	useful	형

책의 목차는 필요한 내용을 빨리 찾는 데 유용하다.

제공하다	to provide	동

그 단체는 난민촌에 식량과 물을 제공하고 있다.

계기	opportunity	명

올림픽을 계기로 해서 사회 체육에 대한 관심이 높아지고 있다.

주저하다	to hesitate	동

우리 형은 결심한 일이 있으며 주저하지 않고 실행에 옮긴다.

전환점	turning point	명

남편의 실직은 내 인생에 큰 전환점이 되었다.

족하다	sufficient	형

30만 원이면 한 달 용돈으로 족한 것 같다.

실제적	practical	명

결정은 위에서 내리지만 실제적인 일은 실무자인 우리가 맡아서 한다.

반영되다	to be reflected	동

민화에는 서민들의 의식이 반영되어 있다.

유의미하다	meaningful	형

구성원이 다른 두 반의 시험 결과에는 유의미한 차이가 있다.